JN051353

特別支援学校学習指導要領解説

総則等編 （高等部）

平成 31 年 2 月

文部科学省

ま　え　が　き

　文部科学省では，平成31年2月4日に学校教育法施行規則の一部改正と特別支援学校の高等部学習指導要領の改訂を行った。新特別支援学校学習指導要領等は，高等学校の新学習指導要領等の実施時期に合わせて，平成34年度から，年次進行で実施することとし，平成30年度から一部を移行措置として先行して実施することとしている。

　今回の改訂は，平成28年12月の中央教育審議会答申を踏まえ，

①　教育基本法，学校教育法などを踏まえ，これまでの我が国の学校教育の実績や蓄積を生かし，子供たちが未来社会を切り拓くための資質・能力を一層確実に育成することを目指すこと。その際，子供たちに求められる資質・能力とは何かを社会と共有し，連携する「社会に開かれた教育課程」を重視すること。

②　知識及び技能の習得と思考力，判断力，表現力等の育成のバランスを重視する平成20年改訂の学習指導要領等の枠組みや教育内容を維持した上で，知識の理解の質を更に高め，確かな学力を育成すること。

③　先行する特別教科化など道徳教育の充実や体験活動の重視，体育・健康に関する指導の充実により，豊かな心や健やかな体を育成すること。

を基本的なねらいとして行った。

　本書は，大綱的な基準である学習指導要領等の記述の意味や解釈などの詳細について説明するために，文部科学省が作成するものであり，特別支援学校高等部学習指導要領の総則，各教科，自立活動等について，その改善の趣旨や内容を解説している。

　各学校においては，本書を御活用いただき，学習指導要領等についての理解を深め，創意工夫を生かした特色ある教育課程を編成・実施されるようお願いしたい。

　本書は，編集協力者の協力を得て編集した。本書の作成に御協力くださった各位に対し，心から感謝の意を表する次第である。

　　平成31年2月

文部科学省初等中等教育局長

永　山　賀　久

目 次（総則等編）

※第3〜6章については，次頁「全体目次」をご参照ください。

全 体 目 次

第1編

総　説

第1節　改訂の経緯

　今の子供たちやこれから誕生する子供たちが，成人して社会で活躍する頃には，我が国は厳しい挑戦の時代を迎えていると予想される。生産年齢人口の減少，グローバル化の進展や絶え間ない技術革新等により，社会構造や雇用環境は大きく，また急速に変化しており，予測が困難な時代となっている。また，急激な少子高齢化が進む中で成熟社会を迎えた我が国にあっては，一人一人が持続可能な社会の担い手として，その多様性を原動力とし，質的な豊かさを伴った個人と社会の成長につながる新たな価値を生み出していくことが期待される。

　こうした変化の一つとして，進化した人工知能（AI）が様々な判断を行ったり，身近な物の働きがインターネット経由で最適化されたりするIoTが広がるなど，Society5.0とも呼ばれる新たな時代の到来が，社会や生活を大きく変えていくとの予測もなされている。また，情報化やグローバル化が進展する社会においては，多様な事象が複雑さを増し，変化の先行きを見通すことが一層難しくなってきている。そうした予測困難な時代を迎える中で，選挙権年齢が引き下げられ，さらに令和4年度からは成年年齢が18歳へと引き下げられることに伴い，高校生にとって政治や社会は一層身近なものとなるとともに，自ら考え，積極的に国家や社会の形成に参画する環境が整いつつある。

　このような時代にあって，学校教育には，子供たちが様々な変化に積極的に向き合い，他者と協働して課題を解決していくことや，様々な情報を見極め，知識の概念的な理解を実現し，情報を再構成するなどして新たな価値につなげていくこと，複雑な状況変化の中で目的を再構築することができるようにすることが求められている。

　このことは，本来我が国の学校教育が大切にしてきたことであるものの，教師の世代交代が進むと同時に，学校内における教師の世代間のバランスが変化し，教育に関わる様々な経験や知見をどのように継承していくかが課題となり，子供たちを取り巻く環境の変化により学校が抱える課題も複雑化・困難化する中で，これまでどおり学校の工夫だけにその実現を委ねることは困難になってきている。

　また，障害のある子供たちをめぐる動向として，近年は特別支援学校だけではなく幼稚園や小学校，中学校及び高等学校等において発達障害を含めた障害のある子供が学んでおり，特別支援教育の対象となる子供の数は増加傾向にある。そのような中，我が国は，平成19年に「障害者の権利に関する条約（平成18年国

連総会で採択）」に署名し，平成26年にこれを批准した。同条約では，人間の多様性の尊重等を強化し，障害のある者がその能力等を最大限に発達させ，社会に効果的に参加することを可能とするため，障害のある者と障害のない者とが共に学ぶ仕組みとしての「インクルーシブ教育システム」の理念が提唱された。こうした状況に鑑み，同条約の署名から批准に至る過程においては，平成23年の障害者基本法の改正，平成25年の就学先決定に関する学校教育法施行令の改正，平成25年の障害を理由とする差別の解消の推進に関する法律の制定（平成28年施行）など，教育分野を含め，同条約の趣旨を踏まえた様々な大きな制度改正がなされたところである。

　特に，教育分野では，上述の学校教育法施行令の改正のほか，平成22年7月に中央教育審議会初等中等教育分科会の下に「特別支援教育の在り方に関する特別委員会」を設置し，同条約に示された教育の理念を実現するための特別支援教育の在り方について審議を行った。そして，平成24年7月に「共生社会の形成に向けたインクルーシブ教育システム構築のための特別支援教育の推進（報告）」が取りまとめられた。この報告では，インクルーシブ教育システムを構築するためには，最も本質的な視点として，「それぞれの子どもが，授業内容が分かり学習活動に参加している実感・達成感を持ちながら，充実した時間を過ごしつつ，生きる力を身に付けていけるかどうか」とした上で，障害のある者とない者とが同じ場で共に学ぶことを追求するとともに，個別の教育的ニーズのある子供に対し，自立と社会参加を見据え，その時々で教育的ニーズに最も的確に応える指導を提供できる，多様で柔軟な仕組みを整備することが重要であるとしている。その際，小・中学校等の通常の学級，通級による指導及び特別支援学級や，特別支援学校といった，子供たちの多様な教育的ニーズに対応できる連続性のある「多様な学びの場」において，子供一人一人の十分な学びを確保していくことが重要であると報告は指摘している。

　このように，障害者の権利に関する条約に掲げられたインクルーシブ教育システムの構築を目指し，特別支援教育を更に推進していくために，大きな制度改正がなされたところである。

　こうした状況の下で，平成26年11月には，文部科学大臣から新しい時代にふさわしい学習指導要領等の在り方について中央教育審議会に諮問を行った。中央教育審議会においては，2年1か月にわたる審議の末，平成28年12月21日に「幼稚園，小学校，中学校，高等学校及び特別支援学校の学習指導要領等の改善及び必要な方策等について（答申）」（以下「平成28年12月の中央教育審議会答申」という。）を示した。

　平成28年12月の中央教育審議会答申においては，"よりよい学校教育を通じてよりよい社会を創る"という目標を学校と社会が共有し，連携・協働しなが

ら，新しい時代に求められる資質・能力を子供たちに育む「社会に開かれた教育課程」の実現を目指し，学習指導要領等が，学校，家庭，地域の関係者が幅広く共有し活用できる「学びの地図」としての役割を果たすことができるよう，次の6点にわたってその枠組みを改善するとともに，各学校において教育課程を軸に学校教育の改善・充実の好循環を生み出す「カリキュラム・マネジメント」の実現を目指すことなどが求められた。

① 「何ができるようになるか」（育成を目指す資質・能力）
② 「何を学ぶか」（教科等を学ぶ意義と，教科等間・学校段階間のつながりを踏まえた教育課程の編成）
③ 「どのように学ぶか」（各教科等の指導計画の作成と実施，学習・指導の改善・充実）
④ 「子供一人一人の発達をどのように支援するか」（子供の発達を踏まえた指導）
⑤ 「何が身に付いたか」（学習評価の充実）
⑥ 「実施するために何が必要か」（学習指導要領等の理念を実現するために必要な方策）

これらに加えて，特別支援教育に関しては，

① インクルーシブ教育システム構築のための特別支援教育の推進
② 子供の障害の重度・重複化，多様化
③ 社会の急速な変化と卒業後を見据えた教育課程の在り方

などに対応し，障害のある子供一人一人の教育的ニーズに対応した適切な指導や必要な支援を通して，自立と社会参加に向けて育成を目指す資質・能力を身に付けていくことができるようにする観点から，教育課程の基準の改善を図ることが示されている。

これを踏まえ，文部科学省においては，平成29年3月31日に幼稚園教育要領，小学校学習指導要領及び中学校学習指導要領を，同年4月28日に特別支援学校幼稚部教育要領及び小学部・中学部学習指導要領を，平成30年3月30日に高等学校学習指導要領を公示した。

特別支援学校高等部については，平成31年2月4日に，特別支援学校高等部学習指導要領を公示するとともに，学校教育法施行規則の関係規定について改正を行ったところであり，今後，令和4年4月1日以降に高等部の第1学年に入学した生徒から年次進行により段階的に適用することとしている。また，それに先立って，新学習指導要領に円滑に移行するための措置（移行措置）を実施することとしている。

4

今回の改訂は平成28年12月の中央教育審議会答申を踏まえ，次の基本方針に基づき行った。

1　次に示す①から⑤までの基本方針に基づき，高等学校の教育課程の基準の改善に準じた改善を図る。

① 今回の改訂の基本的な考え方

ア　教育基本法，学校教育法などを踏まえ，これまでの我が国の学校教育の実践や蓄積を生かし，子供たちが未来社会を切り拓くための資質・能力を一層確実に育成することを目指す。その際，求められる資質・能力とは何かを社会と共有し，連携する「社会に開かれた教育課程」を重視すること。

イ　知識及び技能の習得と思考力，判断力，表現力等の育成とのバランスを重視する平成21年改訂の学習指導要領の枠組みや教育内容を維持した上で，知識の理解の質を更に高め，確かな学力を育成すること。

ウ　道徳教育の充実や体験活動の重視，体育・健康に関する指導の充実により，豊かな心や健やかな体を育成すること。

② 育成を目指す資質・能力の明確化

平成28年12月の中央教育審議会答申においては，予測困難な社会の変化に主体的に関わり，感性を豊かに働かせながら，どのような未来を創っていくのか，どのように社会や人生をよりよいものにしていくのかという目的を自ら考え，自らの可能性を発揮し，よりよい社会と幸福な人生の創り手となる力を身に付けられるようにすることが重要であること，こうした力は全く新しい力ということではなく学校教育が長年その育成を目指してきた「生きる力」であることを改めて捉え直し，学校教育がしっかりとその強みを発揮できるようにしていくことが必要とされた。また，汎用的な能力の育成を重視する世界的な潮流を踏まえつつ，知識及び技能と思考力，判断力，表現力等をバランスよく育成してきた我が国の学校教育の蓄積を生かしていくことが重要とされた。

このため「生きる力」をより具体化し，教育課程全体を通して育成を目指す資質・能力を，ア「何を理解しているか，何ができるか（生きて働く「知識・技能」の習得）」，イ「理解していること・できることをどう使うか（未知の状況にも対応できる「思考力・判断力・表現力等」の育成）」，ウ「ど

ように社会・世界と関わり，よりよい人生を送るか（学びを人生や社会に生かそうとする「学びに向かう力・人間性等」の涵養<ruby>涵<rt>かん</rt></ruby>）」の三つの柱に整理するとともに，各教科等の目標や内容についても，この三つの柱に基づく再整理を図るよう提言がなされた。

今回の改訂では，知・徳・体にわたる「生きる力」を生徒に育むために「何のために学ぶのか」という各教科等を学ぶ意義を共有しながら，授業の創意工夫や教科書等の教材の改善を引き出していくことができるようにするため，全ての教科等の目標及び内容を「知識及び技能」，「思考力，判断力，表現力等」，「学びに向かう力，人間性等」の三つの柱で再整理した。

③ 「主体的・対話的で深い学び」の実現に向けた授業改善の推進

子供たちが，学習内容を人生や社会の在り方と結び付けて深く理解し，これからの時代に求められる資質・能力を身に付け，生涯にわたって能動的に学び続けることができるようにするためには，これまでの学校教育の蓄積も生かしながら，学習の質を一層高める授業改善の取組を活性化していくことが必要である。

特別支援学校における教育については，キャリア教育の視点で学校と社会の接続を目指す中で実施されるものである。改めて，特別支援学校学習指導要領の定めるところに従い，各学校において生徒が卒業までに身に付けるべきものとされる資質・能力を育成していくために，どのようにしてこれまでの授業の在り方を改善していくべきかを，各学校や教師が考える必要がある。

また，選挙権年齢及び成年年齢が18歳に引き下げられ，生徒にとって政治や社会が一層身近なものとなる高等部においては，社会で求められる資質・能力を育み，生涯にわたって探究を深める未来の創り手として送り出していくことが，これまで以上に重要となっている。「主体的・対話的で深い学び」の実現に向けた授業改善（アクティブ・ラーニングの視点に立った授業改善）とは，我が国の優れた教育実践に見られる普遍的な視点を学習指導要領に明確な形で規定したものである。

今回の改訂では「主体的・対話的で深い学び」の実現に向けた授業改善を進める際の指導上の配慮事項を総則に記載するとともに，各教科等の「3指導計画の作成と内容の取扱い」において，単元や題材など内容や時間のまとまりを見通して，その中で育む資質・能力の育成に向けて，「主体的・対話的で深い学び」の実現に向けた授業改善を進めることを示した。

その際，以下の点に留意して取り組むことが重要である。

ア　授業の方法や技術の改善のみを意図するものではなく，生徒に目指す資

質・能力を育むために「主体的な学び」，「対話的な学び」，「深い学び」の視点で，授業改善を進めるものであること。

イ　各教科等において通常行われている学習活動（言語活動，観察・実験，問題解決的な学習など）の質を向上させることを主眼とするものであること。

ウ　1回1回の授業で全ての学びが実現されるものではなく，単元や題材など内容や時間のまとまりの中で，学習を見通し振り返る場面をどこに設定するか，グループなどで対話する場面をどこに設定するか，生徒が考える場面と教師が教える場面をどのように組み立てるかを考え，実現を図っていくものであること。

エ　深い学びの鍵として「見方・考え方」を働かせることが重要になること。各教科等の「見方・考え方」は，「どのような視点で物事を捉え，どのような考え方で思考していくのか」というその教科等ならではの物事を捉える視点や考え方である。各教科等を学ぶ本質的な意義の中核をなすものであり，教科等の学習と社会をつなぐものであることから，生徒が学習や人生において「見方・考え方」を自在に働かせることができるようにすることにこそ，教師の専門性が発揮されることが求められること。

オ　基礎的・基本的な知識及び技能の習得に課題がある場合には，それを身に付けさせるために，生徒の学びを深めたり主体性を引き出したりといった工夫を重ねながら，確実な習得を図ることを重視すること。

④　**各学校におけるカリキュラム・マネジメントの推進**

　　各学校においては，教科等の目標や内容を見通し，特に学習の基盤となる資質・能力（言語能力，情報活用能力（情報モラルを含む。以下同じ。），問題発見・解決能力等）や現代的な諸課題に対応して求められる資質・能力の育成のために教科等横断的な学習を充実することや，主体的・対話的で深い学びの実現に向けた授業改善を単元や題材など内容や時間のまとまりを見通して行うことが求められる。これらの取組の実現のためには，学校全体として，生徒や学校，地域の実態を適切に把握し，教育内容や時間の配分，必要な人的・物的体制の確保，教育課程の実施状況に基づく改善などを通して，教育活動の質を向上させ，学習の効果の最大化を図るカリキュラム・マネジメントに努めることが求められる。

　　このため，総則において，「生徒や学校，地域の実態を適切に把握し，教育の目的や目標の実現に必要な教育の内容等を教科等横断的な視点で組み立てていくこと，教育課程の実施状況を評価してその改善を図っていくこと，教育課程の実施に必要な人的又は物的な体制を確保するとともにその改善を

図っていくことなどを通して，教育課程に基づき組織的かつ計画的に各学校の教育活動の質の向上を図っていくこと（以下「カリキュラム・マネジメント」という。）に努める。その際，生徒に何が身に付いたかという学習の成果を的確に捉え，第2款の3の(5)のイに示す個別の指導計画の実施状況の評価と改善を，教育課程の評価と改善につなげていくよう工夫すること。」について新たに示した。

⑤ 教育内容の主な改善事項

このほか，言語能力の確実な育成，理数教育の充実，伝統や文化に関する教育の充実，道徳教育の充実，外国語教育の充実，職業教育の充実などについて，総則，視覚障害者，聴覚障害者，肢体不自由者又は病弱者である生徒に対する教育を行う特別支援学校においては，各教科に属する科目（以下「各教科・科目」という。以下同じ。），総合的な探究の時間，特別活動及び自立活動（以下「各教科・科目等」という。以下同じ。），及び知的障害者である生徒に対する教育を行う特別支援学校においては，国語，社会，数学，理科，音楽，美術，保健体育，職業，家庭，外国語，情報，家政，農業，工業，流通・サービス及び福祉の各教科（以下「各教科」という。以下同じ。），特別の教科である道徳（以下「道徳科」という。以下同じ。），総合的な探究の時間，特別活動及び自立活動（以下「各教科等」という。以下同じ。）において，その特質に応じて内容やその取扱いの充実を図った。

2 インクルーシブ教育システムの推進により，障害のある子供たちの学びの場の柔軟な選択を踏まえ，小・中・高等学校の教育課程との連続性を重視

近年，時代の進展とともに特別支援教育は，障害のある子供の教育にとどまらず，障害の有無やその他の個々の違いを認め合いながら，誰もが生き生きと活躍できる社会を形成していく基礎となるものとして，我が国の現在及び将来の社会にとって重要な役割を担っていると言える。そうした特別支援教育の進展に伴い，例えば，近年は幼稚園，小・中・高等学校等において発達障害を含めた障害のある子供たちが多く学んでいる。また，特別支援学校においては，重複障害者である子供も多く在籍しており，多様な障害の種類や状態等に応じた指導や支援の必要性がより強く求められている。

このような状況の変化に適切に対応し，障害のある子供が自己のもつ能力や可能性を最大限に伸ばし，自立し社会参加するために必要な力を培うためには，一人一人の障害の状態等に応じたきめ細かな指導及び評価を一層充実することが重要である。

このため，以下のアからウの観点から，改善を図っている。

ア　学びの連続性を重視した対応

(ｱ)「第8款重複障害者等に関する教育課程の取扱い」について，生徒の学びの連続性を確保する視点から，基本的な考え方を明確にした。

(ｲ)知的障害者である生徒のための高等部の各教科の目標や内容について，育成を目指す資質・能力の三つの柱に基づき整理した。その際，各学部や各段階，小・中学校の各教科及び高等学校の各教科・科目とのつながりに留意し，次の点を充実した。

・　高等部の各段階に目標を設定した。

・　高等部の2段階に示す各教科の内容を習得し目標を達成している者については，高等学校学習指導要領第2章に示す各教科・科目，中学校学習指導要領第2章に示す各教科又は小学校学習指導要領第2章に示す各教科及び第4章に示す外国語活動の目標及び内容の一部を取り入れることができること，また，主として専門学科において開設される各教科の内容を習得し目標を達成している者については，高等学校学習指導要領第3章に示す各教科・科目の目標及び内容の一部を取り入れることができるよう規定した。

(ｳ)知的障害者である生徒に対する教育を行う特別支援学校において，道徳を道徳科とした。

イ　一人一人の障害の状態等に応じた指導の充実

(ｱ)視覚障害者，聴覚障害者，肢体不自由者及び病弱者である生徒に対する教育を行う特別支援学校における各教科・科目の内容の取扱いについて，障害の特性等に応じた指導上の配慮事項を充実した。

(ｲ)発達障害を含む多様な障害に応じた自立活動の指導を充実するため，その内容として，「障害の特性の理解と生活環境の調整に関すること。」を示すなどの改善を図るとともに，個別の指導計画の作成に当たっての配慮事項を充実した。

ウ　自立と社会参加に向けた教育の充実

(ｱ)卒業までに育成を目指す資質・能力を育む観点からカリキュラム・マネジメントを計画的・組織的に行うことを規定した。

(ｲ)幼稚部，小学部，中学部段階からのキャリア教育の充実を図ることを規定した。

(ｳ)生涯を通して主体的に学んだり，スポーツや文化に親しんだりして，自らの人生をよりよくしていく態度を育成することを規定した。

(ｴ)社会生活に必要な国語の特徴や使い方〔国語〕，数学の生活や学習への活用〔数学〕，社会参加ときまり，公共施設の役割と制度〔社会〕，勤労の

意義〔職業〕，家庭生活での役割と地域との関わり，家庭生活における健康管理と余暇，消費者の基本的な権利と責任，環境に配慮した生活〔家庭〕など，各教科の目標及び内容について，育成を目指す資質・能力の視点から充実した。

第1章
改訂の経緯及び基本方針

第2章
改訂の要点

第1節　学校教育法施行規則改正の要点

　高等部の教育課程を構成する各教科・科目又は各教科及び領域等の編成，卒業までに修得すべき単位数等については，学校教育法施行規則第8章に規定している。

　今回の改正では，各学科に共通する教科として「理数」を新設したほか，別表第3に掲げられている各教科・科目の見直しを行った。また，総合的な学習の時間について，より探究的な活動を重視する視点から位置付けを明確にするため，総合的な学習の時間を「総合的な探究の時間」に改めた（学校教育法施行規則の一部を改正する省令（平成30年文部科学省令第13号））。

　また，知的障害者である生徒に対する教育を行う特別支援学校において，従前から位置付けられている道徳を「特別の教科　道徳」と改めるため，学校教育法施行規則128条第2項を「前項の規定にかかわらず，知的障害者である生徒を教育する場合は，国語，社会，数学，理科，音楽，美術，保健体育，職業，家庭，外国語，情報，家政，農業，工業，流通・サービス及び福祉の各教科，第百二十九条に規定する特別支援学校高等部学習指導要領で定めるこれら以外の教科，特別の教科である道徳，総合的な探究の時間，特別活動並びに自立活動によって教育課程を編成するものとする。」と規定した（学校教育法施行規則の一部を改正する省令（平成31年文部科学省令第3号）。

第2節　高等部学習指導要領改訂の要点

1　前文の趣旨及び要点

　　学習指導要領等については，時代の変化や子供たちの状況，社会の要請等を踏まえ，これまでおおよそ10年ごとに改訂を行ってきた。今回の改訂は，本解説第1編第1章第2節で述べた基本方針の下に行っているが，その理念を明確にし，社会で広く共有されるよう新たに前文を設け，次の事項を示した。

(1) 教育基本法に規定する教育の目的や目標とこれからの学校に求められること

　　学習指導要領は，教育基本法に定める教育の目的や目標の達成のため，学校教育法に基づき国が定める教育課程の基準であり，いわば学校教育の「不易」として，平成18年の教育基本法の改正により明確になった教育の目的及び目標を明記した。

　　また，これからの学校には，急速な社会の変化の中で，一人一人の生徒が自分のよさや可能性を認識できる自己肯定感を育むなど，持続可能な社会の創り手となることができるようにすることが求められることを明記した。

(2) 「社会に開かれた教育課程」の実現を目指すこと

　　教育課程を通して，これからの時代に求められる教育を実現していくためには，よりよい学校教育を通してよりよい社会を創るという理念を学校と社会とが共有することが求められる。

　　そのため，それぞれの学校において，必要な学習内容をどのように学び，どのような資質・能力を身に付けられるようにするのかを教育課程において明確にしながら，社会との連携及び協働によりその実現を図っていく，「社会に開かれた教育課程」の実現が重要となることを示した。

(3) 学習指導要領を踏まえた創意工夫に基づく教育活動の充実

　　学習指導要領は，公の性質を有する学校における教育水準を全国的に確保することを目的に，教育課程の基準を大綱的に定めるものであり，それぞれの学校は，学習指導要領を踏まえ，各学校の特色を生かして創意工夫を重ね，長年にわたり積み重ねられてきた教育実践や学術研究の蓄積を生かしながら，生徒や地域の現状や課題を捉え，家庭や地域社会と協力して，教育活動の更なる充実を図っていくことが重要であることを示した。

● 2 総則改正の要点

　総則については，今回の改訂の趣旨が教育課程の編成や実施に生かされるようにする観点から構成及び内容の改善を図っている。

(1) 総則改正の基本的な考え方

　今回の改訂における総則の改善は，①資質・能力の育成を目指す主体的・対話的で深い学びの実現に向けた授業改善を進める，②カリキュラム・マネジメントの充実を図る，③生徒の調和的な発達の支援，家庭や地域との連携・協働等を重視するといった基本的な考え方に基づき行った。これらの考え方は今回の学習指導要領全体に通底するものであり，改訂の趣旨が教育課程の編成及び実施に生かされるようにする観点から，総則において特に重視しているものである。

①　資質・能力の育成を目指す主体的・対話的で深い学びの実現に向けた授業改善

- ・　学校教育を通して育成を目指す資質・能力を「知識及び技能」，「思考力，判断力，表現力等」，「学びに向かう力，人間性等」に再整理し，それらがバランスよく育まれるよう改善した。
- ・　言語能力，情報活用能力，問題発見・解決能力等の学習の基盤となる資質・能力や，現代的な諸課題に対応して求められる資質・能力が教科等横断的な視点に基づき育成されるよう改善した。
- ・　資質・能力の育成を目指し，主体的・対話的で深い学びの実現に向けた授業改善が推進されるよう改善した。
- ・　言語活動や体験活動，ICT等を活用した学習活動等を充実するよう改善した。

②　カリキュラム・マネジメントの充実

- ・　カリキュラム・マネジメントの実践により，校内研修の充実等が図られるよう，章立てを改善した。
- ・　生徒の実態等を踏まえて教育の内容や時間を配分し，授業改善や必要な人的・物的資源の確保などの創意工夫を行い，組織的・計画的な教育の質的向上を図るカリキュラム・マネジメントを推進するよう改善した。

③　生徒の調和的な発達の支援，家庭や地域との連携・協働
　　・　生徒一人一人の調和的な発達を支える視点から，ホームルーム経営や生徒指導，キャリア教育の充実について示した。
　　・　海外から帰国した生徒，日本語の習得に困難のある生徒への指導と教育課程の関係について示した。
　　・　教育課程外の学校教育活動である部活動について，教育課程との関連が図られるようにするとともに，持続可能な運営体制が整えられるようにすることを示した。
　　・　教育課程の実施に当たり，家庭や地域と連携・協働していくことを示した。

④　重複障害者等に関する教育課程の取扱い
　　・　カリキュラム・マネジメントの視点から，本規定を適用する際の基本的な考え方を整理して示した。

(2) 構成の大幅な見直しと内容の主な改善事項

　今回の改訂においては，カリキュラム・マネジメントの実現に資するよう，総則の構成を大幅に見直した。すなわち，各学校における教育課程の編成や実施等に関する流れを踏まえて総則の項目立てを改善することで，校内研修等を通じて各学校がカリキュラム・マネジメントを円滑に進めていくことができるようにしている。

　上記の観点から，総則は以下のとおりの構成としている。
　第1節　教育目標
　第2節　教育課程の編成
　　第1款　高等部における教育の基本と教育課程の役割
　　第2款　教育課程の編成
　　第3款　教育課程の実施と学習評価
　　第4款　単位の修得及び卒業の認定
　　第5款　生徒の調和的な発達の支援
　　第6款　学校運営上の留意事項
　　第7款　道徳教育に関する配慮事項
　　第8款　重複障害者等に関する教育課程の取扱い
　　第9款　専攻科

　それぞれの款の内容及び主な改善事項を以下に示す。

ア　教育目標（第1章第1節）

　　特別支援学校については，学校教育法第72条を踏まえ，学習指導要領において教育目標を示している。学校教育法第51条に規定する高等学校教育の目標とともに，生徒の障害による学習上又は生活上の困難を改善・克服し自立を図るために必要な知識，技能，態度及び習慣を養うという目標の達成に努めることを示している。

イ　高等部における教育の基本と教育課程の役割（第1章第2節第1款）

　　従前，「一般方針」として規定していた内容を再整理し，教育課程編成の原則（第1章第2節第1款の1）を示すとともに，生徒に生きる力を育む各学校の特色ある教育活動の展開（確かな学力，豊かな心，健やかな体，自立活動）（第1章第2節第1款の2），育成を目指す資質・能力（第1章第2節第1款の3），就業やボランティアに関わる体験的な学習の指導（第1章第2節第1款の4），カリキュラム・マネジメントの充実（第1章第2節第1款の5）について示している。

　　今回の改訂における主な改善事項としては，育成を目指す資質・能力を，①知識及び技能，②思考力，判断力，表現力等，③学びに向かう力，人間性等の三つの柱で整理したこと，各学校が教育課程に基づき組織的かつ計画的に各学校の教育活動の質の向上を図るカリキュラム・マネジメントの充実について明記したことが挙げられる。これは，今回の改訂全体の理念とも深く関わるものである。

　　なお，就業やボランティアに関わる体験的な学習の指導については，従前同様適切に行うこととし，それらを通じて，「勤労の尊さ」，「創造することの喜び」の体得，「望ましい勤労観，職業観」の育成，「社会奉仕の精神」の涵養を図ることとしている。

ウ　教育課程の編成（第1章第2節第2款）

　　各学校の教育目標と教育課程の編成（第1章第2節第2款の1），教科等横断的な視点に立った資質・能力の育成（第1章第2節第2款の2），教育課程の編成における共通的事項（第1章第2節第2款の3），学部段階間及び学校段階等間の接続（第1章第2節第2款の4）について示している。

　　主な改善事項を以下に示す。

(ア) 各学校の教育目標と教育課程の編成（第1章第2節第2款の1）

　　　本項は，今回新たに加えたものである。各学校における教育課程の編成に当たって重要となる各学校の教育目標を明確に設定すること，教育課程の編成についての基本的な方針を家庭や地域と共有すべきこと，各学校の教育目標を設定する際に総合的な探究の時間について各学校の定

める目標との関連を図ることについて規定している。

(イ) 教科等横断的な視点に立った資質・能力の育成（第1章第2節第2款の2）

本項も，今回新たに加えたものである。生徒に「生きる力」を育むことを目指して教育活動の充実を図るに当たっては，言語能力，情報活用能力，問題発見・解決能力等の学習の基盤となる資質・能力や，現代的な諸課題に対応して求められる資質・能力を教科等横断的に育成することが重要であることを示している。

(ウ) 教育課程の編成における共通的事項（第1章第2節第2款の3）

(1)視覚障害者，聴覚障害者，肢体不自由者又は病弱者である生徒に対する教育を行う特別支援学校における各教科・科目等の履修，(2)知的障害者である生徒に対する教育を行う特別支援学校における各教科等の履修等，(3)選択履修の趣旨を生かした適切な教育課程の編成，(4)各教科・科目等又は各教科等の内容等の取扱い，(5)指導計画の作成に当たっての配慮すべき事項，(6)キャリア教育及び職業教育に関して配慮すべき事項の6項目で再整理して示すなど構成の改善を図っている。

また，高等学校に準じ「共通性の確保」と「多様性への対応」を軸に，視覚障害者，聴覚障害者，肢体不自由者又は病弱者である生徒に対する教育を行う特別支援学校の高等部において育成を目指す資質・能力を踏まえて教科・科目等の構成の見直しを図っている。一方で，標準単位数の範囲内で合計が最も少なくなるように履修した際の必履修教科・科目の単位数の合計（35単位）や専門学科（専門教育を主とする学科をいう。以下同じ。）において全ての生徒に履修させる専門教科・科目（第1章第2款の3の(1)のアの(ウ)に掲げる各教科・科目，同表に掲げる教科に属する学校設定科目及び専門教育に関する学校設定教科に関する科目をいう。以下同じ。）の単位数の下限（25単位）については従前と変更しておらず，高等部において共通に履修しておくべき内容は，引き続き担保しているところである。

(エ) 学部段階間及び学校段階等間の接続（第1章第2節第2款の4）

本項は，今回新たに加えたものである。初等中等教育全体を見通しながら，教育課程に基づく教育活動を展開する中で，生徒に求められる資質・能力がバランスよく育まれるよう，卒業後の進路を含めた学部段階間及び学校段階等の接続について明記したものである。

エ 教育課程の実施と学習評価（第1章第2節第3款）

各学校におけるカリキュラム・マネジメントの充実のためには，教育課程の編成のみならず，実施，評価，改善の過程を通じて教育活動を充実し

ていくことが重要である。

今回の改訂においては，カリキュラム・マネジメントに資する観点から，教育課程の実施及び学習評価について独立して項目立てを行い，主体的・対話的で深い学びの実現に向けた授業改善（第1章第2節第3款の1）及び学習評価の充実（第1章第2節第3款の3）について規定している。

主な改善事項を以下に示す。

(ア) 主体的・対話的で深い学びの実現に向けた授業改善（第1章第2節第3款の1）

今回の改訂では，育成を目指す資質・能力を確実に育むため，単元や題材な内容や時間のまとまりを見通しながら，生徒の主体的・対話的で深い学びの実現に向けた授業改善を行うことを明記した。加えて，言語環境の整備と言語活動の充実，コンピュータ等や教材・教具の活用，見通しを立てたり振り返ったりする学習活動，体験活動，学校図書館，地域の公共施設の利活用について，各教科・科目等又は各教科等の指導に当たっての配慮事項として整理して示している。

(イ) 学習評価の充実（第1章第2第3款の3）

学習評価は，学校における教育活動に関し，生徒の学習状況を評価するものである。生徒の学習の成果を的確に捉え，教師が指導の改善を図るとともに，生徒自身が自らの学習を振り返って次の学習に向かうことができるためにも，学習評価の在り方は重要であり，教育課程や学習・指導方法の改善と一貫性のある取組を進めることが求められる。今回の改訂においては，こうした点を踏まえ，学習評価に関する記載を充実している。

また，カリキュラム・マネジメントを推進する観点から，個別の指導計画に基づいて行われた学習状況や結果を適切に評価し，指導目標や指導内容，指導方法の改善に努め，より効果的な指導ができるようにすることについて新たに示している。

オ　単位の修得及び卒業の認定（第1章第2節第4款）

本項については，視覚障害者，聴覚障害者，肢体不自由者又は病弱者である生徒に対する教育を行う特別支援学校及び知的障害者である生徒に対する教育を行う特別支援学校それぞれに整理して示している。

なお，学校教育法施行規則等においては，学校外における学修等について単位認定を可能とする制度が設けられており，それらの制度についても適切な運用がなされるよう，本解説第2編第2部第1章第5節に説明を加えている。

カ　生徒の調和的な発達の支援（第1章第2節第5款）

　　今回の改訂においては，生徒の調和的な発達の支援の観点から，従前の規定を再整理して独立して項目立てを行うとともに，記載の充実を図っている。具体的には，生徒の発達を支える指導の充実，特別な配慮を必要とする生徒への指導及び個別の教育支援計画などについて規定しているところである。

　　主な改善事項を以下に示す。

（ア）生徒の調和的な発達を支える指導の充実（第1章第2節第5款の1）

　　生徒一人一人の調和的な発達を支える視点から，ホームルーム経営や生徒指導，キャリア教育の充実と教育課程との関係について明記するとともに，個に応じた指導の充実に関する記載を充実した。

（イ）特別な配慮を必要とする生徒への指導（第1章第2節第5款の2）

　　海外から帰国した生徒などの学校生活への適応や，日本語の習得に困難のある生徒に対する日本語指導など，特別な配慮を必要とする生徒への対応について明記した。

キ　学校運営上の留意事項（第1章第2節第6款）

　　各学校におけるカリキュラム・マネジメントの充実に資するよう，「教育課程を実施するに当たって何が必要か」という観点から，教育課程の改善と学校評価等，教育課程外の活動との連携等（第1章第2節第6款の1），家庭や地域社会との連携及び協働と学校間の連携（第1章第2節第6款の2）について記載を充実している。

　　具体的には，教育課程の編成及び実施に当たっての各分野における学校の全体計画等との関連，教育課程外の学校教育活動（特に部活動）と教育課程の関連，教育課程の実施に当たっての家庭や地域との連携・協働について記載を充実している。

ク　道徳教育に関する配慮事項（第1章第2節第7款）

　　小・中学部学習指導要領総則と同様に，道徳教育の充実の観点から，高等部における道徳教育推進上の配慮事項を第7款としてまとめて示すこととした。

　　詳細は，次節に記載している。

ケ　重複障害者等に関する教育課程の取扱い（第1章第2節第8款）

　　カリキュラム・マネジメントの視点から，本規定を適用する際の基本的な考え方を整理して示した。

(3) 各教科・科目及び各教科

① 視覚障害者，聴覚障害者，肢体不自由者及び病弱者である生徒に対する教育を行う特別支援学校

- ・ 各教科・科目等の目標及び内容等について，高等学校に準ずることは従前と同様であるが，生徒の障害の種類と程度に応じた指導の一層の充実を図るため，各障害種別に示されている指導上の配慮事項について改善及び充実を図った。

② 知的障害者である生徒に対する教育を行う特別支援学校

- ・ 各教科の目標及び内容について，育成を目指す資質・能力の三つの柱に基づき整理した。その際，各段階，小学校，中学校及び高等学校とのつながりに留意し，各教科の目標及び内容等の見直しを行った。
- ・ 各段階に目標を設定した。
- ・ 段階ごとの内容を充実するとともに，教科ごとの指導計画の作成と内容の取扱いを新たに示した。

(4) 道徳科

知的障害者である生徒に対する教育を行う特別支援学校における，従前までの道徳を「特別の教科　道徳」と改めた。

指導計画の作成に当たって，各教科等との関連を密にしながら，経験の拡充を図り，豊かな道徳的心情を育て，将来の生活を見据え，広い視野に立って道徳的判断や行動ができるようにすることを新たに示した。

(5) 総合的な探究の時間

従前までの総合的な学習の時間を総合的な探究の時間と改めた。

総合的な探究の時間の目標及び内容等については，高等学校に準ずることは従前と同様であるが，知的障害者である生徒に対する配慮事項を新たに示した。

(6) 自立活動

① 内容

今回の改訂では，六つの区分は従前と同様であるが，発達障害や重複障害を含めた障害のある生徒の多様な障害の種類や状態等に応じた指導を一層充実するため，「1健康の保持」の区分に「(4)障害の特性の理解と生活環境の調整に関すること。」の項目を新たに示した。

また，自己の理解を深め，主体的に学ぶ意欲を一層伸長するなど，発達の段階を踏まえた指導を充実するため，「4環境の把握」の区分の下に設

けられていた「(2) 感覚や認知の特性への対応に関すること。」の項目を「(2) 感覚や認知の特性についての理解と対応に関すること。」と改めた。

さらに，「(4) 感覚を総合的に活用した周囲の状況の把握に関すること。」の項目を「(4) 感覚を総合的に活用した周囲の状況についての把握と状況に応じた行動に関すること。」と改めた。

② 個別の指導計画の作成と内容の取扱い

今回の改訂では，個別の指導計画の作成について更に理解を促すため，実態把握から指導目標や具体的な指導内容の設定までの手続きの中に「指導すべき課題」を明確にすることを加え，手続きの各過程を整理する際の配慮事項をそれぞれ示した。

また，生徒自身が活動しやすいように環境や状況に対する判断や調整をする力を育むことが重要であることから，「個々の生徒に対し，自己選択・自己決定する機会を設けることによって，思考・判断・表現する力を高めることができるような指導内容を取り上げること。」を新たに示した。

さらに，生徒自らが，自立活動の学習の意味を将来の自立と社会参加に必要な資質・能力との関係において理解したり，自立活動を通して，学習上又は生活上の困難をどのように改善・克服できたか自己評価につなげたりしていくことが重要であることから，「個々の生徒が，自立活動における学習の意味を将来の自立や社会参加に必要な資質・能力との関係において理解し，取り組めるような指導内容を取り上げること。」を新たに示した。

1　高等部における道徳教育に係る改訂の基本方針と要点

(1) 改訂の基本方針

　今回の改訂は，平成28年12月の中央教育審議会の答申を踏まえ，次のような方針の下で行った。

　視覚障害者，聴覚障害者，肢体不自由者又は病弱者である生徒に対する教育を行う特別支援学校の高等部における道徳教育は，人間としての在り方生き方に関する教育として，学校の教育活動全体を通じて行うというこれまでの基本的な考え方は今後も引き継ぐとともに，各学校や生徒の実態に応じて重点化した道徳教育を行うために，校長の方針の下，高等部において道徳教育推進を主に担当する教師（以下「道徳教育推進教師」という。）を新たに位置付けた。

　また，高等部の道徳教育の目標等については，先に行われた小学部・中学部学習指導要領の改訂を踏まえつつ，学校の教育活動全体を通じて，答えが一つではない課題に誠実に向き合い，それらを自分のこととして捉え，他者と協働しながら自分の答えを見いだしていく思考力，判断力，表現力等や，これらの基になる主体性を持って多様な人々と協働して学ぶ態度の育成が求められていることに対応し，公民科に新たに設けられた「公共」及び「倫理」並びに特別活動を，人間としての在り方生き方に関する教育を通して行う高等部の道徳教育の中核的な指導の場面として関連付けるなど改善を行う。

　知的障害者である生徒に対する教育を行う特別支援学校における道徳教育においては，これまでの「道徳の時間」を要^{かなめ}として学校の教育活動全体を通じて行うという道徳教育の基本的な考え方を，今後も引き継ぐとともに，道徳の時間を「特別の教科である道徳」として新たに位置付けた。

　それに伴い，目標を明確で理解しやすいものにするとともに，道徳教育の目標は，最終的には「道徳性」を養うことであることを前提としつつ，各々の役割と関連性を明確にした。

(2) 改訂の要点

　今回の特別支援学校高等部学習指導要領においては，総則の中で，道徳教育に関連して以下のとおり改善を図っている。

ア　高等部における教育の基本と教育課程の役割

　　道徳教育の目標について，「人間としての在り方生き方を考え，主体的な判断の下に行動し，自立した人間として他者と共によりよく生きるための基盤となる道徳性を養うこと」と簡潔に示した。また，道徳教育を進めるに当たっての留意事項として，道徳教育の目標を達成するための諸条件を示しながら「主体性のある日本人の育成に資することとなるよう特に留意すること」とした。また，第1章第2節第7款を新たに設け，小・中学部と同様に，道徳教育推進上の配慮事項を示した。

イ　道徳教育に関する配慮事項

　　学校における道徳教育は，学校の教育活動全体を通じて行うものであることから，その配慮事項を以下のように付け加えた。

(ア) 道徳教育は，学校の教育活動全体で行うことから，全体計画の作成においては，校長の方針の下に，道徳教育推進教師を中心に，全教師が協力して道徳教育を行うこと。その際，視覚障害者，聴覚障害者，肢体不自由者又は病弱者である生徒に対する教育を行う特別支援学校においては，公民科の「公共」及び「倫理」並びに特別活動が，人間としての在り方生き方に関する中核的な指導の場面であることを示した。

(イ) 知的障害者である生徒に対する教育を行う特別支援学校における道徳教育は，道徳科の指導方針及び道徳科に示す内容との関連を踏まえた各教科，総合的な探究の時間，特別活動及び自立活動における指導の内容及び時期並びに家庭や地域社会との連携の方法を示すことを示した。

(ウ) 各学校において指導の重点化を図るために，高等部において道徳教育を進めるに当たっての配慮事項を示した。

(エ) 就業体験活動やボランティア活動，自然体験活動，地域の行事への参加などの豊かな体験の充実とともに，道徳教育がいじめの防止や安全の確保等に資するよう留意することを示した。

(オ) 学校の道徳教育の全体計画や道徳教育に関する諸活動などの情報を積極的に公表すること，家庭や地域社会との共通理解を深め，相互の連携を図ることを示した。

第2編

高等部学習指導要領解説

第1章　教育課程の基準

第1節　教育課程の意義

　教育課程は，日々の指導の中でその存在があまりにも当然のこととなっており，その意義が改めて振り返られる機会は多くはないが，各学校の教育活動の中核として最も重要な役割を担うものである。教育課程の意義については様々な捉え方があるが，学校において編成する教育課程については，学校教育の目的や目標を達成するために，教育の内容を生徒の心身の発達に応じ，授業時数との関連において総合的に組織した各学校の教育計画であると言うことができ，その際，学校の教育目標の設定，指導内容の組織及び授業時数の配当が教育課程の編成の基本的な要素になってくる。

　学校教育の目的や目標は教育基本法及び学校教育法に示されている。まず，教育基本法においては，教育の目的（第1条）及び目標（第2条）とともに，学校教育の基本的役割（第6条第2項）が定められている。これらの規定を踏まえ，学校教育法においては，特別支援学校の目的（第72条）が定められており，この目的を達成するために特別支援学校高等部学習指導要領において，教育目標（第1章第1節）を定めている。

　これらの規定を踏まえ，学校教育法施行規則においては，視覚障害者，聴覚障害者，肢体不自由者又は病弱者である生徒に対する教育を行う場合は，各学科に共通する各教科として，国語，地理歴史，公民，数学，理科，保健体育，芸術，外国語，家庭，情報及び理数を，主として専門学科において開設される各教科として，農業，工業，商業，水産，家庭，看護，情報，福祉，理数，体育，音楽，美術及び英語を示しており，これらの教科並びに総合的な探究の時間，特別活動及び自立活動によって教育課程を編成することとしている。知的障害者である生徒に対する教育を行う場合は，各学校に共通する各教科として，国語，社会，数学，理科，音楽，美術，保健体育，職業，家庭，外国語及び情報を，主として専門学科において開設される各教科として家政，農業，工業，流通・サービス及び福祉の各教科を示しており，これらの教科，道徳科，総合的な探究の時間，特別活動及び自立活動によって教育課程を編成することとしている。

　各学校においては，こうした法令で定められている教育の目的や目標などに基

づき，生徒や学校，地域の実態に即し，学校教育全体や各教科・科目等又は各教科等の指導を通して育成を目指す資質・能力を明確にすること（第1章第2節第1款の3）や，各学校の教育目標を設定（第1章第2節第2款の1）することが求められ，それらを実現するために必要な各教科・科目等又は各教科等の教育の内容を，教科等横断的な視点をもちつつ，学年相互の関連を図りながら組織する必要がある。

　授業時数は，教育の内容との関連において定められるべきものであるが，学校教育は一定の時間内において行わなければならないので，その配当は教育課程の編成上重要な要素になってくる。

　視覚障害者，聴覚障害者，肢体不自由者又は病弱者である生徒に対する教育を行う特別支援学校高等部の各教科・科目は，小・中学部が準ずる小・中学校の各教科のように，標準授業時数を学校教育法施行規則に定めているのではなく，単位制を採用して，1単位の算定に必要な一定の単位時間数，すなわち1単位当たりの授業時数を定めている。したがって，特別支援学校高等部の各教科・科目及び総合的な探究の時間における授業時数の配当は，その標準単位数等に基づいて，内容との関連を踏まえつつ具体的な単位数を配当することが重要である。

　また，知的障害者である生徒に対する教育を行う特別支援学校の授業時数については，学習指導要領の総則においてその取扱いを定めているので，各学校はそれを踏まえ授業時数を定めなければならない。

　各学校においては，以上のことを踏まえ，教育基本法や学校教育法をはじめとする教育課程に関する法令に従い，学校教育全体や各教科・科目等又は各教科等の目標やねらいを明確にし，それらを実現するために必要な教育の内容を，教科等横断的な視点をもちつつ，各教科・科目等又は各教科等の相互の関連を図りながら，授業時数との関連において総合的に組織していくことが求められる。こうした教育課程の編成は，第1章第2節第1款の5に示すカリキュラム・マネジメントの一環として行われるものであり，総則の項目立てについては，各学校における教育課程の編成や実施等に関する流れを踏まえて，①高等部における教育の基本と教育課程の役割（第1章第2節第1款），②教育課程の編成（第1章第2節第2款），③教育課程の実施と学習評価（第1章第2節第3款），④単位の修得及び卒業の認定（第1章第2節第4款），⑤生徒の調和的な発達の支援（第1章第2節第5款），⑥学校運営上の留意事項（第1章第2節第6款），⑦道徳教育に関する配慮事項（第1章第2節第7款），⑧重複障害者等に関する教育課程の取扱い（第1章第2節第8款），⑨専攻科（第1章第2節第9款）としているところである。

25

第2節　教育課程に関する法制

● 1　教育課程とその基準

　学校教育が組織的，継続的に実施されるためには，学校教育の目的や目標を設定し，その達成を図るための教育課程が編成されなければならない。

　特別支援学校高等部は義務教育ではないが，また，公の性質を有する（教育基本法第6条第1項）ものであるから，全国的に一定の教育水準を確保し，全国どこにおいても同水準の教育を受けることのできる機会を国民に保障することが要請される。このため，特別支援学校における教育の目的や目標を達成するために各学校において編成，実施される教育課程について，国として一定の基準を設けて，ある限度において国全体としての統一性を保つことが必要となる。

　一方，教育は，その本質からして生徒の障害の状態や特性及び心身の発達の段階等並びに学校や地域の実態に応じて効果的に行われることが大切であり，また，各学校において教育活動を効果的に展開するためには，学校や教師の創意工夫に負うところが大きい。

　このような観点から，学習指導要領は，法規としての性格を有するものとして，教育の内容等について必要かつ合理的な事項を大綱的に示しており，各学校における指導の具体化については，学校や教職員の裁量に基づく多様な創意工夫を前提としている。前文において，「学習指導要領とは，こうした理念の実現に向けて必要となる教育課程の基準を大綱的に定めるものである。学習指導要領が果たす役割の一つは，公の性質を有する学校における教育水準を全国的に確保することである。また，各学校がその特色を生かして創意工夫を重ね，長年にわたり積み重ねられてきた教育実践や学術研究の蓄積を生かしながら，生徒や地域の実態や課題を捉え，家庭や地域社会と協力して，学習指導要領を踏まえた教育活動の更なる充実を図っていくことも重要である」としているのも，こうした観点を反映したものである。

　具体的には，全ての生徒に対して指導するものとして学習指導要領に示している内容を確実に指導した上で，生徒の学習状況などその実態等に応じて必要がある場合には，各学校の判断により，学習指導要領に示していない内容を加えて指導することも可能である（学習指導要領の「基準性」）。また，これまでどおり学校設定教科・科目（知的障害者である生徒の対する教育を行う特別支援学校においては学校設定教科）を設けたり，授業の1単位時間を弾力的に運用したりすることを可能としていること，総合的な探究の時間における各学校

の創意工夫を重視していることなどにも変更はない。

　各学校においては，国として統一性を保つために必要な限度で定められた基準に従いながら，創意工夫を加えて，生徒や学校，地域の実態に即した教育課程を責任をもって編成，実施することが必要である。

　また，教育委員会は，それらの学校の主体的な取組を支援していくことに重点を置くことが大切である。

● 2　教育課程に関する法令

　我が国の学校制度は，日本国憲法の精神にのっとり，学校教育の目的や目標及び教育課程について，法令で種々の定めがなされている。

(1) 教育基本法

　教育の目的（第1条），教育の目標（第2条），生涯学習の理念（第3条），教育の機会均等（第4条），義務教育（第5条），学校教育（第6条），私立学校（第8条），教員（第9条），幼児期の教育（第11条），学校，家庭及び地域住民等の相互の連携協力（第13条），政治教育（第14条），宗教教育（第15条），教育行政（第16条），教育振興基本計画（第17条）などについて定めている。

(2) 学校教育法，学校教育法施行規則

　学校教育法では，教育基本法における教育の目的及び目標並びに義務教育の目的に関する規定を踏まえ，義務教育の目標が10号にわたって規定されている（第21条）。その上で，特別支援学校の目的については，「視覚障害者，聴覚障害者，知的障害者，肢体不自由者又は病弱者（身体虚弱者を含む。以下同じ。）に対して，幼稚園，小学校，中学校又は高等学校に準ずる教育を施すとともに，障害による学習上又は生活上の困難を克服し自立を図るために必要な知識技能を授ける」（第72条）と定められている。さらに，この規定に従い，文部科学大臣が特別支援学校の幼稚部の教育課程その他の保育内容，小学部及び中学部の教育課程又は高等部の学科及び教育課程に関する事項を，幼稚園，小学校，中学校又は高等学校に準じて定めることになっている（第77条）。

　なお，教育基本法第2条（教育の目標），学校教育法第21条（義務教育の目標），第23条（幼稚園の教育目標），第30条（小学校教育の目標），第46条（中学校教育の目標）及び第51条（高等学校教育の目標）は，いずれも「目標を達成するよう行われるものとする」と規定している。これらは，児

27

童生徒が目標を達成することを義務付けるものではないが，教育を行う者は「目標を達成するよう」に教育を行う必要があることに留意する必要がある。

　この学校教育法の規定に基づいて，文部科学大臣は，学校教育法施行規則において，特別支援学校の小学部，中学部及び高等部の教育課程について，その基本的な要素である各教科等の種類（第126条～第128条）や教育課程編成の特例（第130条・第131条）を定めている。これらの定めのほか，特別支援学校の幼稚部の教育課程及びその他の保育内容，小・中学部，高等部の教育課程については，教育課程その他の教育内容の基準又は教育課程の基準として文部科学大臣が別に公示する特別支援学校幼稚部教育要領，特別支援学校小学部・中学部学習指導要領及び特別支援学校高等部学習指導要領によらなければならないこと（第129条）を定めている。

(3) 学習指導要領

　学校教育法第77条及び学校教育法施行規則第129条の規定に基づいて，文部科学大臣は特別支援学校高等部学習指導要領を告示という形式で定めている。学校教育法施行規則第129条が「特別支援学校の幼稚部の教育課程その他の保育内容並びに小学部，中学部及び高等部の教育課程については，この章に定めるもののほか，教育課程その他の保育内容又は教育課程の基準として文部科学大臣が別に公示する特別支援学校幼稚部教育要領，特別支援学校小学部・中学部学習指導要領及び特別支援学校高等部学習指導要領によるものとする。」と示しているように，学習指導要領は，特別支援学校高等部における教育について一定の水準を確保するために法令に基づいて国が定めた教育課程の基準であるので，各学校の教育課程の編成及び実施に当たっては，これに従わなければならないものである。

　前述のとおり，学習指導要領は「基準性」を有することから，全ての生徒に対して指導するものとして学習指導要領に示している内容を確実に指導した上で，生徒の学習状況などその実態等に応じて必要がある場合には，各学校の判断により，学習指導要領に示していない内容を加えて指導することも可能である（第1章第2節第2款の3の(4)のア）。また，各教科・科目等又は各教科等の指導の順序について適切な工夫を行うこと（第1章第2節第2款の3の(4)のイ）や，授業の1単位時間の設定や時間割の編成を弾力的に行うこと（第1章第2節第2款の3の(1)のウの(カ)及び(2)のイの(ク)），総合的な探究の時間において目標や内容を各学校で定めることなど，学校や教職員の創意工夫が重視されているところである。

　さらに，生徒の障害の状態や特性及び心身の発達の段階等に応じた教育課程を編成できるように，重複障害者等に関する教育課程の取扱いを示してい

るところである。

今回の改訂においては，後述するとおり，各教科・科目等又は各教科等の目標や内容について，第1章第2節第1款の3の (1) から (3) までに示す，資質・能力の三つの柱に沿って再整理している。この再整理は，各教科・科目等又は各教科等において示す目標，内容等の範囲に影響を及ぼすものではなく，それらを資質・能力の観点から改めて整理し直したものである。したがって各教科・科目等又は各教科等の目標，内容等が中核的な事項にとどめられていること，各学校の創意工夫を加えた指導の展開を前提とした大綱的なものとなっていることは従前と同様である。

(4) 地方教育行政の組織及び運営に関する法律

公立の特別支援学校においては，以上のほか，地方教育行政の組織及び運営に関する法律による定めがある。すなわち，教育委員会は，学校の教育課程に関する事務を管理，執行し（第21条第5号），法令又は条例に違反しない限度において教育課程について必要な教育委員会規則を定めるものとする（第33条第1項）とされている。この規定に基づいて，教育委員会が教育課程について規則などを設けている場合には，学校はそれに従って教育課程を編成しなければならない。

私立の特別支援学校においては，学校教育法（第82条において準用する第44条）及び私立学校法（第4条）の規定により，都道府県知事が所轄庁であり，教育課程を改める際には都道府県知事に対して学則変更の届出を行うこととなっている（学校教育法施行令第27条の2）。また，地方教育行政の組織及び運営に関する法律（第27条の5）の規定により，都道府県知事が私立学校に関する事務を管理，執行するに当たり，必要と認めるときは，当該都道府県の教育委員会に対し，学校教育に関する専門的事項について助言又は援助を求めることができる。

各学校においては，以上の法体系の全体を理解して教育課程の編成及び実施に当たっていくことが求められる。

第1章　教育課程の編成及び実施

　第1章総則においては，教育目標を定めるとともに，教育課程の編成，実施について各教科・科目等又は各教科等にわたる通則的事項を示している。各学校においては，これらの総則に示されている事項に従い，創意工夫を生かして教育課程を編成し，実施していく必要がある。

第1節　教育目標

> ### 第1節　教育目標
>
> 　高等部における教育については，学校教育法第72条に定める目的を実現するために，生徒の障害の状態や特性及び心身の発達の段階等を十分考慮して，次に掲げる目標の達成に努めなければならない。
> 1　学校教育法第51条に規定する高等学校教育の目標
> 2　生徒の障害による学習上又は生活上の困難を改善・克服し自立を図るために必要な知識，技能，態度及び習慣を養うこと。

○学校教育法
第72条　特別支援学校は，視覚障害者，聴覚障害者，知的障害者，肢体不自由者又は病弱者（身体虚弱者を含む。以下同じ。）に対して，幼稚園，小学校，中学校又は高等学校に準ずる教育を施すとともに，障害による学習上又は生活上の困難を克服し自立を図るために必要な知識技能を授けることを目的とする。

　教育基本法には教育の目的（第1条）及び教育の目標（第2条）が定められ，学校教育法には，高等学校の目的（第50条）及び教育の目標（第51条）並びに特別支援学校の目的（第72条）が定められており，この目的を実現するために総則において教育目標を定めている。

すなわち，「高等部における教育については，学校教育法第72条に定める目的を実現するために，」として，教育目標が特別支援学校の目的を実現するために限定されることを明らかにするとともに，この目標の達成に当たっては，「生徒の障害の状態及び特性等を十分考慮」すべきことを明示した。また，教育目標は次の2項目にわたって示されている。

特別支援学校の高等部の教育目標については，1において示すとおり，学校教育法第72条の前段「....高等学校に準ずる教育を施す」という規定の意味を明らかにしたものである。つまり，特別支援学校の高等部の教育目標については，高等学校教育の目標（第51条）と同一の目標の達成に努めなければならないことを示している。

また，高等学校教育は，中学校における教育の基礎の上に，心身の発達及び進路に応じて，高度な普通教育及び専門教育を施すこと（第50条）とされており，高等部における教育についても同様である。

○学校教育法
第50条　高等学校は，中学校における教育の基礎の上に，心身の発達及び進路に応じて，高度な普通教育及び専門教育を施すことを目的とする。
第51条　高等学校における教育は，前条に規定する目的を実現するため，次に掲げる目標を達成するよう行われるものとする。
一　義務教育として行われる普通教育の成果を更に発展拡充させて，豊かな人間性，創造性及び健やかな身体を養い，国家及び社会の形成者として必要な資質を養うこと。
二　社会において果たさなければならない使命の自覚に基づき，個性に応じて将来の進路を決定させ，一般的な教養を高め，専門的な知識，技術及び技能を習得させること。
三　個性の確立に努めるとともに，社会について，広く深い理解と健全な批判力を養い，社会の発展に寄与する態度を養うこと。

2は，第72条の後段「障害による学習上又は生活上の困難を克服し自立を図るために必要な知識技能を授けることを目的とする。」を受けて設定されたものである。すなわち，特別支援学校の高等部は，高等学校教育と同一の目標を掲げていることに加え，障害による学習上又は生活上の困難を改善・克服し，自立を図るために必要な知識，技能を授けることを目的としているのである。

したがって，特別支援学校の高等部における教育については，高等学校における教育にはない特別の指導領域である自立活動が必要であると同時に，それが特に重要な意義をもつものと言える。2は，このような観点から定められたもので

あって，人間形成を図る上で障害による学習上又は生活上の困難を改善・克服し自立を図るために必要な知識，技能，態度を養うことから，その習慣の形成に至るまでを目指している。

　特別支援学校の高等部における教育の目的や目標については，以上のように教育基本法，学校教育法及び高等部学習指導要領において，一般的な定めがなされているので，各学校において，当該学校の教育目標を設定する場合には，これらを基盤としながら，地域や学校の実態に即した教育目標を設定する必要がある。

● 1　教育課程の編成の原則（第1章第2節第1款の1）

第2節　教育課程の編成

第1款　高等部における教育の基本と教育課程の役割

1　各学校においては，教育基本法及び学校教育法その他の法令並びにこの章以下に示すところに従い，生徒の人間として調和のとれた育成を目指し，生徒の障害の状態や特性及び心身の発達の段階等，学科の特色及び学校や地域の実態を十分考慮して，適切な教育課程を編成するものとし，これらに掲げる目標を達成するよう教育を行うものとする。

第1節
教育目標

第2節
高等部における
教育の基本と教
育課程の役割

(1) 教育課程の編成の主体

　教育課程の編成主体については，第1章第2節第1款の1において「各学校においては，適切な教育課程を編成するものとし」と示している。また，第1章第2節第1款の2では，学校の教育活動を進めるに当たっては，各学校において「創意工夫を生かした特色ある教育活動を展開する」ことが示されており，教育課程の編成における学校の主体性を発揮する必要性が強調されている。

　学校において教育課程を編成するということは，学校教育法（第82条において準用する第37条第4項）において「校長は，校務をつかさどり，所属職員を監督する。」と規定されていることから，学校の長たる校長が責任者となって編成するということである。これは権限と責任の所在を示したものであり，学校は組織体であるから，教育課程の編成作業は，当然ながら全教職員の協力の下に行わなければならない。総合的な探究の時間をはじめとして，創意工夫を生かした教育課程を各学校で編成することが求められており，ホームルーム，学年や学部の枠を超えて教師同士が連携協力することがますます重要となっている。

　各学校には，校長，副校長，教頭のほかに教務主任をはじめとして各主任等が置かれ，それらの担当者を中心として全教職員がそれぞれ校務を分担処理している。各学校の教育課程は，これらの学校の運営組織を生かし，各教職員がそれぞれの分担に応じて十分研究を重ねるとともに教育課程全体のバ

ランスに配慮しながら，創意工夫を加えて編成することが大切である。また，校長は，学校全体の責任者として指導性を発揮し，家庭や地域社会との連携を図りつつ，学校として統一のある，しかも一貫性をもった教育課程の編成を行うよう努めることが必要である。

(2) 教育課程の編成の原則

本項が規定する「これらに掲げる目標」とは，学習指導要領を含む教育課程に関する法令及び各学校が編成する教育課程が掲げる目標を指すものである。また，「目標を達成するよう教育を行うものとする」の規定は，前述のとおり，教育基本法第2条（教育の目標），学校教育法第51条（高等学校教育の目標）が，「目標を達成するよう行われるものとする」と規定していることを踏まえたものであり，生徒が目標を達成することを義務付けるものではないが，教育を行う者は，これらに掲げる目標を達成するように教育を行う必要があることを示したものである。

本項は，そうした教育を行うための中核となる教育課程を編成するに当たって，次の2点が編成の原則となることを示している。

ア　教育基本法及び学校教育法その他の法令並びに学習指導要領の示すところに従うこと

学校において編成される教育課程については，公教育の立場から，本解説第2編第1部第1章第2節の2において説明したとおり法令により種々の定めがなされている。本項が規定する「教育基本法及び学校教育法その他の法令」とは，教育基本法，学校教育法，学校教育法施行規則，地方教育行政の組織及び運営に関する法律等の法令であり，各学校においては，これらの法令に従って編成しなければならない。

なお，学校における政治教育及び宗教教育については，教育基本法に次のように規定されているので，各学校において教育課程を編成，実施する場合にも当然これらの規定に従わなければならない。

○教育基本法

（政治教育）

第14条　良識ある公民として必要な政治的教養は，教育上尊重されなければならない。

2　法律に定める学校は，特定の政党を支持し，又はこれに反対するための政治教育その他政治的活動をしてはならない。

（宗教教育）

第15条　宗教に関する寛容の態度，宗教に関する一般的な教養及び宗教の

社会生活における地位は，教育上尊重されなければならない。

2　国及び地方公共団体が設置する学校は，特定の宗教のための宗教教育その他宗教的活動をしてはならない。

　　次に，本項に規定する「この章以下に示すところ」とは，言うまでもなく学習指導要領を指している。

　　学習指導要領は，学校教育法第77条を受けた学校教育法施行規則第129条において「特別支援学校の幼稚部の教育課程その他の保育内容並びに小学部，中学部及び高等部の教育課程については，この章に定めるもののほか，教育課程その他の保育内容又は教育課程の基準として文部科学大臣が別に公示する特別支援学校幼稚部教育要領，特別支援学校小学部・中学部学習指導要領及び特別支援学校高等部学習指導要領によるものとする。」と示しているように，法令上の根拠に基づいて定められているものである。したがって，学習指導要領は，国が定めた教育課程の基準であり，各学校における教育課程の編成及び実施に当たって基準として従わなければならない。

　　教育課程は，生徒の障害の状態や特性及び心身の発達の段階等並びに学科の特色及び学校や地域の実態を考慮し，教師の創意工夫を加えて学校が編成するものである。教育課程の基準もその点に配慮して定められているので，教育課程の編成に当たっては，法令や学習指導要領の内容について十分理解するとともに創意工夫を加え，学校の特色を生かした教育課程を編成することが大切である。

イ　生徒の人間として調和のとれた育成を目指し，生徒の障害の状態や特性及び心身の発達の段階等並びに学校や地域の実態を十分考慮すること

　　前述アのとおり，学習指導要領は，法令上の根拠に基づいて国が定めた教育課程の基準であると同時に，その規定は大綱的なものであることから，学校において編成される教育課程は，生徒の障害の状態や特性及び心身の発達の段階等並びに学科の特色及び学校や地域の実態を考慮し，創意工夫を加えて編成されるものである。教育課程の基準もその点に配慮して定められているので，各学校においては，校長を中心として全教職員が連携協力しながら，学習指導要領を含む教育課程に関する法令の内容について十分理解するとともに創意工夫を加え，学校として統一のあるしかも特色をもった教育課程を編成することが大切である。

　　本項が規定する「生徒の人間としての調和のとれた育成を目指」すということは，まさに教育基本法や学校教育法の規定に根ざした学校教育の目的そのものであって，教育課程の編成もそれを目指して行わなければなら

ない。第１章総則においても，知・徳・体のバランスのとれた「生きる力」の育成（第１章第２節第１款の２）や，そのための知識及び技能の習得と，思考力，判断力，表現力等の育成，学びに向かう力，人間性等の涵養という，いわゆる資質・能力の三つの柱のバランスのとれた育成（第１章第２節第１款の３），中学部における教育又は中学校教育との接続や高等部卒業以降の教育や職業との円滑な接続など学部段階間及び学校段階等間の接続（第１章第２節第２款の４）など，生徒の発達の段階に応じた調和のとれた育成を重視していることに留意する必要がある。

次に，「生徒の障害の状態や特性及び心身の発達の段階等，学科の特色及び学校や地域の実態を十分考慮」するということは，各学校において教育課程を編成する場合には，生徒の障害の状態や特性及び心身の発達の段階等や学校，地域の実態を的確に把握し，それを，生徒の人間として調和のとれた育成を図るという観点から，学校の教育目標の設定，教育の内容等の組織，あるいは授業時数の配当などに十分反映させる必要があるということである。

(ア) 生徒の障害の状態や特性及び心身の発達の段階等

第１章第２節第１款の１の規定は，各学校において教育課程を編成する場合には，生徒の調和のとれた発達を図るという観点から，生徒の障害の状態や特性及び心身の発達の段階等を十分把握して，これを教育課程の編成に反映させることが必要であるということを強調したものである。

一般に，特別支援学校に在籍する生徒の障害の状態は多様であり，個人差が大きい。また，個々の生徒についてみると，心身の発達の諸側面に不均衡が見られることも少なくない。各学校においては，このような生徒の障害の状態や特性及び心身の発達の段階等を的確に把握し，これに応じた適切な教育を展開することができるよう十分配慮することが必要である。

高等部段階は，身体，心理面はもちろん，心身の全面にわたる発達が急激に進む時期である。また，義務教育の基礎の上に立って，自らの在り方生き方を考えさせ，将来の進路を選択する能力や態度を育成するとともに，社会についての認識を深め，興味・関心等に応じ将来の学問や職業の専門分野の基礎・基本の学習によって，個性の一層の伸長と自立を図ることが求められている。

これらを踏まえ，教育課程の編成に当たっては，生徒の一般的な発達の段階に即しながら，生徒の障害の状態とそれに起因する発達の遅れのみに目が向きがちであるが，能力・適性，興味・関心や性格，更には進

路の違いにも注目していくことが大切である。

　各学校においては，生徒の発達の過程などを的確に把握し，個々の生徒の障害の状態や特性及び心身の発達の段階等について十分配慮し，適切な教育課程を編成することが必要である。

　教育課程の編成に当たっては，こうした障害の状態や特性及び心身の発達の段階等に応じた課題を踏まえつつ，生徒一人一人の多様な資質・能力，適性等を的確に捉え，生徒一人一人の調和的な発達を支援していくことが重要である（第1章第2節第5款）。

(イ) 学科の特色を十分考慮すること

　第1章第2節第1款の1においては，「各学校においては，…学科の特色…を十分考慮して，適切な教育課程を編成する」と示している。

　ここでいう「学科」とは，普通科，専門学科（視覚障害者，聴覚障害者，肢体不自由者又は病弱者である生徒に対する教育を行う特別支援学校においては，農業科，工業科，商業科，理数科，音楽科，保健理療科，印刷科，理容・美容科，クリーニング科等，知的障害者である生徒に対する教育を行う特別支援学校においては，家政科，農業科，工業科，流通・サービス科，福祉科）のことである。

　もとより，高等部における教育としては，学科の別を問わず，その目標とするところに変わりはないが，教育課程としては，視覚障害者，聴覚障害者，肢体不自由者又は病弱者である生徒に対する教育を行う特別支援学校においては必履修教科・科目の履修や卒業に必要な74単位以上の修得（知的障害者である生徒に対する教育を行う特別支援学校においては，各学科に共通する各教科等について，特に示す場合を除き，全ての生徒の履修させるものとする。）を共通の基礎要件とし，これに加えてそれぞれの学科の特色を生かした教育を行うことを考えて編成する必要がある。

　視覚障害者，聴覚障害者，肢体不自由者又は病弱者である生徒に対する教育を行う特別支援学校の高等部においては単位制が採用され，修得した各教科・科目及び総合的な探究の時間の単位数の合計が卒業までに必要な単位数を上回った場合に全課程の修了を認定することとしている趣旨を踏まえ，適切な教育課程の編成，実施が望まれる。

　また，普通科においては，各学科に共通する各教科・科目（以下「共通教科・科目」という。）だけでなく，生徒の特性や進路等，学校や地域の実態を踏まえながら，専門教科・科目を適切に開設するなど，それぞれの生徒や学校の実態等に一層対応した教育課程の編成が求められる。専門学科は，産業の動向等に適切に対応できるよう，専門性の基

礎・基本の教育に重点を置くとともに，実際的，体験的学習を重視し，産業界等との連携をより一層深めることが必要である。

(ウ) 学校の実態

学校規模，教職員の状況，施設設備の状況，生徒の実態などの人的又は物的な体制の実態は学校によって異なっている。

教育課程の編成は，第1章第2節第1款の5に示すカリキュラム・マネジメントの一環として，このような学校の体制の実態が密接に関連してくるものであり，教育活動の質の向上を組織的かつ計画的に図っていくためには，これらの人的又は物的な体制の実態を十分考慮することが必要である。そのためには，特に，生徒の特性や教職員の構成，教師の指導力，教材・教具の整備状況，地域住民による連携及び協働の体制に関わる状況などについて客観的に把握して分析し，教育課程の編成に生かすことが必要である。

(エ) 地域の実態

教育基本法第13条は「学校，家庭及び地域住民その他の関係者は，教育におけるそれぞれの役割と責任を自覚するとともに，相互の連携及び協力に努めるものとする。」と規定している。また，学校教育法第43条は「小学校は，当該小学校に関する保護者及び地域住民その他の関係者の理解を深めるとともに，これらの者との連携及び協力の推進に資するため，当該小学校の教育活動その他の学校運営の状況に関する情報を積極的に提供するものとする。」と規定している（第82条において準用）。

これらの規定が示すとおり，学校は地域社会を離れては存在し得ないものであり，生徒は家庭や地域社会で様々な経験を重ねて成長している。

地域には，都市，農村，山村，漁村など生活条件や環境の違いがあり，産業，経済，文化等にそれぞれ特色をもっている。こうした地域社会の実態を十分考慮して教育課程を編成することが必要である。とりわけ，学校の教育目標の設定や教育の内容の選択に当たっては，地域の実態を考慮することが重要である。そのためには，地域社会の現状はもちろんのこと，歴史的な経緯や将来への展望など，広く社会の変化に注目しながら地域社会の実態を十分分析し検討して的確に把握することが必要である。また，地域の教育資源や学習環境（近隣の学校や大学，研究機関，社会教育施設，生徒の学習に協力することのできる人材等）の実態を考慮し，教育活動を計画することが必要である。

なお，学校における教育活動が学校の教育目標に沿って一層効果的に展開されるためには，家庭や地域社会と学校との連携を密にすることが

必要である。すなわち，学校の教育方針や特色ある教育活動の取組，生徒の状況などを家庭や地域社会に説明し，理解を求め協力を得ること，学校が家庭や地域社会からの要望に応えることが重要であり，このような観点から，その積極的な連携を図り，相互の意思の疎通を図って，それを教育課程の編成，実施に生かしていくことが求められる。保護者や地域住民が学校運営に参画する学校運営協議会制度（コミュニティ・スクール）や，幅広い地域住民等の参画により地域全体で生徒の成長を支え地域を創生する地域学校協働活動等の推進により，学校と地域の連携・協働が進められてきているところであり，これらの取組を更に広げ，教育課程を介して学校と地域がつながることにより，地域でどのような生徒を育てるのか，何を実現していくのかという目標やビジョンの共有が促進され，地域とともにある学校づくりが一層効果的に進められていくことが期待される。

　以上，教育課程の編成の原則を述べてきたが，校長を中心として全教職員が共通理解を図りながら，学校として統一のあるしかも特色をもった教育課程を編成することが望まれる。

● 2　生きる力を育む各学校の特色ある教育活動の展開（第1章第2節第1款の2）

> 2　学校の教育活動を進めるに当たっては，各学校において，第3款の1に示す主体的・対話的で深い学びの実現に向けた授業改善を通して，創意工夫を生かした特色ある教育活動を展開する中で，次の(1)から(4)までに掲げる事項の実現を図り，生徒に生きる力を育むことを目指すものとする。

　本項は，学校の教育活動を進めるに当たっては，後述するとおり，第1章第2節第3款の1に示す主体的・対話的で深い学びの実現に向けた授業改善を通して，創意工夫を生かした特色ある教育活動を展開する中で，知・徳・体のバランスのとれた「生きる力」の育成を目指すことを示している。
　「生きる力」とは，平成8年7月の中央教育審議会答申「21世紀を展望した我が国の教育の在り方について（第一次答申）」において，基礎・基本を確実に身に付け，いかに社会が変化しようと，自ら課題を見つけ，自ら学び，自ら考え，主体的に判断し，行動し，よりよく問題を解決する資質や能力，自らを律しつつ，他人とともに協調し，他人を思いやる心や感動する心などの豊かな人間性，

たくましく生きるための健康や体力などであると指摘されている。

平成21年の改訂においては，新しい知識・情報・技術が社会のあらゆる領域で重要性を増す，いわゆる知識基盤社会において，確かな学力，豊かな心，健やかな体の調和を重視する「生きる力」を育むことがますます重要になっているという認識が示され，知・徳・体のバランスのとれた育成（教育基本法第2条第1号）や，基礎的な知識及び技能を習得させるとともに，これらを活用して課題を解決するために必要な思考力，判断力，表現力その他の能力を育み，主体的に学習に取り組む態度を養うこと（学校教育法第30条第2項）など，教育基本法や学校教育法の規定に基づき，生徒に「生きる力」を育むことが重視されたところである。

平成28年12月の中央教育審議会答申を受け，今回の改訂においては，情報化やグローバル化といった社会的変化が，人間の予測を超えて加速度的に進展するようになってきていることを踏まえ，複雑で予測困難な時代の中でも，生徒一人一人が，社会の変化に受け身で対処するのではなく，主体的に向き合って関わり合い，自らの可能性を発揮し多様な他者と協働しながら，よりよい社会と幸福な人生を切り拓き，未来の創り手となることができるよう，教育を通してそのために必要な力を育んでいくことを重視している。

こうした力は，学校教育が長年その育成を目指してきた「生きる力」そのものであり，加速度的に変化する社会にあって「生きる力」の意義を改めて捉え直し，しっかりと発揮できるようにしていくことが重要となる。このため，本項において「生きる力」の育成を掲げ，各学校の創意工夫を生かした特色ある教育活動を通して，生徒に確かな学力，豊かな心，健やかな体を育むことを目指すことを示している。なお，本項では (1) から (3) までにわたって，それぞれが確かな学力，豊かな心，健やかな体に対応する中心的な事項を示す項目となっていることに加えて，(4) として，特別支援学校に位置付けられている，個々の生徒が自立を目指し，障害による学習上又は生活上の困難を主体的に改善・克服するために必要な知識，技能，態度及び習慣を養い，もって心身の調和的発達の基盤を培う自立活動の事項を示す項目もある。これらは学校教育を通じて，相互に関連し合いながら一体的に実現されるものであることに留意が必要である。

(1) 確かな学力（第1章第2節第1款の2の (1)）

> (1) 基礎的・基本的な知識及び技能を確実に習得させ，これらを活用して課題を解決するために必要な思考力，判断力，表現力等を育むとともに，主体的に学習に取り組む態度を養い，個性を生かし多様な人々との協働を促す教育の充実に努めること。その際，生徒の発達の段階を考慮して，

生徒の言語活動など，学習の基盤をつくる活動を充実するとともに，家庭との連携を図りながら，生徒の学習習慣が確立するよう配慮すること。

　教育基本法第2条第1号は，教育の目的として「幅広い知識と教養を身に付け，真理を求める態度を養」うことを規定し，特別支援学校において準ずる学校教育法第30条第2項は，高等部における教育の実施に当たって，「生涯にわたり学習する基盤が培われるよう，基礎的な知識及び技能を習得させるとともに，これらを活用して課題を解決するために必要な思考力，判断力，表現力その他の能力を育み，主体的に学習に取り組む態度を養うことに，特に意を用いなければならない」と規定している。

　このことは，高等学校と同一の目標の達成に努めなければならない特別支援学校の高等部における教育についても同様である。

　本項は，こうした法令の規定を受け，生徒が確かな学力を身に付けることができるよう，基礎的・基本的な知識及び技能の習得と，思考力，判断力，表現力等の育成，主体的に学習に取り組む態度の涵養を目指す教育の充実に努めることを示している。加えて，変化が激しく予測困難な時代の中でも通用する確かな学力を身に付けるためには，自分のよさや可能性を認識して個性を生かしつつ，多様な他者を価値のある存在として尊重し，協働して様々な課題を解決していくことが重要であることから，学校教育法第30条第2項に規定された事項に加えて，「個性を生かし多様な人々との協働を促す」ことを示している。

　こうした知識及び技能の習得や，思考力，判断力，表現力等の育成，主体的に学習に取り組む態度，多様性や協働性の重視といった点は，第1章第2節第1款の3の(1)から(3)までに示す資質・能力の三つの柱とも重なり合うものであることから，その詳細や資質・能力の三つの柱との関係については，本解説第2編第2部第1章第2節の3において解説している。また，確かな学力の育成は，第1章第2節第3款の1の(1)に示すとおり，単元や題材など内容や時間のまとまりを見通した，主体的・対話的で深い学びの実現に向けた授業改善を通して実現が図られるものであり，そうした学習の過程の在り方については，本解説第2編第2部第1章第4節の1の(1)において解説している。

　本項においては，確かな学力の育成に当たって特に重要となる学習活動として，生徒の発達の段階を考慮して，まず「生徒の言語活動など，学習の基盤をつくる活動を充実する」ことを示しており，学習の基盤となる資質・能力の育成については第1章第2節第2款の2の(1)において，言語活動の充実については第1章第2節第3款の1の(2)において，個に応じた指導の充実については第1章第2節第2款の3の(5)のイの(イ)においてそれぞれ規定している。

　加えて本項では，「家庭との連携を図りながら，生徒の学習習慣が確立するよ

う配慮すること」の重要性を示している。小学部，中学部及び高等部を通じ，学習習慣を確立することは，その後の生涯にわたる学習に影響する極めて重要な課題であることから，家庭との連携を図りながら，宿題や予習・復習など家庭での学習課題を適切に課したり，発達の段階に応じた学習計画の立て方や学び方を促したりするなど家庭学習も視野に入れた指導を行う必要がある。

(2) 豊かな心（第1章第2節第1款の2の(2)）
① 豊かな心や創造性の涵養（第1章第2節第1款の2の(2)の1段目）

> (2) 道徳教育や体験活動，多様な表現や鑑賞の活動等を通して，豊かな心や創造性の涵養を目指した教育の充実に努めること。

　教育基本法第2条第1号は，教育の目的として「豊かな情操と道徳心を培う」ことを規定しており，本項では，道徳教育や体験活動，多様な表現や鑑賞の活動等を通して，豊かな心や創造性の涵養を目指した教育の充実に努めることを示している。創造性とは，感性を豊かに働かせながら，思いや考えを基に構想し，新しい意味や価値を創造していく資質・能力であり，豊かな心の涵養と密接に関わるものであることから，本項において一体的に示している。

　豊かな心や創造性の涵養は，第1章第2節第3款の1の(1)に示すとおり，単元や題材など内容や時間のまとまりを見通した，主体的・対話的で深い学びの実現に向けた授業改善を通して実現が図られるものであり，そうした学習の過程の在り方については，本解説第2編第2部第1章第4節の1において解説している。

　本項で示す教育活動のうち，道徳教育については次に示す②から④までの解説のとおりであり，体験活動については第1章第2節第3款の1の(5)において示している。多様な表現や鑑賞の活動等については，芸術科（知的障害者である生徒の対する教育を行う特別支援学校においては，音楽及び美術）における表現及び鑑賞の活動や，保健体育科における表現運動，特別活動における文化的行事等の充実を図るほか，各教科・科目等又は各教科等における言語活動の充実（第1章第2節第3款の1の(2)）を図ることや，教育課程外の学校教育活動などと相互に関連させ，学校教育活動全体として効果的に取り組むことも重要となる。

② 高等部における道徳教育（第1章第2節第1款の2の(2)の2段目）

> 　学校における道徳教育は，人間としての在り方生き方に関する教育を学校の教育活動全体を通じて行うことによりその充実を図るものとし，視覚

障害者，聴覚障害者，肢体不自由者又は病弱者である生徒に対する教育を行う特別支援学校においては，各教科に属する科目（以下「各教科・科目」という。），総合的な探究の時間，特別活動及び自立活動（以下「各教科・科目等」という。）において，また，知的障害者である生徒に対する教育を行う特別支援学校においては，第3章に掲げる特別の教科である道徳（以下「道徳科」という。）を要として，各教科，総合的な探究の時間，特別活動及び自立活動において，それぞれの特質に応じて，適切な指導を行うこと。

道徳教育は人格形成の根幹に関わるものであり，同時に，民主的な国家・社会の持続的発展を根底で支えるものでもあることに鑑みると，生徒の生活全体に関わるものであり，学校で行われる全ての教育活動に関わるものである。

各教科・科目又は各教科，道徳科，総合的な探究の時間，特別活動及び自立活動にはそれぞれ固有の目標や特質があり，それらを重視しつつ教育活動が行われるが，それと同時にその全てが教育基本法第1条に規定する「人格の完成を目指し，平和で民主的な国家及び社会の形成者として必要な資質を備えた心身ともに健康な国民の育成」を目的としている。したがって，それぞれの教育活動においても，その特質を生かし，生徒の一般的な発達の段階や個々人の特性等を適切に考慮しつつ，人格形成の根幹であると同時に，民主的な国家・社会の持続的発展を根底で支える道徳教育の役割をも担うことになる。

道徳教育は，豊かな心をもち，人間としての在り方生き方の自覚を促し，道徳性を育成することをねらいとする教育活動であり，社会の変化に主体的に対応して生きていくことができる人間を育成する上で重要な役割をもっている。今日の家庭や学校及び地域社会における道徳教育の現状や生徒の実態などからみて，更に充実を図ることが強く要請されている。

高等部における道徳教育は，人間としての在り方生き方に関する教育の中で，小・中学部及び小・中学校における道徳科の学習等を通じた道徳的諸価値の理解を基にしながら，自分自身に固有の選択基準・判断基準を形成していく。これらは様々な体験や思索の機会を通して自らの考えを深めることにより形成されてくるものであり，人間としての在り方生き方に関する教育においては，教師の一方的な押しつけや先哲の思想の紹介にとどまることのないよう留意し，生徒が自ら考え，自覚を深める学習とすることが重要である。

視覚障害者，聴覚障害者，肢体不自由者又は病弱者である生徒に対する教育を行う特別支援学校高等部においては，生徒の発達の段階に対応した指導の工夫が求められることや小・中学部及び小・中学校と異なり道徳科が設けられていないことからも，学校の教育活動全体を通じて行う道徳教育の指導のための配慮が特

に必要である。このため，高等部における道徳教育の考え方として示されているのが，人間としての在り方生き方に関する教育であり，公民科の「公共」及び「倫理」並びに特別活動を中核的な指導場面として各教科・科目等の特質に応じ学校の教育活動全体を通じて，生徒が人間としての在り方生き方を主体的に探求し豊かな自己形成ができるよう，適切な指導を行うものとしている。公民科の「公共」及び「倫理」並びに特別活動は，それぞれの目標に「人間としての在り方生き方」を掲げている。小・中学部及び小・中学校においては，「自分自身」，「人との関わり」，「集団や社会との関わり」，「生命や自然，崇高なものとの関わり」の四つの視点から示されている内容について，道徳科を要として学校の教育活動全体を通じて道徳教育を行うこととされているが，小・中学部及び小・中学校における道徳教育も踏まえつつ，生徒の発達の段階にふさわしい高等部における道徳教育を行うことが大切である。

　知的障害者である生徒に対する教育を行う特別支援学校高等部においては，道徳科を要として各教科，総合的な探究の時間，特別活動及び自立活動において，それぞれの特質に応じて，適切な指導を行うとともに，学校の教育活動全体を通じて行う道徳教育の内容は，第3章第1款において準ずるものとしている小学校学習指導要領と中学校学習指導要領のそれぞれ第3章第2款に示す内容を基盤とし，生徒の発達の段階にふさわしい高等部における道徳教育を行うことが大切である。

③　道徳教育の目標（第1章第2節第1款の2の(2)の3段目）

> 　道徳教育は，教育基本法及び学校教育法に定められた教育の根本精神に基づき，生徒が自己探求と自己実現に努め国家・社会の一員としての自覚に基づき行為しうる発達の段階にあることを考慮し，人間としての在り方生き方を考え，主体的な判断の下に行動し，自立した人間として他者と共によりよく生きるための基盤となる道徳性を養うことを目標とすること。

　学校における道徳教育は，生徒がよりよく生きるための基盤となる道徳性を養うことを目標としており，生徒一人一人が将来に対する夢や希望，自らの人生や未来を拓いていく力を育む源となるものでなければならない。

ア　教育基本法及び学校教育法の根本精神に基づく
　道徳教育は，まず，教育基本法及び学校教育法に定められた教育の根本精神に基づいて行われるものである。
　教育基本法においては，我が国の教育は「人格の完成を目指し，平和で民主

的な国家及び社会の形成者として必要な資質を備えた心身ともに健康な国民の育成を期して行」うことを目的としていることが示されている（第1条）。そして，その目的を実現するための目標として，「真理を求める態度を養う」ことや「豊かな情操と道徳心を培う」ことなどが挙げられている（第2条）。また，義務教育の目的として「各個人の有する能力を伸ばしつつ社会において自立的に生きる基礎を培い，また，国家及び社会の形成者として必要とされる基本的な資質を養うことを目的」とすることが規定されている（第5条第2項）。

　学校教育法においては，義務教育の目標として，「自主，自律及び協同の精神，規範意識，公正な判断力並びに公共の精神に基づき主体的に社会の形成に参画し，その発展に寄与する態度を養うこと」（第21条第1号），「生命及び自然を尊重する精神並びに環境の保全に寄与する態度を養うこと」（同条第2号），「伝統と文化を尊重し，それらをはぐくんできた我が国と郷土を愛する態度を養うとともに，進んで外国の文化の理解を通じて，他国を尊重し，国際社会の平和と発展に寄与する態度を養うこと」（同条第3号）などが示されている。その上で，高等部の教育の目標として，「義務教育として行われる普通教育の成果を更に発展拡充させて，豊かな人間性，創造性及び健やかな身体を養い，国家及び社会の形成者として必要な資質を養うこと」（第51条第1号），「社会において果たさなければならない使命の自覚に基づき，個性に応じて将来の進路を決定させ，一般的な教養を高め，専門的な知識，技術及び技能を習得させること」（同条第2号），「個性の確立に努めるとともに，社会について，広く深い理解と健全な批判力を養い，社会の発展に寄与する態度を養うこと」（同条第3号）が示されている。

　学校で行う道徳教育は，これら教育の根本精神に基づいて行われるものである。

イ　自己探求と自己実現に努め国家・社会の一員としての自覚に基づき行為しうる発達の段階

　高等部段階の生徒は，自分の人生をどう生きればよいか，生きることの意味は何かということについて思い悩む時期である。また，自分自身や自己と他者との関係，更には，広く国家や社会について関心をもち，人間や社会の在るべき姿について考えを深める時期でもある。それらを模索する中で，生きる主体としての自己を確立し，自らの人生観・世界観ないし価値観を形成し，主体性をもって生きたいという意欲を高めていくのである。高等部においては，このような生徒の発達の段階を考慮し，人間の在り方に深く根ざした人間としての生き方に関する教育を推進することが求められる。

ウ　「人間としての在り方生き方」を考える

　人間は，同じような状況の下に置かれている場合でも，必ずしも全て同じ生き方をするとは限らず，同一の状況の下でもいくつかの生き方が考えられる場合が少なくないが，こうした考えられるいくつかの生き方の中から，一定の行為を自分自身の判断基準に基づいて選択するということが，主体的に判断し行動するということである。社会の変化に対応して主体的に判断し行動しうるためには，選択可能ないくつかの生き方の中から自分にふさわしく，しかもよりよい生き方を選ぶ上で必要な，自分自身に固有な選択基準ないし判断基準をもたなければならない。このような自分自身に固有な選択基準ないし判断基準は，生徒一人一人が人間存在の根本性格を問うこと，すなわち人間としての在り方を問うことを通して形成されてくる。また，このようにして形成された生徒一人一人の人間としての在り方についての基本的な考え方が自分自身の判断と行動の選択基準となるのである。

　このような自分自身に固有な選択基準ないし判断基準は，具体的には，様々な体験や思索の機会を通して自らの考えを深めることにより形成されてくるものである。人間としての在り方生き方に関する教育においては教師の一方的な押し付けや単なる先哲の思想の紹介にとどまることのないように留意し，人間としての在り方生き方について生徒が自ら考え，自覚を深めて自己実現に資するように指導の計画や方法を工夫することが重要である。その際，第1章第2節第1款の4でも示しているよう，就業やボランティアなどに関わる体験的な活動を重視することが大切である。

エ　主体的な判断の下に行動する

　生徒が日常生活の様々な道徳的な問題や自己の生き方についての課題に直面したときに，自らの「主体的な判断の下に行動」することが重要である。「主体的な判断の下に行動」するとは，生徒が自立的な生き方や社会の形成者としての在り方について自ら考えたことに基づいて，人間として在り方に根ざしよりよく生きるための行為を自分の意志や判断によって選択し行うことである。人間としての在り方に根ざしよりよく生きていくためには，道徳的価値についての理解を基に，自己を見つめ，人間としての在り方生き方について深く考え，道徳的価値を実現するための適切な行為を自分の意志や判断によって選択し，実践することができるような資質・能力を培う必要がある。

　またそれは，生徒が日常生活での問題や自己の生き方に関する課題に正面から向き合い，多様な価値観から考え方の対立がある場合にも，誠実にそれらの価値に向き合い，自らの力で考え，よりよいと判断したり適切だと考えたりした行為の実践に向けて具体的な行動を起こすことである。

オ　自立した人間として他者と共によりよく生きる

　一人一人の生徒が「自立した人間」へと成長するためには，自己の生き方を模索し自己の価値観を確立することが必要となる。どのように生きるべきか，いかなる人間になることを目指すべきかを探究することを通して，自分自身に固有な判断基準となる自らの価値観をもつことができる。

　「自立した人間」としての自己は，他者との関わりの中で形成されていく存在であり，同時に「他者と共に」よりよい社会の実現を目指そうとする社会的な存在としての自己を志向する。人は誰もがよりよい自分を求めて自己の確立を目指すとともに，他者と共に心を通じ合わせて生きようとしている。したがって，他者との関係を主体的かつ適切にもつことができるようにすることが求められる。

カ　そのための基盤となる道徳性を養う

　こうした思考や判断，行動などを通してよりよく生きるための営みを支える基盤となるのが道徳性であり，道徳教育はこの道徳性を養うことを目標とする。

　道徳性とは，人間としての本来的な在り方やよりよい生き方を目指して行われる道徳的行為を可能にする人格的特性であり，人格の基盤をなすものである。それはまた，人間らしいよさであり，道徳的諸価値が一人一人の内面において統合されたものと言える。個人の生き方のみならず，人間の文化的活動や社会生活を根底で支えている。道徳性は，人間が他者と共によりよく生きていく上で大切にしなければならないものである。

　学校における道徳教育においては，各教育活動に応じて，特に道徳性を構成する諸様相である道徳的判断力，道徳的心情，道徳的実践意欲と態度を養うことを求めている。

　道徳的判断力は，それぞれの場面において善悪を判断する能力である。つまり，人間として生きるために道徳的価値が大切なことを理解し，様々な状況下において人間としてどのように対処することが望まれるかを判断する力である。的確な道徳的判断力をもつことによって，それぞれの場面において機に応じた道徳的行為が可能になる。

　道徳的心情は，道徳的価値の大切さを感じ取り，善を行うことを喜び，悪を憎む感情のことである。人間としてのよりよい生き方や善を志向する感情であるとも言える。それは，道徳的行為への動機として強く作用するものである。

　道徳的実践意欲と態度は，道徳的判断力や道徳的心情によって価値があるとされた行動をとろうとする傾向性を意味する。道徳的実践意欲は，道徳的判断

力や道徳的心情を基盤とし道徳的価値を実現しようとする意志の働きであり，道徳的態度は，それらに裏付けられた具体的な道徳的行為への身構えと言うことができる。

これらの道徳性の諸様相は，それぞれが独立した特性ではなく，相互に深く関連しながら全体を構成しているものである。したがって，これらの諸様相が全体として密接な関連をもつように指導することが大切である。そして，道徳的行為が生徒自身の内から自発的，自律的に生起するよう道徳性の育成に努める必要がある。

④　道徳教育を進めるに当たっての留意事項（第1章第2節第1款の2の(2)の4段目）

> 道徳教育を進めるに当たっては，人間尊重の精神と生命に対する畏敬の念を家庭，学校，その他社会における具体的な生活の中に生かし，豊かな心をもち，伝統と文化を尊重し，それらを育んできた我が国と郷土を愛し，個性豊かな文化の創造を図るとともに，平和で民主的な国家及び社会の形成者として，公共の精神を尊び，社会及び国家の発展に努め，他国を尊重し，国際社会の平和と発展や環境の保全に貢献し未来を拓く主体性のある日本人の育成に資することとなるよう特に留意すること。

第1章第2節第1款の2の(2)の4段目においては，道徳教育の目標に続けて，それを進めるに当たって留意すべき事項について次のように示している。

ア　人間尊重の精神と生命に対する畏敬の念を家庭，学校，その他社会における具体的な生活の中に生かす

人間尊重の精神は，生命の尊重，人格の尊重，基本的人権，人間愛などの根底を貫く精神である。日本国憲法に述べられている「基本的人権」や，教育基本法に述べられている「人格の完成」，さらには，国際連合教育科学文化機関憲章（ユネスコ憲章）にいう「人間の尊厳」の精神も根本において共通するものである。

民主的な社会においては，人格の尊重は，自己の人格のみではなく，他の人々の人格をも尊重することであり，また，権利の尊重は，自他の権利の主張を認めるとともに，権利の尊重を自己に課するという意味で，互いに義務と責任を果たすことを求めるものである。具体的な人間関係の中で道徳性を養い，それによって人格形成を図るという趣旨に基づいて，「人間尊重の精神」という言葉を使っている。

生命に対する畏敬の念は，生命のかけがえのなさに気付き，生命あるものを慈しみ，畏れ，敬い，尊ぶことを意味する。このことにより人間は，生命の尊さや生きることのすばらしさの自覚を深めることができる。生命に対する畏敬の念に根ざした人間尊重の精神を培うことによって，人間の生命があらゆる生命との関係や調和の中で存在し生かされていることを自覚できる。さらに，生命あるもの全てに対する感謝の心や思いやりの心を育み，より深く自己を見つめながら，人間としての在り方や生き方の自覚を深めていくことができる。これは，生徒の自殺やいじめに関わる問題，環境問題などを考える上でも，常に根本において重視すべき事柄である。

　道徳教育は，この人間尊重の精神と生命に対する畏敬の念を生徒自らが培い，それらを家庭での日常生活，学校での学習や生活及び地域での活動，行事への参画などの具体的な機会において生かすことができるようにしなければならない。

イ　豊かな心をもつ

　豊かな心とは，例えば，困っている人には優しく声を掛ける，ボランティア活動など人の役に立つことを進んで行う，喜びや感動を伴って植物や動物を育てる，自分の成長を感じ生きていることを素直に喜ぶ，美しいものを美しいと感じることができる，他者との共生や異なるものへの寛容さをもつなどの感性及びそれらを大切にする心である。道徳教育は，生徒一人一人が日常生活においてこのような心を育み，生きていく上で必要な道徳的価値を理解し，様々な体験や思索の機会を通して，自分自身に固有の選択基準ないし判断基準を形成していくことができるようにしなければならない。

ウ　伝統と文化を尊重し，それらを育んできた我が国と郷土を愛し，個性豊かな文化の創造を図る

　個性豊かな文化の継承・発展・創造のためには，古いものを改めていくことも大切であり，先人の残した有形・無形の文化的遺産の中に優れたものを見いだし，それを生み出した精神に学び，それを継承し発展させることも必要である。また，国際社会の中で主体性をもって生きていくには，国際感覚をもち，国際的視野に立ちながらも，自らの国や地域の伝統や文化についての理解を深め，尊重する態度を身に付けることが重要である。

　したがって，我が国や郷土の伝統と文化に対する関心や理解を深め，それを尊重し，継承，発展させる態度を育成するとともに，それらを育んできた我が国と郷土への親しみや愛着の情を深め，世界と日本との関わりについて考え，日本人としての自覚をもって，文化の継承・発展・創造と社会の発展に貢献し

得る能力や態度が養われなければならない。

エ　平和で民主的な国家及び社会の形成者として，公共の精神を尊び，社会及び国家の発展に努める

　人間は個としての尊厳を有するとともに，平和で民主的な国家及び社会を形成する一人としての社会的存在でもある。私たちは，身近な集団のみならず，社会や国家の一員としての様々な帰属意識をもっている。一人一人がそれぞれの個をその集団の中で生かし，よりよい集団や社会を形成していくためには，個としての尊厳とともに社会全体の利益を実現しようとする公共の精神が必要である。

　また，平和で民主的な社会は，国民主権，基本的人権，自由，平等などの民主主義の理念の実現によって達成される。これらが，法によって規定され，維持されるだけならば，一人一人の日常生活の中で真に主体的なものとして確立されたことにはならない。それらは，一人一人の自覚によって初めて達成される。日常生活の中で社会連帯の自覚に基づき，あらゆる時と場所において他者と協同する場を実現していくことは，社会及び国家の発展に努めることでもある。

　したがって，道徳教育においては，単に法律的な規則やきまりそのものを取り上げるだけでなく，それらの基盤となっている人間としての道徳的な生き方を問題にするという視点にも留意して取り扱う必要がある。

オ　他国を尊重し，国際社会の平和と発展や環境の保全に貢献する

　民主的で文化的な国家を更に発展させるとともに，世界の平和と人類の福祉の向上に貢献することは，教育基本法の前文において掲げられている理念である。

　平和は，人間の心の内に確立すべき課題でもあるが，日常生活の中で社会連帯の自覚に基づき，他者と協同する場を実現していく努力こそ，平和で民主的な国家及び社会を実現する根本である。また，環境問題が深刻な問題となる中で，持続可能な社会の実現に努めることが重要な課題となっている。そのためにも，生命や自然に対する感受性や，身近な環境から地球規模の環境への豊かな想像力，それを大切に守ろうとする態度が養われなければならない。

　このような努力や心構えを，広く国家間ないし国際社会に及ぼしていくことが他国を尊重することにつながり，国際社会に平和をもたらし環境の保全に貢献することになる。

カ　未来を拓く主体性のある日本人を育成する

　未来を拓く主体性のある人間とは，常に前向きな姿勢で未来に夢や希望をもち，自主的に考え，自律的に判断し，決断したことは積極的かつ誠実に実行し，その結果について責任をもつことができる人間である。道徳教育は，このような視点に立ち，生徒が自らの人生や新しい社会を切り拓く力を身に付けられるようにしていかなければならない。

　このことは，人間としての在り方の根本に関わるものであるが，ここで特に日本人と示しているのは，歴史的・文化的に育まれてきた日本人としての自覚をもって文化の継承，発展，創造を図り，民主的な社会の発展に貢献するとともに，国際的視野に立って世界の平和と人類の発展に寄与し，世界の人々から信頼される人間の育成を目指しているからである。

(3) 健やかな体（第1章第2節第1款の2の(3)）

> (3) 学校における体育・健康に関する指導を，生徒の発達の段階を考慮して，学校の教育活動全体を通じて適切に行うことにより，健康で安全な生活と豊かなスポーツライフの実現を目指した教育の充実に努めること。特に，学校における食育の推進並びに体力の向上に関する指導，安全に関する指導及び心身の健康の保持増進に関する指導については，保健体育科，家庭科及び特別活動の時間はもとより，各教科・科目，総合的な探究の時間及び自立活動（知的障害者である生徒に対する教育を行う特別支援学校においては，各教科，道徳科，総合的な探究の時間及び自立活動。）などにおいてもそれぞれの特質に応じて適切に行うよう努めること。また，それらの指導を通して，家庭や地域社会との連携を図りながら，日常生活において適切な体育・健康に関する活動の実践を促し，生涯を通じて健康・安全で活力ある生活を送るための基礎が培われるよう配慮すること。

　教育基本法第2条第1号は，教育の目的として「健やかな身体を養う」ことを規定しており，本項では，体育・健康に関する指導を，生徒の発達の段階を考慮して，学校の教育活動全体として取り組むことにより，健康で安全な生活と豊かなスポーツライフの実現を目指した教育の充実に努めることを示している。健やかな体の育成は，心身の調和的な発達の中で図られ，心身の健康と安全や，スポーツを通じた生涯にわたる幸福で豊かな生活の実現と密接に関わるものであることから，体育・健康に関する指導のねらいとして，心身ともに健康で安全な生活と豊かなスポーツライフの実現を一体的に示しているところである。

　これからの社会を生きる生徒に，健やかな心身の育成を図ることは極めて重要である。体力は，人間の活動の源であり，健康の維持のほか意欲や気力といった精神面の充実に大きく関わっており，「生きる力」を支える重要な要素である。生徒の心身の調和的発達を図るためには，運動を通して体力を養うとともに，食育の推進を通して望ましい食習慣を身に付けるなど，健康的な生活習慣を形成することが必要である。また，東日本大震災をはじめとする様々な自然災害の発生や，情報化等の進展に伴う生徒を取り巻く環境の変化などを踏まえ，生徒の安全・安心に対する懸念が広がっていることから，安全に関する指導の充実が必要である。さらに，心身の健康の保持増進に関する指導を適切に行うとともに，生徒が心身の成長発達について正しく理解することが必要である。

　こうした現代的課題を踏まえ，体育・健康に関する指導は，健康・安全で活力ある生活を営むために必要な資質・能力を育て，心身の調和的な発達を図り，健康で安全な生活と豊かなスポーツライフの実現を目指すものである。こうした教育は，第1章第2節第3款の1に示すとおり，単元や題材など内容や時間のまとまりを見通した，主体的・対話的で深い学びの実現に向けた授業改善を通して実現が図られるものであり，そうした学習の過程の在り方については，本解説第2編第2部第1章第4節の1において解説している。

　本項で示す体育に関する指導については，積極的に運動する生徒とそうでない生徒の二極化傾向が指摘されていることなどから，生涯にわたって運動やスポーツを豊かに実践していくとともに，現在及び将来の体力の向上を図る実践力の育成を目指し，生徒が自ら進んで運動に親しむ資質・能力を身に付け，心身を鍛えることができるようにすることが大切である。

　このため，教科としての保健体育科において，基礎的な身体能力の育成を図るとともに，体育祭，集団宿泊活動や集会などの特別活動や運動部活動などの教育課程外の学校教育活動などを相互に関連させながら，学校の教育活動全体として効果的に取り組むことが求められている。

　健康に関する指導については，生徒が身近な生活における健康に関する知識を身に付けることや，必要な情報を自ら収集し，適切な意思決定や行動選択を行い，積極的に健康な生活を実践することのできる資質・能力を育成することが大切である。

　特に，学校における食育の推進においては，栄養摂取の偏りや朝食欠食といった食習慣の乱れ等に起因する肥満や生活習慣病，痩せ，食物アレルギー等の健康課題が見られるほか，食品の安全性の確保等の食に関わる課題が顕在化している。こうした課題に適切に対応するため，生徒が食に関する正しい知識と望ましい食習慣を身に付けることにより，生涯にわたって健やかな心身と豊かな人間性を育んでいくための基礎が培われるよう，栄養のバランスや規則正しい食生活，

食品の安全性などの指導が一層重視されなければならない。また，これら心身の健康に関する内容に加えて，自然の恩恵・勤労などへの感謝や食文化などについても教科等の内容と関連させた指導を行うことが効果的である。食に関する指導に当たっては，保健体育科，家庭科，特別活動などの指導を相互に関連させながら，教師の連携に努めるとともに学校の教育活動全体として効果的に取り組むことが重要である。その際，生徒や学校，地域の実情に応じて栄養教諭等の専門性を有する教職員や地域の有識者との連携に努めることが重要となる。また，学校給食を実施する場合には，地域の産物を学校給食に使用するなどの創意工夫を行いつつ，学校給食の教育的効果を引き出すよう取り組むことが重要である。

　また，安全に関する指導においては，様々な自然災害の発生や，情報化やグローバル化等の社会の変化に伴い生徒を取り巻く安全に関する環境も変化していることから，身の回りの生活の安全，交通安全，防災に関する指導や，情報技術の進展に伴う新たな事件・事故防止，国民保護等の非常時の対応等の新たな安全上の課題に関する指導を一層重視し，安全に関する情報を正しく判断し，安全のための行動に結び付けるようにすることが重要である。

　さらに，心身の健康の保持増進に関する指導においては，情報化社会の進展により，様々な健康情報や性・薬物等に関する情報の入手が容易になっていることなどから，生徒が健康情報や性に関する情報等を正しく選択して適切に行動できるようにするとともに，薬物乱用防止等の指導が一層重視されなければならない。なお，生徒が心身の成長発達に関して適切に理解し，行動することができるようにする指導に当たっては，第1章第2節第5款の1の(1)に示す主に集団の場面で必要な指導や援助を行うガイダンスと一人一人が抱える課題に個別に対応した指導を行うカウンセリングの双方の観点から，学校の教育活動全体で共通理解を図り，家庭の理解を得ることに配慮するとともに，関連する教科等において，発達の段階を考慮して，指導することが重要である。

　体育・健康に関する指導は，こうした指導を相互に関連させて行うことにより，生涯にわたり明るく豊かで活力ある生活を営むための基礎づくりを目指すものである。

　したがって，その指導においては，体つくり運動や各種のスポーツ活動はもとより，保健や安全に関する指導，給食を含む食に関する指導などが重視されなければならない。このような体育・健康に関する指導は，保健体育科の時間だけではなく家庭科，特別活動や自立活動のほか，関連の教科，道徳科，総合的な探究の時間なども含めた学校の教育活動全体を通じて行うことによって，その一層の充実を図ることができる。

　各学校において，体育・健康に関する指導を効果的に進めるためには，生徒の体力や健康状態等を的確に把握し，学校や地域の実態を踏まえて，それにふさわ

しい学校の全体計画を作成し，地域の関係機関・団体の協力を得つつ，計画的，継続的に指導することが重要である。

　また，体育・健康に関する指導を通して，学校生活はもちろんのこと，家庭や地域社会における日常生活においても，自ら進んで運動を適切に実践する習慣を形成し，生涯を通じて運動に親しむための基礎を培うとともに，生徒が積極的に心身の健康の保持増進を図っていく資質・能力を身に付け，生涯を通じて健康・安全で活力ある生活を送るための基礎が培われるよう配慮することが大切である。

　なお，高等部にあっては，教科担任制を原則としているために，体育・健康に関する指導が保健体育科担当の教師に任されてしまうおそれがある。しかし，体育・健康に関する指導は，学校の教育活動全体を通じて適切に行われるべきものであり，その効果を上げるためには，保健体育科担当の教師だけでなく，全教職員の理解と協力が得られるよう，学校の実態に応じて指導体制の工夫改善に努めるなど，組織的に進めていくことが大切である。

(4) 自立活動の指導（第1章第2節第1款の2の(4)）

> (4) 学校における自立活動の指導は，障害による学習上又は生活上の困難を改善・克服し，自立し社会参加する資質を養うため，自立活動の時間はもとより，学校の教育活動全体を通じて適切に行うものとする。特に，自立活動の時間における指導は，各教科・科目，総合的な探究の時間及び特別活動（知的障害者である生徒に対する教育を行う特別支援学校においては，各教科，道徳科，総合的な探究の時間及び特別活動。）と密接な関連を保ち，個々の生徒の障害の状態や特性及び心身の発達の段階等を的確に把握して，適切な指導計画の下に行うよう配慮すること。

　この規定の前段において，学校における自立活動の指導は，「自立し社会参加する資質を養うため」に行うことを明確にしている。「自立し社会参加する資質」とは，生徒がそれぞれの障害の状態や特性及び心身の発達の段階等に応じて，主体的に自己の力を可能な限り発揮し，よりよく生きていこうとすること，また，社会，経済，文化の分野の活動に参加することができるようにする資質を意味している。

　そして，「学校における自立活動の指導は，（中略）自立活動の時間はもとより，学校の教育活動全体を通じて適切に行うものとする。」と示しているのは，自立活動の指導の重要性に鑑み，自立活動の時間における指導を中心とし，学校の教育活動全体を通じて指導することの必要性を強調したものである。

つまり，自立活動の時間における指導は，学校における自立活動の指導のいわば要となる重要な時間であるが，自立活動の時間のみで自立活動の指導が全て行われるものではない。自立活動の指導は，自立活動の時間における指導はもとより，学校の教育活動全体を通じて行うものであることから，自立活動の時間における指導と視覚障害者，聴覚障害者，肢体不自由者又は病弱者である生徒に対する教育を行う特別支援学校においては，各教科・科目，総合的な探究の時間及び特別活動（知的障害者である生徒に対する教育を行う特別支援学校においては，各教科，道徳科，総合的な探究の時間及び特別活動。以下この項において同じ。）における指導とが密接な関連を保つことが必要である。

　このため，この規定の後段においては，「特に，自立活動の時間における指導は，各教科・科目，総合的な探究の時間及び特別活動（知的障害者である生徒に対する教育を行う特別支援学校においては，各教科，道徳科，総合的な探究の時間及び特別活動）と密接な関連を保ち」と示し，このことを強調しているのである。その際，次のことに留意する必要がある。例えば，教科・科目（知的障害者である生徒に対する教育を行う特別支援学校においては，教科。以下この項において同じ。）別の指導においては，教科・科目の目標を達成するための時間であるため，自立活動としての指導目標を設定して指導を行うというより，自立活動の時間における指導を参考にして配慮や手立てを行うことが考えられる。ただし，学校教育法施行規則第130条第2項の規定により，各教科・科目，総合的な探究の時間及び特別活動等と自立活動を一部又は全部について合わせて指導を行うことによって，一層効果の上がる授業を行う場合には，自立活動の指導目標を設定した上で指導を行うことはあり得る。

　今回の改訂では，「第6章自立活動」において，自立活動における個々の実態把握から具体的な指導内容を設定するまでの手続きを具体的に示した。このことを踏まえ，前述した自立活動の時間における指導と各教科・科目，総合的な探究の時間及び特別活動における指導とが密接な関連を保つという点に対しては，自立活動の指導目標の達成に迫る指導なのか，自立活動の観点から必要な配慮なのか，その関連性について十分留意することが必要である。

　いずれの場合にも，自立活動の時間における個別の指導計画が明確にならなければ自立活動の指導を具体化することは難しい。このためこの規定の後段においては，「個々の生徒の障害の状態や発達の段階等を的確に把握して，適切な指導計画の下に行う」と示し，特に，個々の生徒の実態に即して作成された個別の指導計画の下に，適切な授業実践が行われることが必要である。さらに，高等部においては将来の職業や生活を見通して，自立し社会参加をする観点から指導計画を作成することが重要である。このため，第6章第3款の2の(3)のエで示す「個々の生徒が，活動しやすいように自ら環境を整えたり，必要に応じて周囲の

人に支援を求めたりすることができるような指導内容」について，卒業後の生活を見通しながら指導内容を設定するよう留意する必要がある。

● 3　育成を目指す資質・能力（第1章第2節第1款の3）

> 3　2の(1)から(4)までに掲げる事項の実現を図り，豊かな創造性を備え持続可能な社会の創り手となることが期待される生徒に，生きる力を育むことを目指すに当たっては，学校教育全体，各教科・科目等並びに知的障害者である生徒に対する教育を行う特別支援学校における各教科，道徳科，総合的な探究の時間，特別活動及び自立活動（以下「各教科等」という。）において，それぞれの指導を通してどのような資質・能力の育成を目指すのかを明確にしながら，教育活動の充実を図るものとする。その際，生徒の障害の状態や特性及び心身の発達の段階等を踏まえつつ，次に掲げることが偏りなく実現できるようにするものとする。
> (1)　知識及び技能が習得されるようにすること。
> (2)　思考力，判断力，表現力等を育成すること。
> (3)　学びに向かう力，人間性等を涵養すること。

本項は，生徒に知・徳・体のバランスのとれた「生きる力」を育むことを目指すに当たっては，各教科・科目等又は各教科等の指導を通してどのような資質・能力の育成を目指すのかを明確にしながら教育活動の充実を図ること，その際には生徒の発達の段階や特性等を踏まえ，「知識及び技能」の習得と「思考力，判断力，表現力等」の育成，「学びに向かう力，人間性等」の涵養という，資質・能力の三つの柱の育成がバランスよく実現できるよう留意することを示している。

今回の改訂は，「生きる力」の育成という教育の目標が各学校の特色を生かした教育課程の編成により具体化され，教育課程に基づく個々の教育活動が，生徒一人一人に，社会の変化に受け身で対処するのではなく，主体的に向き合って関わり合い，自らの可能性を発揮し多様な他者と協働しながら，よりよい社会と幸福な人生を切り拓き，未来の創り手となるために必要な力を育むことに効果的につながっていくようにすることを目指している。そのためには，「何を学ぶか」という教育の内容を重視しつつ，生徒がその内容を既得の知識及び技能と関連付けながら深く理解し，他の学習や生活の場面でも活用できる生きて働く知識及び技能となることを含め，その内容を学ぶことで生徒が「何ができるようになるか」を併せて重視する必要があり，生徒に対してどのような資質・能力の育成を

目指すのかを指導のねらいとして設定していくことがますます重要となる。

　このため，学習指導要領においては，各教科・科目等又は各教科等の指導を通して育成する資質・能力を明確にすることの重要性を本項で示すとともに，第2章以降において各教科・科目等又は各教科等の目標や内容を，資質・能力の観点から再整理して示している。これは各教科・科目等又は各教科等の指導に当たって，指導のねらいを明確にするための手掛かりとして学習指導要領が活用されやすいようにしたものである。

　平成28年12月の中央教育審議会答申において指摘されているように，国内外の分析によれば，資質・能力に共通する要素は，知識に関するもの，思考や判断，表現等に関わる力に関するもの，情意や態度等に関するものの三つに大きく分類できる。本項が示す資質・能力の三つの柱は，こうした分析を踏まえ，生きる力や各教科・科目等又は各教科等の学習を通して育まれる資質・能力，学習の基盤となる資質・能力（第1章第2節第2款の2の(1)），現代的な諸課題に対応して求められる資質・能力（第1章第2節第2款の2の(2)）といった，あらゆる資質・能力に共通する要素を整理したものである。

　生徒に育成を目指す資質・能力を三つの柱で整理することは，これまで積み重ねられてきた一人一人の生徒に必要な力を育む学校教育の実践において，各教科・科目等又は各教科等の指導を通して育成してきた資質・能力を再整理し，教育課程の全体として明らかにしたものである。そのことにより，経験年数の短い教師であっても，各教科・科目等又は各教科等の指導を通して育成を目指す資質・能力を確実に捉えられるようにするとともに，教科等横断的な視点で教育課程を編成・実施できるようにすること，さらには，学校教育を通してどのような力を育むのかということを社会と共有することを目指すものである。

　これらの三つの柱は，学習の過程を通して相互に関係し合いながら育成されるものであることに留意が必要である。生徒は学ぶことに興味を向けて取り組んでいく中で，新しい知識や技能を得て，それらの知識や技能を活用して思考することを通して，知識や技能をより確かなものとして習得するとともに，思考力，判断力，表現力等を養い，新たな学びに向かったり，学びを人生や社会に生かそうとしたりする力を高めていくことができる。

　なお，資質や能力という言葉は，教育課程に関する法令にも規定があるところであり，例えば，教育基本法第5条第2項においては，義務教育の目的として「各個人の有する能力を伸ばしつつ社会において自立的に生きる基礎を培い，また，国家及び社会の形成者として必要とされる基本的な資質を養うこと」を規定している。この「資質」については，教育を通して先天的な資質を更に向上させることと，一定の資質を後天的に身に付けさせるという両方の観点をもつものとされていることから，教育を通して育まれるもののどれが資質でどれが能力かを

分けて捉えることは困難である。これまでも学習指導要領やその解説においては、資質と能力を一体的に扱うことが多かったところでもあり、今回の改訂においては、資質と能力を一体的に捉え「資質・能力」と表記することとしている。

また、確かな学力については、第1章第2節第1款の2の(1)においてそれを支える重要な要素が明記されているが、豊かな心の涵養（かん）や健やかな体の育成も、それを支えているのは「知識及び技能」の習得と「思考力、判断力、表現力等」の育成、「学びに向かう力、人間性等」の涵養（かん）という、資質・能力の三つの柱である。すなわち、資質・能力の三つの柱は、学校教育法第30条第2項や第1章第2節第1款の2の(1)に示された要素と大きく共通するとともに、確かな学力に限らず、知・徳・体にわたる「生きる力」全体を捉えて、共通する重要な要素を示したものである。

① 知識及び技能が習得されるようにすること

資質・能力の育成は、生徒が「何を理解しているか、何ができるか」に関わる知識及び技能の質や量に支えられており、知識や技能なしに、思考や判断、表現等を深めることや、社会や世界と自己との多様な関わり方を見いだしていくことは難しい。一方で、社会や世界との関わりの中で学ぶことへの興味を高めたり、思考や判断、表現等を伴う学習活動を行ったりすることなしに、生徒が新たな知識や技能を得ようとしたり、知識や技能を確かなものとして習得したりしていくことも難しい。こうした知識及び技能と他の二つの柱との相互の関係を見通しながら、発達の段階に応じて、生徒が基礎的・基本的な知識及び技能を確実に習得できるようにしていくことが重要である。

知識については、生徒が学習の過程を通して個別の知識を学びながら、そうした新たな知識が既得の知識及び技能と関連付けられ、各教科・科目等又は各教科等で扱う主要な概念を深く理解し、他の学習や生活の場面でも活用できるような確かな知識として習得されるようにしていくことが重要となる。また、芸術系教科における知識は、一人一人が感性などを働かせて様々なことを感じ取りながら考え、自分なりに理解し、表現したり鑑賞したりする喜びにつながっていくものであることが重要である。教科の特質に応じた学習過程を通して、知識が個別の感じ方や考え方等に応じ、生きて働く概念として習得されることや、新たな学習過程を経験することを通して更新されていくことが重要となる。

このように、知識の理解の質を高めることが今回の改訂においては重視されており、各教科・科目等又は各教科等の指導に当たっては、学習に必要となる個別の知識については、教師が生徒の学びへの興味を高めつつしっかり

と教授するとともに，深い理解を伴う知識の習得につなげていくため，生徒がもつ知識を活用して思考することにより，知識を相互に関連付けてより深く理解したり，知識を他の学習や生活の場面で活用できるようにしたりするための学習が必要となる。

こうした学習の過程はこれまでも重視され，習得・活用・探究という学びの過程の充実に向けた取組が進められている。今回の改訂においては，各教科・科目等又は各教科等の特質を踏まえ，優れた実践に共通して見られる要素が第1章第2節第3款の1の(1)の「主体的・対話的で深い学び」として示されている。

技能についても同様に，一定の手順や段階を追っていく過程を通して個別の技能を身に付けながら，そうした新たな技能が既得の技能等と関連付けられ，他の学習や生活の場面でも活用できるように習熟・熟達した技能として習得されるようにしていくことが重要となるため，主体的・対話的で深い学びの実現に向けた授業改善が必要となる。

今回の改訂においては，こうした知識及び技能に関する考え方は，確かな学力のみならず「生きる力」全体を支えるものであることから，各教科・科目等又は各教科等において育成することを目指す「知識及び技能」とは何かが，発達の段階に応じて学習指導要領において明確にされたところである。

② 思考力，判断力，表現力等を育成すること

生徒が「理解していることやできることをどう使うか」に関わる「思考力，判断力，表現力等」は，社会や生活の中で直面するような未知の状況の中でも，その状況と自分との関わりを見つめて具体的に何をなすべきかを整理したり，その過程で既得の知識や技能をどのように活用し，必要となる新しい知識や技能をどのように得ればよいのかを考えたりするなどの力であり，変化が激しく予測困難な時代に向けてますますその重要性は高まっている。また，①において述べたように，「思考力，判断力，表現力等」を発揮することを通して，深い理解を伴う知識が習得され，それにより更に思考力，判断力，表現力等も高まるという相互の関係にあるものである。

学校教育法第30条第2項において，「思考力，判断力，表現力等」とは，「知識及び技能」を活用して課題を解決するために必要な力と規定されている。この「知識及び技能を活用して課題を解決する」という過程については，平成28年12月の中央教育審議会答申が指摘するように，大きく分類して次の三つがあると考えられる。

・　物事の中から問題を見いだし，その問題を定義し解決の方向性を決定し，解決方法を探して計画を立て，結果を予測しながら実行し，振り返

って次の問題発見・解決につなげていく過程
・　精査した情報を基に自分の考えを形成し，文章や発話によって表現したり，目的や場面，状況等に応じて互いの考えを適切に伝え合い，多様な考えを理解したり，集団としての考えを形成したりしていく過程
・　思いや考えを基に構想し，意味や価値を創造していく過程

　教育課程においては，これらの過程に必要となる「思考力，判断力，表現力等」が，各教科・科目等又は各教科等の特質に応じて育まれるようにするとともに，教科等横断的な視点に立って，それぞれの過程について，例えば第1章第2節第2款の2の(1)に示す言語能力，情報活用能力及び問題発見・解決能力，第1章第2節第2款の2の(2)に示す現代的な諸課題に対応して求められる資質・能力の育成を目指す中で育まれるようにすることが重要となる。

③　学びに向かう力，人間性等を涵養すること

　生徒が「どのように社会や世界と関わり，よりよい人生を送るか」に関わる「学びに向かう力，人間性等」は，他の二つの柱をどのような方向性で働かせていくかを決定付ける重要な要素である。生徒の情意や態度等に関わるものであることから，他の二つの柱以上に，生徒や学校，地域の実態を踏まえて指導のねらいを設定していくことが重要となる。

　我が国の学校教育の特徴として，各教科・科目等又は各教科等の指導を含めて学校の教育活動の全体を通して情意や態度等に関わる資質・能力を育んできたことを挙げることができる。例えば，国語を尊重してその能力の向上を図る態度（国語科），科学的に探究しようとする態度（理科），明るく豊かで活力ある生活を営む態度（保健体育科）など，各教科・科目等又は各教科等においてどういった態度を育むかということを意図して指導が行われ，それぞれ豊かな実践が重ねられている。

　生徒一人一人がよりよい社会や幸福な人生を切り拓いていくためには，主体的に学習に取り組む態度も含めた学びに向かう力や，自己の感情や行動を統制する力，よりよい生活や人間関係を自主的に形成する態度等が必要となる。これらは，自分の思考や行動を客観的に把握し認識する，いわゆる「メタ認知」に関わる力を含むものである。こうした力は，社会や生活の中で生徒が様々な困難に直面する可能性を低くしたり，直面した困難への対処方法を見いだしたりできるようにすることにつながる重要な力である。また，多様性を尊重する態度や互いのよさを生かして協働する力，持続可能な社会づくりに向けた態度，リーダーシップやチームワーク，感性，優しさや思いやりなどの人間性等に関するものも幅広く含まれる。

こうした情意や態度等を育んでいくためには，前述のような我が国の学校教育の豊かな実践を生かし，体験活動を含めて，社会や世界との関わりの中で，学んだことの意義を実感できるような学習活動を充実させていくことが重要となる。教育課程の編成及び実施に当たっては，第1章第2節第5款に示す生徒の調和的な発達の支援に関する事項も踏まえながら，学習の場でもあり生活の場でもある学校において，生徒一人一人がその可能性を発揮することができるよう，教育活動の充実を図っていくことが必要である。

なお，学校教育法第30条第2項に規定される「主体的に学習に取り組む態度」や，第1章第2節第1款の2の(1)が示す「多様な人々と協働」することなどは，「学びに向かう力，人間性等」に含まれる。資質・能力の三つの柱は，確かな学力のみならず，知・徳・体にわたる生きる力全体を捉えて整理していることから，より幅広い内容を示すものとなっているところである。

このように，今回の改訂は，日常の指導における創意工夫のために「何のために学ぶのか」という学習の意義を，我が国の学校教育の様々な実践の蓄積を踏まえて，学習指導要領において育成を目指す資質・能力として明示している。

4　就業やボランティアに関わる体験的な学習の指導（第1章第2節第1款の4）

> 4　学校においては，生徒の障害の状態や特性及び心身の発達の段階等，学校や地域の実態等に応じて，就業やボランティアに関わる体験的な学習の指導を適切に行うようにし，勤労の尊さや創造することの喜びを体得させ，望ましい勤労観，職業観の育成や社会奉仕の精神の涵養に資するものとする。

今回の改訂においては，従前と同様，「就業やボランティアに関わる体験的な学習の指導」を適切に行うこととし，それらを通じて，「勤労の尊さ」，「創造することの喜び」の体得，「望ましい勤労観，職業観」の育成，「社会奉仕の精神」の涵養を図るべきことを示している。

「就業やボランティアに関わる体験的な学習の指導」については，生徒を取り巻く生活環境の変化の中で，生徒の社会的な体験の機会が減少している状況を踏まえ，社会の構成員としての自覚を深め，知・徳・体の調和のとれた人間形成を図るとともに，学校教育を地域社会に開かれたものにし，地域との連携を強めることを趣旨として示されてきたものである。今回の改訂においても，この基本的

な趣旨を変えるものではなく，体験的な学習の指導がより具体性をもって，各教科・科目等又は各教科等のそれぞれにおいて更に充実するよう，「就業やボランティアに関わる体験的な学習の指導」を進めると示したものである。このような体験的な学習は，高等部段階の生徒にとって，自分と社会の関わりに対する理解と認識を深め，生徒が自己の在り方生き方を考える上でも極めて重要となっている。

就業体験活動（インターンシップ）については，平成20年1月に示された「幼稚園，小学校，中学校，高等学校及び特別支援学校の学習指導要領等の改善について（答申）」（以下「平成20年1月の中央教育審議会答申」という。）において，社会人・職業人として自立していくためには，生徒一人一人の勤労観・職業観を育てるキャリア教育を充実することが重要であり，その一環として小学校での職場見学，中学校での職場体験活動，高等学校での就業体験活動等を通じた体系的な指導を推進することが提言されている。就業体験活動は，職業の現場における実際的な知識や技術・技能に触れることが可能となるとともに，学校における学習と職業との関係についての生徒の理解を促進し，学習意欲を喚起すること，生徒が自己の職業適性や将来設計について考える機会となり，主体的な職業選択の能力や高い職業意識の育成が促進されること，生徒が教師や保護者以外の大人と接する貴重な機会となり，異世代とのコミュニケーション能力の向上が期待されることなど，高い教育効果を期待できるものである。就業体験活動については，職業教育に関する配慮事項としても，学校においては，キャリア教育を推進するために，地域及び産業界や労働等の業務を行う関係機関との連携を図り，産業現場等における長期間の実習を取り入れるなど就業体験活動の機会を積極的に設けるよう配慮すべきことを示している（第1章第2節第2款の3の(6)のア）。なお，平成28年12月の中央教育審議会答申においては，これまで主に高等学校卒業後に就職を希望する生徒が多い普通科や専門学科での実習を中心に行われてきたが，今後は，大学進学希望者が多い普通科の高等学校においても，例えば大学・大学院等での学習や研究経験を必要とする職業に焦点を当て，大学等の専門機関において実施する就業体験活動（いわゆる「アカデミック・インターンシップ」）を充実するなど，それぞれの高等学校や生徒の特性を踏まえた多様な展開について提言されている。

また，ボランティア活動は，生徒が社会の一員であることを自覚し，互いが支え合う社会の仕組みを考える上で意義があると同時に，単に社会に貢献するということだけでなく，自分自身を高める上でも大きな教育的意義がある。生徒は，自分が価値のある大切な存在であることを実感するとともに，他人を思いやる心や社会生活を営む上での規範を学ぶことができる。また，ボランティア活動は，国際協力，環境保全，少子高齢社会への対応など様々な社会問題に対する生徒の

問題意識を広げたり深めたりすることにも資するものである。

　就業やボランティアに関わる体験的な学習は，学校や地域の実態に応じて，学校の教育活動全体の中に位置付けて実施するよう配慮することが大切である。そのため，各学校が教育課程を編成するに当たっては，次のような教育課程上の位置付けが考えられる。

　第一は，各教科・科目の中で実施する場合である。学習指導要領に示す各教科・科目については，職業に関する各教科の「課題研究」（知的障害者である生徒に対する教育を行う特別支援学校においては，職業科）等の中で産業現場等における実習が位置付けられているほか，各学科に共通する教科である家庭科の「家庭総合」において，ボランティア活動への参加をはじめ，身近な高齢者との交流の機会をもつよう努めることとされている。

　また，職業に関する各教科・科目又は各教科における実習については，その各教科・科目又は各教科の内容に直接関係のある就業体験活動により替えることができることとされている。（第1章第2節第2款の3の(6)のエの(ア)）

　このほか，就業体験活動やボランティア活動を行うための学校設定教科・科目を設けることも考えられる。特に，学校設定教科に関する科目として設けることができる「産業社会と人間」については，就業体験活動等を通じた指導に配慮すべきこととしている（第1章第2節第2款の3の(1)のアの(オ)の①）。

　第二は，特別活動で実施する場合である。今回の改訂では，従前と同様に，ボランティア活動や就業体験活動など勤労に関わる体験的な活動の機会をできるだけ取り入れることを示していることに加え，学校行事の勤労生産・奉仕的行事の中で就業体験活動を例示として明確に示している。特に，ボランティア活動については，生徒会活動及び学校行事のそれぞれにおいて取り上げることとしている。また，学校行事においては，幼児，高齢者などとの触れ合い，自然体験や社会体験などの工夫を求めている。

　第三は，総合的な探究の時間における学習活動として実施する場合である。総合的な探究の時間においては，自己の在り方生き方を考えながら，よりよく課題を発見し解決していくための資質・能力の育成を目指して，地域や学校の実態，生徒の特性等に応じた探究課題を設定し，その解決に向けた様々な学習活動を展開する。そうした探究課題の一つとして，職業や自己の進路に関する課題を設定し，ボランティア活動，就業体験活動などを通じ，自己の在り方生き方や進路について考察する学習活動もこの時間の活動の一つの柱になることが考えられる。

　第四に，学校外における就業体験活動やボランティア活動に対して単位の修得を認定する方法である。学校教育法施行規則第98条及び平成10年文部省告示第41号の規定により，平成10年4月より，学校外におけるボランティア活動，就業体験活動等を科目の履修とみなし，当該科目の単位を与えることが可能となっ

ている。これは，関連する既存の科目の増加単位として修得を認定したり，学校外活動に単位を認定するための独自の学校設定教科・科目を設けたりするなど，様々な方法が考えられるものである。

就業やボランティアに関わる体験的な学習の教育効果を高めるためには，そのねらいを明確にすることが重要である。主なねらいとしては，①勤労の尊さや創造することの喜びの体得に資すること，②望ましい勤労観や職業観の育成に資すること，③自分の能力・適性の判断や高等部卒業後の進路の選択に資すること，④職業生活，社会生活に必要な知識・技術の習得及び創造的な能力や態度の育成に資すること，⑤社会の構成員として共に生きる心を養い，社会奉仕の精神の涵養に資することなどが挙げられる。

就業やボランティアに関わる体験的な学習は，地域の実態や学校の諸条件違い等によってその進め方が様々に異なってくるものである。各学校においては，地域や学校の実態に応じて，入学年次から卒業年次までを見通した指導計画の作成に創意工夫を加えることが望まれる。

● 5　カリキュラム・マネジメントの充実（第1章第2節第1款の5）

> 5　各学校においては，生徒や学校，地域の実態を適切に把握し，教育の目的や目標の実現に必要な教育の内容等を教科等横断的な視点で組み立てていくこと，教育課程の実施状況を評価してその改善を図っていくこと，教育課程の実施に必要な人的又は物的な体制を確保するとともにその改善を図っていくことなどを通して，教育課程に基づき組織的かつ計画的に各学校の教育活動の質の向上を図っていくこと（以下「カリキュラム・マネジメント」という。）に努めるものとする。その際，生徒に何が身に付いたかという学習の成果を的確に捉え，第2款の3の(5)のイに示す個別の指導計画の実施状況の評価と改善を，教育課程の評価と改善につなげていくよう工夫すること。

本項は，各学校が教育課程に基づき組織的かつ計画的に各学校の教育活動の質の向上を図っていくことができるよう，カリキュラム・マネジメントとは何かを定義するとともにその充実について示している。

教育課程はあらゆる教育活動を支える基盤となるものであり，学校運営についても，教育課程に基づく教育活動をより効果的に実施していく観点から組織運営がなされなければならない。カリキュラム・マネジメントは，学校教育に関わる様々な取組を，教育課程を中心に据えながら組織的かつ計画的に実施し，教育活

動の質の向上につなげていくことであり，本項においては，平成28年12月の中央教育審議会答申の整理を踏まえ次の四つの側面から整理して示している。具体的には，生徒や学校，地域の実態を適切に把握した上で，

- ・ 教育の目的や目標の実現に必要な教育の内容等を教科等横断的な視点で組み立てていくこと
- ・ 教育課程の実施状況を評価してその改善を図っていくこと
- ・ 教育課程の実施に必要な人的又は物的な体制を確保するとともにその改善を図っていくこと
- ・ 個別の指導計画の実施状況の評価と改善を，教育課程の評価と改善につなげていくこと

などを通して，教育課程に基づき組織的かつ計画的に各学校の教育活動の質の向上を図っていくことと定義している。

また，総則の項目立てについても，各学校におけるカリキュラム・マネジメントを円滑に進めていく観点から，教育課程の編成，実施，評価及び改善の手続を踏まえて，①高等部における教育の基本と教育課程の役割（第2節第1款），②教育課程の編成（第2節第2款），③教育課程の実施と学習評価（第2節第3款），④単位の修得及び卒業の認定（第2節第4款），⑤生徒の調和的な発達の支援（第2節第5款），⑥学校運営上の留意事項（第2節第6款），⑦道徳教育に関する配慮事項（第2節第7款），⑧重複障害者等に関する教育課程の取扱い（第2節第8款），⑨専攻科（第2節第9款）としているところである。各学校においては，こうした総則の全体像も含めて，教育課程に関する国や教育委員会の基準を踏まえ，自校の教育課程の編成，実施，評価及び改善に関する課題がどこにあるのかを明確にして教職員間で共有し改善を行うことにより学校教育の質の向上を図り，カリキュラム・マネジメントの充実に努めることが求められる。

ア　生徒や学校，地域の実態を適切に把握すること

　　教育課程は，第1章第2節第1款の1が示すとおり「生徒の障害の状態や特性及び心身の発達の段階等，学科の特色や学校や地域の実態を十分考慮して」編成されることが必要である。各学校においては，各種調査結果やデータ等に基づき，生徒の姿や学校及び地域の現状を定期的に把握したり，保護者や地域住民の意向等を的確に把握したりした上で，学校の教育目標など教育課程の編成の基本となる事項を定めていくことが求められる。

イ　カリキュラム・マネジメントの四つの側面を通して，教育課程に基づき組織的かつ計画的に各学校の教育活動の質の向上を図っていくこと

　　学校の教育活動の質の向上を図る取組は，教育課程に基づき組織的かつ計

画的に行われる必要がある。各学校においては，第1章第2節第6款の1に示すとおり，「校長の方針の下に，校務分掌に基づき教職員が適切に役割を分担しつつ，相互に連携しながら，各学校の特色を生かしたカリキュラム・マネジメントを行う」ことが必要である。また，教育課程は学校運営全体の中核ともなるものであり，同じく第1章第2節第6款の1に示すとおり，学校評価の取組についても，カリキュラム・マネジメントと関連付けながら実施するよう留意が必要である。

組織的かつ計画的に取組を進めるためには，教育課程の編成を含めたカリキュラム・マネジメントに関わる取組を，学校の組織全体の中に明確に位置付け，具体的な組織や日程を決定していくことが重要となる。校内の組織及び各種会議の役割分担や相互関係を明確に決め，職務分担に応じて既存の組織を整備，補強したり，既存の組織を精選して新たな組織を設けたりすること，また，分担作業やその調整を含めて，各作業ごとの具体的な日程を決めて取り組んでいくことが必要である。

また，カリキュラム・マネジメントを効果的に進めるためには，何を目標として教育活動の質の向上を図っていくのかを明確にすることが重要である。第1章第2節第2款の1に示すとおり，各学校の教育目標を明確にするとともに，教育課程についての基本的な方針を家庭や地域とも共有していくことが求められる。

(ア) 教育の目的や目標の実現に必要な教育の内容等を教科等横断的な視点で組み立てていくこと

教育課程の編成に当たっては，教育課程に関する法令や各学校の教育目標が定める教育の目的や目標の実現を目指して，指導のねらいを明確にし，教育の内容を選択して組織し，それに必要な単位数や授業時数を配当していくことが必要となる。各学校においては，教育の目的や目標の実現に必要な教育の内容等を選択し，各教科・科目等又は各教科等の内容相互の関連を図りながら指導計画を作成したり，生徒の生活時間と教育の内容との効果的な組み合わせを考えたりしながら，年間や学期，月，週ごとの授業時数を適切に定めたりしていくことが求められる。

その際，今回の改訂では，「生きる力」の育成という教育の目標が教育課程の編成により具体化され，よりよい社会と幸福な人生を切り拓くために必要な資質・能力が生徒一人一人に育まれるようにすることを目指しており，「何を学ぶか」という教育の内容を選択して組織していくことと同時に，その内容を学ぶことで生徒が「何ができるようになるか」という，育成を目指す資質・能力を指導のねらいとして明確に設定していくことが

求められていることに留意が必要である。教育課程の編成に当たっては，第1章第2節第2款の2に示す教科等横断的な視点に立った資質・能力の育成を教育課程の中で適切に位置付けていくことや，各学校において具体的な目標及び内容を定めることとなる総合的な探究の時間において各教科・科目等又は各教科等の枠を超えた横断的・総合的な学習が行われるようにすることなど，各教科・科目等又は各教科等の間のつながりを意識して教育課程を編成することが重要である。

(イ) 教育課程の実施状況を評価してその改善を図っていくこと

　各学校においては，各種調査結果やデータ等を活用して，生徒の障害の状態や特性及び心身の発達の段階等並びに学校や地域の実態を定期的に把握し，そうした結果等から教育目標の実現状況や教育課程の実施状況を確認し分析して課題となる事項を見いだし，改善方針を立案して実施していくことが求められる。こうした改善については，校内の取組を通して比較的直ちに修正できるものもあれば，教育委員会の指導助言を得ながら長期的に改善を図っていくことが必要となるものもあるため，必要な体制や日程を具体化し組織的かつ計画的に取り組んでいくことが重要である。

　こうした教育課程の評価や改善は，第1章第2節第6款の1の(1)に示すとおり，学校評価と関連付けながら実施することが必要である。文部科学省が作成している「学校評価ガイドライン〔平成28年改訂〕」（平成28年3月）では，各学校や設置者において設定する評価項目・指標等の参考例として，学力調査や運動・体力調査の結果など，生徒の学力・体力の状況を把握するデータを例示している。また，平成30年3月に制度化され平成31年度から本格的に利活用が開始される予定の「高校生のための学びの基礎診断」（高等学校における生徒の基礎学力の定着度合いを測定する民間の試験等を文部科学省が一定の要件に適合するものとして認定する仕組み）を高等部における多様な学習成果を測定するツールの一つとして活用し，生徒自身の学習の改善や教師による指導の改善に生かすことも考えられる。

○ 教育課程の改善の意義

　教育課程の評価に続いて行われなければならないのは，その改善である。教育課程についての評価が行われたとしても，これがその改善に活用されなければ，評価本来の意義が発揮されない。このため，各学校においては，生徒の人間として調和のとれた育成を目指し，生徒の障害の状態や特性及び心身の発達の段階等並びに地域や学校の実態を十分考慮して編成，実施した教育課程が目標を効果的に実現する働きをするよう

改善を図ることが求められる。教育課程の評価が積極的に行われてはじめて，望ましい教育課程の編成，実施が期待できる。教育課程の改善は，編成した教育課程をより適切なものに改めることであるが，これは教育課程を生徒の障害の状態や特性及び心身の発達の段階等並びに地域や学校の実態に即したものにすることにほかならない。この意味から，学校は教育課程を絶えず改善する基本的態度をもつことが必要である。このような改善によってこそ学校の教育活動が充実するとともに質を高めて，その効果を一層上げることが期待できる。

○　**教育課程の改善の方法**

　　教育課程の改善の方法は，各学校の創意工夫によって具体的には異なるであろうが，一般的には次のような手順が考えられる。

　①　評価の資料を収集し，検討すること。

　②　整理した問題点を検討し，原因と背景を明らかにすること。

　③　改善案をつくり，実施すること。

　　指導計画における指導目標の設定，指導内容の配列や構成，予測される学習活動などのように，比較的直ちに修正できるものもあれば，人的，物的諸条件のように，比較的長期の見通しの下に改善の努力を傾けなければならないものもある。また，個々の部分修正にとどまるものもあれば，広範囲の全体修正を必要とするものもある。更に学校内の教職員の努力によって改善できるものもあれば，学校外へ働きかけるなどの改善の努力を必要とするものもある。教育課程の改善は，それらのことを見定めて実現を図っていかなければならない。

　　このようにして，生徒の障害の状態や特性及び心身の発達の段階等並びに地域や学校の実態に即し，各学校の創意工夫を生かしたより一層適切な教育課程を編成するよう努めなければならない。なお，改善に当たっては，教育委員会の指導助言を役立てるようにすることも大切である。

　　以上のような教育課程の評価や改善は，第1章第2節第6款の1の(1)に示すとおり，学校評価と関連付けながら実施することが必要である。

(ウ) 教育課程の実施に必要な人的又は物的な体制を確保するとともにその改善を図っていくこと

　　教育課程の実施に当たっては，人材や予算，時間，情報といった人的又は物的な資源を，教育の内容と効果的に組み合わせていくことが重要となる。学校規模，教職員の状況，施設設備の状況などの人的又は物的な体制の実態は，学校によって異なっており，教育活動の質の向上を組織的かつ計画的に図っていくためには，これらの人的又は物的な体制の実態を十分

考慮することが必要である。とりわけ高等部においては，学科が様々で，生徒の特性や進路に対応するため類型や選択科目の配当等が多様であることから，各学校の実態を踏まえて体制を工夫し，組織体としての総合的な力を発揮していくことが特に重要となる。その際，特に，教師の指導力，教材・教具の整備状況，地域の教育資源や学習環境（近隣の学校や大学，研究機関，社会教育施設，生徒の学習に協力することのできる人材等）などについて客観的かつ具体的に把握して，教育課程の編成に生かすことが必要である。

　本項では，こうした人的又は物的な体制を確保することのみならず，その改善を図っていくことの重要性が示されている。各学校には，校長，副校長や教頭のほかに教務主任をはじめとして各主任等が置かれ，それらの担当者を中心として全教職員がそれぞれ校務を分担して処理している。各学校の教育課程は，これらの学校の運営組織を生かし，各教職員がそれぞれの分担に応じて教育課程に関する研究を重ね，創意工夫を加えて編成や改善を図っていくことが重要である。また，学校は地域社会における重要な役割を担い地域とともに発展していく存在であり，学校評議員制度や学校運営協議会制度，地域学校協働活動等の推進により，学校と地域の連携・協働を更に広げ，教育課程を介して学校と地域とがつながることにより，地域でどのような子供を育てるのかといった目標を共有し，地域とともにある学校づくりが一層効果的に進められていくことが期待される。

(I) 個別の指導計画の実施状況の評価と改善を，教育課程の評価と改善につなげていくこと

　個別の指導計画に基づいて生徒に何が身に付いたかという学習の成果を的確に捉え，第1章第2節第2款の3の(5)のイに示す個別の指導計画の実施状況の評価と改善を，教育課程の評価と改善につなげていくよう工夫することが大切になってくる。

　このことについては，本解説第2編第2部第1章第4節の3の(2)に示している個別の指導計画の作成と実施に対する学習評価の実施に当たっての配慮事項について参照すること。

　以下，それぞれの項目の趣旨を踏まえて学校において実際に教育課程の編成や改善に取り組む際の手順の一例を参考として示す。もっとも，編成した教育課程に基づき実施される日々の教育活動はもとより，教育課程の編成や改善の手順は必ずしも一律ではなく，それぞれの学校が学習指導要領等の関連の規定を踏まえつつ，その実態に即して，創意工夫を重ねながら具体的な手順を考えるべきものである。この点に留意することが求めら

れる。

（手順の一例）

(1) 教育課程の編成に対する学校の基本方針を明確にする。

　　基本方針を明確にするということは，教育課程の編成に対する学校の姿勢や作業計画の大綱を明らかにするとともに，それらについて全教職員が共通理解をもつことである。

　ア　学校として教育課程の意義，教育課程の編成の原則などの編成に対する基本的な考え方を明確にし，全教職員が共通理解をもつ。

　イ　編成のための作業内容や作業手順の大綱を決め，作業計画の全体について全教職員が共通理解をもつ。

(2) 教育課程の編成・実施のための組織と日程を決める。

　　教育課程の編成・実施は，校長のリーダーシップの下，組織的かつ計画的に取り組む必要がある。教育課程の編成・実施を担当する組織を確立するとともに，それを学校の組織全体の中に明確に位置付ける。

　　また，編成・実施の作業日程を明確にするとともに，学校が行う他の諸活動との調和を図る。その際，既存の組織や各種会議の在り方を見直し必要に応じ精選を図るなど業務改善の視点をもつことも重要である。

　ア　編成・実施のための組織を決める。

　　(ｱ)編成・実施に当たる組織及び各種会議の役割や相互関係について基本的な考え方を明確にする。

　　(ｲ)編成・実施に当たる組織及び各種会議を学校の組織全体の中に位置付け，組織内の役割や分担を具体的に決める。

　イ　編成・実施のための作業日程を決める。

　　分担作業やその調整を含めて，各作業ごとの具体的な日程を決める。

(3) 教育課程の編成のための事前の研究や調査をする。

　　事前の研究や調査によって，教育課程についての国や教育委員会の基準の趣旨を理解するとともに，教育課程の編成に関わる学校の実態や諸条件を把握する。

　ア　教育課程についての国の基準や教育委員会の規則などを研究し理解する。

　イ　生徒の障害の状態や特性及び心身の発達の段階等並びに学校や地域の実態を把握する。その際，保護者や地域住民の意向，生徒の状況等を把握することに留意する。

ウ　実施した教育課程に対する生徒の達成状況等を把握する。

(4) 学校の教育目標など教育課程の編成の基本となる事項を定める。

　学校の教育目標など教育課程の編成の基本となる事項は，学校教育の目的や目標及び教育課程の基準に基づきながら，しかも各学校が当面する教育課題の解決を目指し，両者を統一的に把握して設定する。

ア　事前の研究や調査の結果を検討し，学校教育の目的や目標に照らして，それぞれの学校や生徒が直面している教育課題を明確にする。

イ　学校教育の目的や目標を調和的に達成するため，各学校の教育課題に応じて，学校の教育目標など教育課程の編成の基本となる事項を設定する。

ウ　編成に当たって，特に留意すべき点を明確にする。

(5) 教育課程を編成する。

　教育課程は学校の教育目標の実現を目指して，各教科・科目等及び指導内容を選択し，組織し，それに必要な授業時数を定めて編成する。

ア　学校の教育目標の効果的な達成を図るため，重点を置くべき事項を明確にしながら，修得総単位数や各年次の修得単位数，類型の有無や種類，必履修教科・科目と選択科目などの構成と履修年次，総合的な探究の時間，特別活動の位置付け等教育課程の基本的な構造について，相互の関連を考慮しながら定める。

イ　各教科・科目等及びその指導内容を選択し，定める。

（ア）各教科・科目（必履修教科・科目，選択科目，学校設定教科・科目）の構成，総合的な探究の時間の内容，特別活動の構成等を具体的に定める。

（イ）指導内容について，その基礎的・基本的な知識及び技能を明確にする。

（ウ）各教科・科目等の指導において，基礎的・基本的な知識及び技能の確実な習得と思考力，判断力，表現力等の育成を図るとともに，主体的に学習に取り組む態度を養う指導の充実や個に応じた指導を推進するよう配慮する。

（エ）学校の教育活動全体を通じて行う道徳教育及び体育・健康に関する指導及び自立活動の指導及び就業やボランティアに関わる体験的な学習の指導について，適切な指導がなされるよう配慮する。

（オ）学習の基盤となる資質・能力や現代的な諸課題に対応して求められる資質・能力など，学校として，教科等横断的な視点で育成を目指

す資質・能力を明確にし，その育成に向けた適切な指導がなされる
よう配慮する。

（カ）生徒や学校，地域の実態に応じて学校が創意を生かして行う総合的
な探究の時間を適切に展開できるよう配慮する。

（キ）各教科・科目等の指導内容に取り上げた事項について，主体的・対
話的で深い学びの実現に向けた授業改善を通して資質・能力を育む
効果的な指導ができるよう，単元や題材など内容や時間のまとまり
を見通しながら，そのまとめ方や重点の置き方を検討する。

ウ　各教科・科目等及びその指導内容を組織する。

（ア）基礎的，基本的な指導を重視するとともに，発展的，系統的な指導
ができるように類型や年次に応じ，各教科・科目等を配列し組織す
る。また，指導のまとめ方，指導の順序及び重点の置き方に工夫を
加える。

（イ）各教科・科目，総合的な探究の時間及び特別活動について，各教
科・科目等間の指導内容相互の関連を図る。

（ウ）各教科・科目等の指導内容相互の関連を明確にする。

（エ）発展的，系統的な指導ができるように指導内容を配列し組織する。

（オ）知的障害者である生徒に対する教育を行う特別支援学校において各
教科等の内容の一部又は全部を合わせて行う場合には，内容相互の
関連や系統性について配慮する。

エ　単位数や授業時数を配当する。

（ア）指導内容との関連において，各教科・科目，総合的な探究の時間及
び特別活動について，それぞれの単位数や授業時数を定める。

（イ）各教科・科目等や学習活動の特質に応じて，創意工夫を生かし，1
年間の中で，学期，月，週ごとの各教科・科目等の授業時数を定め
る。

（ウ）各教科・科目等の授業の1単位時間を，生徒の障害の状態や特性及
び心身の発達の段階等及び各教科・科目等や学習活動の特質を考慮
して適切に定める。

（エ）内容の一部又は全部を合わせて行う場合には，授業時数を適切に定
めること。

(6) 教育課程を実施する。

(7) 教育課程を評価し改善する。

実施中の教育課程を検討し評価して，その改善点を明確にして改善を

図る。

　ア　個別の指導計画などの評価の資料を収集し，検討する。

　イ　整理した問題点を検討し，原因と背景を明らかにする。

　ウ　改善案をつくり，教育課程の編成に反映する。

第3節　教育課程の編成

● 1　各学校の教育目標と教育課程の編成（第1章第2節第2款の1）

第2款　教育課程の編成

1　各学校の教育目標と教育課程の編成

　　教育課程の編成に当たっては，学校教育全体，各教科・科目等及び各教科等において，それぞれの指導を通して育成を目指す資質・能力を踏まえつつ，各学校の教育目標を明確にするとともに，教育課程の編成についての基本的な方針が家庭や地域とも共有されるよう努めるものとする。その際，第4章総合的な探究の時間において準ずるものとしている高等学校学習指導要領第4章の第2の1に基づき定められる目標との関連を図るものとする。

　本項は，各学校における教育課程の編成に当たって重要となる各学校の教育目標の設定と，教育課程の編成についての基本的な方針の家庭や地域との共有，総合的な探究の時間について各学校が定める目標との関連について示している。

　各学校の教育課程の編成の基本となる学校の教育目標は，法令等に定める学校教育の目的や目標及び教育課程の基準に基づき，各学校が当面する教育課題の解決を目指し，両者を統一的に把握して設定することが重要となる。各学校における教育課程は，当該学校の教育目標の実現を目指して，教育の内容を選択し，組織し，それに必要な各教科・科目等又は各教科等を編成する。

　今回の改訂においては，次項のとおり，言語能力，情報活用能力，問題発見・解決能力等の学習の基盤となる資質・能力や，豊かな人生の実現や災害等を乗り越えて次代の社会を形成することに向けた現代的な諸課題に対応して求められる資質・能力を，教科等横断的な視点に立って育成することを規定している。また，各教科・科目等又は各教科等においても，当該教科等の指導を通してどのような資質・能力の育成を目指すのかを，「知識及び技能」，「思考力，判断力，表現力等」，「学びに向かう力，人間性等」の三つの柱に沿って再整理し，当該教科等の目標及び内容として明確にしている。

　各学校において，教育目標に照らしながら各教科・科目等又は各教科等の授業のねらいを改善したり，教育課程の実施状況を評価したりすることが可能となるよう，教育目標は具体性を有するものであることが求められる。法令や教育委員

会の規則，方針等を踏まえつつ，生徒の障害の状態や特性及び心身の発達の段階並びに地域や学校の実態を的確に把握し，第1章第2節第1款の3に基づき，学校教育全体及び各教科・科目等又は各教科等の指導を通じてどのような資質・能力の育成を目指すのかを明らかにしながら，そうした実態やねらいを十分反映した具体性のある教育目標を設定することが必要である。また，長期的な視野をもって教育を行うことができるよう，教育的な価値や継続的な実践の可能性も十分踏まえて設定していくことが重要である。

「社会に開かれた教育課程」の理念に基づき，目指すべき教育の在り方を家庭や地域と共有し，その連携及び協働のもとに教育活動を充実させていくためには，各学校の教育目標を含めた教育課程の編成についての基本的な方針を，家庭や地域とも共有していくことが重要である。そのためにも，例えば，学校経営方針やグランドデザイン等の策定や公表が効果的に行われていくことが求められる。

また，高等部においては高等学校学習指導要領第4章第2の1に基づき各学校が定めることとされている総合的な探究の時間の目標については，上記により定められる学校の教育目標との関連を図り，生徒の障害の状態や特性及び心身の発達の段階等並びに学校や地域の実態に応じてふさわしい探究課題を設定することができるという総合的な探究の時間の特質が，各学校の教育目標の実現に生かされるようにしていくことが重要である。

以上のことを整理すると，各学校において教育目標を設定する際には，次のような点を踏まえることが重要となる。

(1) 法律及び学習指導要領に定められた目的や目標を前提とするものであること。
(2) 教育委員会の規則，方針等に従っていること。
(3) 学校として育成を目指す資質・能力が明確であること。
(4) 学校や地域の実態等に即したものであること。
(5) 教育的価値が高く，継続的な実践が可能なものであること。
(6) 評価が可能な具体性を有すること。

● 2 教科等横断的な視点に立った資質・能力（第1章第2節第2款の2）

生徒に「生きる力」を育むことを目指して教育活動の充実を図るに当たっては，学校教育全体及び各教科・科目等又は各教科等の指導を通してどのような資質・能力の育成を目指すのかを，資質・能力の三つの柱を踏まえながら明確にすることが求められる。育成を目指す資質・能力の具体例については，様々な提案がなされており，学習指導要領に基づき各学校において，生徒の障害の状態や特

性及び心身の発達の段階等並びに地域や学校の実態に応じてどのような資質・能力の育成を図っていくのかを明らかにしていく必要があるが，平成28年12月の中央教育審議会答申では，数多く論じられている資質・能力を以下のように大別している。

- ・ 例えば国語力，数学力などのように，伝統的な教科等の枠組みを踏まえながら，社会の中で活用できる力としてのあり方について論じているもの。
- ・ 例えば言語能力や情報活用能力などのように，教科等を越えた全ての学習の基盤として育まれ活用される力について論じているもの。
- ・ 例えば安全で安心な社会づくりのために必要な力や，自然環境の有限性の中で持続可能な社会をつくるための力などのように，今後の社会の在り方を踏まえて，子供たちが現代的な諸課題に対応できるようになるために必要な力の在り方について論じているもの。

1点目の教科等の枠組みを踏まえて育成を目指す資質・能力については，高等部学習指導要領の各教科・科目等又は各教科等の目標や内容において，それぞれの教科等の特質を踏まえて整理されている。これらの資質・能力の育成を目指すことが各教科・科目等又は各教科等を学ぶ意義につながるものであるが，指導に当たっては，教科等ごとの枠の中だけではなく，教育課程全体を通じて目指す学校の教育目標の実現に向けた各教科・科目等又は各教科等の位置付けを踏まえ，教科等横断的な視点をもってねらいを具体化したり，他の教科等における指導との関連付けを図りながら，幅広い学習や生活の場面で活用できる力を育むことを目指したりしていくことも重要となる。

このような教科等横断的な視点からの指導のねらいの具体化や，教科等間の指導の関連付けは，前述の答申が大別した2点目及び3点目にあるような教科等の枠組みを越えた資質・能力の育成にもつながるものである。変化の激しい社会の中で，主体的に学んで必要な情報を判断し，よりよい人生や社会の在り方を考え，多様な人々と協働しながら問題を発見し解決していくために必要な力を，生徒一人一人に育んでいくためには，あらゆる教科等に共通した学習の基盤となる資質・能力や，教科等の学習を通じて身に付けた力を統合的に活用して現代的な諸課題に対応していくための資質・能力を，教育課程全体を見渡して育んでいくことが重要となる。

(1) 学習の基盤となる資質・能力（第1章第2節第2款の2の(1)）

> 2 教科等横断的な視点に立った資質・能力の育成
> (1) 各学校においては，生徒の障害の状態や特性及び心身の発達の段階等を考慮し，言語能力，情報活用能力（情報モラルを含む。)，問題発

見・解決能力等の学習の基盤となる資質・能力を育成していくことができるよう，各教科・科目等又は各教科等の特質を生かし，教科等横断的な視点から教育課程の編成を図るものとする。

　本項は，生徒の日々の学習や生涯にわたる学びの基盤となる資質・能力を，生徒の障害の状態や特性及び心身の発達の段階等を考慮し，それぞれの教科等の役割を明確にしながら，教科等横断的な視点で育んでいくことができるよう，教育課程の編成を図ることを示している。学習の基盤となる資質・能力として，言語能力，情報活用能力，問題発見・解決能力等を挙げている。

ア　言語能力

　言葉は，生徒の学習活動を支える重要な役割を果たすものであり，全ての教科等における資質・能力の育成や学習の基盤となるものである。教科書や教師の説明，様々な資料等から新たな知識を得たり，事象を観察して必要な情報を取り出したり，自分の考えをまとめたり，他者の思いを受け止めながら自分の思いを伝えたり，ホームルームにおいて生徒間で目的を共有して協働したりすることができるのも，言葉の役割に負うところが大きい。したがって，言語能力の向上は，生徒の学びの質の向上や資質・能力の育成の在り方に関わる重要な課題として受け止め，重視していくことが求められる。

　言語能力を育成するためには，第1章第2節第3款の1の(2)や各教科・科目等又は各教科等の内容の取扱いに当たっての配慮事項に示すとおり，全ての教科等においてそれぞれの特質に応じた言語活動の充実を図ることが必要であるが，特に言葉を直接の学習対象とする国語科の果たす役割は大きい。しかしながら，高等部の国語教育については，教材の読み取りが指導の中心になることが多く，国語による主体的な表現等が重視された授業や，「話すこと・聞くこと」「書くこと」の領域の学習が十分に行われていない等の課題も指摘されていた。そこで，今回の改訂に当たっては，平成28年12月の中央教育審議会答申において人間が認識した情報を基に思考し，思考したものを表現していく過程に関する分析を踏まえ，創造的・論理的思考の側面，感性・情緒の側面，他者とのコミュニケーションの側面から言語能力とは何かが整理されたことを踏まえ，国語科の目標や内容の見直しを図ったところである。言語能力を支える語彙の段階的な獲得も含め，発達の段階に応じた言語能力の育成が図られるよう，国語科を要としつつ教育課程全体を見渡した組織的・計画的な取組が求められる。

　また，外国語科は，学習対象とする言語は異なるが，言語能力の向上を目指す教科等であることから，国語科と共通する指導内容や指導方法を扱う場

面がある。そうした指導内容や指導方法を効果的に連携させることによって，言葉の働きや仕組みなどの言語としての共通性や固有の特徴への気付きを促し，相乗効果の中で言語能力の効果的な育成につなげていくことが重要である。

（参考：言語能力を構成する資質・能力）

（知識・技能）

　言葉の働きや役割に関する理解，言葉の特徴やきまりに関する理解と使い分け，言葉の使い方に関する理解と使い分け，言語文化に関する理解，既有知識（教科に関する知識，一般常識，社会的規範等）に関する理解が挙げられる。

　特に，「言葉の働きや役割に関する理解」は，自分が用いる言葉に対するメタ認知に関わることであり，言語能力を向上する上で重要な要素である。

（思考力・判断力・表現力等）

　テクスト（情報）を理解したり，文章や発話により表現したりするための力として，情報を多面的・多角的に精査し構造化する力，言葉によって感じたり想像したりする力，感情や想像を言葉にする力，言葉を通じて伝え合う力，構成・表現形式を評価する力，考えを形成し深める力が挙げられる。

（学びに向かう力・人間性等）

　言葉を通じて，社会や文化を創造しようとする態度，自分のものの見方や考え方を広げ深めようとする態度，集団としての考えを発展・深化させようとする態度，心を豊かにしようとする態度，自己や他者を尊重しようとする態度，自分の感情をコントロールして学びに向かう態度，言語文化の担い手としての自覚が挙げられる。

【平成28年12月の中央教育審議会答申　別紙2-1】

イ　情報活用能力

　情報活用能力は，世の中の様々な事象を情報とその結び付きとして捉え，情報及び情報技術を適切かつ効果的に活用して，問題を発見・解決したり自分の考えを形成したりしていくために必要な資質・能力である。将来の予測が難しい社会において，情報を主体的に捉えながら，何が重要かを主体的に考え，見いだした情報を活用しながら他者と協働し，新たな価値の創造に挑

んでいくためには，情報活用能力の育成が重要となる。また，情報技術は
人々の生活にますます身近なものとなっていくと考えられるが，そうした情
報技術を手段として学習や日常生活に活用できるようにしていくことも重要
となる。

　情報活用能力をより具体的に捉えれば，学習活動において必要に応じてコン
ピュータ等の情報手段を適切に用いて情報を得たり，情報を整理・比較し
たり，得られた情報を分かりやすく発信・伝達したり，必要に応じて保存・
共有したりといったことができる力であり，さらに，このような学習活動を
遂行する上で必要となる情報手段の基本的な操作の習得や，プログラミング
的思考，情報モラル，情報セキュリティ，統計等に関する資質・能力等も含
むものである。こうした情報活用能力は，各教科・科目等又は各教科等の学
びを支える基盤であり，これを確実に育んでいくためには，各教科・科目等
又は各教科等の特質に応じて適切な学習場面で育成を図ることが重要である
とともに，そうして育まれた情報活用能力を発揮させることにより，各教
科・科目等又は各教科等における主体的・対話的で深い学びへとつながって
いくことが一層期待されるものである。

　今回の改訂に当たっては，資質・能力の三つの柱に沿って情報活用能力に
ついて整理されている。情報活用能力を育成するためには，第1章第2節第
3款の1の(3)や第2章第1節第1款において準ずることとしている高等学
校学習指導要領の各教科・科目の内容の取扱い，第2章第2節第3款の8に
示すとおり，各学校において日常的に情報技術を活用できる環境を整え，全
ての教科等においてそれぞれの特質に応じ，情報技術を適切に活用した学習
活動の充実を図ることが必要である。

　なお，視覚障害者，聴覚障害者，肢体不自由者又は病弱者である生徒に対
する教育を行う特別支援学校における各学科に共通する教科である情報科
は，高等部における情報活用能力の育成の中核を担うものであるが，その育
成においては情報科と他の各教科・科目等とが相互に関連を図ることが重要
であり，また，他の各教科・科目等においても積極的に実施していくことが
必要である。

（参考：情報活用能力を構成する資質・能力）

（知識・技能）
　情報と情報技術を活用した問題の発見・解決等の方法や，情報化の進展
が社会の中で果たす役割や影響，情報に関する法・制度やマナー，個人が
果たす役割や責任等について，情報の科学的な理解に裏打ちされた形で理

解し，情報と情報技術を適切に活用するために必要な技能を身に付けていること。

（思考力・判断力・表現力等）

様々な事象を情報とその結びつきの視点から捉え，複数の情報を結びつけて新たな意味を見出す力や，問題の発見・解決等に向けて情報技術を適切かつ効果的に活用する力を身に付けていること。

（学びに向かう力・人間性等）

情報や情報技術を適切かつ効果的に活用して情報社会に主体的に参画し，その発展に寄与しようとする態度等を身に付けていること。

【平成28年12月の中央教育審議会答申　別紙3－1】

ウ　問題発見・解決能力

各教科・科目等又は各教科等において，物事の中から問題を見いだし，その問題を定義し解決の方向性を決定し，解決方法を探して計画を立て，結果を予測しながら実行し，振り返って次の問題発見・解決につなげていく過程を重視した深い学びの実現を教科等の特性に応じて図ることを通じて，各教科・科目等又は各教科等のそれぞれの分野における問題の発見・解決に必要な力を身に付けられるようにするとともに，総合的な探究の時間における横断的・総合的な探究課題や，特別活動における集団や自己の生活上の課題に取り組むことなどを通じて，各教科・科目等又は各教科等で身に付けた力を統合的に活用できるようにすることが重要である。

ここに挙げられた資質・能力の育成以外にも，各学校においては生徒の実態を踏まえ，学習の基盤づくりに向けて課題となる資質・能力は何かを明確にし，カリキュラム・マネジメントの中でその育成が図られるように努めていくことが求められる。

(2) 現代的な諸課題に対応して求められる資質・能力（第1章第2節第2款の2の(2)）

(2) 各学校においては，生徒や学校，地域の実態並びに生徒の障害の状態や特性及び心身の発達の段階等を考慮し，豊かな人生の実現や災害等を乗り越えて次代の社会を形成することに向けた現代的な諸課題に対応して求められる資質・能力を，教科等横断的な視点で育成していくことができるよう，各学校の特色を生かした教育課程の編成を図るものとする。

本項は,「生きる力」の育成という教育の目標を,各学校の特色を生かした教育課程の編成により具体化していくに当たり,豊かな人生の実現や災害等を乗り越えて次代の社会を形成することに向けた現代的な諸課題に照らして必要となる資質・能力を,それぞれの教科等の役割を明確にしながら,教科等横断的な視点で育んでいくことができるようにすることを示している。

特に,未曾有の大災害となった東日本大震災や平成28年熊本地震をはじめとする災害等による困難を乗り越え次代の社会を形成するという大きな役割を担う生徒に,現代的な諸課題に対応して求められる資質・能力を教科等横断的に育成することが一層重要となっている。そのため,今回の改訂では,例えば,放射線の科学的な理解や科学的に探究する態度(「物理基礎」,「物理」),環境と健康についての理解(「保健」),食品の安全確保の仕組み(「家庭基礎」,「家庭総合」),情報の妥当性や信頼性の吟味の仕方(「現代の国語」),情報の妥当性や信頼性を踏まえた公正な判断力(「公共」)などの内容の充実を図っており,放射線に関する科学的な理解や,科学的に思考し,情報を正しく理解する力を育成することとしている。

このような現代的な諸課題に対応して求められる資質・能力として,平成28年12月の中央教育審議会答申では,

- ・ 健康・安全・食に関する力
- ・ 主権者として求められる力
- ・ 新たな価値を生み出す豊かな創造性
- ・ グローバル化の中で多様性を尊重するとともに,現在まで受け継がれてきた我が国固有の領土や歴史について理解し,伝統や文化を尊重しつつ,多様な他者と協働しながら目標に向かって挑戦する力
- ・ 地域や社会における産業の役割を理解し地域創生等に生かす力
- ・ 自然環境や資源の有限性等の中で持続可能な社会をつくる力
- ・ 豊かなスポーツライフを実現する力

などが考えられるとされたところである。

各学校においては,生徒や学校,地域の実態並びに生徒の障害の状態や特性及び心身の発達の段階等を考慮して学校の特色を生かした目標や指導の重点を計画し,教育課程を編成・実施していくことが求められる。

3　教育課程の編成における共通的事項

(1) 視覚障害者，聴覚障害者，肢体不自由者又は病弱者である生徒に対する教育を行う特別支援学校における各教科・科目等の履修等

ア　各教科・科目及び単位数

(ア) 卒業までに履修させる単位数等（第1章第2節第2款の3の (1) のアの (ア)）

> 3　教育課程の編成における共通的事項
>
> (1) 視覚障害者，聴覚障害者，肢体不自由者又は病弱者である生徒に対する教育を行う特別支援学校における各教科・科目等の履修等
>
> ア　各教科・科目及び単位数等
>
> (ア) 卒業までに履修させる単位数等
>
> 　　各学校においては，卒業までに履修させる (イ) から (オ) までに示す各教科・科」目及びその単位数，総合的な探究の時間の単位数，特別活動及びその授業時数並びに自立活動の授業時数に関する事項を定めるものとする。この場合，卒業までに履修させる単位数の計は，イの (ア) 及び (イ) に掲げる各教科・科目の単位数並びに総合的な探究の時間の単位数を含めて74単位（自立活動の授業については，授業時数を単位数に換算して，この単位数に含めることができる。）以上とする。
>
> 　　単位については，1単位時間を50分とし，35単位時間の授業を1単位として計算することを標準とする。

　視覚障害者，聴覚障害者，肢体不自由者又は病弱者である生徒に対する教育を行う特別支援学校高等部の教育課程は，各教科・科目，総合的な探究の時間，特別活動及び自立活動によって編成するものとし（学校教育法施行規則第128条，別表第3，別表第5），学習指導要領において，各学科に共通する各教科・科目（共通教科・科目）の標準単位数，全ての生徒に履修させる必履修教科・科目及び専門学科における各教科・科目の履修，総合的な探究の時間の単位数，特別活動及び自立活動の授業時数，各教科・科目，総合的な探究の時間，特別活動及び自立活動の目標及び内容等を定めている。

　各学校においては，これらの内容を十分検討して教育課程を編成しなければならない。そして，それぞれの学校の目標に従って，卒業までに生徒に履修させる各教科・科目とその単位数，総合的な探究の時間の単位数，特別活動とその授業時数，自立活動の授業時数を定めることが教育課程編成の最も基本的な事項となる。

①　各学校における教育課程の編成

　学校が教育課程を編成するに当たっては，卒業までに履修させる各教科・科目とその単位数，総合的な探究の時間の単位数，及び特別活動とその授業時数並びに自立活動の授業時数を定めなければならない。この場合，生徒が履修すべきものとして定める各教科・科目の単位数及び総合的な探究の時間の単位数の合計は74単位以上でなければならない。ただし，これは高等部在学中に履修させる単位数の下限を定めたものであり，生徒の実態に応じ，各学校が，生徒により多くの単位数を履修させることを妨げるものではない。各学校においては，学校の教育目標や生徒の負担等を十分に考慮した上で，適切な単位数及び授業時数を設定することが求められる。

　各教科・科目及び総合的な探究の時間の単位数の合計の中には必ず次の単位数を含めなければならない。第一に，全ての生徒に履修させる必履修教科・科目及び総合的な探究の時間の単位数（第1章第2節第2款の3の(1)のイの(ア)の⑦），第二に，専門学科において，全ての生徒に履修させる専門教科・科目の単位数（第1章第2節第2款の3の(1)のイの(イ)の⑦）である。

　総合的な探究の時間は，全ての学校で教育課程上必置とされるものであり，その単位数については各学校において適切に定める（第1章第2節第2款の3の(1)のイの(ア)の⑦）こととされている。なお，各学校において単位数を定めるに当たっては，高等学校学習指導要領において標準単位数が明示されている趣旨を踏まえることが大切である。

　また，自立活動の授業については，1単位時間を50分とし，35単位時間の授業を1単位として計算することを標準として，卒業までに履修させる各教科・科目及び総合的な探究の時間の単位数に含めることができる。

　特別活動及び自立活動についても学校において卒業までに履修させるべき授業時数を定めることとなっているが，そのうち高等部学習指導要領において具体的に授業時数の規定があるのは，ホームルーム活動である。ホームルーム活動の授業時数については，原則として，年間35単位時間以上とするものとしている（第1章第2節第2款の3の(1)のウの(ウ)）。また，自立活動については，各学年において，生徒の障害の状態に応じて，適切に授業時数を定めるものとしている（第1章第2節第2款の3の(1)のウの(オ)）。

②　教科と科目

　学校教育法においては，高等部の教育課程に関する事項は，高等学校に準じて文部科学大臣が定めると規定されている（学校教育法第77条）。

　これを受けて学校教育法施行規則において教育課程について規定されており，同施行規則別表第3に各学科に共通する各教科・科目及び主として専門学科において開設される各教科・科目，別表第5に視覚障害者である生徒に対する教育を行う特別支援学校の主として専門学科及び聴覚障害者である生徒に対する教育を行う特別支援学校の主として専門学科において開設される各教科・科目が列挙され，さらに，同表の備考において，同表に掲げる各教科・科目以外の教科・科目（学校設定教科・科目）を設けることができることとされている。これらが，学習指導要領においては，第1章第2節第2款の3の(1)のアの(イ)から(オ)までに示されている。

　また，小・中学部の場合は各教科が定められているが，科目には区分されていない。一方，高等部においては，教科は，それぞれ幾つかの科目に分かれる。教科には，その教科としての目標が定められているが，内容は，その教科に属する科目において具体的に示されている。各科目は，教科のもつ一般的な目標及び内容のうち，ある特定の分野・領域等に重点を置いてこれを組織的に学習することができるようにしたものである。しかし，一つの教科に属する各科目は，単にその教科を分割した一部分ではなく，目標において共通点をもつと同時に内容の組織と範囲においても，相互に深い関連をもつものである。

　各教科・科目は，必履修教科・科目として学習指導要領に基づき全ての生徒に共通に履修させるもの及びそれ以外のいわゆる選択科目に分けることができ，更に後者は，学校で選択配列して当該学校として学科や類型の別などに応じそれぞれに属する全ての生徒に履修させるもの及び生徒が選択履修することができるものに分けることができる。

③　単位

　各教科・科目及び総合的な探究の時間については，その目標と内容に応じた学習時間量を単位数によって表している。すなわち，単位は，各教科・科目について必要となる学習時間を測る尺度として用いられるものであり，標準としては，1単位時間を50分とし，35単位時間行われた授業を1単位と計算するのである。そして，例えば，4単位と定められた科目の授業を履修し，その成果が当該教科及び科目の目標に照らして満足できると認められたときは，その科目について4単位を修得したと認定することになる（第1章第2節第4款の1の(1)のア）。

　各教科・科目及び総合的な探究の時間の単位の修得については，上述のように当該各教科・科目又は総合的な探究の時間の履修の成果が満足できる程度以上に達した成績であれば，その定められた単位数によって認定されるの

が原則であり，それより多く認定されたり，少なく認定されたりするものではない。例えば，生徒が「数学Ⅰ」を3単位履修すれば3単位全部与えられるか，又は，全く単位を与えられないかのいずれかであって，その修得の程度によって3単位のうち2単位を与えられるということではない。ただし，あらかじめ計画して，各教科・科目又は総合的な探究の時間を学期の区分に応じて単位ごとに分割して履修したときは，それぞれの学期ごとに単位を認定することができる（第1章第2節第2款の3のイの(4)のウ）。また，2以上の年次にわたって履修したときは，各年次ごとに単位を認定することが原則である（第1章第2節第4款の1の(1)のウ）。

　なお，授業の1単位時間については，各学校において，各教科・科目等の授業時数を確保しつつ，適切に定めるものとしている（第1章第2節第2款の3の(1)のウの(カ)）。すなわち，1単位時間を50分とし，35単位時間の授業を1単位とすることを計算の基礎とし，それを標準として計算された単位数に見合う学習時間量を確保することを前提として，実際の時間割編成に当たっては，授業の1単位時間を弾力的に運用できることとしている。

イ　各学科に共通する各教科・科目及び標準単位数（第1章第2節第2款の3の
　　(1)のアの(イ)）

> （イ）各学科に共通する各教科・科目及び標準単位数
> 　　各学校においては，教育課程の編成に当たって，次の表に掲げる各教科・科目及びその標準単位数を踏まえ，生徒に履修させる各教科・科目及びそれらの単位数について適切に定めるものとする。ただし，生徒の実態等を考慮し，特に必要がある場合には，標準単位数の標準の限度を超えて単位数を増加して配当することができる。

教　科	科　目	標準単位数	教　科	科　目	標準単位数
国　語	現代の国語	2	保健体育	体育	7〜8
	言語文化	2		保健	2
	論理国語	4	芸　術	音楽Ⅰ	2
	文学国語	4		音楽Ⅱ	2
	国語表現	4		音楽Ⅲ	2
	古典探究	4		美術Ⅰ	2
地理歴史	地理総合	2		美術Ⅱ	2
	地理探究	3		美術Ⅲ	2
	歴史総合	2		工芸Ⅰ	2
	日本史探究	3		工芸Ⅱ	2
	世界史探究	3		工芸Ⅲ	2
公　民	公共	2		書道Ⅰ	2
	倫理	2		書道Ⅱ	2
	政治・経済	2		書道Ⅲ	2
数　学	数学Ⅰ	3	外国語	英語コミュニケーションⅠ	3
	数学Ⅱ	4		英語コミュニケーションⅡ	4
	数学Ⅲ	3		英語コミュニケーションⅢ	4
	数学A	2		論理・表現Ⅰ	2
	数学B	2		論理・表現Ⅱ	2
	数学C	2		論理・表現Ⅲ	2
理　科	科学と人間生活	2	家　庭	家庭基礎	2
	物理基礎	2		家庭総合	4
	物理	4	情　報	情報Ⅰ	2
	化学基礎	2		情報Ⅱ	2
	化学	4	理　数	理数探究基礎	1
	生物基礎	2		理数探究	2〜5
	生物	4			
	地学基礎	2			
	地学	4			

① 　各学科に共通する各教科・科目及び総合的な探究の時間の改善

　　高等部の生徒に最低限必要な知識・技能と教養の幅を確保するという必履修教科・科目の趣旨（共通性）と学校の創意工夫を生かすための裁量や生徒の選択の幅（多様性）とのバランスに配慮し，各必履修教科・科目の単位数については，原則として増加させていない。

　　「数学Ⅰ」，「数学Ⅱ」，「数学Ⅲ」や「情報Ⅰ」，「情報Ⅱ」，あるいは「音楽Ⅰ」，「音楽Ⅱ」，「音楽Ⅲ」のように，Ⅰ，Ⅱ又はⅢが付いている各教科・科目は，その目標や内容を段階的に構成したものである。一方，「数学A」，「数学B」，「数学C」について，A，B，Cとしている科目は，その内容について選択履修できるように，目標や内容にそれぞれ特色をもたせて構成したものであ

る。

　また，例えば，地理歴史科において，「地理総合」を履修した後に「地理探究」を，「歴史総合」を履修した後に「日本史探究」，「世界史探究」を，それぞれ履修させるものとしていたり，理科において，「物理」，「化学」，「生物」及び「地学」の各科目については，それぞれに対応する基礎を付した科目を履修した後に履修させるものとしていたりするなど，必履修科目と選択科目の履修の順序については，教科ごとに必要に応じて定めている。一方，家庭科については，「家庭基礎」と「家庭総合」を設けているが，科目の名称はその特徴を示しているものであり，履修における順序性を示すものではない。新設教科である理数科において設けられた「理数探究基礎」及び「理数探究」についても，履修における順序性は示していないが，目標や内容を段階的に構成している。

　英語以外の外国語については，英語以外の多様な外国語に関する科目が各学校において一層柔軟に開設されるようにする観点から，それらの科目は学習指導要領上示さず，引き続き学校設定科目として設けることとした。

　総合的な探究の時間については，従前の総合的な学習の時間に関する規定と同様に，教育課程の編成において各学科に共通して設定すべきものであることを踏まえ，共通教科・科目と同じ表の中で標準単位数を示していないが，各学校において，その単位数を適切に定めることとしている。

　なお，国語科の「古典探究」，地理歴史科の「地理探究」，「日本史探究」及び「世界史探究」については，科目名称に「探究」が付されているが，これらは，「総合的な探究の時間」や「理数探究基礎」，「理数探究」において用いられている「探究」とは意味の異なるものである。すなわち，前者は，当該教科・科目における理解をより深めることを目的とし，教科の内容項目に応じた課題に沿って探究的な活動を行うものであるのに対して，「総合的な探究の時間」や「理数探究」，「理数探究基礎」は，課題を発見し解決していくために必要な資質・能力を育成することを目的とし，複数の教科・科目等の見方・考え方を組み合わせるなどして働かせ，探究のプロセスを通して資質・能力を育成するものである。なお，「探究」の名称が付されていない教科・科目等についても，それぞれの内容項目に応じて，探究的な活動が取り入れられるべきことは当然である。

② **標準単位数**

　共通教科・科目については，学習指導要領において，標準単位数を示している。

　標準単位数の制度は，学習指導要領に掲げた単位数を標準として一定の幅の

範囲内で具体的な単位数を配当することができるものである。これにより，各学校においては，その実態に応じて適切な単位数を配当し，それぞれ特色をもたせた教育課程を編成することができる。例えば，「数学Ⅱ」の標準単位数は4単位であるが，学校で5単位を配当し，その5単位の修得を認定し，これを卒業に必要な単位数に計算することができる。

各教科・科目の内容はそれぞれの目標に応じて標準単位数に見合うものとして定められている。したがって，通常の場合，標準単位数によって授業を行えば，内容は全体に無理なく指導できるようになっている。

標準単位数より多くの単位数を配当する場合に，どの程度の単位数を追加的に配当するかについては，各教科・科目の目標，内容や指導上の配慮に応じ合理的とみられる範囲内で適切に定めることが必要である。この場合，学校の方針により増加単位数を含めて全ての生徒に履修させることも，あるいは増加単位を特定の類型に所属する生徒など一部の生徒のみに履修させることもあり得る。ただし，いずれの場合においても，指導計画に位置付けた上で，各教科・科目の目標等に照らして適切な範囲で行われるべきことは当然であり，例えば，履修の途中で追加的に単位を配当したり，学習の進度に応じて一部の生徒のみに追加的に単位を配当したりすることなどは認められない。

各教科・科目に増加単位を充当して行うのが適当と思われる例を示すと次のような場合が考えられる。

(ｱ) 義務教育段階での学習内容の確実な定着を図る場合を含め，基礎的な知識を十分身に付けさせるための時間に充当する場合

(ｲ) 理解の難しい科目の内容を十分習得させるための時間に充当する場合

(ｳ) 特定の技術，技能等を反復，習熟させるための時間に充当する場合

他方，必履修教科・科目以外の各教科・科目について，標準単位数より少ない単位数を配当することは，①生徒の実態から標準単位数による授業時数より短い時数で当該科目の目標の実現が可能であると判断される場合，②原則的には各教科・科目の標準単位数によって授業を行うことが望ましいが，教科・科目の特質から一部の内容項目を取り上げることも可能である旨が規定されており，生徒の特性や学校の実態等に応じてやむを得ないと判断される場合のいずれかの場合に行うことが可能であると考えられる。なお，その場合にも，生徒の実態や各教科・科目の特質等を十分考慮して履修に無理のないように単位数を定める必要がある。

例えば，選択科目である「数学C」については，(1)から(3)までの内容で構成しており，三つの内容全てを履修させるときは3単位程度を要するが，標準単位数2単位である。このため，原則的には標準単位数である2単位で授業を行うことが望ましいが，生徒の特性や学校の実態，単位数等に応じてやむを

得ない場合には，教科・科目の特質により内容を適宜選択し1単位として設定することも可能である。その場合にあっても，指導に当たっては，履修目的に沿って，履修内容や履修順序を適切に定めるとともに，各科目の内容相互の関連と学習の系統性を十分に図ることにより，生徒の多様な特性などに対応できるようにすることが大切であることはいうまでもない。

　なお，必履修教科・科目については，原則として標準単位数を下らないこととされており，標準単位数より少ない単位数を配当することができるのは「生徒の実態及び専門学科の特色等を考慮し，特に必要がある場合」のみとされており，また，その場合においても，標準単位数が2単位である場合には単位を減じることはできないことに留意する必要がある（第1章第2節第2款の3の(1)のイの(ア)の⑦）。必履修教科・科目に関する一部単位減については，本解説第2編第1章第3節の3の(1)のオの(ア)の②において留意事項を詳述しているので参照されたい。

　さらに，学校においては，生徒の実態等を考慮し，特に必要がある場合には，標準単位数の標準の限度を超えて単位数を増加して配当することもできる。すなわち，標準単位数の標準の幅については特に定めはないが，それには一定の限度があるとされている。しかし，能力等の多様な生徒の実態等を考慮し，生徒の学習内容の習熟の程度などから判断して，時間をかけてその習熟を図るため特に必要がある場合には，その限度を超えて大幅に単位数を増加させることができることとしている。例えば，「数学Ⅰ」について，生徒の実態により，特に授業時数を増加して，5単位や6単位を配当することも可能であり，これを修得した場合，それを卒業に必要な単位数の中に算入することになる。

各教科・科目における増単・減単の条件

	単位を増加すること（増単）	単位を減ずること（減単）
必履修教科・科目の場合	○　以下のような場合には，増単することが考えられる。 ①義務教育段階での学習内容の確実な定着を図る場合を含め，基礎的な知識を十分身に付けさせるための時間に充当する場合 ②理解の難しい科目の内容を十分習得させるための時間に充当する場合	○　原則として，標準単位数よりも減ずることはできない。 ○　減単が可能なのは，「生徒の実態及び専門学科の特色等を考慮し，特に必要がある場合」のみとされている。また，その場合においても，標準単位数が2単位である場合には単位を減じることはできない。

必履修教科・科目以外の場合	③特定の技術，技能等を反復，習熟させるための時間に充当する場合 ○　標準単位数の標準の幅については特に定めはないが，それには一定の限度があるとされている。しかし，能力等の多様な生徒の実態等を考慮し，生徒の学習内容の習熟の程度などから判断して，時間をかけてその習熟を図るため特に必要がある場合には，その限度を超えて大幅に単位数を増加させることができることとしている。例えば，「数学Ⅰ」について，生徒の実態により，特に授業時数を大幅に増加して，5単位や6単位を配当することも可能であり，これを修得した場合，それを卒業に必要な単位数の中に算入することになる。	○　原則として，標準単位数よりも減ずることはできない。 ○　ただし，以下のいずれかの場合には単位を減ずることが可能である。 ①生徒の実態から標準単位数による授業時数より短い時数で当該各教科・科目の目標の実現が可能であると判断される場合 ②原則的には各教科・科目の標準単位数によって授業を行うことが望ましいが，教科・科目の特質から一部の内容項目を取り上げることも可能である旨が規定されており，生徒の特性や学校の実態等に応じてやむをえない場合 ○　なお，上記の場合においても，生徒の実態等を十分考慮して履修に無理のないように単位数を定める必要がある。

ウ　主として専門学科において開設される各教科・科目（第1章第2節第2款の3の(1)のアの(ウ)）

（ウ）主として専門学科において開設される各教科・科目
　　各学校においては，教育課程の編成に当たって，視覚障害者である生徒に対する教育を行う特別支援学校にあっては次の表の㋐及び㋑，聴覚障害者である生徒に対する教育を行う特別支援学校にあっては次の表の㋐及び㋒，肢体不自由者又は病弱者である生徒に対する教育を行う特別支援学校にあっては次の表の㋐に掲げる主として専門学科（専門教育を主とする学科をいう。以下同じ。）において開設される各教科・科目及び設置者の定めるそれぞれの標準単位数を踏まえ，生徒に履修させる各教科・科目及びその単位数について適切に定めるものとする。
　㋐　視覚障害者，聴覚障害者，肢体不自由者又は病弱者である生徒に対する教育を行う特別支援学校

教　科	科　　　　目
農　　業	農業と環境，課題研究，総合実習，農業と情報，作物，野菜，果樹，草花，畜産，栽培と環境，飼育と環境，農業経営，農業機械，植物バイオテクノロジー，食品製造，食品化学，食品微生物，食品流通，森林科学，森林経営，林産物利用，農業土木設計，農業土木施工，水循環，造園計画，造園施工管理，造園植栽，測量，生物活用，地域資源活用
工　　業	工業技術基礎，課題研究，実習，製図，工業情報数理，工業材料技術，工業技術英語，工業管理技術，工業環境技術，機械工作，機械設計，原動機，電子機械，生産技術，自動車工学，自動車整備，船舶工学，電気回路，電気機器，電力技術，電子技術，電子回路，電子計測制御，通信技術，プログラミング技術，ハードウェア技術，ソフトウェア技術，コンピュータシステム技術，建築構造，建築計画，建築構造設計，建築施工，建築法規，設備計画，空気調和設備，衛生・防災設備，測量，土木基盤力学，土木構造設計，土木施工，社会基盤工学，工業化学，化学工学，地球環境化学，材料製造技術，材料工学，材料加工，セラミック化学，セラミック技術，セラミック工業，繊維製品，繊維・染色技術，染織デザイン，インテリア計画，インテリア装備，インテリアエレメント生産，デザイン実践，デザイン材料，デザイン史
商　　業	ビジネス基礎，課題研究，総合実践，ビジネス・コミュニケーション，マーケティング，商品開発と流通，観光ビジネス，ビジネス・マネジメント，グローバル経済，ビジネス法規，簿記，財務会計Ⅰ，財務会計Ⅱ，原価計算，管理会計，情報処理，ソフトウェア活用，プログラミング，ネットワーク活用，ネットワーク管理
水　　産	水産海洋基礎，課題研究，総合実習，海洋情報技術，水産海洋科学，漁業，航海・計器，船舶運用，船用機関，機械設計工作，電気理論，移動体通信工学，海洋通信技術，資源増殖，海洋生物，海洋環境，小型船舶，食品製造，食品管理，水産流通，ダイビング，マリンスポーツ
家　　庭	生活産業基礎，課題研究，生活産業情報，消費生活，保育基礎，保育実践，生活と福祉，住生活デザイン，服飾文化，ファッション造形基礎，ファッション造形，ファッションデザイン，服飾手芸，フードデザイン，食文化，調理，栄養，食品，食品衛生，公衆衛生，総合調理実習
看　　護	基礎看護，人体の構造と機能，疾病の成り立ちと回復の促進，健康支援と社会保障制度，成人看護，老年看護，小児看護，母性看護，精神看護，在宅看護，看護の統合と実践，看護臨地実習，看護情報

情　　報	情報産業と社会，課題研究，情報の表現と管理，情報テクノロジー，情報セキュリティ，情報システムのプログラミング，ネットワークシステム，データベース，情報デザイン，コンテンツの制作と発信，メディアとサービス，情報実習
福　　祉	社会福祉基礎，介護福祉基礎，コミュニケーション技術，生活支援技術，介護過程，介護総合演習，介護実習，こころとからだの理解，福祉情報
理　　数	理数数学Ⅰ，理数数学Ⅱ，理数数学特論，理数物理，理数化学，理数生物，理数地学
体　　育	スポーツ概論，スポーツⅠ，スポーツⅡ，スポーツⅢ，スポーツⅣ，スポーツⅤ，スポーツⅥ，スポーツ総合演習
音　　楽	音楽理論，音楽史，演奏研究，ソルフェージュ，声楽，器楽，作曲，鑑賞研究
美　　術	美術概論，美術史，鑑賞研究，素描，構成，絵画，版画，彫刻，ビジュアルデザイン，クラフトデザイン，情報メディアデザイン，映像表現，環境造形
英　　語	総合英語Ⅰ，総合英語Ⅱ，総合英語Ⅲ，ディベート・ディスカッションⅠ，ディベート・ディスカッションⅡ，エッセイライティングⅠ，エッセイライティングⅡ

④　視覚障害者である生徒に対する教育を行う特別支援学校

教　　科	科　　　　　目
保健理療	医療と社会，人体の構造と機能，疾病の成り立ちと予防，生活と疾病，基礎保健理療，臨床保健理療，地域保健理療と保健理療経営，保健理療基礎実習，保健理療臨床実習，保健理療情報，課題研究

ⓦ　聴覚障害者である生徒に対する教育を行う特別支援学校

教　　科	科　　　　　目
印　　刷	印刷概論，印刷デザイン，印刷製版技術，ＤＴＰ技術，印刷情報技術，デジタル画像技術，印刷総合実習，課題研究
理容・美容	関係法規・制度，衛生管理，保健，香粧品化学，文化論，理容・美容技術理論，運営管理，理容実習，美容実習，理容・美容情報，課題研究
クリーニング	クリーニング関係法規，公衆衛生，クリーニング理論，繊維，クリーニング機器・装置，クリーニング実習，課題研究

① **主として専門学科において開設される各教科・科目の改善**

主として専門学科において開設される各教科・科目のうち，職業に関する各

教科・科目については，平成28年12月の中央教育審議会の答申を受け，地域や社会の発展を担う職業人を育成するため，社会や産業の変化の状況等を踏まえ，持続可能な社会の構築，情報化の一層の進展，グローバル化などへの対応の視点から，各教科の科目構成や各科目の内容の改善を図っている。

　また，産業界で求められる人材の育成を重視する観点から，例えば工業科で「船舶工学」，商業科で「観光ビジネス」，家庭科で「総合調理実習」，情報科で「情報セキュリティ」及び「メディアとサービス」を新設している。

② 専門教科・科目の標準単位数

　専門教科・科目については，従前から，地域の実態や学科の特色等に応じるため，その標準単位数の決定を設置者に委ねており，今回の改訂においても同様の扱いとしている。したがって，これらの各教科・科目について，公立学校にあっては各都道府県教育委員会等が，また，私立学校にあっては各学校法人がその標準単位数を定め，その標準単位数を標準として各学校が具体的な単位数を定めることとなる。各設置者においては，当該地域の実態や管内の学校の実態等に留意し，適切な標準単位数を定めることが必要である。

エ　学校設定科目及び学校設定教科（第1章第2節第2款の3の(1)のアの(エ)及び(オ)）

(エ) 学校設定科目

　学校においては，生徒や学校，地域の実態及び学科の特色等に応じ，特色ある教育課程の編成に資するよう，(イ)及び(ウ)の表に掲げる教科について，これらに属する科目以外の科目（以下「学校設定科目」という。）を設けることができる。この場合において，学校設定科目の名称，目標，内容，単位数等については，その科目の属する教科の目標に基づき，高等部における教育としての水準の確保に十分配慮し，各学校の定めるところによるものとする。

(オ) 学校設定教科

　㋐　学校においては，生徒や学校，地域の実態及び学科の特色等に応じ，特色ある教育課程の編成に資するよう，(イ)及び(ウ)の表に掲げる教科以外の教科（以下この項及び第4款の1の(2)において「学校設定教科」という。）及び当該教科に関する科目を設けることができる。この場合において，学校設定教科及び当該教科に関する科目の名称，目標，内容，単位数等については，高等部における教育の目標に基づき，高等部における教育としての水準の確保に十分配慮し，各学校の定める

ところによるものとする。

　　イ　学校においては，学校設定教科に関する科目として「産業社会と人間」を設けることができる。この科目の目標，内容，単位数等を各学校において定めるに当たっては，産業社会における自己の在り方生き方について考えさせ，社会に積極的に寄与し，生涯にわたって学習に取り組む意欲や態度を養うとともに，生徒の主体的な各教科・科目の選択に資するよう，就業体験活動等の体験的な学習や調査・研究などを通して，次のような事項について指導することに配慮するものとする。

　　a　社会生活や職業生活に必要な基本的な能力や態度及び望ましい勤労観，職業観の育成

　　b　我が国の産業の発展とそれがもたらした社会の変化についての考察

　　c　自己の将来の生き方や進路についての考察及び各教科・科目の履修計画の作成

① 学校設定科目

　(エ)では，第1章第2節第2款の3の(1)のアの(イ)及び(ウ)の表に掲げる教科について，これらに列挙されている科目以外の科目を設けることができることを示している。

　学校設定科目の名称，目標，内容，単位数等は各学校において定めるものとされているが，その際には，「その科目の属する教科の目標に基づき」という要件が示されていること，及び科目の内容の構成については関係する各科目の内容との整合性を図ることに十分配慮する必要がある。

② 学校設定教科及び当該教科に関する科目

　(オ)では，第1章第2節第2款の3の(1)のアの(イ)及び(ウ)の表に掲げられている教科以外の教科及び当該教科に関する科目を設けることができることを示している。

　学校設定教科及び当該教科に関する科目の名称，目標，内容，単位数等は各学校において定めるものとされているが，その際には，「高等部における教育の目標及びその水準の維持等に十分配慮」しなければならないという要件が示されていることに留意しなければならない。すなわち，学校教育法第51条に定める「義務教育として行われる普通教育の成果を更に発展拡充させて，豊かな人間性，創造性及び健やかな身体を養い，国家及び社会の形成者として必要な資質を養うこと」などの高等学校の教育目標と同一の目標及びその水準の維持等にふさわしいものとなるように定めなければならない。

③　学校設定科目・学校設定教科への取組

　第１章第２節第２款の３の(1)のアの(エ)の学校設定科目及び(オ)の学校設定教科（学校設定教科・科目）のいずれも，学校における特色ある教育，特色ある学校づくりを進める仕組みの一つとして，有効に活用されることが期待される。

　特に，学部段階間及び学校段階間の円滑な接続を確保する観点から，教育課程の編成に当たって，生徒や学校の実態等に応じ，必要がある場合には，義務教育段階での学習内容の確実な定着を図るようにすることを規定しており，その工夫の一つとして，義務教育段階での学習内容の確実な定着を図ることを目標とした学校設定科目等を履修させた後に，必履修教科・科目を履修させるようにすること（第１章第２節第２款の４の(2)のウ）が示されている。このため，こうしたことも踏まえながら，生徒や学校の実態等に応じた適切な学校設定科目又は学校設定教科を開設することが重要である。なお，高等部における教育の目標は，高等学校教育の目標と同様に，義務教育の成果を発展・拡充させることであることから，生徒の実態に応じ義務教育段階の学習内容について学び直し，その成果を発展・拡充させるために，義務教育段階の学習内容の確実な定着を図ることを目的とした学校設定教科・科目を高等部の教科・科目として開設することは，このような高等部における教育の目標に適合するものである。

　また，ボランティア活動や就業体験活動など，学校外活動の単位認定を行うための学校設定教科・科目の開設も考えられる。こうした様々な学校設定教科・科目の指導に当たっては，地域の専門家など外部の協力を得ることも効果的であると考えられる。

　なお，学校設定教科・科目については，各学校の判断で設けられることとなるが，このことは，学校設定教科・科目を含め，教育課程の編成について，教育委員会が公立学校に対して指導・助言を行う権限を有すること自体に変更を及ぼすものではない。

④　「産業社会と人間」

　「産業社会と人間」は，平成５年の総合学科の創設に伴い，その原則履修科目とされた科目である。総合学科は，普通教育及び専門教育を選択履修を旨として総合的に施す学科であり，その教育課程における各教科・科目は，高等学校の必履修科目，学科の原則履修科目，総合選択科目，自由選択科目により構成し，原則履修科目として「産業社会と人間」，情報に関する基礎的科目及び「課題研究」の３科目とすることが，平成５年３月に初等中等教育局長名の通

知で示された。

「産業社会と人間」は，人間としての生き方の探求，特に自己の生き方の探求を通して，職業を選択し，決定する場合に必要な能力と態度を養うとともに，将来の職業生活を営む上で必要な態度やコミュニケーションの能力を培うことや現実の産業社会やその中で自己の在り方生き方について認識させ，豊かな社会を築くために積極的に寄与する意欲や態度を育成することをねらいとしている。このねらいを達成するため，各学校では，社会人や地域の有識者を講師とするなど地域との積極的な連携を図り，実習，見学，調査研究などの体験的な活動を取り入れた学習を展開してきている。また，「産業社会と人間」の学習は，自らの進路等を考慮した適切な教科・科目の選択能力の育成にも大きな役割を果たしている。

このような自己の在り方生き方や進路について考察するとともに，それらを通して自らの進路等に応じて適切な教科・科目を選択する能力を育成する学習は，これからの高等部において，どの学科でも重要な意義を有することから，平成11年の改訂において，学校設定教科に関する科目として「産業社会と人間」を設けることができることを明示したものである。

各学校において，学校設定教科に関する科目として「産業社会と人間」を設ける場合，目標の設定に当たっては，産業社会における自己の生き方について考えさせ，社会に積極的に寄与し，生涯にわたって学習に取り組む意欲や態度を養う観点に留意する必要がある。また，生徒が自己の進路に応じ主体的に各教科・科目の選択ができるように，就業体験活動や見学等の体験的な学習，調査・研究や発表・討論などの生徒の主体的な活動を重視した学習方法を積極的に取り入れ，特に次のような事項を指導するよう配慮することを総則において示しているものである。

⑦　社会生活や職業生活に必要な基本的な能力や態度及び望ましい勤労観，職業観の育成

⑦　我が国の産業の発展とそれがもたらした社会の変化についての考察

⑦　自己の将来の生き方や進路についての考察及び各教科・科目の履修計画の作成

この「産業社会と人間」の指導事項については，平成5年2月の高等学校教育の改革の推進に関する会議の第四次報告において，職業と生活，我が国の産業と社会の変化及び進路と自己実現の3項目で構成し，具体的には次のようなことを指導することが提言された。

①　職業と生活

各種企業や施設等の見学及び就業体験活動やボランティア活動，卒業生や職業人等との対話，発表や討論等を通して，職業の種類や特徴，職業生

活などについて理解するとともに，勤労の意義について考察し，職業人と
して必要とされる能力・態度，望ましい勤労観・職業観を養うための学習
を行うこと。

② 我が国の産業と社会の変化

先端的な工場や情報関連企業等の見学，技術者や海外勤務者等の講話，
調査研究や発表・討論等を通して，我が国の科学技術の発達や産業・経済
の発展・変化について理解し，それがもたらした情報化，国際化等の社会
の変化，人々の暮らしへの影響について考察するための学習を行うこと。

③ 進路と自己実現

発表・討論，自己の学習計画の立案等を通して，自己の能力・適性，興
味・関心等と各種職業に求められる資質・能力を踏まえ，自己の将来の生
き方や進路について考察すること。

これらの項目は，職業と生活が学習指導要領に示されたaの事項，我が国の
産業と社会の変化がbの事項，進路と自己実現がcの事項とそれぞれ対応する
ものと考えられ，各学校においては，この報告の内容を十分配慮して，「産業
社会と人間」の指導内容を設定することが大切である。

オ　各教科・科目の履修等（第1章第2節第2款の3の(1)のイ）
(ア) 各学科に共通する必履修教科・科目及び総合的な探究の時間（第1章第2節
第2款の3の(1)のイの(ア)）

イ　各教科・科目の履修等
　(ア) 各学科に共通する必履修教科・科目及び総合的な探究の時間
　　㋐　全ての生徒に履修させる各教科・科目（以下「必履修教科・科目」
　　　という。）は次のとおりとし，その単位数は，アの(イ)に標準単位数
　　　として示された単位数を下らないものとする。ただし，生徒の実態
　　　及び専門学科の特色等を考慮し，特に必要がある場合には，「数学
　　　Ⅰ」及び「英語コミュニケーションⅠ」については2単位とするこ
　　　とができ，その他の必履修教科・科目（標準単位数が2単位である
　　　ものを除く。）についてはその単位数の一部を減じることができる。
　　　a　国語のうち「現代の国語」及び「言語文化」
　　　b　地理歴史のうち「地理総合」及び「歴史総合」
　　　c　公民のうち「公共」
　　　d　数学のうち「数学Ⅰ」
　　　e　理科のうち「科学と人間生活」，「物理基礎」，「化学基礎」，「生
　　　　物基礎」及び「地学基礎」のうちから2科目（うち1科目は「科

97

学と人間生活」とする。）又は「物理基礎」，「化学基礎」，「生物基礎」及び「地学基礎」のうちから3科目

f　保健体育のうち「体育」及び「保健」

g　芸術のうち「音楽Ⅰ」，「美術Ⅰ」，「工芸Ⅰ」及び「書道Ⅰ」のうちから1科目

h　外国語のうち「英語コミュニケーションⅠ」（英語以外の外国語を履修する場合は，学校設定科目として設ける1科目とし，その標準単位数は3単位とする。）

i　家庭のうち「家庭基礎」及び「家庭総合」のうちから1科目

j　情報のうち「情報Ⅰ」

① 必履修教科・科目の種類及びその単位数

　第1章第2節第2款の3の(1)のイにおいては，必履修教科・科目及びその単位数を示している。ここに示されている各教科・科目は，課程や学科を問わず，全ての生徒に共通に履修させる各教科・科目であり，標準単位数を下らない単位数を配当して履修させることとしている。ただし，生徒の実態及び専門教育を主とする学科の特色等を考慮し，「数学Ⅰ」及び「英語コミュニケーションⅠ」については例外的に2単位とすることができるほか，その他の必履修教科・科目（標準単位数が2単位であるものを除く。）については，その単位数の一部を減じることができるとしている。

　改訂後の各学科に共通する各教科・科目について一覧表にすると，次のとおりである。必履修科目については丸印で示している。

改訂後の各学科に共通する各教科・科目

教　科	科　目	標準単位数	必履修科目
国　　語	現代の国語	2	○
	言語文化	2	○
	論理国語	4	
	文学国語	4	
	国語表現	4	
	古典探究	4	
地 理 歴 史	地理総合	2	○
	地理探究	3	
	歴史総合	2	○
	日本史探究	3	
	世界史探究	3	

公　　民	公共	2	○
	倫理	2	
	政治・経済	2	
数　　学	数学Ⅰ	3	○2単位まで減可
	数学Ⅱ	4	
	数学Ⅲ	3	
	数学A	2	
	数学B	2	
	数学C	2	
理　　科	科学と人間生活	2	「科学と人間生活」を含む2科目又は基礎を付した科目のうちから3科目
	物理基礎	2	
	物理	4	
	化学基礎	2	
	化学	4	
	生物基礎	2	
	生物	4	
	地学基礎	2	
	地学	4	
保健体育	体育	7～8	○
	保健	2	○
芸　　術	音楽Ⅰ	2	○
	音楽Ⅱ	2	
	音楽Ⅲ	2	
	美術Ⅰ	2	
	美術Ⅱ	2	
	美術Ⅲ	2	
	工芸Ⅰ	2	
	工芸Ⅱ	2	
	工芸Ⅲ	2	
	書道Ⅰ	2	
	書道Ⅱ	2	
	書道Ⅲ	2	
外　国　語	英語コミュニケーションⅠ	3	○2単位まで減可
	英語コミュニケーションⅡ	4	
	英語コミュニケーションⅢ	4	
	論理・表現Ⅰ	2	
	論理・表現Ⅱ	2	
	論理・表現Ⅲ	2	
家　　庭	家庭基礎	2	○
	家庭総合	4	

第3節
教育課程の
編成

情　　報	情報Ⅰ 情報Ⅱ	2 2	○
理　　数	理数探究基礎 理数探究	1 2～5	

　今回の改訂では，前回に引き続き，高等部の生徒に社会で生きていくために必要となる力を共通して身に付けるという必履修科目の趣旨（共通性）と学校の創意工夫を生かすための裁量や生徒の選択の幅の拡大（多様性）とのバランスに配慮し，各必履修教科・科目の単位数を増加させていない。

　これを踏まえ，国語，地理歴史，公民，数学，保健体育，外国語及び情報の各教科については，選択的な履修を認めるのではなく，全ての高等部の生徒が共通に履修する共通必履修科目を設けることで，高等部の教育課程の共通性を高めることとした。具体的には，「現代の国語」，「言語文化」，「地理総合」，「歴史総合」，「公共」，「数学Ⅰ」，「体育」，「保健」，「英語コミュニケーションⅠ」及び「情報Ⅰ」を共通必履修科目として設けている。なお，前述のとおり，生徒や学校の実態が多様であることを踏まえ，「特に必要がある場合」には，「数学Ⅰ」及び「英語コミュニケーションⅠ」について2単位まで単位を減じて指導することを可能としている。また，理科，芸術，家庭の各教科においては，生徒の実態に応じた一層適切な教育課程が編成できるよう，理科，芸術，家庭の各教科において2単位の科目を含めた複数の科目の中から選択的に履修できるようにしている。

　理科については，前回の改訂に引き続き，物理，化学，生物，地学の4領域の中から3領域以上を学ぶという理念の下，生徒の特性等に応じた科目履修の柔軟性を確保する観点から，「科学と人間生活」，「物理基礎」，「化学基礎」，「生物基礎」，「地学基礎」のうちから2科目（「科学と人間生活」を含む。）又は，「物理基礎」，「化学基礎」，「生物基礎」，「地学基礎」のうちから3科目を履修することとしている。

　外国語科については，従前と同様，各学校で多様な外国語がより柔軟に開設できるよう，英語に関する科目以外の科目は示さず，英語に関する科目に準じて学校設定科目として開設できることとしている。このため，必履修教科・科目については，英語以外の外国語を履修する場合は，学校設定科目として設ける1科目とし，その標準単位数は3単位とすることとした。この場合においても，特に必要がある場合には，2単位まで単位を減ずることは可能となる。

　以上の必履修教科・科目の設定により，標準単位数の範囲内で合計が最も少なくなるように履修した際の単位数の合計は，従前と同様，各学科とも35単位となっている。

なお，必履修教科・科目につき，特に規定している場合を除き，年次をまたがって分割履修することは差し支えない。

なお，専門学科においては，以上の必履修教科・科目について，後述のような特例が規定されている（第1章第2節第2款の3の(1)のイの(イ)の㋐）。

② 必履修教科・科目の履修（一部単位減）についての留意点

各教科・科目の単位数については，標準単位数の制度がとられており，学校においては，学習指導要領に示す単位数を標準として一定の幅の範囲内で具体的な単位数を配当することができることは，先に述べたとおりであるが，必履修教科・科目については，標準単位数を下らないものとされている（第1章第2節第2款の3の(1)のイの(ア)の㋐）。

しかし，第1章第2節第2款の3の(1)のイの(ア)の㋐には，ただし書きとして必履修教科・科目について，「生徒の実態及び専門学科の特色等を考慮し，特に必要がある場合には，「数学Ⅰ」及び「英語コミュニケーションⅠ」については2単位とすることができ，その他の必履修教科・科目（標準単位数が2単位のものを除く。）についてはその単位数の一部を減じることができる。」とその特例が示されている。

これは，高等部の生徒の障害の状態や特性及び心身の発達の段階等，能力・適性等が多様になっているという実態があること，個々の生徒について個性の伸長を図るため，一方においては大幅な増加単位の措置を認めるとともに，必履修教科・科目の単位数の一部を減ずる措置が必要な場合もあり得ること，必履修教科・科目に加え専門教科・科目を履修しなければならない専門学科において多様な選択履修を可能とする必要があることなどを考慮したものである。

なお，標準単位数の一部単位減を行う場合も，当該科目の目標を実現できる範囲で行うことが前提となる。例えば，「数学Ⅰ」では「数と式」，「図形と計量」，「二次関数」，「データの分析」及び〔課題学習〕の全てを取り扱うことが必要であり，「英語コミュニケーションⅠ」では「聞くこと」，「読むこと」，「話すこと〔やり取り〕」，「話すこと〔発表〕」，「書くこと」の五つの領域別の言語活動及び複数の領域を結び付けた統合的な言語活動を通して，総合的に指導をする必要がある。

このような措置をとった場合，標準単位数を下回る単位数であっても，その修得が認定されれば，これを卒業に必要な単位数に組み入れることが可能である。

第1章第2節第2款の3の(1)のイの(ア)の㋐のただし書きにおいては，従前と同様に，「標準単位数が2単位であるものを除く」としている。このため，当該2単位の科目を必履修教科・科目として履修する場合には，その単位

数を更に減じて1単位とすることはできない。したがって，例えば，国語科については，必履修科目とされた「現代の国語」と「言語文化」のいずれも2単位科目であることから，これらについて，単位数の一部を減じることは認められない。

また，「体育」については，標準単位数が7～8単位とされており，各学校の特色に応じて，卒業までに7又は8単位を配当することとされている。このため，7単位未満に単位数を減じて配当することはできない。

なお，必履修教科・科目以外で標準単位数を示している科目についても，標準の限度を超えない範囲で単位数の一部を減じて配当することは可能であるが，生徒の実態等を十分考慮して履修に無理のないよう単位数を定める必要がある。

---

⑦　総合的な探究の時間については，全ての生徒に履修させるものとし，その単位数は，各学校において，生徒や学校の実態に応じて適切に定めるものとする。

特別支援学校高等部における総合的な探究の時間については，必履修教科・科目と同様，全ての生徒に履修させる必要があるものとして，第1章第2節第2款の3の(1)のイの(ア)の⑦でその単位数について，各学校において生徒や学校の実態に応じて適切に定めるものと規定している。

高等学校学習指導要領においては，総合的な探究の時間の標準単位数は第1章第2節第2款の3の表に3～6単位と示されている。このため，各学校で総合的な探究の時間の単位数を定める場合には，原則として3単位を下回らないことが求められる。他方，高等学校学習指導要領第1章第2款の3の(2)のアの(イ)には，「ただし，特に必要がある場合には，その単位数を2単位とすることができる。」とある。これは，総合的な探究の時間の目標の実現のためには，卒業までに履修する単位数として3～6単位の確保が必要であることを前提とした上で，各教科・科目（学校設定教科・科目を含む。本項において，以下同じ。）において，教科等横断的な学習を自己の在り方生き方に関連付け，探究のプロセスを通して行うことにより，総合的な探究の時間の単位数を2単位としても総合的な探究の時間の目標の実現が十分に可能であると考えられ，かつ，教育課程編成上，総合的な探究の時間の単位数を3単位履修させることが困難であるなど，特に必要とされる場合に限って，総合的な探究の時間を履修させる単位数を2単位とすることができるという趣旨である。したがって，2単位に減じることができるのは，限定的であることに十分注意しなければならない。

生徒に履修させる総合的な探究の時間の単位数については，各学校で十分に検

討した上で編成するとともに，教育課程における総合的な探究の時間の位置付け
を明確にすることが必要である。特に，高等学校学習指導要領に示す標準単位数
を減じる場合においては，その理由について，外部への説明責任が果たせるよ
う，教職員の共通理解を図るとともに，減ずることと比較して同じ程度の成果が
期待できる学習活動が十分に行われることについて，各教科・科目において，教
科等横断的な学習を自己の在り方生き方に関連付け，探究のプロセスを通して行
うことなどを明示するとともに，総合的な探究の時間の全体計画においても具体
的に示すことなどが求められる。

> ㋒ 外国の高等学校等に留学していた生徒について，外国の高等学校等に
> おける履修により，必履修教科・科目又は総合的な探究の時間の履修と
> 同様の成果が認められる場合においては，外国の高等学校等における履
> 修をもって相当する必履修教科・科目又は総合的な探究の時間の履修の
> 一部又は全部に替えることができる。

　本項は，外国の高等学校等（当該国における正規の後期中等教育機関）に留学
していた生徒の履修の認定に係る取扱いを明確化するため，今回の改訂において
新設した規定である。ここで言う留学とは，いったん日本の特別支援学校高等部
や高等学校に入学した生徒が，校長の許可を受けて留学をすること（学校教育法
施行規則第135第5項において準用する第93条第1項）を意味し，もともと外
国の高等学校等に在籍していた生徒が，日本の特別支援学校高等部に編入する場
合は含まない。

　外国の高等学校等に留学した場合，36単位を限度として我が国の特別支援学
校高等部の単位として認めることができる（学校教育法施行規則第135第5項に
おいて準用する第93条第2項）が，留学をした場合でも，必履修教科・科目の
履修は必要となる。この場合，外国における学習について，必履修教科・科目と
照合して個別に単位を認定することが基本であり，海外におけるどのような学習
が，国内のどのような教科・科目の履修に相当すると見なすかについては，各学
校において適切かつ柔軟に判断することが求められる。その際，外国における学
習のみで不足していると考えられる内容については，添削指導や補充学習等も活
用しながら，適切に補うことが必要である。

　また，学年をまたがって留学した生徒については，留学が修了した時点におい
て，学年の途中においても進級又は卒業を認めることがでる（学校教育法施行規
則第135第5項において準用する第93条第3項）。これらの制度を活用すること
で，長期の留学の際，原級留置や休学をする必要がなくなるため，当該制度の積
極的な活用が期待される。

(イ) 専門学科における各教科・科目の履修（第1章第2節第2款の3の(1)のイの(イ)）

> (イ) 専門学科における各教科・科目の履修
>
> 　専門学科における各教科・科目の履修については，(ア)のほか次のとおりとする。
>
> 　㋐　専門学科においては，専門教科・科目（アの(ウ)の表に掲げる各教科・科目，同表の教科に属する学校設定科目及び専門教育に関する学校設定教科に関する科目をいう。以下同じ。）について，全ての生徒に履修させる単位数は，25単位を下らないこと。ただし，各学科の目標を達成する上で，専門教科・科目以外の各教科・科目の履修により，専門教科・科目の履修と同様の成果が期待できる場合においては，その専門教科・科目以外の各教科・科目の単位数の一部の履修をもって，当該専門教科・科目の単位数の一部の履修に替えることができること。
>
> 　㋑　専門教科・科目の履修によって，(ア)の必履修教科・科目の履修と同様の成果が期待できる場合においては，その専門教科・科目の履修をもって，必履修教科・科目の履修の一部又は全部に替えることができること。
>
> 　㋒　職業教育を主とする専門学科においては，総合的な探究の時間の履修により，農業，工業，商業，水産，家庭，情報，保健理療，印刷，理容・美容若しくはクリーニングの各教科の「課題研究」，看護の「看護臨地実習」又は福祉の「介護総合演習」（以下「課題研究等」という。）の履修と同様の成果が期待できる場合においては，総合的な探究の時間の履修をもって課題研究等の履修の一部又は全部に替えることができること。また，課題研究等の履修により，総合的な探究の時間の履修と同様の成果が期待できる場合においては，課題研究等の履修をもって総合的な探究の時間の履修の一部又は全部に替えることができること。

　専門学科における各教科・科目の履修については，必履修教科・科目のほかに専門教科・科目を一定単位数以上履修するために，選択科目に配当する時間が制約される場合が多い。そこで，専門教科・科目以外の科目の履修を専門教科・科目の履修とみなす措置や専門教科・科目の履修をもって必履修教科・科目の履修とする代替措置，職業学科の原則履修科目である「課題研究」等と総合的な探究の時間の履修との代替措置を設け，専門学科において，より一層弾力的な教育課

程の編成ができるように配慮している。

① 専門教科・科目の最低必修単位数

　専門学科における専門教科・科目の最低必修単位数は，従前と同様に25単位以上とし，生徒の多様な実態に応じた弾力的な教育課程の編成を可能にしている。なお，25単位を下らないこととしているので，専門教育の深化のため，あるいは職業資格の取得要件等を考慮して教育課程を編成する場合は，当然，最低必修単位数の25単位を超えて履修することができるよう配慮する必要がある。

　学習指導要領では，従前と同様に，専門教科・科目について，第1章第2節第2款の3の(1)のアの(ウ)の表に掲げる各教科・科目，同表の教科に属する学校設定科目及び専門教育に関する学校設定教科に関する科目であることを明確にしている。すなわち，学習指導要領に示されている専門教科・科目及びその教科に属する学校設定科目はもとより，専門教育の一環として設けられる学校設定教科及び当該教科に関する科目についても，専門教科・科目に含まれることとなる。

② 専門教科・科目以外の教科・科目の履修を専門教科・科目の履修とみなす措置

　専門教科・科目以外の科目の履修を専門教科・科目の履修とみなす措置については，従前と同様，専門教科・科目の履修単位数を確保する観点から特例として規定している。各学科の特色に従い，多様な職業教育の要求に応えるために，専門教科・科目の履修と同様の成果が期待できる場合は，5単位を限度として，その専門教科・科目以外の科目を専門教科・科目の履修として認めることができることとしている。

③ 専門教科・科目による必履修科目の代替

　専門教科・科目を履修することによって，必履修教科・科目の履修と同様の成果が期待できる場合は，その専門教科・科目の履修をもって必履修教科・科目の履修の一部又は全部に替えることができる。

　これは，各教科・科目間の指導内容の重複を避け，教育内容の精選を図ろうとするものであり，必履修教科・科目の単位数の一部を減じ，その分の単位数について専門教科・科目の履修で代替させる場合と，必履修教科・科目の単位数の全部について専門教科・科目の履修で代替させる場合とがある。

　実施に当たっては，専門教科・科目と必履修教科・科目相互の目標や内容について，あるいは代替の範囲などについて十分検討を行うことが必要である。

この調整が適切に行われることにより，より効果的で弾力的な教育課程の編成に取り組むことができる。例えば，職業教育を主とする学科（以下「職業学科」という。）では，各専門教科の情報に関する科目の履修により「情報Ⅰ」と代替することなどが考えられるほか，工業に関する学科で「デザイン実践」等を「工芸Ⅰ」に，家庭に関する学科で「公衆衛生」を「保健」に，看護に関する学科で「基礎看護」や「人体の構造と機能」等を「保健」に，保健理療に関する学科で「人体の構造と機能」，「疾病の成り立ちと予防」等を「保健」に代替することなどが考えられる。なお，これらの例示についても，機械的に代替が認められるものではない。代替する場合には，各学校には説明責任が求められる。

④　職業学科における総合的な探究の時間の特例

　職業学科においては，農業，工業，商業，水産，家庭，情報，保健理療，印刷，理容・美容若しくはクリーニングの各教科に属する「課題研究」，看護の「看護臨地実習」，福祉の「介護総合演習」（以下「課題研究等」という。）が，各学科の原則履修科目とされている。これら「課題研究等」の科目においては，自ら課題を設定し，主体的かつ協働的に取り組む学習活動を通して，専門的な知識・技術の深化・総合化を図り，課題の解決に取り組むこととしている。一方，総合的な探究の時間は「探究の見方・考え方を働かせ，横断的・総合的な学習を行うことを通して，自己の在り方生き方を考えながら，よりよく課題を発見し解決していくための資質・能力」を育成することを目指すものである。したがって，課題研究において，総合的な探究の時間と同様に，様々な教科・科目等の見方・考え方を実社会・実生活における問題において総合的に働かせて探究を行う活動を行う場合など，総合的な探究の時間の目標と「課題研究等」の目標が軌を一にする場合も想定される。そのため，総合的な探究の時間の履修により，「課題研究等」の履修と同様の成果が期待できる場合においては，総合的な探究の時間の履修をもって「課題研究等」の履修の一部又は全部に替えることができるとするとともに，「課題研究等」の履修により，総合的な探究の時間の履修と同様の成果が期待できる場合においては，「課題研究等」の履修をもって総合的な探究の時間の履修の一部又は全部に替えることができるとしている。

　なお，相互の代替が可能とされているのは，「同様の成果が期待できる場合」とされており，例えば，「課題研究等」の履修によって総合的な探究の時間の履修に代替するためには，「課題研究等」を履修した成果が総合的な探究の時間の目標等からみても満足できる成果を期待できることが必要であり，自動的に代替が認められるものではない。

例えば，職業学科における「課題研究」においては，「調査，研究，実験」，「作品製作」，「産業現場等における実習」，「職業資格の取得」等の内容に関わる課題を設定し，学習を行うこととされており，「課題研究等の履修により，総合的な探究の時間の履修と同様の成果が期待できる」ためには，総合的な探究の時間の目標である「自己の在り方生き方を考えながら，よりよく課題を発見し解決していくための資質・能力」の育成に資する学習活動を，探究の過程を通して行うことが求められる。また，「課題研究等」において課題を研究する際には，様々な教科等の見方・考え方を実社会・実生活における問題において総合的に働かせる，教科等横断的な視点に基づくことが必要である。

　なお，本規定においては，「一部又は全部に替えることができる」とされており，例えば，「課題研究等」において様々な学習活動を行う場合であって，その一部においてのみ，「自己の在り方生き方を考えながら，よりよく課題を発見し解決していくための資質・能力」の育成に資する学習活動を，教科等横断的な視点に基づいて課題を研究しながら，探究の過程を通して行う場合，当該部分のみを総合的な探究の時間と代替するということは可能である。

　総合的な探究の時間の履修によって，「課題研究等」の科目の履修に替えた場合には，「課題研究等」の科目の履修そのものは行っていないことから，この場合の総合的な探究の時間の単位数を，専門学科における専門教科・科目の必修単位数（第1章第2節第2款の3の(1)のイの(イ)の㋐）に含めることはできないことについては，十分に留意する必要がある。

　本規定は，「同様の成果が期待できる場合」においてのみ適用できる規定であり，総合的な探究の時間や課題研究等の目標を満たすものでなければ，それぞれ代替することはできない。具体的には，例えば，職業資格の取得を主目的とした学習活動などについては，生徒が自己の在り方生き方を考えながら自分で課題を発見し，探究の過程において考えるための技法を自在に活用し，成果のまとめや発表を行う総合的な探究の時間の趣旨に照らしてふさわしくないことは言うまでもない。

カ　各教科・科目等の授業時数等（第1章第2節第2款の3の(1)のウ）

(ア)　年間授業週数（第1章第2節第2款の3の(1)のウの(ア)）

> ウ　各教科・科目等の授業時数等
> 　(ア)　各教科・科目，ホームルーム活動及び自立活動の授業は，年間35週行うことを標準とし，必要がある場合には，各教科・科目及び自立活動の授業を特定の学期又は特定の期間（夏季，冬季，学年末等の休業日の期間に授業日を設定する場合を含む。）に行うことができる。

　学校においては，教育課程の編成に当たって，各教科・科目，総合的な探究の時間並びにホームルーム活動，生徒会活動，学校行事及び自立活動それぞれについて年間の授業の計画を立てる必要があるが，このうち，各教科・科目，ホームルーム活動及び自立活動の授業は，年間35週行うことを標準とするように計画されなければならないことを示している。

　「年間35週行うことを標準と」するとは，35週を上回ったり，あるいはこれを下回ったりしてもよいということであるが，それには教育的な配慮に基づく適切な幅の範囲という一定の限界があることを示している。

　各学校においては，これを踏まえ，それぞれの学校や生徒の実態に応じて，各教科・科目，ホームルーム活動及び自立活動の年間授業週数を定めることとなる。

　また，「各教科・科目及び自立活動の授業を特定の学期又は期間（夏季，冬季，学年末等の休業日に授業日を設定する場合を含む。）に行うことができる」ことを示し，各教科・科目及び自立活動の授業については，各学校の創意工夫で一層弾力的に運用できるようにしている。例えば，実習科目や社会人を非常勤講師として招いて実施する授業などでの活用が考えられるほか，2学期制をとっている学校において，2単位の科目を週に4単位時間の授業を行うことにより前期で終え，後期には別の2単位の科目を開設するというようなことも考えられる。このような場合には，単位の修得の認定を学期の区分ごとに行うことができることとされている（第1章第2節第4款の1の(1)のウ）ので，それを併せて活用することもできる。

　平成21年の改訂では，「特定の期間」には「夏季，冬季，学年末等の休業日の期間に授業日を設定する場合を含む」との規定を追加し，各教科・科目及び自立活動の特質に応じ，特定の期間に集中して授業を行った方が効果的な場合には，これらの期間に授業日を設定することも含まれることを明らかにしたが，今回の改訂においても，引き続き同様の規定を設けている。

　なお，総合的な探究の時間の授業時数の配当については，年間35週行うことは標準とはされていないため，生徒や学校の実態に応じて，適切に配当することが求められるが，卒業までの各年次の全てにおいて実施する方法のほか，特定の年次において実施する方法も可能である。また，年間35週行う方法のほか，特定の学期又は期間に行う方法を組み合わせて活用することも可能である。

(イ) 週当たりの授業時数（第1章第2節第2款の3の(1)のウの(イ)）

> （イ）週当たりの授業時数は，30単位時間を標準とする。ただし，特に必要
> がある場合には，これを増加することができる。

　週当たりの授業時数については，従前と同様，30単位時間を標準とすること
としている。「標準」ということは，各学校においてそれを踏まえつつ，教育的
な配慮に基づき，生徒や学校の実態等に応じた授業時数を定めることができるよ
う弾力的な定め方をしているものである。

　また，平成21年の改訂では，生徒や学校の実態等に応じて，各教科・科目に
おいて基礎的・基本的な知識・技能の定着や知識・技能を活用する学習活動を行
う上で必要な授業時数を確保する必要がある場合などは，30単位時間を超えて
授業を行うことが可能であることを明確にしたところであるが，今回も，同様に
規定している。

(ウ) ホームルーム活動の授業時数（第1章第2節第2款の3の(1)のウの(ウ)）

> （ウ）ホームルーム活動の授業時数については，原則として，年間35単位時
> 間以上とするものとする。

① 特別活動の履修

　特別活動は，ホームルーム活動，生徒会活動及び学校行事から構成されてい
る。

　特別活動の履修については，その性格上，各教科・科目や総合的な探究の時
間の場合と異なり，単位による計算は行わない。しかし，特にホームルーム活
動については，第1章第2節第2款の3の(1)のウの(ウ)において履修すべき
単位時間数を定めている。

　なお，特別活動については，その成果が目標からみて満足できると認められ
ることが卒業の要件となっているが，単位の修得の認定は行われない（第1章
第2節第4款の1の(2)）。

② ホームルーム活動の授業時数

　ホームルーム活動は，ホームルームや学校生活への適応，よりよい人間関係
の形成，健全な生活態度の育成などに資する活動であるとともに，高等部にお
ける道徳教育のねらいである人間としての在り方生き方に関する教育の中核的
な役割を果たすこと，さらには，学校の教育活動全体で行うキャリア教育の要

としての役割を果たすことから，その授業は，各教科・科目及び自立活動とは
異なり，特定の学期又は期間に集中して行うことはできない（第1章第2節第
2款の3の(1)のウの(ア)）。このことは教科担任制におけるホームルーム担
任と生徒の信頼関係の構築の観点からも徹底しなければならない。学校におい
ては，教育課程を編成する際，その全体計画を定めるとともに，学期，月間，
週間などの計画を立てるが，特に毎週継続的に繰り返される各教科・科目等に
ついては，いわゆる週間授業時間割として定められ，生徒にも提示される。ホ
ームルーム活動の授業時数は，各教科・科目及び自立活動と同じようにこの授
業時間割の中に配当し，全ての生徒に対し，各年次毎週履修させなければなら
ない。

　授業の1単位時間については，各学校において，各教科・科目等の授業時数
を確保しつつ，適切に定めることとしている（第1章第2節第2款の3の(1)
のウの(カ)）。したがって，毎回のホームルーム活動の授業の1単位時間につ
いても各教科・科目及び自立活動と同様に，弾力的な運用ができることとして
いるが，年間の合計としては，35単位時間以上の授業時数を確保しなければ
ならない。

　その際，ここでは，第1章第2節第2款の3の(1)のアの(ア)で規定してい
るように，1単位時間を50分として計算し，年間35単位時間以上確保すべき
ことを示している。また，ホームルーム活動の重要性に鑑み，「標準」とはせ
ず，ここに示す時間以上の授業時数を確保すべきことを定めている。

　なお，毎日の授業の前後に「ショートホームルーム」や「朝の会」，「帰りの
会」等の名称をもって，ホームルームごとに時間が設定される場合が少なくな
く，また，その教育的効果も高いと考えられるが，これらの時間における活動
は，ホームルーム活動と密接な関連をもちながらも，ホームルーム活動そのも
ののねらいの達成を目指すものではないので，学習指導要領で定めるホームル
ーム活動の時間とは区別されるものである。

(I) 生徒会活動及び学校行事の授業時数（第1章第2節第2款の3の(1)のウの(I)）

> (エ) 生徒会活動及び学校行事については，生徒や学校の実態に応じて，そ
> れぞれ適切な授業時数を充てるものとする。

　生徒会活動及び学校行事の実施については，これらの活動の性質上学校ごとの
特色ある実施が望まれるものであり，その授業時数を全国一律に標準として定め
ることは必ずしも適切でなく，活動ごとに時期を考慮し，学科の特色，生徒，学

校及び地域の実態を生かした実施が望ましいと考えられる。このため，ホームルーム活動のように，一定の授業時数を示すのではなく，生徒や学校の実態に即して，それぞれ適切な授業時数を充てるものとしている。「適切な授業時数を充てる」とは，それぞれの活動内容に応じて，計画的に教育活動ができる一定の授業時間を確保すべきであるという趣旨である。

　なお，これらの生徒会活動及び学校行事については，教育課程を編成する場合の重要な要素として，生徒や学校の実態等に即し，年間，学期又は月ごとなどの教育課程の中に位置付けるものであり，指導計画等の作成に当たっては，生徒会活動及び学校行事に充てる授業時数をあらかじめ明らかにしておくことが大切である。

(オ) 自立活動の時間に充てる授業時数（第1章第2節第2款の3の(1)のウの(オ)）

> （オ）各学年の自立活動の時間に充てる授業時数は，生徒の障害の状態や特性及び心身の発達の段階等に応じて，適切に定めるものとする。

　自立活動の時間は，個々の生徒が自立を目指し，障害による学習上又は生活上の困難を主体的に改善・克服しようとする取組を促す教育活動であり，個々の生徒の障害の状態や特性及び心身の発達の段階等に即して指導を行うものである。したがって，自立活動の時間に充てる授業時数も，個々の生徒の障害の状態や特性及び心身の発達の段階等に応じて適切に設定される必要がある。このため，各学年における自立活動に充てる授業時数については，一律に授業時数の標準としては示さず，各学校が実態に応じた適切な指導を行うことができるようにしている。

　ただし，授業時数を標準として示さないからといって，自立活動の時間を確保しなくてもよいということではなく，個々の生徒の実態に応じて，適切な授業時数を確保する必要があるということである。

(カ) 授業の1単位時間（第1章第2節第2款の3の(1)のウの(カ)）

> （カ）各教科・科目等のそれぞれの授業の1単位時間は，各学校において，各教科・科目等の授業時数を確保しつつ，生徒の実態及び各教科・科目等の特質を考慮して適切に定めるものとする。

　この規定は，授業の1単位時間の運用について定めたものである。

授業の１単位時間すなわち日常の授業の１コマを何分にするかについては，生徒の学習についての集中力や持続力，指導内容のまとまり，学習活動の内容等を考慮して，どの程度が最も指導の効果を上げ得るかという観点から決定する必要がある。このため，各教科・科目等の授業の１単位時間は，各学年及び各教科・科目等の年間授業時数を確保しつつ，生徒の障害の状態や特性及び心身の発達の段階等並びに各教科・科目等や学習活動の特質を考慮して，各学校において定めることとしている。これは，科目の内容に応じて，例えば，実験・実習等を伴う授業を75分で行ったり，毎日継続して学習することが効果的な授業を30分で行ったりすることや，生徒の実態に応じて，例えば100分授業や25分授業といった時間割編成を可能としているものである。

　一方，第１章第２節第２款の３の(1)のアの(ア)においては，１単位時間を50分とし，35単位時間の授業を１単位として計算することを標準としており，ここでいう「各教科・科目等の授業時数を確保しつつ」とは，あくまでも１単位時間を50分とし，35単位時間の授業を一単位として計算した授業時数を確保するという意味であることに留意する必要がある。

　すなわち，各教科・科目及び総合的な探究の時間の単位はその単位数に見合う時数の授業を行うことを条件として認定されるものであり，これを確保することは前提条件として考慮されなければならないということである。また，第１章第２節第２款の３の(1)のウの(ウ)で規定しているように，ホームルーム活動については，１単位時間を50分として計算して，年間35単位時間以上の授業時数を確保することが前提条件となる。

　さらに，授業の１単位時間の運用については，学校の管理運営上支障をきたさないよう教育課程全体にわたって検討を加える必要がある。

(キ) 短い時間を活用して行う指導（第１章第２節第２款の３の(1)のウの(キ)）

> (キ) 各教科・科目等の特質に応じ，10分から15分程度の短い時間を活用して特定の各教科・科目等の指導を行う場合において，当該各教科・科目等を担当する教師が単元や題材など内容や時間のまとまりを見通した中で，その指導内容の決定や指導の成果の把握と活用等を責任をもって行う体制が整備されているときは，その時間を当該各教科・科目等の授業時数に含めることができる。

　本項では，各教科・科目等の特質に応じ，10分から15分程度の短い時間を活用して特定の教科・科目等の指導を行う際の配慮事項を示している。具体的には，例えば15分の短時間を活用した授業や，50分と10分の組み合わせによる60

分授業など，生徒の障害の状態や特性及び心身の発達の段階等並びに学習内容に応じて特定の教科・科目等の指導を行う場合には，教師が単元や題材など内容や時間のまとまりを見通した中で，その指導内容の決定や指導の成果の把握や活用を行う校内体制が整備されているときは，当該時間を当該教科・科目等の年間授業時数に含めることができることとするものである。

　特に教科担任制である高等部では，例えば，10分から15分程度の短い時間を活用して，計算や漢字，英単語等の反復学習等を行う場合において，特に，当該教科の担任以外のホームルーム担任の教師などが当該10分から15分程度の短い時間を活用した学習に立ち会うことも考えられる。このような場合，一定の要件のもと，授業時数に算入できることを明確化したものである。

　この規定を活用し，10分から15分程度の短い時間により特定の教科・科目等の指導を行う場合については，当該教科・科目等や学習活動の特質に照らし妥当かどうかの教育的な配慮に基づいた判断が必要であり，例えば，特別活動（ホームルーム活動）の授業を毎日10分から15分程度の短い時間を活用して行うことは，通常考えられない。また，10分から15分程度の短い時間を活用して生徒が自らの興味や関心に応じて選んだ図書について，読書活動を実施するなど指導計画に位置付けることなく行われる活動は，授業時数外の教育活動となることは言うまでもない。

　なお，各教科・科目等における短時間を活用した授業時間の設定に際しての留意点を整理すると，次のとおりとなる。

【授業時間設定に際しての留意点】
・　生徒の障害の状態や特性及び心身の発達の段階等を踏まえた検討を行うこと
・　各教科・科目等の特質を踏まえた検討を行うこと
・　単元や題材など内容や時間のまとまりの中に適切に位置付けることにより，バランスの取れた資質・能力の育成に努めること
・　授業のねらいを明確にして実施すること
・　教科書や，教科書と関連付けた教材を開発するなど，適切な教材を用いること

(ク) 総合的な探究の時間に実施による特別活動の代替（第1章第2節第2款の3の(1)のウの(ク)）

　(ク) 総合的な探究の時間における学習活動により，特別活動の学校行事に掲げる各行事の実施と同様の成果が期待できる場合においては，総合的

> な探究の時間における学習活動をもって相当する特別活動の学校行事に
> 掲げる各行事の実施に替えることができる。

　総合的な探究の時間においては，生徒や学校，地域の実態等に応じて，教科・科目等の枠を超えた横断的・総合的な学習や生徒の興味・関心等に基づく学習を行うなど創意工夫を生かした教育活動を行うこととしている。

　今回の改訂においては，各学校で定める総合的な探究の時間の目標について，「各学校における教育目標を踏まえ，総合的な探究の時間を通して育成を目指す資質・能力を示す」とともに，「他教科等の目標及び内容との違いに留意しつつ，他教科等で育成を目指す資質・能力との関連を重視する」こととしており（第4章において準ずることとしている高等学校学習指導要領第4章総合的な探究の時間第2の3の(1)及び(2)），各学校の教育目標と直接つながる重要な役割を位置付けている。

　また，特に他教科等との関係について，「他教科等の目標及び内容との違いに留意しつつ，第1の目標並びに第2の各学校において定める目標及び内容を踏まえた適切な学習活動を行うこと。」と規定し（第4章において準ずることとしている高等学校学習指導要領第4章総合的な探究の時間第3の1の(5)），他教科等と連携しながら，問題の解決や探究活動を行うという総合的な探究の時間の特質を十分に踏まえた活動を展開する必要を示した。同様に，言語活動の充実との関係では，「探究の過程においては，他者と協働して課題を解決しようとする学習活動や，言語により分析し，まとめたり表現したりするなどの学習活動が行われるようにすること。」と規定している（第4章において準ずることとしている高等学校学習指導要領第4章総合的な探究の時間第3の2の(4)）。これらを前提として，総合的な探究の時間においては，自然体験や就業体験活動，ボランティア活動などの社会体験，ものづくり，生産活動などの体験活動，観察・実験・実習，調査・研究，発表や討論などの学習活動を積極的に取り入れることの必要性を明らかにし，その際は，体験活動を探究の過程に適切に位置付けることを求めている。

　総合的な探究の時間において，例えば，自然体験活動やボランティア活動を行う場合において，これらの活動は集団活動の形態をとる場合が多く，よりよい人間関係の形成や公共の精神の育成など，特別活動の趣旨も踏まえた活動とすることが考えられる。すなわち，

・　総合的な探究の時間に行われる自然体験活動は，環境や自然を課題とした課題の解決や探究活動として行われると同時に，「平素と異なる生活環境にあって，見聞を広め，自然や文化などに親しむとともに，よりよい人間関係を築くなどの集団生活の在り方や公衆道徳などについての体験を積むことが

できる」旅行・集団宿泊的行事と,

・　総合的な探究の時間に行われる就業体験活動やボランティア活動は,社会との関わりを考える学習活動として行われると同時に,「勤労の尊さや創造することの喜びを体得し,就業体験などの職業観の形成や進路の選択決定などに資する体験が得られるようにするとともに,共に助け合って生きることの喜びを体得し,ボランティア活動などの社会奉仕の精神を養う体験が得られる」勤労生産・奉仕的行事と,

それぞれ同様の成果も期待できると考えられる。

このような場合,総合的な探究の時間とは別に,特別活動として改めてこれらの体験活動を行わないとすることも考えられる。このため,本項により,総合的な探究の時間の実施による特別活動の代替を認めている。

なお,本項の記述は,総合的な探究の時間において,総合的な探究の時間と特別活動の両方の趣旨を踏まえた体験活動を実施した場合に特別活動の代替を認めるものであって,特別活動において体験活動を実施したことをもって総合的な探究の時間の代替を認めるものではない。また,総合的な探究の時間において体験活動を行ったことのみをもって特別活動の代替を認めるものでもなく,よりよい人間関係の形成や公共の精神の育成といった特別活動の趣旨を踏まえる必要があることは言うまでもない。このほか,例えば,補充学習のような専ら特定の教科の知識及び技能の習得を図る学習活動や体育祭や文化祭のような特別活動の健康安全・体育的行事,文化的行事の準備などを総合的な探究の時間に行うことが,総合的な探究の時間の趣旨になじまないことは,第4章において準ずることとしている高等学校学習指導要領第4章総合的な探究の時間に示すとおりである。

(ケ)「理数探究基礎」又は「理数探究」の実施による,総合的な探究の時間の代替（第1章第2節第2款の3の (1) のウの (ケ)）

> (ケ) 理数の「理数探究基礎」又は「理数探究」の履修により,総合的な探究の時間の履修と同様の成果が期待できる場合においては,「理数探究基礎」又は「理数探究」の履修をもって総合的な探究の時間の履修の一部又は全部に替えることができる。

理数科は,「数学的な見方・考え方や理科の見方・考え方を組み合わせるなどして働かせ,探究の過程を通して,課題を解決するために必要な資質・能力」を育成することを目指すものであり,総合的な探究の時間は「探究の見方・考え方を働かせ,横断的・総合的な学習を行うことを通して,自己の在り方生き方を考えながら,よりよく課題を発見し解決していくための資質・能力」を育成するこ

とを目指すものである。いずれも，複数の教科・科目等の見方・考え方を組み合わせるなどして働かせ，探究の過程を通して資質・能力を育成するものであることから方向性は同じであると言える。そのため，理数科に属する科目である「理数探究基礎」又は「理数探究」の履修により，総合的な探究の時間の履修と同様の成果が期待できる場合においては，「理数探究基礎」又は「理数探究」の履修をもって総合的な探究の時間の履修の一部又は全部に替えることができるとしている。

なお，代替が可能とされるのは，「同様の成果が期待できる場合」とされており，「理数探究基礎」又は「理数探究」の履修によって総合的な探究の時間の履修に代替するためには，「理数探究基礎」又は「理数探究」を履修した成果が，総合的な探究の時間の目標等からみても満足できる成果が期待できることが必要であり，「理数探究基礎」又は「理数探究」の履修をもって，自動的に代替が認められるものではない。

総合的な探究の時間では，「自己の在り方生き方」を考えながら，よりよく課題を発見し解決していくための資質・能力を育成することを目指しており，総合的な探究の時間において生徒が設定する課題は，自己の在り方生き方を考えながら，自分にとって関わりが深いものであることが求められる。そのため，「「理数探究基礎」又は「理数探究」の履修により，総合的な探究の時間の履修と同様の成果が期待できる」ためには，例えば，生徒が興味・関心，進路希望等自己の在り方生き方に応じて課題を設定するなどして，観察，実験，調査等や事象の分析等を行い，その過程を振り返ったり，結果や成果をまとめたりするなど，総合的な探究の時間の目標である「自己の在り方生き方を考えながら，よりよく課題を発見し解決していくための資質・能力」の育成に資する学習活動を，探究の過程を通して行うことが求められる。

(コ) 年間授業日数

年間授業日数については，国の基準では直接定めていないが，通常は休業日を除いた日が授業日として考えられている。休業日については，学校教育法施行令及び学校教育法施行規則で定められている。

○学校教育法施行令
第29条　公立の学校（大学を除く。）の学期並びに夏季，冬季，学年末，農繁期等における休業日又は家庭及び地域における体験的な学習活動その他の学習活動のための休業日（次項において「体験的学習活動等休業日」という。）は，市町村又は都道府県の設置する学校にあつては当該市町村又は都道府県の教育委員会が，公立大学法人の設置する高等専門学校に

あつては当該公立大学法人の理事長が定める。

2　市町村または市町村又は都道府県の教育委員会は，体験的学習活動等休業日を定めるに当たつては，家庭及び地域における幼児，児童，生徒又は学生の体験的な学習活動その他の学習活動の体験的学習活動等休業日における円滑な実施及び充実を図るため，休業日の時期を適切に分散させて定めることその他の必要な措置を講ずるよう努めるものとする。

○学校教育法施行規則

第61条　公立小学校における休業日は，次のとおりとする。ただし，第3号に掲げる日を除き，特別の必要がある場合は，この限りでない。

　　一　国民の祝日に関する法律（昭和23年法律第178号）に規定する日

　　二　日曜日及び土曜日

　　三　学校教育法施行令第29条第1項の規定により教育委員会が定める日

第62条　私立小学校における学期及び休業日は，当該学校の学則で定める。

（注）これらの規定は，同施行規則第135条において準用されている。

　各教育委員会及び各学校においては，これらの規定等を踏まえて休業日を定める必要がある。また，年間授業日数については，高等部学習指導要領で示している各教科・科目等の内容の指導に支障のないよう，適切な日数を確保する必要がある。

　なお，休業日の設定に当たっては，必要な授業時数の確保及び生徒への効果的な指導の実現の観点はもとより，生徒や学校，地域の実態を踏まえつつ，地域の年中行事その他の様々な学習や体験の機会の確保等に配慮することも大切である。

(2) 知的障害者である生徒に対する教育を行う特別支援学校における各教科等の履修等

ア　各教科等の履修

(ア) 卒業までに履修させる各教科等（第1章第2節第2款の3の(2)のアの(ア)）

(2)　知的障害者である生徒に対する教育を行う特別支援学校における各教科等の履修等

　ア　各教科等の履修

　　(ア) 卒業までに履修させる各教科等

117

> 　各学校においては，卒業までに履修させる（イ）から（エ）までに示
> す各教科及びその授業時数，道徳科及び総合的な探究の時間の授業
> 時数，特別活動及びその授業時数並びに自立活動の授業時数に関す
> る事項を定めるものとする。

　従前同様，知的障害者である生徒に対する教育を行う特別支援学校について，卒業までに履修させる各教科，道徳科，総合的な探究の時間，特別活動及び自立活動の授業時数に関する事項を定めている。

(イ) 各学科に共通する各教科等（第1章第2節第2款の3の(2)のアの(イ)の㋐）

> (イ) 各学科に共通する各教科等
> 　㋐　国語，社会，数学，理科，音楽，美術，保健体育，職業及び家庭の
> 　　各教科，道徳科，総合的な探究の時間，特別活動並びに自立活動につ
> 　　いては，特に示す場合を除き，全ての生徒に履修させるものとする。

　従前から示している国語，社会，数学，理科，音楽，美術，保健体育，職業及び家庭については，各学科に共通する教科であり，全ての生徒が履修するものである。これらに道徳科，総合的な探究の時間，特別活動及び自立活動を加えて，「各学科に共通する各教科等」としている。

　なお，特に示す場合とは，第1章第2節第8款に示す「重複障害者等に関する教育課程の取扱い」による場合のことを示している。

（第1章第2節第2款の3の(2)のアの(イ)の㋑）

> 　㋑　外国語及び情報の各教科については，生徒や学校の実態を考慮し，必
> 　　要に応じて設けることができる。

　外国語科及び情報科の取扱いは従前と同様である。外国語科及び情報科を含めて教育課程を編成するかについての検討に当たっては，各学校において，カリキュラム・マネジメントを通じて，学びの連続性などを考慮して判断することが大切である。

(ウ) 主として専門学科において開設される各教科（第1章第2節第2款の3の (2) のアの (ウ)）

> (ウ) 主として専門学科において開設される各教科
>
> ⑦ 専門学科においては，(イ) のほか，家政，農業，工業，流通・サービス若しくは福祉の各教科又は(エ) に規定する学校設定教科のうち専門教育に関するもの（以下「専門教科」という。）のうち，いずれか1以上履修させるものとする。
>
> ⑦ 専門教科の履修によって，(イ) の⑦の全ての生徒に履修させる各教科の履修と同様の成果が期待できる場合においては，その専門教科の履修をもって，全ての生徒に履修させる各教科の履修に替えることができる。

　従前どおり，主として専門学科において開設される各教科を家政，農業，工業，流通・サービス及び福祉の5教科並びに(エ) に規定する学校設定教科のうち専門教育に関するもの（以下「専門教科」という。以下同じ。）としている。

　⑦において，それらの各教科のうち，いずれか1以上履修させるものとしている。

　⑦において，専門教科の履修によって，第1章第2節第2款の3の (2) のアの (イ) の⑦で示す各学科に共通する各教科の履修と同様の成果が期待できる場合においては，専門教科において開設される各教科の履修をもって，各学科に共通する各教科の履修に替えることができることを示している。

　実施に当たっては，専門教科と各学科に共通する教科の目標や内容について，あるいは代替の範囲などについて十分検討を行うことが必要である。この調整が適切に行われることにより，より効果的で弾力的な教育課程の編成に取り組むことができる。例えば，「家政」の履修をもって，「家庭」の履修に替えることが考えられる。この例示についても，機械的に代替が認められるものではない。代替する場合には，各学校には説明責任が求められる。

(エ) 学校設定教科（第1章第2節第2款の3の (2) のアの (エ)）

> (エ) 学校設定教科
>
> 　学校においては，生徒や学校，地域の実態及び学科の特色等に応じ，特色ある教育課程の編成に資するよう，(イ) 及び (ウ) に掲げる教科以外の教科（以下この項において「学校設定教科」という。）を設けることができる。この場合において，学校設定教科の名称，目標，内容等について

　ここでは，第1章第2節第2款の3の(2)のアの(イ)及び(ウ)に掲げられている教科以外の教科を設けることができることを示している。

　学校設定教科とは，生徒，学校及び地域の実態，学科の特色等に応じ，各学校が創意工夫を生かし，学習指導要領に示す教科以外の教科を一層柔軟に設けられるようにする観点から，各学校が名称，目標，内容等を定めることができる教科である。そのため，学校設定教科は，学校における特色ある教育，特色ある学校づくりを進める仕組みの一つとして有効に活用されることが期待される。

　学校設定教科の名称，目標，内容等を定めるに当たっては，「高等部における教育の目標に基づき，高等部における教育としての水準の確保に十分配慮」しなければならないという要件が示されていることに留意しなければならない。

　専門学科において，主として専門学科において開設される教科として学校設定教科を設け履修させる場合は，第1章第2節第2款の3の(2)のアの(ウ)の⑦において，「いずれか1以上履修させる」と示されていることから，例えば，家政，農業，工業，流通・サービス又は福祉の各教科の履修をしない場合も考えられることになる。

　なお，学校設定教科については，各学校の判断で設けられることとなるが，このことは，学校設定教科を含め，教育課程の編成について，教育委員会が公立学校に対して指導・助言を行う権限を有すること自体に変更を及ぼすものではない。

イ　各教科等の授業時数等
(ア)　年間総授業時数（第1章第2節第2款の3の(2)のイの(ア)）

　総授業時数の考え方は，従前と同様であり，各学年における総授業時数には，

各教科，道徳科，総合的な探究の時間，特別活動（ホームルーム活動に限る。）及び自立活動の授業時数が含まれている。また，従前どおり，総授業時数については，各学年とも1,050単位時間を標準としている。

　なお，授業の1単位時間については，第1章第2節第2款の3の(2)のイの(ク)において，「生徒の実態及び各教科の特質を考慮して，適切に定めるもの」としているが，本規定において，各学年の総授業時数を求める際には，1単位時間は50分として計算することを示している。

　この総授業時数については，特に必要がある場合には，増加することができる。

　さらに，各教科等の年間の授業時数については，従前同様，生徒の知的障害の状態，学校や地域の実態等に応じ，一層弾力的な教育課程が編成できるようにする視点から，「各教科及び総合的な探究の時間の配当学年及び当該学年における授業時数，道徳科，特別活動及び自立活動の各学年における授業時数を適切に定めるものとする。」としている。

　この規定は，道徳科，特別活動及び自立活動については，それぞれの学年において履修することとし，その年度の授業時数を適切に定めるようにすることを示しているが，各教科及び総合的な探究の時間については，履修する学年を定め，その学年における授業時数を適切に定めるようにすることを意味している

(イ) 年間授業週数（第1章第2節第2款の3の(2)のイの(イ)）

> （イ）各教科，道徳科，ホームルーム活動及び自立活動の授業は，年間35週
> 　　　行うことを標準とし，必要がある場合には，各教科，道徳科及び自立活
> 　　　動の授業を特定の学期又は特定の期間（夏季，冬季，学年末等の休業日
> 　　　の期間に授業日を設定する場合を含む。）に行うことができる。

　学校においては，教育課程の編成に当たって，各教科，道徳科，総合的な探究の時間，ホームルーム活動，生徒会活動，学校行事及び自立活動それぞれについて授業の計画を立てる必要があるが，このうち各教科，道徳科，ホームルーム活動及び自立活動の授業は，年間35週行うことを標準とし，それに応じて計画されなければならないことを示している。

　総合的な探究の時間については，履修する学年及び授業時数を適切に定めることとなっている。（第1章第2節第2款の3の(2)のイの(ア)）

　「年間35週行うことを標準と」するとは，35週を上回ったり，あるいはこれを下回ったりしてもよいということであるが，そこには教育的配慮に基づく適切な幅の範囲という一定の限界があることを示している。

　各学校においては，これを踏まえ，それぞれの生徒や学校の実態に応じて，各教科，道徳科，ホームルーム活動及び自立活動の年間授業週数を定めることとなる。

　各教科，道徳科，ホームルーム活動及び自立活動の授業を年間35週以上にわたって行うようにすることとしているのは，これらの授業時数を年間35週以上にわたって配当すれば，生徒の負担過重にならない程度に，週当たり，1日当たりの授業時数を平均化することができることを考慮したものである。このことは，これらの授業時数を35週にわたって平均的に配当することを定めたものではない。したがって，生徒の知的障害の状態等や教科等の特性を考慮して週当たりの授業時数の配当に工夫を加えることが大切である。

　また，「各教科，道徳科及び自立活動の授業を特定の学期又は特定の期間（夏季，冬季，学年末等の休業日の期間に授業日を設定する場合を含む。）に行うことができる」ことを示し，各教科，道徳科及び自立活動の授業については，各学校の創意工夫でより一層弾力的に運用できるようにしている。例えば，実習を伴う教科や社会人を非常勤講師として招いて実施する授業などでの活用が考えられる。

　なお，総合的な探究の時間の授業時数の配当については，年間35週行うことは標準とはされていないため，生徒や学校の実態に応じて，適切に配当することが求められるが，卒業までの各学年において実施する方法のほか，特定の学年において実施する方法も可能である。また，年間35週行う方法と，特定の学期又は特定の期間に行う方法を組み合わせて活用することも可能である。

(ウ) 主として専門学科に置いて開設される各教科の授業時数（第1章第2節第2款の3の(2)のイの(ウ)）

> (ウ) 専門学科においては，専門教科について，全ての生徒に履修させる授業時数は，875単位時間を下らないものとする。

　専門学科における専門教科について，全ての生徒に履修させる授業時数は，875単位時間を下らないものとして示している。

　これは，生徒の多様な実態に応じた弾力的な教育課程の編成を可能にするための措置であり，専門学科における専門教科については，専門教育の深化等を考慮して教育課程を編成する場合は，当然，875単位時間を超えて履修することができるよう配慮する必要がある。

　その際，例えば，農業科だけで875単位時間以上とすることや，農業科と工業科の各教科を合算して875単位時間以上とすることができるほか，3教科以上の

授業時数を合算して，875単位時間以上とすることもできる。必要に応じて適切に組合せを検討することが大切である。

(I) ホームルーム活動の授業時数 (第1章第2節第2款の3の(2)のイの(I))

> (エ) ホームルーム活動の授業時数については，原則として，年間35単位時間以上とするものとする。

　特別活動は，ホームルーム活動，生徒会活動及び学校行事から構成されている。

　ホームルーム活動は，ホームルームや学校生活への適応，好ましい人間関係の形成，健全な生活態度の育成などに資する活動であるとともに，高等部における道徳教育のねらいである人間としての在り方生き方に関する教育の中核的な役割を果たすこと，更には学校の教育活動全体で行うキャリア教育の要としての役割を果たすことから，その授業は，各教科，道徳科及び自立活動とは異なり，特定の学期又は特定の期間に集中して行うことはできない（第1章第2節第2款の3の(2)のイの(イ)）。このことは教科担任制におけるホームルーム担任と生徒の信頼関係の構築の観点からも徹底しなければならない。学校においては，教育課程を編成する際，その全体計画を定めるとともに，学期，月間，週間などの計画を立てるが，特に毎週継続的に繰り返される各教科及び自立活動については，いわゆる週間授業時間割として定められ，生徒にも提示される。ホームルーム活動の授業時数は，各教科及び自立活動と同じようにこの授業時間割の中に配当し，全ての生徒に対し，各年次毎週履修させなければならない。

　授業の1単位時間については，各学校において，各教科等の特質を考慮して適切に定めることとしている（第1章第2節第2款の3の(2)のイの(ク)）。したがって，毎回のホームルーム活動の授業の1単位時間についても各教科，道徳科，総合的な探究の時間及び自立活動と同様に，弾力的な運用ができることとしているが，年間の合計としては，35単位時間以上の授業時数を確保しなければならない。

　その際，ここでは，第1章第2節第2款の3のイの(ア)で規定しているように，1単位時間を50分として計算し，年間35単位時間以上確保すべきことを示している。また，ホームルーム活動の重要性に鑑み，「標準」とはせず，「原則として」示し，年間35単位時間以上の授業時数を確保すべきことを定めている。

（オ）生徒会活動及び学校行事の授業時数（第１章第２節第２款の３の(2)のイの(オ)）

> （オ）生徒会活動及び学校行事については，生徒や学校の実態に応じて，それぞれ適切な授業時数を充てるものとする。

　生徒会活動及び学校行事の実施については，これらの活動の性質上学校ごとの特色ある実施が望まれるものであり，その授業時数を全国一律に標準として定めることは必ずしも適切でなく，活動ごとに時期を考慮し，学科の特色，生徒，学校及び地域の実態を生かした実施が望ましいと考えられる。このため，ホームルーム活動のように，一定の授業時数を示すのではなく，生徒や学校の実態に即して，それぞれ適切な授業時数を充てるものとしている。「適切な授業時数を充てる」とは，それぞれの活動内容に応じて，計画的に教育活動ができる一定の授業時間を確保すべきであるという趣旨である。

　なお，これらの生徒会活動及び学校行事については，教育課程を編成する場合の重要な要素として，生徒や学校の実態等に即し，年間，学期又は月ごとなどの教育課程の中に位置付けるものであり，指導計画等の作成に当たっては，生徒会活動及び学校行事に充てる授業時数をあらかじめ明らかにしておくことが大切である。

（カ）総合的な探究の時間に充てる授業時数（第１章第２節第２款の３の(2)のイの(カ)）

> （カ）総合的な探究の時間に充てる授業時数は，各学校において，生徒や学校の実態に応じて，適切に定めるものとする。

　総合的な探究の時間に充てる授業時数については，各教科，道徳科，特別活動及び自立活動の授業時数との関連や生徒や学校の実態との関連から，各学校において，適切に定めることとしている。ただし，知的障害者である生徒に対する教育を行う特別支援学校においては，各教科等の総授業時数を，各学年で1,050単位時間を標準とし，総合的な探究の時間については，配当学年を定めた上で授業時数を適切に定めるものとしている。

(キ) 自立活動の時間に充てる授業時数（1章第2節第2款の3の(2)のイの(キ)）

> （キ）各学年の自立活動の時間に充てる授業時数は，生徒の障害の状態や特性及び心身の発達の段階等に応じて，適切に定めるものとする。

　自立活動の時間は，個々の生徒が自立を目指し，障害による学習上又は生活上の困難を主体的に改善・克服しようとする取組を促す教育活動であり，個々の生徒の障害の状態や特性及び心身の発達の段階等に即して指導を行うものである。したがって，自立活動の時間に充てる授業時数も，個々の生徒の障害の状態や特性及び心身の発達の段階等に応じて適切に設定される必要がある。このため，各学年における自立活動に充てる授業時数については，一律に授業時数の標準としては示さず，各学校が実態に応じた適切な指導を行うことができるようにしている。

　ただし，授業時数を標準として示さないからといって，自立活動の時間を確保しなくてもよいということではなく，個々の生徒の実態に応じて，適切な授業時数を確保する必要があるということである。

　なお，各教科等の一部又は全部を合わせた指導において，自立活動を合わせる場合であっても授業時数を適切に定める必要があることに留意が必要である。

(ク) 授業の1単位時間（1章第2節第2款の3の(2)のイの(ク)）

> （ク）各教科等のそれぞれの授業の1単位時間は，各学校において，各教科等の授業時数を確保しつつ，生徒の実態及び各教科等の特質を考慮して適切に定めるものとする。

　この規定は，授業の1単位時間の運用について定めたものである。

　授業の1単位時間すなわち日常の授業の1コマを何分にするかについては，生徒の学習についての集中力や持続力，指導内容のまとまり，学習活動の内容等を考慮して，どの程度が最も指導の効果を上げ得るかという観点から決定する必要がある。このため，各教科等の授業の1単位時間は，各学年及び各教科等の年間授業時数を確保しつつ，生徒の障害の状態や特性及び心身の発達の段階等及び各教科等や学習活動の特質を考慮して，各学校において定めることとしている。これは，教科の内容に応じて，例えば，実験・実習等を伴う授業を75分で行ったり，毎日継続して学習することが効果的な授業を30分で行ったりすることや，生徒の実態に応じて，例えば100分授業や25分授業といった時間割編成を可能としているものである。

一方，第1章第2節第2款の3の(2)のイの(ア)においては，総授業時数は，各学年とも1,050単位時間を標準として示しているが，これは1単位時間を50分として計算した際の総授業時数であることに留意する必要がある。

　また，第1章第2節第2款の3の(2)のアの(ウ)の㋐で示す専門教科についても，専門学科において，全ての生徒に履修させるべき授業時数が875単位時間を下らないこととされているが，1単位時間を50分として計算した際の授業時数であること，第1章第2節第2款の3の(2)のイの(エ)で規定しているように，ホームルーム活動については，これも1単位時間を50分として計算して，年間35単位時間以上の授業時数を確保することが前提条件となる。

　すなわち，各教科等の年間授業時数は各教科等の内容を指導するのに実質的に必要な時間であり，これを確保することは前提条件として考慮されなければならないということである。また，具体的な授業の1単位時間は，指導内容のまとまりや学習活動の内容を考慮して教育効果を高める観点に立って，教育的な配慮に基づき定められなければならない。

　さらに，授業の1単位時間の運用については，学校の管理運営上支障をきたさないよう教育課程全体にわたって検討を加える必要がある。

(ケ) 短い時間を活用して行う指導（1章第2節第2款の3の(2)のイの(ケ)）

> (ケ) 各教科等の特質に応じ，10分から15分程度の短い時間を活用して特定の各教科等の指導を行う場合において，当該各教科等を担当する教師が単元や題材など内容の時間のまとまりを見通した中で，その指導内容の決定や指導の成果の把握と活用等を責任をもって行う体制が整備されているときは，その時間を当該各教科等の授業時数に含めることができる。

　本項では，各教科等の特質に応じ，10分から15分程度の短い時間を活用して特定の教科等の指導を行う際の配慮事項を示している。具体的には，例えば15分の短時間を活用した授業や，50分と10分の組み合わせによる60分授業など，生徒の障害の状態や特性及び心身の発達の段階等並びに学習内容に応じて特定の教科等の指導を行う場合には，教師が単元や題材など内容や時間のまとまりを見通した中で，その指導内容の決定や指導の成果の把握や活用を行う校内体制が整備されているときは，当該時間を当該教科等の年間授業時数に含めることができることとするものである。

　特に教科担任制である高等部では，例えば，10分から15分程度の短い時間を活用して，計算や漢字，英単語等の反復学習等を行う場合において，特に，当該教科の担任以外のホームルーム担任の教師などが当該10分から15分程度の短い

時間を活用した学習に立ち会うことも考えられる。このような場合，一定の要件のもと，授業時数に算入できることを明確化したものである。

この規定を活用し，10分から15分程度の短い時間により特定の教科等の指導を行う場合については，当該教科等や学習活動の特質に照らし妥当かどうかの教育的な配慮に基づいた判断が必要であり，例えば，特別活動（ホームルーム活動）の授業を毎日10分から15分程度の短い時間を活用して行うことは，通常考えられない。また，10分から15分程度の短い時間を活用して生徒が自らの興味や関心に応じて選んだ図書について，読書活動を実施するなど指導計画に位置付けることなく行われる活動は，授業時数外の教育活動となることは言うまでもない。

なお，各教科等における短時間を活用した授業時間の設定に際しての留意点を整理すると，次のとおりとなる。

【授業時間設定に際しての留意点】
・ 生徒の障害の状態や特性及び心身の発達の段階等を踏まえた検討を行うこと
・ 各教科等の特質を踏まえた検討を行うこと
・ 単元や題材など内容や時間のまとまりの中に適切に位置付けることにより，バランスの取れた資質・能力の育成に努めること
・ 授業のねらいを明確にして実施すること
・ 教科書や，教科書と関連付けた教材を開発するなど，適切な教材を用いること

(コ) 総合的な探究の時間の実施による特別活動の代替（第1章第2節第2款の3の(2)のイの(コ)）

> (コ) 総合的な探究の時間における学習活動により，特別活動の学校行事に掲げる各行事の実施と同様の成果が期待できる場合においては，総合的な探究の時間における学習活動をもって相当する特別活動の学校行事に掲げる各行事の実施に替えることができる。

総合的な探究の時間においては，生徒や学校，地域の実態等に応じて，教科等の枠を超えた横断的・総合的な学習や生徒の興味・関心等に基づく学習を行うなど創意工夫を生かした教育活動を行うこととしている。

今回の改訂においては，各学校で定める総合的な探究の時間の目標について，「各学校における教育目標を踏まえ，総合的な探究の時間を通して育成を目指す

資質・能力を示す」とともに、「他教科等の目標及び内容との違いに留意しつつ、他教科等で育成を目指す資質・能力との関連を重視する」こととしており（第4章において準ずることとしている高等学校学習指導要領第4章第2の3の(1)及び(2)）、各学校の教育目標と直接つながる重要な役割を位置付けている。

　また、特に他教科等との関係について、「他教科等の目標及び内容との違いに留意しつつ、第1の目標並びに第2の各学校において定める目標及び内容を踏まえた適切な学習活動を行うこと。」と規定し（第4章において準ずることとしている高等学校学習指導要領第4章第3の1の(5)）、他教科等と連携しながら、問題の解決や探究活動を行うという総合的な探究の時間の特質を十分に踏まえた活動を展開する必要を示した。同様に、言語活動の充実との関係では、「探究の過程においては、他者と協働して課題を解決しようとする学習活動や、言語により分析し、まとめたり表現したりするなどの学習活動が行われるようにすること。」と規定している（第4章において準ずることとしている高等学校学習指導要領第4章第3の2の(4)）。これらを前提として、総合的な探究の時間においては、自然体験や就業体験活動、ボランティア活動などの社会体験、ものづくり、生産活動などの体験活動、観察・実験・実習、調査・研究、発表や討論などの学習活動を積極的に取り入れることの必要性を明らかにし、その際は、体験活動を探究の過程に適切に位置付けることを求めている。

　総合的な探究の時間において、例えば、自然体験活動やボランティア活動を行う場合において、これらの活動は集団活動の形態をとる場合が多く、よりよい人間関係の形成や公共の精神の育成など、特別活動の趣旨も踏まえた活動とすることが考えられる。すなわち、

・　総合的な探究の時間に行われる自然体験活動は、環境や自然を課題とした課題の解決や探究活動として行われると同時に、「平素と異なる生活環境にあって、見聞を広め、自然や文化などに親しむとともに、よりよい人間関係を築くなどの集団生活の在り方や公衆道徳などについての体験を積むことができる」旅行・集団宿泊的行事と、

・　総合的な探究の時間に行われる就業体験活動やボランティア活動は、社会との関わりを考える学習活動として行われると同時に、「勤労の尊さや創造することの喜びを体得し、就業体験などの職業観の形成や進路の選択決定などに資する体験が得られるようにするとともに、共に助け合って生きることの喜びを体得し、ボランティア活動などの社会奉仕の精神を養う体験が得られる」勤労生産・奉仕的行事と、

それぞれ同様の成果も期待できると考えられる。

　このような場合、総合的な探究の時間とは別に、特別活動として改めてこれらの体験活動を行わないとすることも考えられる。このため、本項により、総合的

な探究の時間の実施による特別活動の代替を認めている。

なお，本項の記述は，総合的な探究の時間において，総合的な探究の時間と特別活動の両方の趣旨を踏まえた体験活動を実施した場合に特別活動の代替を認めるものであって，特別活動において体験活動を実施したことをもって総合的な探究の時間の代替を認めるものではない。また，総合的な探究の時間において体験活動を行ったことのみをもって特別活動の代替を認めるものでもなく，よりよい人間関係の形成や公共の精神の育成といった特別活動の趣旨を踏まえる必要があることは言うまでもない。このほか，例えば，補充学習のような専ら特定の教科の知識及び技能の習得を図る学習活動や体育祭や文化祭のような特別活動の健康安全・体育的行事，文化的行事の準備などを総合的な探究の時間に行うことは，総合的な探究の時間の趣旨になじまないことは，第4章において準ずることとしている高等学校学習指導要領第4章に示すとおりである。

(3) 選択履修の趣旨を生かした適切な教育課程の編成（第1章第2節第2款の3の(3)）

> (3) 選択履修の趣旨を生かした適切な教育課程の編成
>
> 　教育課程の編成に当たっては，生徒の障害の状態や特性及び心身の発達の段階等に応じた適切な各教科・科目（知的障害者である生徒に対する教育を行う特別支援学校においては各教科。以下この項，(4)のイ，(6)及び第5款において同じ。）の履修ができるようにし，このため，多様な各教科・科目を設け生徒が自由に選択履修することのできるよう配慮するものとする。また，教育課程の類型を設け，そのいずれかの類型を選択して履修させる場合においても，その類型において履修させることになっている各教科・科目以外の各教科・科目を履修させたり，生徒が自由に選択履修することのできる各教科・科目を設けたりするものとする。

① 生徒の障害の状態や特性及び心身の発達の段階等に応じた適切な各教科・科目又は各教科の履修

　第1章第2節第1款の2の(1)において「個性を生かし多様な人々との協働を促す教育の充実に努めること」と規定しているように，個性を生かす教育の充実は，高等部における教育の重要な考え方の一つとなっている。

　今回の改訂においては，前回改訂に引き続き，視覚障害者，聴覚障害者，肢体不自由者又は病弱者である生徒に対する教育を行う特別支援学校においては，共通性を確保する必要のある国語，地理歴史，公民，数学，理科，保健体育，芸術，外国語，家庭，情報の各教科において必履修科目（選択必履修科目

を含む）を設定している（第1章第2節第2款の3の(1)のイの(ア)の㋐)。また，標準単位数の範囲内で合計が最も少なくなるように履修した際の必履修教科・科目の単位数の合計（35単位）は従前と同様とするとともに，学校設定教科・科目の設定を可能としていること（第1章第2節第2款の3の(1)のアの(エ)及び(オ)）など，多様性に配慮して，学校や生徒の選択の幅を確保している。

　これらの仕組みは，既に述べたように，選択科目や学校設定教科・科目の履修を通して，生徒の興味・関心，進路等に応じ，それぞれの分野について，より深く高度に学んだり，より幅広く学んだりすることを可能にし，それぞれの能力を十分伸ばすことができるようにするためのものである。

　さらに，今回の改訂では，前回改訂に続き，生徒や学校実態等に応じ，義務教育段階の学習内容の確実な定着を図る必要がある場合には，そのための学校設定科目等を設けるなどの工夫を促しており（第1章第2節第2款の4の(2)のウ），こうした面においても個性を生かす教育の工夫が必要であることを明確にしている。

　これらを踏まえ，高等部における選択の幅の拡大や柔軟な教育課程編成が目的意識を欠き，安易な教科・科目の選択や計画性のない学習に陥ることのないよう，生徒の障害の状態や特性及び心身の発達の段階等に応じた適切な各教科・科目の履修ができるよう配慮すべきことを求めている。

　この観点から，生徒の卒業までの学習計画に系統性，計画性，継続性をもたせるために，類型を設け，ある規模の集団の生徒が共通に履修する各教科・科目をあらかじめ配列することも考えられるが，類型における各教科・科目の配列に当たっても，生徒の障害の状態や特性及び心身の発達の段階等に応じた履修がなされるよう十分な配慮が必要である。

　なお，知的障害者である生徒に対する教育を行う特別支援学校においても，同様に各教科の履修ができるよう配慮することが必要である。

② 多様な各教科・科目又は各教科の開設と生徒の選択履修

　他方，生徒の障害の状態や特性及び心身の発達の段階等の多様化に対応し，それらに応じた適切な教育を行うためには，いわゆる学校選択という形だけで教育課程を編成するのではなく，学校が多様な各教科・科目又は各教科を用意し，その中から生徒が自由に選択し履修することのできる，いわゆる生徒選択を教育課程の中に取り入れる必要がある。

　このことは，教育課程の類型を設ける場合にも重要であり，類型において履修させることになっている各教科・科目又は各教科以外の各教科・科目又は各教科を履修させたり，生徒が自由に選択履修することのできる各教科・科目又

は教科を設けたりすることが大切である。類型自体をあまり固定的なものとせず，生徒が自由に選択履修できる幅を設ける配慮を行うことが必要とされている。

このように，生徒の選択の幅を拡大する際に留意しなければならないことは，適切なガイダンスを併せて行うということである。第1章第2節第5款の1の(1)においてガイダンス機能の充実を，第1章第2節第5款の1の(4)において，教育課程実施上の配慮事項として，「生徒が適切な各教科・科目や類型を選択....できるようにすること」を引き続き示している。また，特別活動のホームルーム活動の内容として「教科・科目の適切な選択」を示すとともに，指導計画の作成に当たって，「…教科・科目や進路の選択などについては，主に集団の場面で必要な指導や援助を行うガイダンスと，個々の生徒の多様な実態を踏まえ，一人一人が抱える課題に個別に対応した指導を行うカウンセリング（教育相談を含む。）の双方の趣旨を踏まえて指導を行うこと」を示している。

③ **教育課程の類型**

類型方式による教育課程の編成は，一般的には入学年次で共通の教科・科目を履修させ，2年次以降に数種類の科目の望ましい配列をいくつか設け，それらのいずれかを生徒に選択させるものである。一つの類型を構成する科目は，その類型の目的・目標に即した共通の性格をもっているものである。

数種類の類型を設け，それに応じて生徒に各教科・科目又は各教科を履修させる方式は，生徒に全学年を通して一定の計画の下に系統的・組織的に各教科・科目又は各教科を履修させることができるが，その一方で類型は生徒の自由な選択を制限する一面をもっている。

教育課程の類型をどのように設定するかは，生徒の障害の状態や特性及び心身の発達の段階等に応じた適切な教育課程の編成となるよう各学校において工夫して決めることとなる。

類型を設定する際，配慮すべき点は次のとおりである。

第一は，類型を設ける場合にも，生徒の障害の状態，能力・適性，興味・関心等による自由な選択を生かすよう配慮することである。高等部卒業後の進路も見据えながら，進路先で学びを深めたり，実社会で様々な課題に接したりしていく中で必要となる教科等が履修されるよう，こうした類型上の区分を設ける際には十分配慮する必要がある。

第二に，類型を設けるに当たっては，それぞれの類型において生徒の障害の状態や特性及び心身の発達の段階等に応じた適切な履修が確保されるよう，各教科・科目又は各教科が有機的，系統的に構成されることが必要である。

第三に，選択科目の設定に当たっては，選択科目そのものの組合せや必履修教科・科目と選択科目との関わりについて，学習の体系性や発展性が確保されるよう配慮することが必要である。知的障害者である生徒に対する教育を行う特別支援学校において，外国語や情報などの教科の設定に当たっても，同様に配慮することが必要である。

第四に，適切なガイダンスを行うことである。学校は，設定している類型について，そのねらい，各教科・科目又は各教科の構成とその特徴，進路との関わり等を明示し，生徒が各類型を選択し，学習する意義をよく理解できるようにしなければならない。また，日頃から学校は生徒が自己の将来の生き方や進路について考え，選択決定できるよう，ホームルーム活動等における指導を充実するとともに，積極的に相談活動を行う必要がある。

第五に，類型を固定化せず，類型を選択した後に，生徒が自らの特性，実態に応じて別の類型に移行することを希望した場合にも対応できるよう配慮しておく必要がある。

(4) 各教科・科目等又は各教科等の内容等の取扱い（第1章第2節第2款の3の(4)）

第1章第2節第2款の3の(4)では，各教科・科目等又は各教科等の内容等の取扱いに関する原則的な事項を定めている。

ア　学習指導要領に示していない事項の指導に当たっての配慮事項（第1章第2節第2款の3の(4)のア）

(4) 各教科・科目等又は各教科等の内容等の取扱い
ア　学校においては，第2章以下に示していない事項を加えて指導することができる。また，第2章第1節第1款において準ずるものとしている高等学校学習指導要領第2章及び第3章並びに同節第3款から第9款までに示す各科目又は第2節第1款及び第2款に示す各教科の内容の取扱いのうち内容の範囲や程度等を示す事項は，当該科目（知的障害者である生徒に対する教育を行う特別支援学校においては各教科。）を履修する全ての生徒に対して指導するものとする内容の範囲や程度等を示したものであり，学校において必要がある場合には，この事項にかかわらず指導することができる。ただし，これらの場合には，第2章以下に示す各教科・科目等又は各教科等の目標や内容の趣旨を逸脱したり，生徒の負担が過重となったりすることのないようにするものとする。

本項は，各教科・科目，特別活動及び自立活動（知的障害者である生徒に対する教育を行う特別支援学校においては，各教科，道徳科，特別活動及び自立活動。以下，本項において同じ。）の指導に当たり，学習指導要領に示していない内容でも，これを加えて教育課程を編成，実施することができることを示しているものである。このように，学習指導要領に示している全ての生徒に対して指導するものとする内容を確実に指導した上で，個に応じた指導を充実する観点から，生徒の学習状況などその実態等に応じて，学習指導要領に示していない内容を加えて指導することも可能である（学習指導要領の「基準性」）。

　例えば，第2章第1節第1款で準じることとしている高等学校学習指導要領第2章第4節数学第2款の第1「数学Ⅰ」の2の(2)図形と計量のイ(ア)「図形の構成要素間の関係を三角比を用いて表現するとともに，定理や公式として導くこと。」についての指導を行った上で，特に必要があると判断する場合には，ヘロンの公式を導く指導を行うこともできる。ヘロンの公式は，三角形の三辺の長さから三角形の面積を求める有用な公式であるが，導く際に分数式の計算（同第2章第4節数学第2款の第2「数学Ⅱ」の2の(1)いろいろな式のア(イ)）を含むものである。

　このように，学習指導要領の基準性が明確に示されている趣旨を踏まえ，全ての生徒に対して指導するものとして学習指導要領に示している内容を確実に指導した上で，更に知識及び技能を深めたり高めたりするとともに，思考力・判断力・表現力等を豊かにしたり，学びに向かう力，人間性等を涵養（かん）したりすることが期待される。

　その際，学習指導要領に示した各教科・科目，特別活動及び自立活動の目標や内容の趣旨を逸脱しないことが必要である。すなわち，学習指導要領に示している内容を生徒が理解するために関連のある事柄などについての指導を行うことであって，全く関連のない事柄を脈絡なく教えることは避けなければならない。さらに，これらの指導によって，生徒の負担が過重になったりすることのないよう，十分に留意しなければならない。

イ　各教科・科目，特別活動及び自立活動の内容に掲げる事項の順序（第1章第2節第2款の3の(4)のイ）

> イ　第2章以下に示す各教科・科目，特別活動及び自立活動の内容に掲げる事項の順序は，特に示す場合を除き，指導の順序を示すものではないので，学校においては，その取扱いについて適切な工夫を加えるものとする。

第2章以下に示す各教科・科目，特別活動及び自立活動（知的障害者である生徒に対する教育を行う特別支援学校においては，各教科，道徳科，特別活動及び自立活動。）の内容に掲げる事項は，それぞれの内容を体系的に示す観点から整理して示しているものであり，その順序は，特に示す場合を除き，指導の順序を示すものではない。

したがって，各学校においては，各指導事項の関連を十分に検討し，生徒の障害の状態や特性及び心身の発達の段階等，学校並びに地域の実態等を考慮するとともに，教科書との関連も考慮して，指導の順序に工夫を加え，効果的な指導ができるよう指導内容を組織し指導計画を作成することが必要である。

ウ　各教科・科目の内容及び総合的な探究の時間の学期ごとの分割指導についての配慮事項（第1章第2節第2款の3の(4)のウ）

> ウ　視覚障害者，聴覚障害者，肢体不自由者又は病弱者である生徒に対する教育を行う特別支援学校においては，あらかじめ計画して，各教科・科目の内容及び総合的な探究の時間における学習活動を学期の区分に応じて単位ごとに分割して指導することができる。

各教科・科目及び総合的な探究の時間の授業は特定の学期に行うことも可能であり，また，第1章第2節第4款の1のウに規定しているように，単位の修得の認定は学期の区分ごとに行うことが可能である。これにより，例えば，2学期制をとる学校において，1学期にある科目を履修して単位の修得を認定し，2学期には別の科目を履修するということが可能となっている。さらに，ここで規定している科目の分割指導を活用し，科目を1学期と2学期に単位ごとに分割して指導するような方法を組み合わせることなどにより，年間を通じた履修にこだわらず，多様な各教科・科目を生徒の選択履修の便を考慮したり，教育効果の向上に配慮したりしながら弾力的に開設することが可能となる。

既に述べたように，各教科・科目の内容に掲げる事項の順序については，学校においてその取扱いに工夫を加えることができることとされている（第1章第2節第2款の3の(4)のイ）ので，工夫の仕方により，科目の分割指導の利点を一層生かすこともできる。

なお，科目の分割指導を行う場合，単位の修得についても分割して認定する場合には，1科目のある部分のみ単位の修得が認定され，他の部分については認定されないということがあり得る。

また，第1章第2節第4款の1のウに規定しているように，1科目又は総合的

な探究の時間を2以上の年次にわたって履修したときは，年次ごとにその各教科・科目又は総合的な探究の時間について履修した単位を修得したことを認定することが原則とされていることに留意する必要がある。

エ　学習指導要領に示している内容を適切に選択して指導する場合の配慮事項（第1章第2節第2款の3の(4)のエ）

> エ　視覚障害者，聴覚障害者，肢体不自由者又は病弱者である生徒に対する教育を行う特別支援学校においては，特に必要がある場合には，第2章に示す教科及び科目の目標の趣旨を損なわない範囲内で，各教科・科目の内容に関する事項について，基礎的・基本的な事項に重点を置くなどその内容を適切に選択して指導することができる。

　第2章の各教科・科目の内容に掲げる事項については，学校において，特に必要がある場合，その教科及び科目の目標の趣旨を損なわない範囲内で内容の一部を省略し，適切に選択して指導することができる。その際，指導に当たっては，基礎的・基本的事項を含む内容の適切な選択について十分に留意する必要がある。

　内容の一部省略を認める場合の「特に必要がある場合」とは，第1章第2節第2款の3の(1)のイの(ア)の⑦の必履修教科・科目の単位数の一部を減ずる措置を認める場合に限らないが，その認定については十分に慎重を期さなければならない。また，その場合にあっても無制限の内容省略を認めるものではなく，教科及び科目の目標の趣旨を損なわないよう十分配慮する必要がある。

オ　知的障害者である生徒に対する教育を行う特別支援学校における各教科の指導内容の設定（第1章第2節第2款の3の(4)のオ）

> オ　知的障害者である生徒に対する教育を行う特別支援学校において，各教科の指導に当たっては，各教科の段階に示す内容を基に，生徒の知的障害の状態や経験等に応じて，具体的に指導内容を設定するものとする。その際，高等部の3年間を見通して計画的に指導するものとする。

　知的障害者である生徒に対する教育を行う特別支援学校については，第2章第2節第1款及び第2款において，各教科の目標及び内容を示している。

　高等部の各教科の内容については，在学する生徒の知的発達や運動発達，社会性や生活能力，経験，興味・関心など，知的障害の状態等が多様であること及

び，中学部からの進学者や中学校の特別支援学級等からの進学者の実態等も考慮して，具体的な指導内容が設定しやすいように，各学科に共通する各教科については２段階に区分して示している。

　なお，各段階の考え方については，本解説第５章第１節の５で詳述している。

　よって，各教科の指導については，これまで同様に，第２章第２節第１款及び第２款に示された各教科の内容を基に，生徒の知的障害の状態等に応じて，具体的な指導内容を設定する必要がある。

　さらに，今回の改訂では，各教科の段階に示す目標及び内容がバランスよく取り扱われるよう，高等部の３年間を見通して，計画的に指導することを示した。

カ　知的障害者である生徒に対する教育を行う特別支援学校における道徳科の指導内容の設定（第１章第２節第２款の３の (4) のカ）

> カ　知的障害者である生徒に対する教育を行う特別支援学校において，道徳科の指導に当たっては，第３章に示す道徳科の目標及び内容に示す事項を基に，生徒の知的障害の状態や経験等に応じて，具体的に指導内容を設定するものとする。

　知的障害者である生徒に対する教育を行う特別支援学校については，第３章において，道徳科の目標，内容及び指導計画の作成と内容の取扱いを示している。道徳科の指導内容については，個々の生徒の知的障害の状態，生活年齢を踏まえ，中学部又は中学校の特別支援学級等における学習状況や経験等を考慮しながら，高等部の３年間を見通して，具体的な指導内容を設定することが大切である。その際，生徒の学習上の特性から，実際的な体験を重視し，生活に結び付いた内容を具体的な活動を通して指導することが必要である。

(5) 指導計画の作成に当たって配慮すべき事項（第１章第２節第２款の３の (5)）
ア　調和のとれた具体的な指導計画の作成（第１章第２節第２款の３の (5) のア）

> (5) 指導計画の作成等に当たっての配慮すべき事項
> 　ア　各学校においては，次の事項に配慮しながら，学校の創意工夫を生かし，全体として，調和のとれた具体的な指導計画を作成するものとする。

　教育課程は，各教科・科目等又は各教科等について，それらの目標やねらいを

実現するように，教育の内容を学年ごとに，また学年の区分によらずに授業時数や単位数との関連において総合的に組織した学校の教育計画であり，それを具体化した計画が指導計画であると考えることができる。学校における実際の作成の過程においては両者を区別しにくい面もあるが，指導方法，使用教材など具体的な実施に重点を置いたものが指導計画であるということができる。

　すなわち，指導計画は，各教科・科目等又は各教科等について，指導目標，指導内容，指導の順序，指導方法，使用教材，指導の時間配当等を定めたより具体的な計画である。

　一般的には，指導計画には，年間計画から，学期ごと，月ごと，週ごと，単位時間ごと，あるいは単元，題材，主題ごとの指導案に至るまで各種のものがある。

　例えば，年間指導計画とは，その年度の各教科・科目等又は各教科等における学習活動の見通しをもつために，１年間の流れに沿って単元等を配列し，学習活動の概要を示したものである。それらを踏まえ，更に細かな計画として単元計画等が作成されるのである。各学校においては，第１章第２節第２款の３に示された教育課程の編成における共通的事項を踏まえるとともに，第１章及び第２章以下の各章に示された指導計画の作成と内容の取扱いに関する配慮事項などにも十分配慮し，創意工夫を生かし，全体として調和のとれた具体的な指導計画を作成しなければならない。

　指導計画の作成に当たっては，第１章第２節第２款の３の(5)のアで特に配慮すべき事項を示しているところである。

(ｱ) 資質・能力を育む効果的な指導（第１章第２節第２款の３の(5)のアの(ｱ)）

> (ｱ) 各教科・科目等又は各教科等の指導内容については，単元や題材など内容や時間のまとまりを見通しながら，そのまとめ方や重点の置き方に適切な工夫を加え，第３款の１に示す主体的・対話的で深い学びの実現に向けた授業改善を通して資質・能力を育む効果的な指導ができるようにすること。

　本項は，各学校において指導計画を作成するに当たり，各教科・科目等又は各教科等の目標と指導内容の関連を十分研究し，単元や題材など内容や時間のまとまりを見通しながら，まとめ方などを工夫したり，内容の重要度や生徒の学習の実態に応じてその取扱いに軽重を加えたりして，主体的・対話的で深い学びの実現に向けた授業改善を通して資質・能力を育む効果的な指導を行うことができるように配慮することを示している。

　第1章第2節第2款の3の(4)のイに示しているように、「各教科・科目、特別活動及び自立活動の内容に掲げる事項の順序は、特に示す場合を除き、指導の順序を示すものではないので、学校においては、その取扱いについて適切な工夫を加える」こととされている。同じくア及びエに示しているように、「学校においては、第2章以下に示していない事項を加えて指導することができる」とともに、「特に必要がある場合には、第2章に示す教科及び科目の目標の趣旨を損なわない範囲内で、各教科・科目の内容に関する事項について、基礎的・基本的な事項に重点を置くなどその内容を適切に選択して指導することができる」こととされている。

　各学校において指導計画を作成するに当たっては、各教科・科目又は各教科の目標と指導内容との関連を十分研究し、指導内容のまとめ方や指導の順序、重点の置き方などに創意工夫を生かしていくことが必要である。また、各教科・科目又は各教科の目標を達成するための内容の重要度や生徒の実態に応じて、その取扱いの軽重を考え、生徒一人一人のそれぞれの能力を十分伸長したり、基礎的・基本的な内容を確実に身に付けさせたりするような指導計画を作成することが必要である。また、教材・教具の工夫や生徒の理解度の把握などを通して、教えることと考えさせることの両者を関連付けることも重要である。

　こうした工夫は、単元や題材など内容や時間のまとまりを見通し、その中でどのような資質・能力の育成を目指すのかを踏まえて行われるものであり、教える場面と考えさせる場面を関連付けながら適切に内容を組み立てていくことも重要となる。その際、教材・教具の工夫や、生徒の理解度の把握なども重要になる。

　各学校においては、生徒が知的好奇心や探究心をもって自ら学び考える学習活動や、一人一人の個性が生かされる学習活動が実現するよう、創意工夫を生かした効果的な指導計画を作成する必要がある。

(イ) 各教科・科目等又は各教科等の相互間の関連及び発展的、系統的な指導（第1章第2節第2款の3の(5)のアの(イ)）

> (イ) 各教科・科目等又は各教科等について相互の関連を図り、系統的、発展的な指導ができるようにすること。

　指導計画は、各教科・科目等又は各教科等のそれぞれの目標が達成されるように作成されるものであるが、これらの全ての教育活動の成果が統合されて、初めて、学校教育の目標が達成されるものである。したがって、個々の指導計画は、各教科・科目等又は各教科等のそれぞれにおける固有の目標の実現を目指すと同時に、他の各教科・科目等又は各教科等との関連を十分図るように作成される必

要がある。

　そのためには，各教科・科目等又は各教科等の相互の関連を図り，各教科・科目等又は各教科等の間の不要な重複を避け，指導の要点を明確にすることが必要である。同一教科内における各科目相互の関連については，視覚障害者である生徒に対する教育を行う特別支援学校については，第2章第1節第1款において準ずることとしている高等学校学習指導要領第2章及び第3章の各科目の「内容の取扱い」と「各科目にわたる指導計画の作成と内容の取扱い」（知的障害者である生徒に対する教育を行う特別支援学校等においては「指導計画の作成と各教科全体にわたる内容の取扱い」）に具体的に示されているので留意する必要がある。

　総合的な探究の時間についても，第4章総合的な探究の時間に示された目標などについて，各教科・科目又は各教科及び特別活動の目標や内容との関連を検討し，各学校の実態に応じた指導計画を作成する必要がある。

　各教科・科目等又は各教科等の相互の関連を図るとともに，各教科・科目等又は各教科等において，発展的，系統的な指導を行うことは，生徒の発達の段階に応じ，その目標やねらいを効果的に実現するために必要である。

　高等部にあっては，多様な選択履修の機会を設けることが期待されるが，これは，生徒の障害の状態や特性及び心身の発達の段階等が多様化している状況を踏まえ，学校や地域の特色を生かした学校づくり，生徒の個性を生かす教育課程の編成・実施ができるようにするものであって，教育内容の発展性や系統性を軽視していることを意味するものではない。

　各教科・科目又は各教科の履修の際に安易な選択が行われることになると，学習内容に偏りやむらが生じ，発展的，系統的な学習が行われ難くなる。したがって，生徒の人間として調和のとれた育成を目指す教育課程の編成・実施という面から，生徒が主体的，自律的に選択科目を選択できるような態度の育成に努めることが大切である。

　総合的な探究の時間の指導計画の作成に際しても，教科等の枠を超えた現代的な諸課題に対応する横断的・総合的な課題，地域や学校の特色に応じた課題，生徒の興味・関心に基づく課題，職業や自己の進路に対する課題などについて，生徒の障害の状態や特性及び心身の発達の段階等に配慮した学習活動が進められるように創意工夫を図る必要がある。

　学校において指導計画を作成するに当たっては，各教科・科目等又は各教科等の目標や指導内容についての発展性，系統性を研究し，指導の時期，順序，方法等について検討を行った上で，これらを総合した系統化，組織化の観点からの指導が行われるように配慮しなければならない。

　なお，指導計画の実施の過程においては，重点を置き換えなければならなかったり，指導の内容，方法や順序を改めたりするなど変更しなければならない場合

もあり得る。このような場合には，それまでの指導過程の実態を踏まえ，各教科・科目等又は各教科等の目標に照らして当初の指導計画を再検討し，修正を加えていかなければならない。このようなことも考慮して指導計画を作成し，生徒の実態に即応しながら効果的な指導が進められるようにすることが大切である。

(ウ) 知的障害者である生徒に対する教育を行う特別支援学校における各教科等の指導内容の設定等（第1章第2節第2款の3の(5)のアの(ウ)）

> (ウ) 知的障害者である生徒に対する教育を行う特別支援学校において，各教科等の一部又は全部を合わせて指導を行う場合には，各教科，道徳科，特別活動及び自立活動の内容を基に，生徒の知的障害の状態や経験等に応じて，具体的に指導内容を設定するものとする。また，各教科，道徳科，特別活動及び自立活動の内容の一部又は全部を合わせて指導を行う場合は，授業時数を適切に定めること。

　学校教育法施行規則第130条第2項の規定に基づき，知的障害者である生徒に対する教育を行う特別支援学校において特に必要があるときは，各教科，道徳科，特別活動及び自立活動の一部又は全部を合わせて指導（以下本項において「各教科等を合わせた指導」という。）を行うことによって，一層効果の上がる授業をすることができる場合も考えられることから，こうした規定が設けられている。

　したがって，各学校においては，各教科等を合わせて指導を行う際には，学年ごとあるいはホームルームごとなどに，各教科，道徳科，特別活動のそれぞれの目標及び内容を基にして，それらの目標の系統性や内容の関連性に十分配慮しながら，指導目標，指導内容，指導の順序，指導の時間配当等を十分に明らかにした上で，適切に年間指導計画等を作成する必要がある。その際，個々の生徒に必要な自立活動の指導目標及び指導内容との関連性にも十分留意が必要である。

　また，年間指導計画等を作成する場合には，第1章第2節第2款の3の(2)のイの(ア)を踏まえ，合わせることとなった各教科等の目標及び内容を考慮し，各教科等それぞれの年間の授業時数を適切に定めるものとしている。

イ　個別の指導計画の作成（第1章第2節第2款の3の(5)のイ）

> イ　各教科・科目等又は各教科等の指導に当たっては，個々の生徒の実態を的確に把握し，次の事項に配慮しながら，個別の指導計画を作成すること。

特別支援学校の生徒の実態は多様化しており，個々の生徒に応じた適切な指導が求められていることから，平成11年の改訂において，自立活動や重複障害者の指導に際して，個別の指導計画を作成することとした。さらに，前回の改訂で，障害の状態が重度・重複化，多様化している生徒の実態に即した指導を一層推進するため，各教科・科目又は各教科等にわたり個別の指導計画を作成することとした。このことは，今回の改訂においても同様である。

　個別の指導計画は，個々の生徒の実態に応じて適切な指導を行うために各学校で作成しなければならないものである。個別の指導計画は，第1章第2節第2款の3の(5)のアを具体化し，障害のある生徒一人一人の指導目標，指導内容及び指導方法を明確にして，きめ細やかに指導するために作成するものである。

　また，生徒の障害の状態や特性及び心身の発達の段階等に応じた教育課程を編成することができるよう，第8款には重複障害者等に関する教育課程の取扱いの各種規定が設けられていることや，各教科・科目又は各教科と自立活動の指導目標や指導内容の設定に至る手続きに違いがあることなどを踏まえると，教師間の共通理解を図り指導の系統性を担保するためには，各学校において個別の指導計画に盛り込むべき事項について整理する必要がある。

　例えば，各教科・科目又は各教科において作成する個別の指導計画は，生徒一人一人の各教科・科目又は各教科の習得状況や既習事項を確認するための実態把握が必要である。また，第1章第2節第1款の3に示しているとおり，生徒が卒業するまでに各教科・科目等又は各教科等の指導を通してどのような資質・能力の育成を目指すのか，第1章第2節第2款の3の(5)のアの(イ)に示しているとおり，各教科・科目等又は各教科等の指導内容の発展性を踏まえ，指導目標を明確にすることが大切である。さらに，指導内容を習得し指導目標を達成するために第2章第1節第2款及び第2節第3款に示すとおり，生徒一人一人に対する指導上の配慮事項を付記するなど，生徒の実態や各教科・科目等又は各教科等の特質等を踏まえて，様式を工夫して作成することが大切である。

　また，第6章に示されている自立活動の内容は，各教科・科目又は各教科のようにその全てを取り扱うものではなく，個々の生徒の実態に即した指導目標を達成するために必要な項目を選定して取り扱うものである。そのため，自立活動の個別の指導計画を作成するに当たっては，まず，個々の生徒の実態把握に基づき，指導すべき課題を整理し，指導目標を明らかにした上で，第6章第2款に示す内容の中から必要な項目を選定し，それらを相互に関連付けて具体的な指導内容を設定することが必要である。また，個別の指導計画に基づく系統的な指導を展開するためには，個別の指導計画の作成担当者は，なぜその指導目標を設定したのかなど，その設定に至るまでの考え方（指導仮説）について記述し，次の担

当者に引き継ぐような工夫も大切である。なお，自立活動の指導における個別の指導計画の作成については，特別支援学校教育要領・学習指導要領解説自立活動編（幼稚部・小学部・中学部）第7章において，詳述しているので参照されたい。

このように，個別の指導計画は，各教職員の共通の理解の下に，一人一人に応じた指導を一層進めるためのものである。よって，個別の指導計画の作成の手順や様式は，それぞれの学校が生徒の実態や各教科・科目又は各教科や自立活動等の特質を踏まえて，指導上最も効果が上がるように工夫して作成することが大切である。

個別の指導計画は，生徒の実態を把握した上で作成されたものであるが，生徒にとって適切な計画であるかどうかは，実際の指導を通して明らかになるものである。したがって，計画（Plan）－実践（Do）－評価（Check）－改善（Action）のサイクルにおいて，適宜評価を行い，指導目標や指導内容，指導方法を改善し，より効果的な指導を行う必要がある。

個別の指導計画と関連するものに，個別の教育支援計画がある。個別の教育支援計画に関しては，本解説第2編第2部第1章第6節の1の(7)を参照されたい。

個別の指導計画の作成に当たっては，第1章第2節第2款の3の(5)のイに特に配慮する必要がある事項を2項目にわたり示しているので，これらの事項に留意する必要がある。

(ア) 基礎的・基本的な事項（第1章第2節第2款の3の(5)のイの(ア)）

> (ア) 生徒の障害の状態や特性及び心身の発達の段階等並びに学習の進度を考慮して，基礎的・基本的な事項に重点を置くこと。

生徒はそれぞれ障害の状態や特性及び心身の発達の段階等が異なるが，その障害により学習に時間がかかったり，自立活動の時間があることや，治療や訓練等が行われることなどの関係から各教科・科目等又は各教科等の学習時間に制約を受けたりする者も多い。また，中学校から特別支援学校高等部に入学してきた生徒については，学習の進度等の差が見られる。よって，生徒一人一人の学習内容の習熟の程度に応じたきめ細やかな指導を工夫して基礎的・基本的な知識及び技能の習得も含め，学習内容の着実な理解を図っていくことが大切である。そのためには，それぞれの生徒にとって，基礎的・基本的な指導内容は何かということを十分見極めながら，第1章第2節第2款の3の(5)のアの(イ)に示しているように，各教科・科目等又は各教科等について相互の関連を図り，系統的，発展的な指導ができるようにすることが大切である。なお，今回の改訂では，総則のほ

か，第2章第1節第2款及び第2節第3款においても，障害種別に生徒の障害の状態や特性及び心身の発達の段階等並びに学習の進度等を考慮して，基礎的・基本的な事項に重点を置くことなどについて規定されていることに留意する必要がある。

各学校においては，各教科・科目等又は各教科等の目標と指導内容との関連を十分に研究し，その重点の置き方や指導の順序，まとめ方を工夫し，指導の効果を高めるようにすることも必要である。

(イ) 指導方法や指導体制の工夫（第1章第2節第2款の3の(5)のイの(イ)）

> (イ) 生徒が，基礎的・基本的な知識及び技能の習得も含め，学習内容を確実に身に付けることができるよう，それぞれの生徒に作成した個別の指導計画や学校の実態に応じて，指導方法や指導体制の工夫改善に努めること。その際，生徒の障害の状態や特性及び心身の発達の段階等並びに学習の進度を考慮して，個別指導を重視するとともに，グループ別学習，繰り返し学習，学習内容の習熟の程度に応じた学習，生徒の興味・関心等に応じた課題学習，補充的な学習や発展的な学習などの学習活動を取り入れることや，教師間の協力による指導体制を確保することなど，指導方法や指導体制の工夫改善により，個に応じた指導の充実を図ること。その際，第3款の1の(3)に示す情報手段や教材・教具の活用を図ること。

特別支援学校に在籍する生徒の障害の状態や特性及び心身の発達の段階等は多様であり，生徒はそれぞれ能力，適性，興味・関心，知識，思考，価値，心情，技能，行動等についても個人差が大きい。生徒が学習内容を自分のものとして働かせることができるように身に付けるためには，教師はこのような個々の生徒の特性等を十分理解し，それぞれの生徒に作成した個別の指導計画に基づいて指導を行うことが必要であり，指導方法の工夫改善を図ることが求められる。それによって，生徒一人一人の資質・能力を偏りなく育成し，その後の学習や生活に生かすことができるようにすることが大切である。また，生徒が主体的に学習を進められるようになるためには，学習内容のみならず，学習方法への注意を促し，それぞれの生徒が自分にふさわしい学習方法を模索するような態度を育てることも必要となる。そのための生徒からの相談にも個別に応じたり，自立活動の指導と密接な関連を保つようにしたりすることが望まれる。なお，こうした指導方法の工夫は全ての生徒に対応するものであるが，障害による学習上又は生活上の困難のある生徒には特に配慮する必要がある。

個に応じた指導のための指導方法や指導体制については，生徒の実態，学校の

実態などに応じて，学校が一体となって工夫改善を進めていくことが重要である。すなわち，各学校は，その環境や教職員の構成，施設・設備などがそれぞれ異なっているが，それらに応じて最も効果的な方法を工夫し，組織体としての総合的な力を発揮していくことが大切である。学校には，校長，副校長，教頭，主幹教諭，指導教諭，教諭，養護教諭や栄養教諭など専門性を有する教職員がおり，これら全ての教職員が協力して生徒の指導に当たることが必要である。また，特別支援学校には，種々の障害に応じた指導についての専門的な知識や技能を有する教師がおり，生徒の多様な実態に応じた指導の充実を図る上で，それぞれの教師の専門性を生かした協力的な指導を行うことが大切である。指導体制の充実は，学習指導や生徒指導などに幅広くわたるものであり，学校全体が，共通理解の下に協力して教育活動を進めていかなくてはならない。

指導体制の工夫改善を進める上で校長の果たす役割は大きいので，校長は指導力を発揮して，指導体制の活性化を図るよう努めることが必要である。また，校長や副校長，教頭が授業の指導を行ったり参加したり，学習指導について経験豊かな指導教諭などの教師が他のホームルームの授業を支援したりするなど，様々な工夫をすることが求められる。さらに，指導案の作成，授業研究などを学年会や教科部会，学校全体などで行い，広く意見を交わし合い，教師間で情報の共有を図るような機会を設け，それぞれの役割分担を明確にすることも，より効果的な指導を行うためには大切である。なお，教師が教材研究，指導の打合せ，地域との連絡調整などに充てる時間を可能な限り確保できるよう，会議のもち方や時間割の工夫など時間の効果的・効率的な利用等に配慮することも重要である。

指導方法については，生徒の障害の状態や特性及び心身の発達の段階等や学習の実態などに配慮しながら，従来から取り組まれてきた一斉指導に加え，個別指導やグループ別指導といった学習形態の導入，理解の状況に応じた繰り返し指導，学習内容の習熟の程度に応じた指導，生徒の興味・関心や理解の状況に応じた課題学習，補充的な学習や発展的な学習などの学習活動を取り入れた指導などを柔軟かつ多様に導入することが重要である。

学習内容の習熟の程度に応じた指導については，教科等により生徒の習熟の程度に差が生じやすいことを考慮し，それぞれの生徒の習熟の程度に応じたきめ細かな指導方法を工夫して着実な理解を図っていくことが大切であることから，これらの指導方法等が例示されているものであるが，その指導については，ホームルーム内で学習集団を編成する場合とホームルームの枠を超えて学習集団を編成する場合が考えられる。その実施に当たっては，学校の実情や生徒の障害の状態や特性及び心身の発達の段階等に応じ，必要な教科について適宜弾力的に行うものであり，実施時期，指導方法，評価の在り方等について十分検討した上で実施するなどの配慮が必要である。また，各学校で学習内容の習熟の程度に応じた指

導を実施する際には，生徒に優越感や劣等感を生じさせたり，学習集団による学習内容の分化が長期化・固定化するなどして学習意欲を低下させたりすることのないように十分留意する必要がある。また，学習集団の編成の際は，教師が一方的に生徒を割り振るのではなく，生徒の興味・関心等に応じ，自分で課題や集団を選ぶことができるよう配慮することも重要である。その際，生徒が自分の能力・適性に全く合致しない課題や集団を選ぶようであれば，教師は適切な助言を行うなどの工夫を行うことが大切である。また，保護者に対しては，指導内容・指導方法の工夫改善等を示した指導計画，期待される学習の充実に係る効果，導入の理由等を事前に説明するなどの配慮が望まれる。

　生徒の興味・関心等に応じた課題学習，補充的な学習や発展的な学習などの学習活動を取り入れた指導を実施する際には，それぞれのねらいを明らかにし，授業で扱う内容と学習指導要領に示す各教科・科目等又は各教科等の目標と内容との関係を明確にして取り組むことが大切である。特に，補充的な学習を取り入れた指導を行う際には，様々な指導方法や指導体制の工夫改善を進め，当該学年までに学習する内容の確実な定着を図ることが必要であるし，発展的な学習を取り入れた指導を行う際には，生徒の負担過重とならないように配慮するとともに，学習内容の理解を一層深め，広げるという観点から適切に導入することが大切である。

　このほかにも，教材・教具の工夫や開発，コンピュータ等の教育機器の活用，指導の過程における形成的評価などの評価の工夫など生徒の実態や指導の場面に応じ，多方面にわたる対応が求められる。

　また，指導体制の工夫に当たっては，教師一人一人にも得意の分野など様々な特性があるので，それを生かしたり，学習形態によっては，教師が協力して指導したりすることにより，指導の効果を高めるようにすることが大切である。その具体例としては，専科指導やティーム・ティーチング，合同授業，交換授業などが考えられ，各学校の実態に応じて工夫することが望ましい。また，食育その他の心身の健康の保持増進に関する指導において，これらについての専門性を有する養護教諭や栄養教諭の積極的な参画・協力を得たりすること，学校内にとどまらず，学校外の様々な分野の専門家の参加・協力を得たりすることなど様々な工夫を行い，指導の効果を高めることが大切である。

　コンピュータ等の情報手段は適切に活用することにより個に応じた指導の充実にも有効であることから，今回の改訂において，指導方法や指導体制の工夫改善により個に応じた指導の充実を図る際に，第1章第2節第3款の1の(3)に示す情報手段や教材・教具の活用を図ることとしている。情報手段の活用の仕方は様々であるが，例えば大型提示装置で教師が教材等をわかりやすく示すことは，生徒の興味・関心を喚起したり，課題をつかませたりする上で有効である。さら

に，学習者用コンピュータによってデジタル教科書やデジタル教材等を活用することにより個に応じた指導を更に充実していくことが可能である。その際，学習内容の習熟の程度に応じて難易度の異なる課題に個別に取り組ませるといった指導のみならず，例えば，観察・実験を記録した映像や実技の模範を示す映像，外国語の音声等を，生徒が納得を得るまで必要な箇所を選んで繰り返し視聴したり，分かったことや考えたことをワープロソフトやプレゼンテーションソフトを用いてまとめたり，さらに，それらをグループで話し合い整理したりするといった多様な学習活動を展開することが期待される。

　なお，コンピュータや大型提示装置等で用いるデジタル教材は教師間での共有が容易であり，教材作成の効率化を図ることができるとともに，教師一人一人の得意分野を生かして教材を作成し共有して，さらに，その教材を用いた指導についても教師間で話し合い共有することにより，学校全体の指導の充実を図ることもできることから，こうした取組を積極的に進めることが期待される。

(6) キャリア教育及び職業教育に関して配慮すべき事項（第1章第2節第2款の3の(6)）

　　高等部における教育は，普通教育及び専門教育を施すことを目的としており，将来社会に出て職業に就くのに必要な職業教育も行っている。特に職業教育に関連した規定としては，各学科における就業体験活動の機会の確保，普通科における職業に関する各教科・科目（職業科目）の履修，職業学科における配慮事項，さらに，職業科目についての配慮事項を示している。なお，従前は，職業学科について，特定の専門分野に細分化しすぎることのないようにとの配慮もあり，その基幹的なものを標準的な学科として示していたが，平成11年の改訂から，地域性や社会の変化，産業の動向等を踏まえ，各設置者における創意工夫をこらした特色ある学科の設置が促進されるよう，標準的な学科については示していない。

ア　就業体験活動の機会の確保（第1章第2節第2款の3の(6)のア）

(6) キャリア教育及び職業教育に関して配慮すべき事項
　ア　学校においては，第5款の1の(3)に示すキャリア教育及び職業教育
　　　を推進するために，生徒の障害の状態や特性及び心身の発達の段階等，
　　　学校や地域の実態等を考慮し，地域及び産業界や労働等の業務を行う
　　　関係機関との連携を図り，産業現場等における長期間の実習を取り入
　　　れるなどの就業体験活動の機会を積極的に設けるとともに，地域や産
　　　業界や労働等の業務を行う関係機関の人々の協力を積極的に得るよう

配慮するものとする。

　職業学科では，従来から各教科における「課題研究」や各科目の実習の一部として，産業現場等における実習（現場実習）が行われてきている。現場実習は，実際的な知識や技術・技能に触れることが可能となるとともに，生徒が自己の職業適性や将来設計について考える機会となり，主体的な職業選択の能力や職業意識の育成が図られるなど，高い教育効果を有するものである。

　これらの実践等を踏まえ，平成20年1月の中央教育審議会答申において，社会人・職業人として自立していくためには，生徒一人一人の勤労観・職業観を育てるキャリア教育を充実することが重要であり，その一環として小学校での職場見学，中学校での職場体験活動，高等学校での就業体験活動等を通じた体系的な指導を推進することが提言されている。また，職業に関する各教科の改善に当たっては，就業体験活動等，実社会や職業との関わりを通じて，高い職業意識・職業観と規範意識，コミュニケーション能力等に根ざした実践力を高めることを一層重視し，例えば，職業の現場における長期間の実習を取り入れるなどにより，教育活動を充実すべきであると提言されている。これらのことは，特別支援学校においても同様である。

　これを踏まえ，第1章第2節第1款の4において，引き続き就業に関わる体験的な学習の指導を適切に行うように示すとともに，普通科を含めてどの学科においても，キャリア教育を推進する観点から，産業現場等における長期間の実習を取り入れるなどの就業体験活動の機会を積極的に設けるとともに，地域や産業界等の人々の協力を積極的に得るよう配慮すべきことを示したものである。

　就業体験活動の実施形態は，大きく分けて①学校が主体となって行うものと，②企業等があらかじめ用意したプログラムへの生徒の参加を単位認定するものとが考えられる。

　学校が主体となって行う場合は，各教科における「課題研究」や各科目の実習，あるいは総合的な探究の時間や特別活動の一環として取り組むことが考えられる。また，地域の実態等に応じて，学校の判断により独自の学校設定教科・科目（知的障害者である生徒に対する教育を行う特別支援学校においては，学校設定教科。）を設けることも考えられる。

　また，企業等があらかじめ用意したプログラムに生徒が参加した場合について，このような学校外における就業体験活動等の単位認定（学校教育法施行規則第135条により特別支援学校に準用する第98条）する場合には，必要に応じてオリエンテーションの実施，計画書の提出，学校による事前・事後の適切な指導が望まれる。

　なお，就業体験活動の実施に当たっては，事前に企業等と意見交換等を行い，

その趣旨やねらいなどについて理解を求めるとともに，就業体験活動は教育活動の一環として行われるものであり，いわゆるアルバイトとは区別される必要があること，就職・採用活動と直接結び付けられるべきものではないこと，安全の確保や事故の防止等に十分留意する必要がある。

就業体験活動については，特別活動においても勤労観，職業観の形成や進路の選択決定などに資する体験として一定期間行うことが望まれているところであるが，キャリア教育の一層の推進の観点からは，受け入れ先の状況を考慮しつつ，学校の実態，学科の特色，生徒の障害の状態や特性及び心身の発達の段階等に応じ，関係する各教科・科目等又は各教科等の指導計画に位置付けて，より長期間の実習を取り入れることも期待される。

なお，特別支援学校高等部においては，障害種別や学科の特色，個々の生徒の実態等に応じて，これまでも職業教育を重視し，比較的長期間に及ぶ実習を行うなどして，指導の成果を上げてきている。したがって，引き続き，より一層就業体験等の機会を設けるよう努めることが大切である。

各学校においては，体系的なキャリア教育を推進するとともに，以上のことを踏まえつつ，地域や産業界等と十分な連携・協力を図り，就業体験活動を適切に実施できるように十分配慮する必要がある。

イ　普通科における職業に関する各教科・科目の履修（第1章第2節第2款の3の(6)のイ）

> イ　普通科においては，生徒の障害の状態や特性及び心身の発達の段階等，学校や地域の実態等を考慮し，必要に応じて，適切な職業に関する各教科・科目の履修の機会の確保について配慮するものとする。

職業生活に必要な基礎的な知識や技術・技能の習得や望ましい勤労観，職業観の育成は全ての生徒に必要なものである。また，急速な社会の変化に伴い，学校教育を終えた後も生涯にわたり職業生活に必要な知識や技術・技能の向上に努める必要性が高まってきている一方で，最近の若者は働くことに対する意識が希薄であるとの指摘もなされている。したがって，普通科においても，生徒の実態に応じ，働くことの意義，喜び，楽しさや厳しさを学び，職業生活を送るための基礎的な知識や技術・技能に関する学習の機会の充実に努める必要がある。

視覚障害者，聴覚障害者，肢体不自由者又は病弱者である生徒に対する教育を行う特別支援学校の普通科における職業科目の履修については，職業学科における専門教育と異なり，自己の進路や職業についての理解を深め，将来の進路を主体的に選択決定できる能力の育成に主眼を置くことが大切である。

この点に関しては，学校において，生徒，学校及び地域の実態，学科の特色等に応じ，特色ある教育課程の編成に資するよう，学校設定教科・科目を設けることができるようにしており，学校設定教科に関する科目として「産業社会と人間」を設けることができることを明示している。「産業社会と人間」は，産業社会における自己の在り方生き方について考えさせ，社会に積極的に寄与し，生涯にわたって学習に取り組む意欲や態度等を養うことをねらいとして，就業体験活動等の体験的な学習等を通じ，社会生活や職業生活に必要な基本的な能力や態度及び望ましい勤労観，職業観の育成等について指導するものである。このような，自己の在り方生き方や進路について考察する学習は，今後，高等部のどの学科においても取り組む必要があり，普通科においても，積極的に取り組むことが望まれる。

　なお，知的障害者である生徒に対する教育を行う特別支援においては，必履修教科である職業が設けられていることを踏まえ，普通科においても同様の取組が望まれる。

　普通科においてどのような各教科・科目を履修させるのがよいかは，生徒の特性，進路等により，また，各学校の教師の構成，施設・設備等の人的・物的条件等により，一律には決められないが，普通科で履修させることが考えられる各教科・科目としては，例えば，次のようなものがある。

農業　「農業と環境」，「栽培と環境」，「食品流通」，「生物活用」，「地域資源活用」

工業　「工業技術基礎」，「製図」，「工業情報数理」，「工業環境技術」

商業　「ビジネス基礎」，「ビジネス・コミュニケーション」，「簿記」，「情報処理」

水産　「水産海洋基礎」，「水産海洋科学」，「海洋環境」

家庭　「消費生活」，「保育基礎」，「子ども文化」，「生活と福祉」，「住生活デザイン」，「ファッション造形基礎」，「フードデザイン」

看護　「基礎看護」

情報　「情報産業と社会」，「情報の表現と管理」，「情報テクノロジー」，「情報セキュリティ」

福祉　「社会福祉基礎」，「介護福祉基礎」

　なお，特に，職業準備として履修させる場合には，入学年次やその次の年次から，ある程度まとまった単位数（知的障害者である生徒に対する教育を行う特別支援学校においては，授業時数）を配当し，各教科・科目を系統的に履修させるほか必要に応じて類型を設けるなどして，職業準備にふさわしい学習ができるような配慮が必要である。

　さらに，第１章第２節第１款の４には，就業に関わる体験的な学習の指導を適

切に行うことが掲げられており，また，第1章第2節第2款の3の(6)には，学校においてはキャリア教育及び職業教育を推進するために，地域や産業界等との連携を図り，産業現場等における長期間の実習を取り入れるなどの就業体験活動の機会を積極的に設けることが示されている。また，特別活動の学校行事の勤労生産・奉仕的行事の中で就業体験活動が例示として明示されている。一般に，専門学科では，生徒の進路に関連の深い教育が行われており，特に職業学科では，現場実習等の就業体験の機会も多い。これに対して，普通科ではそのような機会が少ないため，特に普通科における体験的な学習の必要性が指摘されている。就業に関わる体験的な学習は，各学校が地域や生徒の実態等に応じて創意工夫をこらすことによって行われるものであり，学習指導要領では科目を特定していないので，学校において，関係の各教科・科目，総合的な探究の時間及び特別活動において，適切に配慮する必要がある。また，平成28年12月の中央教育審議会答申においては，これまで主に高等学校卒業後に就職を希望する生徒が多い普通科や専門学科での実習を中心に就業体験活動が行われてきたが，今後は，大学進学希望者が多い普通科の高等学校においても，例えば，大学，大学院での学習や研究経験を必要とする職業に焦点をあて，大学の専門機関において実施する就業体験活動（いわゆる「アカデミック・インターンシップ」）を充実するなど，それぞれの生徒や学校の特性を踏まえた多様な展開について提言されており，特別支援学校高等部においてもこうした視点からの就業体験活動の充実を図ることも大切である。また，生徒一人一人が現代の社会の変化や自己の特性等についての理解を深め，将来の生き方をより深く考え行動する態度や能力を育成することができるようガイダンス機能の充実を図ることが重要である。

　普通科における職業科目の実施に当たっては，特に，生徒の自発的，積極的な活動が行われるよう指導方法に工夫を加えるなどして，働くことや創造することの喜び，成就感，達成感を体得させ，望ましい勤労観，職業観を育成することが必要である。

　さらに，専門的な知識と技術の習得を図るため類型を設けて履修させる場合と，各教科・科目を選択して履修させる場合があるが，いずれの場合も発展的・系統的に学習できるように配慮することが望まれる。

　なお，学習の評価に関しては，設定した活動に積極的に参加したかどうか，その際の学習態度はどうかなどの実施状況に関する観点のみにとどまらず，意図した成果が得られたかどうか，勤労観，職業観の育成に役立ったかどうかなど，「何が身に付いたか」という観点から評価を行い，それをもとに教育活動の質の向上を図っていくことが求められる。

ウ　職業学科における配慮事項（第1章第2節第2款の3の (6) のウ）

> ウ　職業教育を主とする専門学科においては，次の事項に配慮するものと
> する。
> (ア) 職業に関する各教科・科目については，実験・実習に配当する授業時
> 　　数を十分確保するようにすること。
> (イ) 生徒の実態を考慮し，職業に関する各教科・科目の履修を容易にする
> 　　ため特別な配慮が必要な場合には，各分野における基礎的又は中核的
> 　　な科目を重点的に選択し，その内容については基礎的・基本的な事項
> 　　が確実に身に付くように取り扱い，また，主として実験・実習によっ
> 　　て指導するなどの工夫をこらすようにすること。

① 　実験・実習に配当する授業時数の確保（第1章第2節第2款の3の (6) のウ
の (ア)）

　　(ア) は，職業科目における実験・実習の重視について示したものである。

　　職業教育は，各教科・科目の履修を通して一般的教養を身に付けることにと
どまらず，実験・実習という実際的・体験的な学習を一層重視し，実践力を体
得することに特色があると言える。

　　実験・実習には体験を通して知識の習得に役立て，技能を習熟させるという
側面がある。これまでの実験・実習では，基礎的・基本的事項の習得という立
場から，このねらいを一貫して重視してきた。

　　しかしながら，産業の各分野における急速な技術革新の進展や産業構造・就
業構造の変化等に適切に対応するためには，基礎的・基本的事項を確実に習得
することに加えて，実際に問題を解決する体験の機会をできる限り拡充してい
くことにより，よりよい社会の構築を目指して自ら学び，産業の振興や社会貢
献に主体的かつ協働的に取り組む態度を養うことが必要である。このため，実
験・実習のもう一つの側面である生徒の自発的・創造的な学習態度の育成を一
層重視していく必要がある。特に，主体的に取り組む学習活動を通して，専門
的な知識，技術などの深化・総合化を図ることは重要であり，実際的・体験的
な学習である実験・実習の一層の充実が求められる。

　　実験・実習の授業時数の確保に当たっては，いわゆる座学と実験・実習との
調和と関連性，基礎的・基本的事項と発展的・応用的事項との関連，特に新技
術等新たな内容の習得について配慮する必要がある。

② 　生徒の実態に応じた配慮（第1章第2節第2款の3の (6) のウの (イ)）
　　(イ) に示されている，生徒の各教科・科目の履修を容易にするための配慮事

項は，従前と同じであり，①各分野における基礎的又は中核的な科目を重点的に選択すること，②その内容については基礎的・基本的な事項が確実に身に付くように取り扱うこと，③主として実験・実習によって指導するなどの工夫をこらすことが示されている。①は職業科目の選択，②は職業科目の内容の取扱い，③は指導方法の工夫についての配慮事項である。

　今回の改訂では，視覚障害者，聴覚障害者，肢体不自由者又は病弱者である生徒に対する教育を行う特別支援学校の職業に関する教科においては科目構成の見直しを図っているが，これらの科目を網羅的に履修させるのではなく，生徒の実態等に応じて適切に選択して履修させることが大切である。特に１〜２単位程度の科目を多く履修させることは避けなければならない。また，内容や教材については一層精選し，十分時間をかけて理解させるようにしなければならない。さらに，生徒の理解，習得を容易にするため，いわゆる座学による説明にとどめず，できるだけ実験・実習を通して体験的に学ばせる機会を多くすることに努める必要がある。

エ　職業に関する各教科・科目についての配慮事項（第１章第２節第２款の３の (6) のエ）

> エ　職業に関する各教科・科目については，次の事項に配慮するものとする。
>
> （ア）職業に関する各教科・科目については，就業体験活動をもって実習に替えることができること。この場合，就業体験活動は，その各教科・科目の内容に直接関係があり，かつ，その一部としてあらかじめ計画し，評価されるものであることを要すること。
>
> （イ）農業，水産及び家庭に関する各教科・科目の指導に当たっては，ホームプロジェクトなどの活動を活用して，学習の効果を上げるよう留意すること。この場合，ホームプロジェクトについては，適切な授業時数をこれに充てることができること。

① 　就業体験活動による実習の代替（第１章第２節第２款の３の (6) のエの (ア)）
　　就業体験活動を推進する観点から，特に，職業科目については，現場実習を含め就業体験活動を積極的に取り入れることとし，就業体験活動をもって実習に替えることができることを示したものである。なお，この場合の就業体験活動は，関係する科目の指導計画に適切に位置付けて行う必要がある。

② ホームプロジェクト等（第１章第２節第２款の３の(6)のエの(イ)）

　ホームプロジェクトは，教科の内容に関係する課題を農業や水産業，家庭生活の中から発見させ，家族の協力と教師の指導の下に自発的，積極的に実施させるもので教育効果の大きい学習法である。したがって，専門教科の農業，水産及び家庭の各教科・科目の指導に当たっては，ホームプロジェクトを活用して学習の効果をあげることが望ましい。

　ホームプロジェクトについては，その各教科・科目の授業時数の10分の2以内をこれに充てることができる。この規定は，各教科・科目の授業時数のうちホームプロジェクトとして生徒に家庭等において実習させてもよい許容の範囲を示すもので，例えば４単位の科目においては，28単位時間（140×2／10＝28）までホームプロジェクトに充てることができることを示している。

● 4　学部段階間及び学校段階等間の接続(第１章第２節第２款の４)

(1) 中学部又は中学校における教育との接続（第１章第２節第２款の４の(1)）

4　学部段階間及び学校段階等間の接続

　教育課程の編成に当たっては，次の事項に配慮しながら，学部段階間及び学校段階等間の接続を図るものとする。

(1) 現行の特別支援学校小学部・中学部学習指導要領又は中学校学習指導要領を踏まえ，中学部における教育又は中学校教育までの学習の成果が高等部における教育に円滑に接続され，高等部における教育段階の終わりまでに育成することを目指す資質・能力を，生徒が確実に身に付けることができるよう工夫すること。

　中学部又は中学校においては，義務教育を行う最後の教育機関として，教育基本法第５条第２項が規定する「各個人の有する能力を伸ばしつつ社会において自立的に生きる基礎」及び「国家及び社会の形成者として必要とされる基本的な資質」を卒業までに育むことができるよう，小学部における教育又は小学校教育の基礎の上に，中学部における教育又は中学校教育を通して身に付けるべき資質・能力を明確化し，その育成を高等部における教育又は高等学校教育等のその後の学びに円滑に接続させていくことが求められている。

　このため，今回の改訂では，平成21年改訂の学習指導要領の各教科・科目等又は各教科等の授業時数や指導内容を前提としつつ，平成28年12月の中央教育審議会答申で示された視覚障害者，聴覚障害者，肢体不自由者及び病弱者である

生徒に教育を行う特別支援学校の高等部において準用される高等学校における新たな教科・科目構成との接続を含め，小・中・高等部を見通した改善・充実の中で，高等部における教育の充実を図っていくことが重要となる。

また，高等部においては，生徒の多様な進路の希望に応えるため，幅広い教科・科目の中から生徒が履修する科目の選択を行うなど，選択履修の趣旨を生かした教育課程編成を行うこととしている。知的障害者である生徒に対する教育を行う特別支援学校においても，同様に各教科の履修ができるよう配慮することが必要である。

このことは，生徒に自身の在り方や生き方を考えさせて適切に選択・判断する力を求めるものである。中学部又は中学校までの教育課程においては，選択教科を置かない場合には，生徒が履修する教育課程を選択するということはないため，高等部への接続に関連して，生徒が適切な教科・科目を選択できるよう指導の充実を図ることが重要である。

なお，生徒の適切な教科・科目選択に関しては，第1章第2節第5款の1の(4)の規定にも留意する必要がある。（本解説第2編第2部第1章第6節の1の(4)）

小学部や中学部及び高等部を併設した特別支援学校においては，こうした工夫にとどまらず，12年間を見通した計画的かつ継続的な教育課程編成し，小学部から高等部までの一体的な指導体制を確立して特色ある教育活動を展開していくことが重要である。

(2) 義務教育段階での学習内容の確実な定着を図る工夫（第1章第2節第2款の4の(2)）

> (2) 視覚障害者，聴覚障害者，肢体不自由者又は病弱者である生徒に対する教育を行う特別支援学校においては，生徒や学校の実態等に応じ，必要がある場合には，例えば次のような工夫を行い，義務教育段階での学習内容の確実な定着を図るようにすること。
> ア 各教科・科目の指導に当たり，義務教育段階での学習内容の確実な定着を図るための学習機会を設けること。
> イ 義務教育段階での学習内容の確実な定着を図りながら，必履修教科・科目の内容を十分に習得させることができるよう，その単位数を標準単位数の標準の限度を超えて増加して配当すること。
> ウ 義務教育段階での学習内容の確実な定着を図ることを目標とした学校設定科目等を履修させた後に，必履修教科・科目を履修させるようにすること。

本項では，従来に引き続き，生徒や学校の実態等に応じて義務教育段階の学習内容の確実な定着を図るための指導を行うことを指導計画の作成に当たって配慮すべき事項として示し，生徒が高等部段階の学習に円滑に移行できるようにすることを重視している。

　義務教育段階の学習内容の確実な定着を図る指導を行うことが求められるのは，「生徒や学校の実態等に応じ，必要がある場合」であり，全ての生徒に対して必ず実施しなければならないものではないが，前述の必要がある場合には，こうした指導を行うことで，高等部段階の学習に円滑に接続できるようにすることが求められている。

　これは，高等部を卒業するまでに全ての生徒が必履修教科・科目の内容を学習する必要があるが，その内容を十分に理解するためには，義務教育段階の学習内容が定着していることが前提として必要となるものであることから，それが不十分であることにより必履修教科・科目の内容が理解できないということのないよう，必履修教科・科目を履修する際又は履修する前などにそうした学習内容の確実な定着を図れるようにする配慮を求めたものである。

　こうした指導を行うために指導計画を作成する上で考えられる具体的な工夫をアからウまでに例示している。

　アでは，高等部における各教科・科目の指導にあたり，義務教育段階の学習内容の定着を図るための学習機会を適宜設けるという方策である。

　イでは，必履修教科・科目について単位を増加させることで十分な指導時間を確保し，義務教育段階の学習内容の確実な定着を図りながら，必履修教科・科目の内容の確実な習得を図ることができるよう丁寧な指導を行うという対応策を示している。

　ウでは，必履修教科・科目を履修させる前に，義務教育段階の学習内容の定着を図ることを目標とした学校設定科目等を履修させるという方策を示している。学校設定科目等となっているのは，学校設定科目以外にも，学校設定教科や外国語の「英語コミュニケーション」などを活用することが考えられるためである。

　なお，学校設定科目の目標や内容については「その科目の属する教科の目標に基づき」定めることとされており（第1章第2節第2款の3の(1)のアの(エ)），学校設定教科及び当該教科に関する科目の目標や内容については「高等部における教育の目標に基づき，高等部における教育の水準の確保に十分配慮」しなければならないとされているが（第1章第2節第2款の3の(1)のアの(オ)の㋐），高等部における教育の目標は義務教育の成果を発展・拡充させることであることから，生徒の実態に応じ義務教育段階の学習内容について確実な定着を図り，その成果を発展・拡充させるために，義務教育段階の学習内容の確実な定着を図る

ことを目標とした学校設定教科・科目を高等部の教科・科目として開設し，その単位数を卒業までに修得すべき単位数に加えることは，このような高等学校教育の目標や第1章第2節第2款の3の(1)のアの(エ)及び(オ)の⑦の規定に適合するものである。

(3) 高等部卒業以降の教育や職業との円滑な接続を図る工夫（第1章第2節第2款の4の(3)）

> (3) 大学や専門学校，教育訓練機関等における教育や社会的・職業的自立，生涯にわたる学習や生活のために，高等部卒業以降の進路先との円滑な接続が図られるよう，関連する教育機関や企業，福祉施設等との連携により，卒業後の進路に求められる資質・能力を着実に育成することができるよう工夫すること。

高等部卒業後，大学や専門学校等に進学する者や就職する者など，高等部の生徒の進路は様々である。しかしながら，どのような進路に進むにしても，高等部における教育に求められるのは，社会的・職業的自立に向けて必要となる資質・能力を育成するとともに，生涯にわたって，必要となる知識及び技能などを自ら身に付けていくことができるようにすることである。

こうした観点から，高等部における教育には，生徒が進もうとしている進路を見据えながら，必要な資質・能力を育成することができるよう，教育課程の改善・充実を図っていくことが求められるのであり，そのための手段として，例えば，企業や福祉施設等と連携して実践的な教育活動を導入していくことなども考えられる。

第4節　教育課程の実施と学習評価

● 1　主体的・対話的で深い学びの実現に向けた授業改善

(1) 主体的・対話的で深い学びの実現に向けた授業改善（第1章第2節第3款の1の(1)）

第3款　教育課程の実施と学習評価

1　主体的・対話的で深い学びの実現に向けた授業改善
　　各教科・科目等又は各教科等の指導に当たっては，次の事項に配慮するものとする。
(1) 第1款の3の(1)から(3)までに示すことが偏りなく実現されるよう，単元や題材など内容や時間のまとまりを見通しながら，生徒の主体的・対話的で深い学びの実現に向けた授業改善を行うこと。
　　特に，各教科・科目等又は各教科等において身に付けた知識及び技能を活用したり，思考力，判断力，表現力等や学びに向かう力，人間性等を発揮させたりして，学習の対象となる物事を捉え思考することにより，各教科・科目等又は各教科等の特質に応じた物事を捉える視点や考え方（以下「見方・考え方」という。）が鍛えられていくことに留意し，生徒が各教科・科目等又は各教科等の特質に応じた見方・考え方を働かせながら，知識を相互に関連付けてより深く理解したり，情報を精査して考えを形成したり，問題を見いだして解決策を考えたり，思いや考えを基に創造したりすることに向かう過程を重視した学習の充実を図ること。

　本項は，各教科・科目等又は各教科等の指導に当たって，(1)知識及び技能が習得されるようにすること，(2)思考力，判断力，表現力等を育成すること，(3)学びに向かう力，人間性等を涵養することが偏りなく実現されるよう，単元や題材など内容や時間のまとまりを見通しながら，生徒の主体的・対話的で深い学びの実現に向けた授業改善を行うこと，その際，各教科・科目等又は各教科等の「見方・考え方」を働かせ，各教科・科目等又は各教科等の学習の過程を重視して充実を図ることを示している。

　平成26年11月20日の中央教育審議会への諮問「初等中等教育における教育課程の基準等の在り方について」において，具体的な審議事項として，育成すべき

資質・能力を確実に育むための学習・指導方法はどうあるべきか，特に今後の「アクティブ・ラーニング」の具体的な在り方についてどのように考えるかを示した。これを受けて，中央教育審議会では，我が国の学校教育の様々な実践や各種の調査結果，学術的な研究成果等を踏まえて検討が行われ，生徒に必要な資質・能力を育むための学びの質に着目し，授業改善の取組を活性化していく視点として「主体的・対話的で深い学び」を位置付けた。「主体的な学び」，「対話的な学び」，「深い学び」の視点は，各教科・科目等又は各教科等における優れた授業改善等の取組に共通し，かつ普遍的な要素である。

特に高等部段階においては，選挙権年齢及び成年年齢の引き下げなど，高等部の生徒にとって政治や社会が一層身近なものとなる中，学習内容を人生や社会の在り方と結び付けて深く理解し，これからの時代に求められる資質・能力を身に付け，生涯にわたって能動的（アクティブ）に学び続けることができるようにするためには，これまでの優れた教育実践の蓄積も生かしながら，学習の質を一層高める授業改善の取組を推進していくことが求められている。

主体的・対話的で深い学びの実現に向けた授業改善の具体的な内容については，平成28年12月の中央教育審議会答申において，以下の三つの視点に立った授業改善を行うことが示されている。教科等の特質を踏まえ，具体的な学習内容や生徒の状況等に応じて，これらの視点の具体的な内容を手掛かりに，質の高い学びを実現し，学習内容を深く理解し，資質・能力を身に付け，生涯にわたって能動的（アクティブ）に学び続けるようにすることが求められている。

① 学ぶことに興味や関心を持ち，自己のキャリア形成の方向性と関連付けながら，見通しをもって粘り強く取り組み，自己の学習活動を振り返って次につなげる「主体的な学び」が実現できているかという視点。

② 子供同士の協働，教職員や地域の人との対話，先哲の考え方を手掛かりに考えること等を通じ，自己の考えを広げ深める「対話的な学び」が実現できているかという視点。

③ 習得・活用・探究という学びの過程の中で，各教科・科目等又は各教科等の特質に応じた「見方・考え方」を働かせながら，知識を相互に関連付けてより深く理解したり，情報を精査して考えを形成したり，問題を見いだして解決策を考えたり，思いや考えを基に創造したりすることに向かう「深い学び」が実現できているかという視点。

また，主体的・対話的で深い学びは，必ずしも1単位時間の授業の中で全てが実現されるものではなく，単元や題材など内容や時間のまとまりを見通して，例えば，主体的に学習に取り組めるよう学習の見通しを立てたり学習したことを振り返ったりして自身の学びや変容を自覚できる場面をどこに設定するか，対話によって自分の考えなどを広げたり深めたりする場面をどこに設定するか，学びの

深まりをつくりだすために，生徒が考える場面と教師が教える場面をどのように組み立てるか，といった観点で授業改善を進めることが重要となる。すなわち，主体的・対話的で深い学びの実現に向けた授業改善を考えることは単元や題材など内容や時間のまとまりをどのように構成するかというデザインを考えることに他ならない。

　主体的・対話的で深い学びの実現を目指して授業改善を進めるに当たり，特に「深い学び」の視点に関して，各教科・科目等又は各教科等の学びの深まりの鍵となるのが「見方・考え方」である。各教科・科目等又は各教科等の特質に応じた物事を捉える視点や考え方である「見方・考え方」は，新しい知識及び技能を既にもっている知識及び技能と結び付けながら社会の中で生きて働くものとして習得したり，思考力，判断力，表現力等を豊かなものとしたり，社会や世界にどのように関わるかの視座を形成したりするために重要なものであり，習得・活用・探究という学びの過程の中で働かせることを通じて，より質の高い深い学びにつなげることが重要である。

　なお，各教科・科目等又は各教科等の解説において示している各教科・科目等又は各教科等の特質に応じた「見方・考え方」は，当該教科等における主要なものであり，「深い学び」の観点からは，それらの「見方・考え方」を踏まえながら，学習内容等に応じて柔軟に考えることが重要である。

　また，思考・判断・表現の過程には，
・　物事の中から問題を見いだし，その問題を定義し解決の方向性を決定し，解決方法を探して計画を立て，結果を予測しながら実行し，振り返って次の問題発見・解決につなげていく過程
・　精査した情報を基に自分の考えを形成し表現したり，目的や状況等に応じて互いの考えを伝え合い，多様な考えを理解したり，集団としての考えを形成したりしていく過程
・　思いや考えを基に構想し，意味や価値を創造していく過程
の大きく三つがあると考えられる。

　各教科・科目等又は各教科等の特質に応じて，こうした学習の過程を重視して，具体的な学習内容，単元や題材の構成や学習の場面等に応じた方法について研究を重ね，ふさわしい方法を選択しながら，工夫して実践できるようにすることが重要である。

　このため，今回の改訂においては，各教科・科目等又は各教科等の指導計画の作成上の配慮事項として，当該教科・科目又は各教科等の特質に応じた主体的・対話的で深い学びを実現するための授業改善について示している。具体的には，視覚障害者，聴覚障害者，肢体不自由者又は病弱者である生徒に対する特別支援学校においては，準ずることとしている高等学校学習指導要領の各教科・科目等

の「第3款　各科目にわたる指導計画の作成と内容の取扱い」，知的障害者である生徒に対する教育を行う特別支援学校においては，第2章第2節第1款及び第2款の各教科の「3　指導計画の作成と内容の取扱い」の指導計画の作成に当たっての配慮事項として，共通に「単元（題材）など内容や時間のまとまりを見通して，その中で育む資質・能力の育成に向けて，生徒の主体的・対話的で深い学びの実現を図るようにすること。」とした上で，当該教科等の特質に応じてどのような学習活動等の充実を図るよう配慮することが求められるかを示している。例えば，共通教科及び総合的な探究の時間及び特別活動については，次のように示している。

- 「言葉による見方・考え方を働かせ，言語活動を通して，言葉の特徴や使い方などを理解し自分の思いや考えを深める学習の充実を図ること」（国語科）
- 「科目の特質に応じた見方・考え方を働かせ，社会的事象の意味や意義などを考察し，概念などに関する知識を獲得したり，社会との関わりを意識した課題を追究したり解決したりする活動の充実を図ること」（地理歴史科）
- 「科目の特質に応じた見方・考え方を働かせ，社会的事象等の意味や意義などを考察し，概念などに関する知識を獲得したり，社会との関わりを意識した課題を追究したり解決したりする活動の充実を図ること」（公民科）
- 「数学的な見方・考え方を働かせながら，日常の事象や社会の事象を数理的に捉え，数学の問題を見いだし，問題を自立的，協働的に解決し，学習の過程を振り返り，概念を形成するなどの学習の充実を図ること」（数学科）
- 「理科の学習過程の特質を踏まえ，理科の見方・考え方を働かせ，見通しをもって観察，実験を行うことなどの科学的に探究する学習活動の充実を図ること」（理科）
- 「体育や保健の見方・考え方を働かせながら，運動や健康についての自他や社会の課題を発見し，その合理的，計画的な解決のための活動の充実を図ること。また，運動の楽しさや喜びを味わったり，健康の大切さを実感したりすることができるよう留意すること」（保健体育科）
- 「各科目における見方・考え方を働かせ，各科目の特質に応じた学習の充実を図ること」（芸術科）
  ※　解説において，芸術科の特質に応じた学習の充実について以下のとおり具体的に記述している。
- 「各科目における見方・考え方を働かせ，表現及び鑑賞の活動の関連を図るなどして，芸術に関する各科目の特質について理解するとともに，創造的な表現を工夫したり，芸術のよさや美しさを深く味わったりする過程を大切にした学習の充実を図ること」（芸術科　解説）

- 「具体的な課題等を設定し，生徒が外国語によるコミュニケーションにおける見方・考え方を働かせながら，コミュニケーションの目的や場面，状況などを意識して活動を行い，英語の音声や語彙，表現などの知識を，五つの領域における実際のコミュニケーションにおいて活用する学習の充実を図ること」（外国語科）
- 「生活の営みに係る見方・考え方を働かせ，知識を相互に関連付けてより深く理解するとともに，家庭や地域及び社会における生活の中から問題を見いだして解決策を構想し，実践を評価・改善して，新たな課題の解決に向かう過程を重視した学習の充実を図ること」（家庭科）
- 「情報に関する科学的な見方・考え方を働かせ，情報と情報技術を活用して問題を発見し主体的，協働的に制作や討論等を行うことを通して解決策を考えるなどの探究的な学習活動の充実を図ること」（情報科）
- 「生徒や学校，地域の実態等に応じて，生徒が数学的な見方・考え方や理科の見方・考え方を組み合わせるなどして働かせ，様々な事象や課題に向き合い，主体的に探究することができるよう創意工夫を生かした教育活動の充実を図ること」（理数科）
- 「生徒や学校，地域の実態等に応じて，生徒が探究の見方・考え方を働かせ，教科・科目等の枠を超えた横断的・総合的な学習や生徒の興味・関心等に基づく学習を行うなど創意工夫を生かした教育活動の充実を図ること」（総合的な探究の時間）
- 「よりよい人間関係の形成，よりよい集団生活の構築や社会への参画及び自己実現に資するよう，生徒が集団や社会の形成者としての見方・考え方を働かせ，様々な集団活動に自主的，実践的に取り組む中で，互いのよさや個性，多様な考えを認め合い，等しく合意形成に関わり役割を担うようにすることを重視すること」（特別活動）

こうした学習は，これまでも学習指導要領において重視してきたものであり，今回の改訂においては各教科・科目等又は各教科等において行われる学習活動の質を更に改善・充実させていくための視点として主体的・対話的で深い学びの視点を示している。

　前述のように，このような学びの質を高めるための授業改善の取組については，既に多くの実践が積み重ねられてきており，具体的な授業の在り方は，生徒の障害の状態や特性及び心身の発達の段階等及び学習課題等により様々である。単元や題材など内容や時間のまとまりを見通した学習を行うに当たり基礎となるような，基礎的・基本的な知識及び技能の習得に課題が見られる場合には，それを身に付けさせるために，生徒の学びを深めたり主体性を引き出したりといった工夫を重ねながら，確実な習得を図ることが求められる。生徒の実際の状況を踏

まえながら，資質・能力を育成するために多様な学習活動を組み合わせて授業を組み立てていくことが重要であり，例えば，高度な社会課題の解決だけを目指したり，そのための討論や対話といった学習活動を行ったりすることのみが主体的・対話的で深い学びではない点に留意が必要である。

(2) 言語環境の整備と言語活動の充実（第1章第2節第3款の1の(2)）

> (2) 第2款の2の(1)に示す言語能力の育成を図るため，各学校において必要な言語環境を整えるとともに，国語科を要としつつ各教科・科目等又は各教科等の特質に応じて，生徒の言語活動を充実すること。あわせて，(6)に示すとおり読書活動を充実すること。

　本項は，第1章第2節第2款の2の(1)において学習の基盤となる資質・能力として言語能力を育成することを示していることを受けて，教育課程の編成に当たり，各学校において学校生活全体における言語環境を整えるとともに，言語能力を育成する中核的な教科である国語科を要として，各教科・科目等又は各教科等の特質に応じた言語活動を充実すること，あわせて，言語能力を向上させる重要な活動である読書活動を充実させることを示している。

　平成21年の改訂においては，知識及び技能と思考力，判断力，表現力等をバランスよく育むため，基礎的・基本的な知識及び技能の習得とそれらを活用する学習活動やその成果を踏まえた探究活動を充実させることとし，これらの学習が全て言語により行われるものであることから，言語に関する能力の育成を重視して各教科・科目等又は各教科等における言語活動を充実させることとした。

　今回の改訂においても，言語は生徒の学習活動を支える重要な役割を果たすものであり，言語能力は全ての教科等における資質・能力の育成や学習の基盤となるものであると位置付けている。

　その上で，言語能力の育成を図るために，各学校において取組が求められる事項を示している。

　具体的には，言語環境を整えることである。生徒の言語活動は，生徒を取り巻く言語環境によって影響を受けることが大きいため，学校生活全体における言語環境を望ましい状態に整えておくことが大切である。学校生活全体における言語環境の整備としては，例えば，教師との関わりに関係することとして①教師は正しい言葉で話し，黒板などに正確で丁寧な文字を書くこと，②校内の掲示板やポスター，生徒に配布する印刷物において用語や文字を適正に使用すること，③校内放送において，適切な言葉を使って簡潔にわかりやすく話すこと，④より適切な話し言葉や文字が用いられている教材を使用すること，⑤教師と生徒，生徒相

互の話し言葉が適切に行われるような状況をつくること，⑥生徒が集団の中で安心して話ができるような教師と生徒，生徒相互の好ましい人間関係を築くことなどに留意する必要がある。なお，言語環境をはじめ学校教育活動を通じ，色のみによる識別に頼った表示方法をしないなどの配慮も必要である。

　次に，言語能力を育成する中核的な教科である国語科を要として各教科・科目等又は各教科等において言語活動の充実を図ることである。視覚障害者，聴覚障害者，肢体不自由者又は病弱者である生徒に対する特別支援学校において準ずることとしている高等学校学習指導要領の国語科では，「知識及び技能」や「思考力，判断力，表現力等」の資質・能力をどのような言語活動を通して育成するかを言語活動例として示している。また，各学科に共通する各教科においても，

- 「社会的な見方・考え方を働かせることをより一層重視する観点に立って，社会的事象の意味や意義，事象の特色や事象間の関連，社会に見られる課題などについて，考察したことや構想したことを論理的に説明したり，立場や根拠を明確にして議論したりするなどの言語活動に関わる学習を一層重視すること」（地理歴史科）
- 「社会的な見方・考え方を働かせることをより一層重視する観点に立って，社会的事象等の意味や意義，事象の特色や事象間の関連，現実社会に見られる課題などについて，考察したことや構想したことを論理的に説明したり，立場や根拠を明確にして議論したりするなどの言語活動に関わる学習を一層重視すること」（公民科）
- 「思考力，判断力，表現力等を育成するため，数学的な表現を用いて簡潔・明瞭・的確に表現したり，数学的な表現を解釈したり，互いに自分の考えを表現し伝え合ったりするなどの機会を設けること」（数学科）
- 「問題を見いだし観察，実験などを計画する学習活動，観察，実験などの結果を分析し解釈する学習活動，科学的な概念を使用して考えたり説明したりする学習活動などが充実するようにすること」（理科）
- 「言語能力を育成する言語活動を重視し，筋道を立てて練習や作戦について話し合ったり身振りや身体を使って動きの修正を図ったりする活動や，個人及び社会生活における健康の保持増進や回復について話し合う活動などを通して，コミュニケーション能力や論理的な思考力の育成を促し，自主的な学習活動の充実を図ること」（保健体育科）
- 「内容の「Ａ表現」及び「Ｂ鑑賞」の指導に当たっては，思考力，判断力，表現力等の育成を図るため，音や音楽及び言葉によるコミュニケーションを図り，芸術科音楽の特質に応じた言語活動を適切に位置付けられるよう指導を工夫する。なお，内容の「Ｂ鑑賞」の指導に当たっては，曲や演奏について根拠をもって批評する活動などを取り入れるようにする。」（芸術科

音楽）

- 「内容の「A表現」及び「B鑑賞」の指導に当たっては，芸術科美術の特質に応じて，発想や構想に関する資質・能力や鑑賞に関する資質・能力を育成する観点から，〔共通事項〕に示す事項を視点に，アイデアスケッチなどで構想を練ったり，言葉などで考えを整理したりすることや，作品について批評し合う活動などを取り入れるようにする。」（芸術科　美術）

- 「内容の「A表現」及び「B鑑賞」の指導に当たっては，芸術科工芸の特質に応じて，発想や構想に関する資質・能力や鑑賞に関する資質・能力を育成する観点から，〔共通事項〕に示す事項を視点に，アイデアスケッチなどで構想を練ったり，言葉などで考えを整理したりすることや，作品について批評し合う活動などを取り入れるようにする。」（芸術科　工芸）

- 「内容の「A表現」及び「B鑑賞」の指導に当たっては，思考力，判断力，表現力等の育成を図るため，芸術科書道の特質に応じた言語活動を適切に位置付けられるよう指導を工夫する。なお，内容の「B鑑賞」の指導に当たっては，作品について根拠をもって批評する活動などを取り入れるようにする。」（芸術科　書道）

- 「衣食住などの生活における様々な事象を言葉や概念などを用いて考察する活動，判断が必要な場面を設けて理由や根拠を論述したり適切な解決方法を探究したりする活動などを充実すること。」（家庭科）

- 「情報と情報技術を活用した問題の発見・解決を行う過程において，自らの考察や解釈，概念等を論理的に説明したり記述したりするなどの言語活動の充実を図ること。」（情報科）

- 「理数に関する学科においては，「理数探究基礎」及び「理数探究」の指導に当たり，観察，実験などの結果を分析し解釈して自らの考えを導き出し，それらを表現するなどの学習活動を充実すること。」（理数科）

知的障害者である生徒に対する特別支援学校における各教科については，例示として，

- 「問題を見いだし，予想や仮説，観察，実験などの方法について考えたり説明したりする学習活動，観察，実験の結果を整理し考察する学習活動，科学的な言葉や概念を使用して考えたり説明したりする学習活動などを重視すること」（理科　知的障害者である生徒に対する教育を行う特別支援学校における教科（以下「知的教科」という。））

- 「各段階の「B鑑賞」の指導に当たっては，気付いたり感じたりしたことを自分なりに体の動きや絵，言葉で表現できるよう指導を工夫すること」（音楽科　知的教科）

・ 「言語能力を育成する言語活動を重視し，筋道を立てて練習や作戦について話し合う活動や，個人生活における健康の保持増進や回復について話し合う活動などを通して，コミュニケーション能力や思考力の育成を促し，主体的な学習活動の充実を図ること」（保健体育科　知的教科）

・ 「2の各段階の内容の「B鑑賞」の指導に当たっては，作品等について説明したり，話し合ったりして，周りの人と共有できる機会を設けるようにすること」（美術科　知的教科）

など，それぞれの教科の特質に応じた言語活動の充実について記述されている。

また，外国語科においては，外国語によるコミュニケーションにおける見方・考え方を働かせ，外国語による聞くこと，読むこと，話すこと，書くことの言語活動及びこれらを結び付けた統合的な言語活動を通して，情報や考えなどを的確に理解したり適切に表現したり伝え合ったりするコミュニケーションを図る資質・能力を育成することを目指す。

さらに，総合的な探究の時間では「探究の過程においては，他者と協働して課題を解決しようとする学習活動や，言語により分析し，まとめたり表現したりするなどの学習活動が行われるようにすること」を，特別活動では「体験活動を通して気付いたことなどを振り返り，まとめたり，発表し合ったりするなどの事後の活動を充実すること」をそれぞれ重視している。

このように言語活動は，言語能力を育成するとともに，各教科・科目等又は各教科等の指導を通して育成を目指す資質・能力を身に付けるために充実を図るべき学習活動である。前述（本解説第2編第2部第1章第4節の1の(1)）のとおり，主体的・対話的で深い学びの実現に向けた授業改善を進めるに当たっては，単元や題材など内容や時間のまとまりを見通して，各教科・科目等又は各教科等の特質に応じた言語活動をどのような場面で，またどのような工夫を行い取り入れるかを考え，計画的・継続的に改善・充実を図ることが期待される。

また，読書は，多くの語彙や多様な表現を通して様々な世界に触れ，これを疑似的に体験したり知識を獲得したりして，新たな考え方に出合うことを可能にするものであり，言語能力を向上させる重要な活動の一つである。そのため，本項において，読書活動の充実について規定し，具体的な充実の在り方については，学校図書館等の活用と関連付けて第1章第2節第3款の1の(6)に規定している。

こうした，読書活動の充実や，前述の生徒の言語環境の整備のためにも，学校図書館の充実を図ることが重要である。

なお，各教科・科目等又は各教科等の特質に応じた言語活動等を充実させるためには，第2章第1節第2款に示されているとおり，視覚障害者，聴覚障害者，肢体不自由者又は病弱者である生徒に対する教育を行う特別支援学校ごとに必要とされる指導上の配慮事項を踏まえた上で，適切に指導する必要がある。また，

知的障害者である生徒に対する教育を行う特別支援学校においては，本解説第2編第2部第5章第6節に示されていることに留意し，適切に指導する必要がある。

(3) コンピュータ等や教材・教具の活用（第1章第2節第3款の1の(3)）

> (3) 第2款の2の(1)に示す情報活用能力の育成を図るため，各学校において，コンピュータや情報通信ネットワークなどの情報手段を活用するために必要な環境を整え，これらを適切に活用した学習活動の充実を図ること。また，各種の統計資料や新聞，視聴覚教材や教育機器などの教材・教具の適切な活用を図ること。

生徒に第1章第2節第2款の2の(1)に示す情報活用能力の育成を図るためには，各学校において，コンピュータや情報通信ネットワークなどの情報手段及びこれらを日常的・効果的に活用するために必要な環境を整えるとともに，各教科・科目等又は各教科等においてこれらを適切に活用した学習活動の充実を図ることが重要である。また，教師がこれらの情報手段に加えて，各種の統計資料や新聞，視聴覚教材や教育機器などの教材・教具を適切に活用することが重要である。

今日，コンピュータ等の情報技術は急激な進展を遂げ，人々の社会生活や日常生活に浸透し，スマートフォンやタブレットPC等に見られるように情報機器の使いやすさの向上も相まって，生徒が情報を活用したり発信したりする機会も増大している。情報技術は今後も飛躍的に進展し，常に新たな機器やサービスが生まれ社会に浸透していくこと，人々のあらゆる活動によって極めて膨大な情報（データ）が生み出され蓄積されていくことが予想される。このことにより，職業生活ばかりでなく，学校での学習や生涯学習，家庭生活，余暇生活など人々のあらゆる活動において，更には自然災害等の非常時においても，そうした機器やサービス，情報を適切に選択・活用していくことが不可欠な社会が到来しつつある。

そうした社会において，生徒が情報を主体的に捉えながら，何が重要かを主体的に考え，見いだした情報を活用しながら他者と協働し，新たな価値の創造に挑んでいけるようにするため，情報活用能力の育成が極めて重要となっている。第1章第2節第2款の2の(1)に示すとおり，情報活用能力は「学習の基盤となる資質・能力」であり，確実に身に付けさせる必要があるとともに，身に付けた情報活用能力を発揮することにより，各教科・科目等又は各教科等における主体的・対話的で深い学びへとつながっていくことが期待されるものである。今回の

改訂においては，コンピュータや情報通信ネットワークなどの情報手段の活用について，こうした情報活用能力の育成もそのねらいとするとともに，人々のあらゆる活動に今後一層浸透していく情報技術を，生徒が手段として学習や日常生活に活用できるようにするため，各教科・科目等又は各教科等においてこれらを適切に活用した学習活動の充実を図ることとしている。

　各教科・科目等又は各教科等の指導に当たっては，教師がこれらの情報手段のほか，各種の統計資料や新聞，デジタル教科書やデジタル教材，視聴覚教材や教育機器などの教材・教具の適切な活用を図ることも重要である。各教科・科目等又は各教科等における指導が，生徒の主体的・対話的で深い学びへとつながっていくようにするためには，必要な資料の選択が重要であり，とりわけ信頼性が高い情報や整理されている情報，正確な読み取りが必要な情報などを授業に活用していくことが必要であることから，今回の改訂において，各種の統計資料と新聞を特に例示している。これらの教材・教具を有効，適切に活用するためには，教師は機器の操作等に習熟するだけではなく，それぞれの教材・教具の特性を理解し，指導の効果を高める方法について絶えず研究することが求められる。なお，コンピュータや大型提示装置等で用いるデジタル教材は教師間での共有が容易であり，教材作成の効率化を図ることができるとともに，教師一人一人の得意分野を生かして教材を作成し共有して，更にその教材を用いた指導についても教師間で話し合い共有することにより，学校全体の指導の充実を図ることもできることから，こうした取組を積極的に進めることが期待される。

　特に，特別支援学校においては，生徒の学習を効果的に進めるため，生徒の障害の状態や特性及び心身の発達の段階等に応じてコンピュータ等の教材・教具を創意工夫するとともに，それらを活用しやすい学習環境を整えることも大切である。例えば，話し言葉や書き言葉による表現が難しかったり，辞書や辞典の活用が困難であったりする肢体不自由の生徒には，視聴覚教材やコンピュータなどの教育機器を適切に利用すること，弱視の生徒には障害の状態に合わせて，各種の弱視レンズや拡大教材映像装置，文字を拡大するソフトウェア等を活用したり，文字や図の拡大教材や書見台を利用したりすることなどの工夫が見られる。

　これらのコンピュータ等の教材・教具を有効，適切に活用するためには，教師はそれぞれの教材・教具の特性を理解し，指導の効果を高める方法について，絶えず研究するとともに，校内のICT環境の整備に努め，生徒も教師もいつでも使えるようにしておくことが重要である。

　第1章第2節第2款の2の(1)においては，「情報活用能力（情報モラルを含む。）」として，情報活用能力に情報モラルが含まれることを特に示している。携帯電話・スマートフォンやSNSが子供たちにも急速に普及するなかで，インターネット上での誹謗中傷やいじめ，インターネット上の犯罪や違法・有害情報の

問題の深刻化，インターネット利用の長時間化等を踏まえ，情報モラルについて指導することが一層重要となっている。

　情報モラルとは，「情報社会で適正な活動を行うための基になる考え方と態度」であり，具体的には，他者への影響を考え，人権，知的財産権など自他の権利を尊重し情報社会での行動に責任をもつことや，犯罪被害を含む危険の回避など情報を正しく安全に利用できること，コンピュータなどの情報機器の使用による健康との関わりを理解することなどである。このため，情報発信による他人や社会への影響について考えさせる学習活動，ネットワーク上のルールやマナーを守ることの意味について考えさせる学習活動，情報には自他の権利があることを考えさせる学習活動，情報には誤ったものや危険なものがあることを考えさせる学習活動，情報セキュリティの重要性とその具体的対策について考えさせる学習活動，健康を害するような行動について考えさせる学習活動などを通じて，生徒に情報モラルを確実に身に付けさせるようにすることが必要である。その際，情報の収集，判断，処理，発信など情報を活用する各場面での情報モラルについて学習させることが重要である。また，情報技術やサービスの変化，生徒のインターネットの使い方の変化に伴い，学校や教師はその実態や影響に係る最新の情報の入手に努め，それに基づいた適切な指導に配慮することが必要である。併せて，例えば，インターネット上に発信された情報は基本的には広く公開される可能性がある，どこかに記録が残り完全に消し去ることはできないといった，情報や情報技術の特性についての理解に基づく情報モラルを身に付けさせ，将来の新たな機器やサービス，あるいは危険の出現にも適切に対応できるようにすることが重要である。さらに，情報モラルに関する指導は，情報科や公民科，特別活動のみで実施するものではなく，各教科・科目等又は各教科等との連携や，更に生徒指導との連携も図りながら実施することが重要である。

　情報手段を活用した学習活動を充実するためには，国において示す整備指針等を踏まえつつ，校内のICT環境の整備に努め，生徒も教師もいつでも使えるようにしておくことが重要である。すなわち，学習者用コンピュータのみならず，例えば，大型提示装置を各普通教室と特別教室に常設する，安定的に稼働するネットワーク環境を確保するなど，学校と設置者とが連携して，情報機器を適切に活用した学習活動の充実に向けた整備を進めるとともに，教室内での配置等も工夫して，生徒や教師が情報機器の操作に手間取ったり時間がかかったりすることなく活用できるよう工夫することにより，日常的に活用できるようにする必要がある。

　さらに，生徒が安心して情報手段を活用できるよう，情報機器にフィルタリング機能の措置を講じたり，個人情報の漏えい等の情報セキュリティ事故が生じることのないよう，学校において取り得る対策を十全に講じたりすることなどが必

要である。

　加えて，情報活用能力の育成や情報手段の活用を進める上では，地域の人々や民間企業等と連携し協力を得ることが特に有効であり，学校外の人的・物的資源の適切かつ効果的な活用に配慮することも必要である。

(4) 見通しを立てたり，振り返ったりする学習活動（第1章第2節第3款の1の(4)）

> (4) 生徒が学習の見通しを立てたり学習したことを振り返ったりする活動を，計画的に取り入れるよう工夫すること。

　本項は，生徒が自主的に学ぶ態度を育み，学習意欲の向上に資する観点から，各教科・科目等又は各教科等の指導に当たり，生徒が学習の見通しを立てたり学習したことを振り返ったりする活動を計画的に取り入れるように工夫することが重要であることを示している。

　本項は，教育基本法第6条第2項（「教育を受ける者が，学校生活を営む上で必要な規律を重んずるとともに，自ら進んで学習に取り組む意欲を高めることを重視して行われなければならない」）及び学校教育法第30条第2項（「主体的に学習に取り組む態度を養うことに，特に意を用いなければならない」）を踏まえ，生徒の学習意欲の向上を重視する観点から設けられたものである。

　今回の改訂においても，引き続き生徒の学習意欲の向上を重視しており，主体的・対話的で深い学びの実現に向けた授業改善を進めるに当たっては，特に主体的な学びとの関係からは，生徒が学ぶことに興味や関心をもち，自己のキャリア形成の方向性と関連付けながら，見通しをもって粘り強く取り組み，自己の学習活動を振り返って次につなげることが重要になることから，各教科・科目等又は各教科等の指導に当たり，本項の規定を踏まえる必要がある。

　具体的には，例えば，各教科・科目等又は各教科等の指導に当たっては，生徒が学習の見通しを立てたり，生徒が当該授業で学習した内容を振り返る機会を設けたりといった取組の充実や，生徒が家庭において学習の見通しを立てて予習をしたり学習した内容を振り返って復習したりする習慣の確立などを図ることが重要である。これらの指導を通じ，生徒の学習意欲が向上するとともに，生徒が学習している事項について，事前に見通しを立てたり，事後に振り返ったりすることで学習内容の確実な定着が図られ，各教科・科目等又は各教科等で目指す資質・能力の育成にも資するものと考えられる。

(5) 体験活動（第1章第2節第3款の1の(5)）

> (5) 生徒が生命の有限性や自然の大切さ，主体的に挑戦してみることや多様な他者と協働することの重要性などを実感しながら理解することができるよう，各教科・科目等又は各教科等の特質に応じた体験活動を重視し，家庭や地域社会と連携しつつ体系的・継続的に実施できるよう工夫すること。

社会構造等の急速な変化による予測困難な時代にあって，また，少子高齢化等が進み成熟社会を迎えている我が国において，これからの学校教育には，生徒に知・徳・体のバランスのとれた資質・能力を育成することが一層重要となっている。

資質・能力を偏りなく育成していくに当たり，「学びに向かう力，人間性等」を育む観点からは，体験活動の充実が重要である。「学びに向かう力，人間性等」は「知識及び技能」，「思考力，判断力，表現力等」をどのような方向性で働かせていくのかを決定付ける重要な要素であることから，本項において，各教科・科目等又は各教科等の特質に応じた体験活動を重視し，家庭や地域社会と連携しつつ体系的・継続的に実施できるよう工夫することを示している。

生徒を取り巻く地域や家庭の環境，情報環境等が劇的に変化し，生徒が自然の中で豊かな体験をしたり，文化芸術を体験して感性を高めたりする機会が限られているとの指摘がされている。それにより，例えば生命の有限性を実感することや異年齢の幼児児童生徒が協働する経験が少なくなり，現実的には学校教育は生徒がそうした経験をすることができる数少ない場となっている。

平成21年の改訂において，体験活動は言語活動とともに重要なものとして位置付けられたが，今回の改訂においては，前述の生徒を取り巻く環境等を踏まえ，生徒が生命の有限性や自然の大切さ，主体的に挑戦してみることや多様な他者と協働することの重要性などを実感しながら理解することができるようにすることを重視し，集団の中で体系的・継続的な活動を行うことのできる学校の場を生かして，地域・家庭と連携・協働して，体験活動の機会を確保していくことを示している。

学校において体系的・継続的に体験活動を実施していくためには，各教科・科目等又は各教科等の特質に応じて教育課程を編成していくことが必要である。

また，体験活動を継続的に実施していくためには，その時間の確保も課題となる。この点では，各教科・科目等又は各教科等の指導に当たり，各教科・科目等又は各教科等の特質に応じた体験を伴う学習の時間を確保するだけでなく，生徒が生命の有限性や自然の大切さ，主体的に挑戦してみることや多様な他者と協働

することの重要性などを実感しながら理解することができるよう，各教科・科目等又は各教科等の特質に応じた体験活動を重視しなければならない。例えば，就業体験活動や他の人々や社会のために役立ち自分自身を高めることができるボランティア活動，自然のすばらしさを味わい自然や動植物を愛護する心を育てることができる自然体験活動，地域の一員として社会参画の意欲を高めることができる地域の行事への参加などにおいて，各教科・科目等又は各教科等の内容に関わる体験を伴う学習や探究的な活動が効果的に展開できると期待される場合，各教科・科目等又は各教科等の学習を含む計画を立て，授業時数に含めて扱う柔軟な年間指導計画を作成するなど，学校の教育活動の全体を通して体験活動の機会の充実を図る工夫をすることも考えられる。このように，各教科・科目等又は各教科等の特質やその関連を踏まえ，生徒の様々な学習機会がより効果的なものとなるようにしていくことが，カリキュラム・マネジメントの重要な視点である。

なお，このような体験活動を効果的に実施していくためには，その意義や効果について家庭や地域と共有し，連携・協働することが重要である。また，これらの学習を展開するに当たっては，学習の内容と生徒の発達の段階に応じて安全への配慮を十分に行わなければならない。

(6) 学校図書館，地域の公共施設の利活用（第1章第2節第3款の1の(6)）

> (6) 学校図書館を計画的に利用しその機能の活用を図り，生徒の主体的・対話的で深い学びの実現に向けた授業改善に生かすとともに，生徒の自主的，自発的な学習活動や読書活動を充実すること。また，地域の図書館や博物館，美術館，劇場，音楽堂等の施設の活用を積極的に図り，資料を活用した情報の収集や鑑賞等の学習活動を充実すること。

学校図書館については，学校教育において欠くことのできない基礎的な設備であり，①生徒の想像力を培い，学習に対する興味・関心等を呼び起こし，豊かな心や人間性，教養，創造力等を育む自由な読書活動や読書指導の場である「読書センター」としての機能，②生徒の自主的・自発的かつ協働的な学習活動を支援したり，授業の内容を豊かにしてその理解を深めたりする「学習センター」としての機能，③生徒や教職員の情報ニーズに対応したり，生徒の情報の収集・選択・活用能力を育成したりする「情報センター」としての機能を有している。

また，これからの学校図書館には，読書活動の推進のために利活用されることに加え，調べ学習や新聞を活用した学習など，各教科・科目等又は各教科等の様々な授業で活用されることにより，学校における言語活動や探究活動の場となり，主体的・対話的で深い学びの実現に向けた授業改善に資する役割が一層期待

171

されている。

　学校においては，このような学校図書館に期待されている役割が最大限に発揮できるようにすることが重要であり，学校図書館が，生徒が落ち着いて読書を行うことができる，安らぎのある環境や知的好奇心を醸成する開かれた学びの場としての環境として整えられるよう努めることが大切である。また，各教科・科目等又は各教科等において，学校図書館の機能を計画的に利活用し，生徒の自主的・自発的な学習活動や読書活動を充実するよう努めることが大切である。その際，各教科・科目等又は各教科等を横断的に捉え，学校図書館の利活用を基にした情報活用能力を学校全体として計画的かつ体系的に指導するよう努めることが望まれる。さらに，教育課程との関連を踏まえた学校図書館の利用指導・読書指導・情報活用に関する各種指導計画等に基づき，計画的・継続的に学校図書館の利活用が図られるよう努めることが大切である。

　こういった学校図書館の利活用を進めるに当たって，学校図書館における図書館資料の充実と，学校図書館の運営等に当たる司書教諭及び学校司書の配置の充実やその資質・能力の向上の双方を図ることが大切である。図書館資料については，図書資料のほか，雑誌，新聞，視聴覚資料，電子資料（各種記録媒体に記録・保存された資料，ネットワーク情報資源（ネットワークを介して得られる情報コンテンツ）等）等の図書以外の資料が含まれており，これらの資料について，生徒の発達の段階等を踏まえ，教育課程の展開に寄与するとともに，生徒の健全な教養の育成に資する資料構成と十分な資料規模を備えるよう努めることが大切である。また，司書教諭及び学校司書については，学校図書館がその機能を十分に発揮できるよう，学校図書館の館長としての役割も担う校長のリーダーシップの下，各者がそれぞれの立場で求められている役割を果たした上で，互いに連携・協力し，組織的に取り組むよう努めることが大切である。

　主体的・対話的で深い学びの実現に向けた授業改善を進めるに当たっては，学校図書館の活用に加えて，資料調査や本物の芸術に触れる鑑賞の活動等を充実させるため，地域の図書館，博物館，美術館，劇場，音楽堂等の施設を積極的に活用することも重要である。なお，本項においては「劇場，音楽堂等の活性化に関する法律」（平成24年法律第49号）を踏まえ「劇場，音楽堂等」としているが，こうした公共の施設の名称や施設が有する機能は地域によって多様であるため，ここに規定する施設に限らず生徒の学習の充実に資する観点から幅広く活用を図ることが期待される。

> 2　障害のため通学して教育を受けることが困難な生徒に対して，教師を
> 派遣して教育を行う場合については，障害の状態や学習環境等に応じて，
> 指導方法や指導体制を工夫し，学習活動が効果的に行われるようにする
> こと。

　生徒の障害は，重度・重複化，多様化しており，「障害のため通学して教育を
受けることが困難な生徒に対して，教員を派遣して教育を行う場合」（訪問教
育）は，障害の状態や学習環境等に応じ，指導内容や指導方法及び指導体制を工
夫し，効果的な指導を一層推進する必要がある。

　訪問教育は，授業時数が限られ，生徒の体調も変化しやすいことから，生徒の
もてる力を最大限に引き出すためには指導内容の一層の精選が必要となる。ま
た，生徒の障害の状態や訪問先（家庭，児童福祉施設，医療機関等）は様々であ
り，学校での指導方法をそのまま実践することが難しい場合がある。このため，
訪問教育を実施する際は，一人一人の生徒の障害の状態や特性及び心身の発達の
段階等，学習時間，学習する場所等に応じて，指導内容，指導方法及び指導体制
を工夫し，学習活動が効果的に行われるようにする必要がある。

　指導内容及び方法の工夫としては，例えば，生徒の治療上又は健康上の理由や
学習する場所などによって，指導時間や教材・教具等が制限される場合があるこ
とから，これらの状況等に応じ，各教科・科目等又は各教科等の指導内容の精選
を行うとともに，個々の生徒の実態や学習環境に応じた教材・教具を活用するこ
とが重要である。

　また，訪問教育の対象となる生徒は，集団への参加や友達との関わりが少なく
なるなどの課題がある。そのため，例えば，コンピュータや情報通信ネットワー
ク等を活用するなどして，間接的に関わり合う機会を設けることも考えられる。

　指導体制の工夫としては，訪問教育の担当者だけでなく，学校全体で訪問教育
を充実させるよう，校内体制を整備することが大切である。例えば，指導内容に
応じて他の専門的な知識や技能を有する教師と連携して訪問教育を進めたり，訪
問教育の生徒が登校する際に他の教職員と協力したりすることなどが考えられ
る。

　また，訪問教育を効果的に行うためには，家族や福祉施設，医療機関の職員な
ど，生徒の生活を支える関係者の理解や協力が欠かせない。そのため，日頃から
これらの関係者との連携を図ることが大切である。

　訪問教育における教育課程を編成するに当たっては，個々の生徒の障害の状態

第4節
教育課程の実
施と学習評価

等に応じた弾力的な教育課程を編成（第1章第2節第8款の5）することが可能となっており，これらの規定を活用することも含めて教育内容の選択や指導時間確保のための工夫をすることが大切である。

● 3　学習評価の充実

(1) 指導の評価と改善（第1章第2節第3款の3の(1)）

> 　3　学習評価の充実
> 　　学習評価の実施に当たっては，次の事項に配慮するものとする。
> （1）生徒のよい点や可能性，進歩の状況などを積極的に評価し，学習したことの意義や価値を実感できるようにすること。また，各教科・科目等又は各教科等の目標の実現に向けた学習状況を把握する観点から，単元や題材など内容や時間のまとまりを見通しながら評価の場面や方法を工夫して，学習の過程や成果を評価し，指導の改善や学習意欲の向上を図り，資質・能力の育成に生かすようにすること。

　「3学習評価の充実」については，学習評価の実施に当たっての配慮事項を示している。

　学習評価は，学校における教育活動に関し，生徒の学習状況を評価するものである。「生徒にどういった力が身に付いたか」という学習の成果を的確に捉え，教師が指導の改善を図るとともに，生徒自身が自らの学習を振り返って次の学習に向かうことができるようにするためにも，学習評価の在り方は重要であり，教育課程や学習・指導方法の改善と一貫性のある取組を進めることが求められる。

　評価に当たっては，いわゆる評価のための評価に終わることなく，教師が生徒のよい点や進歩の状況などを積極的に評価し，生徒が学習したことの意義や価値を実感できるようにすることで，自分自身の目標や課題をもって学習を進めていけるように，評価を行うことが大切である。

　実際の評価においては，各教科・科目等又は各教科等の目標の実現に向けた学習の状況を把握するために，指導内容や生徒の特性に応じて，単元や題材など内容や時間のまとまりを見通しながら評価の場面や方法を工夫し，学習の過程の適切な場面で評価を行う必要がある。その際には，学習の成果だけでなく，学習の過程を一層重視することが大切である。特に，他者との比較ではなく生徒一人一人のもつよい点や可能性などの多様な側面，進歩の様子などを把握し，学年や学期にわたって生徒がどれだけ成長したかという視点を大切にすることも重要である。

また，日頃の学習活動を通じて，生徒一人一人のよい点や可能性を積極的に評価し，生徒の主体性や意欲を高めるようにすることが重要である。例えば，障害により，音声や文字による表現の難しい生徒であっても，身体のかすかな動きや視線の変化などによって，自分の気持ちや考えを表現することができることがある。このような生徒が，身体の動きや視線の変化などによって，コンピュータ等を操作できるようになれば，文章作成や描画等が可能になり，情報通信ネットワークを活用して多くの人に対して自分の考えを伝えたり作品を発表したりしていくことが期待できる。したがって，障害のある生徒の評価に当たっては，現在の学習状況について一面的に把握するだけでなく，多面的に他の可能性についても常に検討してみることが大切である。

　また，障害の特性により，物の位置や配列などの細かな差異に強いこだわりを示す生徒の場合，例えば，保管棚の決められた場所に，指示に従って特定の品物を入れたり，コンピュータを使って，文章の入力を行ったりする作業を正確に行うことができる力があることに気付かされることがある。さらに，これらの作業が速く正確にできることを産業現場等における実習で評価され，就労につながる場合もある。特性を生かした指導内容・方法を工夫することにより，生徒の主体的な学習を促進するとともに，適性に応じた進路選択につなげていくことが考えられる。

　教師による評価とともに，生徒による学習活動としての相互評価や自己評価などを工夫することも大切である。相互評価や自己評価は，生徒自身の学習意欲の向上にもつながることから重視する必要がある。

　今回の改訂では，各教科・科目等又は各教科等の目標を資質・能力の三つの柱で再整理しており，平成28年12月の中央教育審議会答申において，目標に準拠した評価を推進するため，観点別評価について，「知識・技能」，「思考・判断・表現」，「主体的に学習に取り組む態度」の3観点に整理することが提言されている。

　その際，ここでいう「知識」には，個別の事実的な知識のみではなく，それらが相互に関連付けられ，更に社会の中で生きて働く知識となるものが含まれている点に留意が必要である。

　また，資質・能力の三つの柱の一つである「学びに向かう力，人間性等」には①「主体的に学習に取り組む態度」として観点別評価（学習状況を分析的に捉える）を通じて見取ることができる部分と，②観点別評価や評定にはなじまず，こうした評価では示しきれないことから個人内評価（個人のよい点や可能性，進歩の状況について評価する）を通じて見取る部分があることにも留意する必要がある。

　このような資質・能力のバランスのとれた学習評価を行っていくためには，指

導と評価の一体化を図る中で，論述やレポートの作成，発表，グループでの話合い，作品の制作等といった多様な活動を評価の対象とし，ペーパーテストの結果にとどまらない，多面的・多角的な評価を行っていくことが必要である。

(2) 個別の指導計画に基づく評価（第1章第2節第3款の3の(2)）

> (2) 各教科・科目等又は各教科等の指導に当たっては，個別の指導計画に基づいて行われた学習状況や結果を適切に評価し，指導目標や指導内容，指導方法の改善に努め，より効果的な指導ができるようにすること。

本項は，第1章第2節第2款の3の(5)のイにおいて示した個別の指導計画の作成と実施に対する学習評価の実施に当たっての配慮事項を示している。

個別の指導計画は，生徒の実態を把握した上で作成され，その個別の指導計画に基づいて各教科・科目等又は各教科等の指導が行われるが，生徒にとって適切な計画であるかどうかは，実際の指導を通して明らかになるものである。したがって，計画（Plan）－実践（Do）－評価（Check）－改善（Action）のサイクルにおいて，学習状況や結果を適宜，適切に評価を行うことが大切である。

さらに，その評価の結果，指導目標，指導内容，指導方法のどこに課題があり，効果的な指導をできるようにするために，何を，どのように改善していくのかを明確にする必要がある。

そこで，今回の改訂では，「個別の指導計画に基づいて行われた学習状況や結果を適切に評価し，指導の改善に努めること」を「個別の指導計画に基づいて行われた学習状況や結果を適切に評価し，指導目標や指導内容，指導方法の改善に努め，より効果的な指導ができるようにすること」と改善した。

個々の生徒の学習状況等の評価の結果，個別の指導計画で設定した指導目標を達成できていなかった場合，個々の生徒の実態からみて，設定した指導目標が高すぎたり，指導目標は適切であったが，その指導目標を達成するための指導内容や指導方法が適切でなかったりなどの場合が考えられる。また，指導目標，指導内容，指導方法に一貫性がないなどの場合も考えられよう。これらのように課題が明らかになれば，その課題の背景や要因を踏まえて，改善を図る必要がある。

評価と改善の時期としては，授業ごとに行う場合もあれば，週，月，学期などの期間を設定して行う場合も考えられる。また，軽微な課題であればすぐに改善できるものもあるが，比較的長期の見通しの下に改善の努力をしなければならないものもある。また，個々の部分修正にとどまるものもあれば，全体修正を必要とするものもある。

また，このように個別の指導計画に基づいて生徒に何が身に付いたかという学

習の成果を的確に捉え，第1章第2節第1款の5に示す個別の指導計画の実施状況の評価と改善を，教育課程の評価と改善につなげていくよう工夫することが大切になってくる。例えば，第1章第2節第2款の3の(5)のアの(ア)に示すとおり，学校としてすでに十分な実践経験が蓄積され，毎年実施する価値のある単元計画が存在する場合でも，改めて目の前の生徒の個別の指導計画の実施状況の評価を踏まえ，学習集団を構成する生徒一人一人が達成した指導目標や指導内容等を集約し，学習集団に対して作成される年間指導計画等の単元や題材など内容や時間のまとまりなどについて検討する仕組みを工夫することが大切になってくる。つまり，各授業や個別の指導計画の計画（Plan）－実践（Do）－評価（Check）－改善（Action）のサイクルの中で蓄積される生徒一人一人の学習評価に基づき，教育課程の評価・改善に臨むカリキュラム・マネジメントを実現する視点が重要である。

(3) 学習評価に関する工夫（第1章第2節第3款の3の(3)）

> (3) 創意工夫の中で学習評価の妥当性や信頼性が高められるよう，組織的かつ計画的な取組を推進するとともに，学年や学部段階を越えて生徒の学習の成果が円滑に接続されるように工夫すること。

　学習評価の実施に当たっては，評価結果が評価の対象である生徒の資質・能力を適切に反映しているものであるという学習評価の妥当性や信頼性が確保されていることが重要である。また，学習評価は生徒の学習状況の把握を通して，指導の改善に生かしていくことが重要であり，学習評価を授業改善や組織運営の改善に向けた学校教育全体の取組に位置付けて組織的かつ計画的に取り組むことが必要である。

　このため，学習評価の妥当性や信頼性が高められるよう，例えば，評価規準や評価方法等を明確にすること，評価結果について教師同士で検討すること，実践事例を蓄積し共有していくこと，授業研究等を通じ評価に係る教師の力量の向上を図ることなどに，学校として組織的かつ計画的に取り組むことが大切である。さらに，学校が保護者に，評価に関する仕組みについて事前に説明したり，評価結果についてより丁寧に説明したりするなどして，評価に関する情報をより積極的に提供し保護者の理解を図ることも信頼性の向上の観点から重要である。

　また，学年や学校段階を越えて生徒の学習の成果が円滑に接続されるようにすることは，学習評価の結果をその後の指導に生かすことに加えて，生徒自身が成長や今後の課題を実感できるようにする観点からも重要なことである。

　このため，学年間で生徒の学習の成果が共有され円滑な接続につながるよう，

指導要録への適切な記載や学校全体で一貫した方針の下で学習評価に取り組むことが大切である。

　さらに，今回の改訂は学部間並びに学校間の接続も重視しており，進学時に生徒の学習評価がより適切に引き継がれるよう努めていくことが重要である。例えば，法令の定めに基づく指導要録の写し等の適切な送付に加えて，今回の改訂では，特別活動の指導に当たり，学校，家庭及び地域における学習や生活の見通しを立て，学んだことを振り返りながら，新たな学習や生活への意欲につなげたり，将来の在り方生き方を考えたりする活動を行うこととし，その際，生徒が活動を記録し蓄積する教材等を活用することとしており（高等学校学習指導要領第5章第2の〔ホームルーム活動〕の3の(2)），そうした教材を学校段階や学部段階を越えて活用することで生徒の学習の成果を円滑に接続させることが考えられる。

1　視覚障害者,聴覚障害者,肢体不自由者又は病弱者である生徒に対する教育を行う特別支援学校

(1) 各教科・科目及び総合的な探究の時間の単位の修得の認定（第1章第2節第4款の1の (1)）

第4款　単位の修得及び卒業の認定

1　視覚障害者，聴覚障害者，肢体不自由者又は病弱者である生徒に対する教育を行う特別支援学校
(1) 各教科・科目及び総合的な探究の時間の単位の修得の認定
ア　学校においては，生徒が学校の定める指導計画に従って各教科・科目を履修し，その成果が各教科及び科目の目標からみて満足できると認められる場合には，その各教科・科目について履修した単位を修得したことを認定しなければならない。
イ　学校においては，生徒が学校の定める指導計画に従って総合的な探究の時間を履修し，その成果が第4章において準ずるものとしている高等学校学習指導要領第4章第2の1に基づき定められる目標からみて満足できると認められる場合には，総合的な探究の時間について履修した単位を修得したことを認定しなければならない。
ウ　学校においては，生徒が1科目又は総合的な探究の時間を2以上の年次にわたって履修したときは，各年次ごとにその各教科・科目又は総合的な探究の時間について履修した単位を修得したことを認定することを原則とする。また，単位の修得の認定を学期の区分ごとに行うことができる。

---

① 単位の修得の認定

　学校においては，学習指導要領の定めるところに従い，履修させるべき各教科・科目とその単位数を定め，その単位数に相応して指導計画を立てるなどして授業を行う。生徒はこれによって各教科・科目を履修し，その成果が各教科・科目の目標に照らして満足できると認められた場合は，通常年度末においてその各教科・科目について所定の単位を修得したことが認定される（第1章第2節第4款の1の (1) のア）。

　単位の修得の認定は，学校が行うことになっている。これは教師が行う平素

の成績の評価に基づいて，最終的に校長が行うということである。したがって，評価の在り方について，教師間の共通理解を図ることが必要であり，また，校長は，教師に対し平素から評価の仕方などについて十分指導し，全体として適切な評価が行われるようにしなければならない。

② 総合的な探究の時間の単位の認定

総合的な探究の時間の単位の認定の要件についても，各教科・科目と基本的に同様である（第1章第2節第4款の1の(1)のイ）。すなわち，第一に，生徒が学校の定める指導計画に従って学習活動を行うこと，第二に，その学習活動の成果が総合的な探究の時間の目標に照らして満足できると認められることが，単位の修得の認定の要件となる。単位の修得の認定に当たっては，各教科・科目と同様，総合的な探究の時間における学習活動を2以上の年次にわたって行ったときには各年次ごとに単位の修得を認定することが原則である。また，学期の区分ごとに単位の修得を認定することもできる。

③ 教科・科目の単位数の配当

各教科・科目の単位数を配当する場合，ある年次で各教科・科目に配当した単位数全部の履修を完結する場合もあるし，2以上の年次にわたって分割して履修する場合もある。2以上の年次にわたって分割履修する場合には，原則として，年次ごとにその各教科・科目について履修した単位を修得したことを認定することとなる（第1章第2節第4款の1の(1)のウ）。この場合，それぞれの年次では，当該各教科・科目の一部の単位数を修得できるにすぎず，当該各教科・科目に配当された全部の単位数を修得することによってはじめて当該各教科・科目を修得したこととなる。また，あらかじめ計画して，各教科・科目の内容を学期の区分に応じて単位ごとに分割して指導することもできる（第1章第2節第2款の3の(4)のウ）が，この場合の単位の修得の認定は，年度終了時に行うことも，第1章第2節第4款の1の(1)のウの後段により，学期の区分ごとに行うことも可能である。

2以上の年次にわたって各教科・科目等を履修する場合の基本的な扱いは，従前と同様であるが，例えば，特定の年度における授業時数は1単位（35単位時間）に満たないが，次年度に連続して同一の科目を設定するような場合などにおいて，2以上の年次にわたる授業時数を合算して単位の認定を行うことも可能とするため，単位認定は年次ごとに行うことを「原則とする」とされている。

なお，修得を卒業の要件と学校が定めている各教科・科目については，たとえその一部分の単位を分割履修し，修得してもそれをもってその各教科・科目

の修得とすることはできず，したがって，卒業の要件を満たすことはできない。しかし，当該各教科・科目の修得が卒業の要件とされていない場合は，認定された一部分の単位はそれ自体，修得した単位数としてそれぞれの学校で定める卒業に必要な単位数の中に含めて取り扱うことが可能である。

　また，学校においては，学習指導要領で標準単位数が定められている各教科・科目について，標準の幅の範囲内で，標準単位数を下回って単位数を配当することもあり得る。この場合，学校は各教科・科目の目標や教育的な配慮に基づく適切な単位数を配当する必要があるが，学校が定めた単位数を修得すればその各教科・科目を修得したと認めることができる。

　第1章第2節第4款の1の(1)のウが適用されるのは，既に述べたように，各教科・科目の内容を学期の区分に応じて単位ごとに分割して指導する場合のほか，特定の各教科・科目の授業を特定の学期に行う場合や，特定の教科・科目の授業を特定の期間に集中的に行う場合（第1章第2節第2款の3の(1)のウの(ア)），学校間連携や学校外活動の単位認定などにより，特定の教科・科目の一部又は全部を特定の学期に履修する場合などが考えられる。このような場合に，各教科・科目の単位の修得の認定を当該学期末に行うことを可能としたものであるが，これらの場合であってもその単位の修得認定を年度末に行うことも可能である。

④　修得を認定された単位の取扱い

　高等部在学中に単位の修得を認定された各教科・科目については，原則としてそれを再び履修し修得する必要はない。なお，特別支援学校相互間に共通して有効であり，転学や転籍の際には，それまでに習得した単位に応じて，相当学年に転入させることができる。（学校教育法施行規則第135条第5項において準用する第92条第2項）。

　なお，高等学校卒業程度認定試験を受験する場合においては，高等部又は高等学校において，各試験科目に相当する科目を修得した生徒については，その願い出により，当該試験科目について受験が免除される（高等学校卒業程度認定試験規則第5条）。

⑤　単位の修得の認定と卒業の認定

　ある学年においてある各教科・科目の単位の修得が認められなかった生徒について，当該生徒を一応進級させた上で次の学年で十分指導し，例えば次の学年の1学期末に追試験を行い当該学期末に単位の修得を認定することなども考えられる。

　しかし，この規定は，例えば，最終学年で修得できなかった各教科・科目の

単位認定を翌年度の１学期末に行い，その時点で卒業を認めるということを許容するものではない。学年は４月１日に始まり翌年の３月31日に終わることが原則である（学校教育法施行規則第135条第１項において準用する第59条）ことから，校長が全課程の修了を認定する時期も３月末が適当であり，上述のような学年途中における卒業は許されない。ただし，留学に係る場合（同施行規則第135条第１項において準用する第93条第３項）や帰国生徒・外国人留学生が学期の区分に従い入学・卒業する場合（同施行規則第135条第５項において準用する第104条第３項）は，それぞれの学校教育法施行規則の定めによるものであり，学年の途中又は学期の区分に従い卒業が認められるが，この項の定める学期の区分による単位修得の認定の規定によるものではない。

(2) 卒業までに修得させる単位数（第１章第２節第４款の１の(2)）

> (2) 卒業までに修得させる単位数
>
> 　学校においては，卒業までに修得させる単位数を定め，校長は，当該単位数を修得した者で，特別活動及び自立活動の成果がそれらの目標からみて満足できると認められるものについて，高等部の全課程の修了を認定するものとする。この場合，卒業までに修得させる単位数は，74単位（自立活動の授業については，授業時数を単位数に換算して，この単位数に含めることができる。）以上とする。なお，普通科においては，卒業までに修得させる単位数に含めることができる学校設定科目及び学校設定教科に関する科目に係る修得単位数は，合わせて20単位を超えることができない。

① 卒業までに修得させる単位数

　ここでは，卒業までに修得させる単位数を学校において定めるべきことを示している。学校においては，卒業までに修得すべき単位数を定めなければならないが，卒業までに修得すべき各教科・科目について定めることまでは求められていない。

　第１章第２節第２款の３の(1)のアの(ア)は，「卒業までに履修させる」単位数等についての規定であるが，本項は「卒業までに修得させる」単位数についての規定である。「修得」とは，各教科・科目又は総合的な探究の時間を履修することにより，それらの目標からみて満足できる成果をあげることである。

　ところで，第１章第２節第２款の３の(1)のアの(イ)に掲げる必履修教科・科目及び総合的な探究の時間（以下「必履修教科・科目等」という。）の単位

数については，卒業までに履修させる各教科・科目等の単位数に含めることが求められている（第1章第2節第2款の3の(1)のアの(ア)）が，ここではそのような定めはなく，国の基準上は，卒業までに修得させる単位数の中に，必履修教科・科目等の単位数を含めるべきこととはされていない。すなわち，生徒は必ず必履修教科・科目等を履修しなければならないが，学校がそれらの単位を修得すべきものと定めていない場合には，それらの履修の成果が単位修得に至らなくても，再度修得を目指して履修することは求められない。

次に，卒業までに修得させる単位数については，従前と同様，74単位以上としている。これは，各学校で卒業に必要な修得単位数を具体的に規定するに当たって，74単位を下回ってはならないという最低必要要件を定めたものである。したがって，学校が74単位を上回る単位数を定めることは可能である。なお，自立活動の授業については，1単位を50分とし，35単位の授業を1単位として計算することを標準として，この単位数に含めることができる。

また，卒業までに修得させる各教科・科目については，転学など特別の事情のある場合を考慮し，その履修や修得について弾力的な取扱いができるような配慮をしておくことが大切である。

また，普通科においては，学校設定科目及び学校設定教科に関する科目を履修し，修得した場合，その単位数を合わせて20単位まで卒業に必要な単位数に含めることができることとしているが，専門学科についてはこのような制限は設けられていない（第1章第2節第4款の1の(2)）。

② 卒業の認定

校長は，学校があらかじめ定めた卒業までに修得すべき単位数を修得した者で，特別活動及び自立活動を履修しその成果がその目標からみて満足できると認められる生徒について，全課程の修了を認定する（第1章第2節第4款の1の(2)）。学校があらかじめ卒業までに修得すべき各教科・科目についても定めている場合には，その定められた各教科・科目及びその単位数を修得する必要がある。同様に総合的な探究の時間についても，学校が修得すべきことを定めている場合には，その単位数を修得しなければならない。

なお，以上のことについては，学校において卒業を認めるに当たっては，生徒の平素の成績を評価して，これを定めなければならないこととされている（学校教育法施行規則第135条第2項において準用する第57条）。

また，校長は，全課程を修了したと認めた者に卒業証書を授与することとされている（同施行規則第135条第2項において準用する第58条）。

(3) 各学年の課程の修了の認定（第1章第2節第4款の1の(3)）

> (3) 各学年の課程の修了の認定
>
> 　学校においては，各学年の課程の修了の認定については，単位制が併用されていることを踏まえ，弾力的に行うよう配慮するものとする。

　高等部においては，各学年の課程の修了の認定を行うこととされている（学校教育法施行規則第135条第2項において準用する第57条）。この規定は，いわゆる学年制をとる高等部においても単位制が採用され，修得した各教科・科目，総合的な探究の時間及び自立活動の単位数の合計が卒業までに必要な単位数を上回った場合に全課程の修了を認定することとしていることも考慮し，各学年の課程の修了の認定を弾力的に行うよう配慮することを求めているものである。

　学年制を厳格に運用すると，当該学年で修得すべきとされる科目が未修得の場合には，たとえそれが1科目でも上級学年への進級が認められず，原級留置とされてしまう。あまりに厳格すぎる学年制の運用は，多様化している生徒の実態を踏まえ，生徒一人一人の個人差に応じ，しかもその個性の伸長を図るという観点からみて，必ずしも適当とはいえない。

　そのような観点から，各学年における課程の修了の認定については，特定の学年において一部の単位の修得が不認定となった生徒について，一律に原級留置とするのではなく，弾力的に運用することとし，学校が定めた卒業までに修得すべき単位数を，修業年限内に修得すれば卒業が可能になるよう配慮することを求めたものである。

　具体的には，例えば，特定の学年における未修得単位が一定範囲内であれば，後日，補充指導や追試験によって未修得の各教科・科目を修得することを条件として，次の学年に進級させるという形で学年の課程の修了の認定について弾力化を図ったり，学校が定めた卒業までに修得すべき単位数を修業年限内に修得する見込みがある場合には，条件を付することなく進級を認めたりすることなどが考えられる。また，未修得の各教科・科目が，学校が卒業までに修得すべき各教科・科目として定めたものである場合も考えられるので，次の学年に進級した後に前学年の未修得の各教科・科目を履修することも可能となるような教育課程を編成することなどの配慮も考えられる。

(4) 学校外における学修等の単位認定

　学校教育法施行規則等において，次のような，学校外の学修等について単位認定を可能とする制度が設けられている（【別表】参照）。

① 海外留学に係る単位認定

　外国の高等学校（正規の後期中等教育機関）へ留学した場合に，36単位を限度として我が国の高等学校の単位として認めることができる。単位認定に当たっては，外国における学習を当該高等部の特定の教科・科目の履修とみなして単位認定することも，逐一各教科・科目と対比せずに，まとめて「留学」として単位認定を行うことも可能である。なお，当然ながら，単位認定に当たっては，外国における学習の状況を把握し，それに応じた認定を行うことが必要であり，留学した場合に一律に36単位が自動的に認められるわけではない。

　留学をした場合でも必履修教科・科目の履修は必要であることから，例えば，外国における学習の一部を必履修教科・科目の履修とみなして単位を認定し，残りを「留学」としてまとめて単位認定を行うことなども考えられる。海外におけるどのような学習が，国内のどのような教科・科目の履修に相当すると見なすかについては，各学校において適切かつ柔軟に判断することが求められる。その際，外国における学習のみで不足していると考えられる内容については，添削指導や補充指導等も活用しながら，適切に補うことが必要である。

　また，学年をまたがって留学した生徒については，留学が終了した時点において，学年の途中においても進級又は卒業を認めることができる。

　これらの制度を活用することで，長期の留学の際，原級留置や休学する必要がなくなるため，当該制度の積極的な活用が期待される。

　なお，外国の高等学校への留学とは，いったん高等学校に入学し在学関係が生じた生徒が校長の許可を受けて一定期間外国の高等学校で学習することである。これに対して，外国の高等学校等に在学していた生徒が，これまで在学関係の存在しなかった日本の特別支援学校高等部との間で新たに在学関係が生じる場合は，編入として，留学とは異なるものであることに留意が必要である。

② 学校間連携による単位認定

　生徒の履修したい科目が自校には設けられていないが他校では開設されている場合，学校間の協議により，自校の生徒が他校において一部科目を履修することを可能とし，他校で修得した科目の単位数を，生徒の在学する特別支援学校高等部が定めた卒業に必要な単位数のうちに加えることができることとするものである。自校には設けられていない専門教科・科目や他校の学校設定教科・科目などの履修が可能となり，生徒の選択の幅を拡大することができる。この制度は，自校の全日制の課程と定時制の課程又は通信制の課程との間において相互に併修する場合についても適用される。

　この学校間連携により，自校の卒業に必要な単位数に加えることのできる単位数及び以下のウからオまでにより認定できる単位数については，従来，その

合計数が20単位を超えないものとされていたが，平成17年度より，これらの単位数の合計数の上限が拡大され，36単位を超えないものとされている。

これは，高等学校の生徒の能力・適性，興味・関心等の多様化の実態を踏まえ，生徒の在学する高等学校での学習の成果に加えて，生徒の在学する高等学校以外の場における体験的な活動等の成果について，より幅広く評価できるようにすることを通じて，高等学校教育の一層の充実を図る観点から，拡大されたものであり，これを高等部に準用するものである。

ウからオまでの場合を含め，これらの制度の活用に当たっては，「高等学校等における学校外学修の単位認定について」（平成29年5月9日付け初初企第4号文部科学省初等中等教育局初等中等教育企画課長通知)」を踏まえ，以下の点に留意が必要である。

① 学校教育法施行規則第98条各号の規定により，学校外学修を当該生徒の在学する高等学校等における科目の履修とみなし，当該科目の単位の修得を認めることができる科目は，同施行規則別表第三に定める各教科及び学校設定教科に関する科目であり，総合的な探究の時間及び特別活動については含まれていない。このため，学校外学修を総合的な探究の時間の履修とみなし，単位の修得を認めることはできず，また，特別活動の履修とみなすこともできないこと。

なお，就業やボランティア等に関わる体験的な学習を，同施行規則別表第三に定める各教科及び学校設定教科に関する科目，総合的な探究の時間又は特別活動に位置付け，学校の校舎等の外で行うことはもとより可能であること。

② 学校外学修の単位認定の制度を活用する際には，各学校において，当該学修が教育上有益と認められるか，単位認定の対象となる科目が当該高等学校等の教育課程の全体からみて適切であること等について判断する必要があること。

③ 学校外学修は，生徒が主体的に行う学修であり，かつ，自らの在り方生き方を考えて努力した結果であることから，その単位認定に当たっては，通常の教科・科目の単位認定の方法によらず，その趣旨を活かしたものとなるよう工夫することが必要であること。また，学校外学修の種類，態様等に応じてオリエンテーションの実施，活動計画書の提出，活動レポート等による成果の報告など，事前・事後の適切な指導が望まれること。

なお，学校外学修を在学校の科目の履修とみなす場合の単位数の検討に当たっては，高等学校等では，1単位時間を50分とし，35単位時間の授業を1単位として計算することを標準としていることに留意する必要があること。

④ 学校外学修の単位認定の制度は，その学修成果を在学校の科目の履修とみなして単位の修得を認めるものである。このため，どの程度の成果が当該科目の目標からみて満足できると認められるものであるのかなどを学校外学修に対応する科目の指導計画において明確にしておく必要があること。

③ **大学，高等専門学校又は専修学校等における学修の単位認定**

(ｱ)大学や高等専門学校における学校教育法第105条（同法第123条において準用する場合を含む。）に規定する特別の課程における学修及び科目等履修生，研究生，聴講生としての学修，(ｲ)専修学校の高等課程における学修並びに専門課程における学校教育法第133条において準用する同法第105条に規定する特別の課程における学修及び科目等履修生又は聴講生としての学修，(ｳ)専修学校の高等課程又は専門課程において高等学校の生徒を対象として行う附帯的教育事業における学修，(ｴ)大学の公開講座，公民館などの社会教育施設が開設する講座などにおける学修について，それを自校の科目の履修とみなし，単位の修得を認めるものである。単位認定に当たっては，各学校の判断により，その学修成果に対応する科目の一部又は全部の単位として認めることもでき，また，増加単位として認定することもできる。

④ **技能審査の成果の単位認定**

高等部において設けられている各教科・科目の学習内容に対応しており，かつ一定の要件を満たす知識・技能審査において相当程度の成果を収めた場合，それを自校の科目の履修とみなし，単位として認めるものである。単位認定に当たっては，各学校の判断により，その学修成果に対応する科目の一部又は全部の単位として認めることもでき，また，増加単位として認定することもできる。

なお，従前は，実用英語能力検定や簿記検定などの知識・技能審査に合格した場合のみ，単位認定が可能であったが，平成18年度より，TOEFL，TOEICなどのように合格・不合格の区別のない知識・技能審査の成果に係る学修についても単位認定ができるようになった。

⑤ **ボランティア活動等の単位認定**

学校外の活動として，①社会福祉施設等においてボランティア活動を行った場合，②企業，工場や農家等において就業体験活動を行った場合，③各種のスポーツ活動や文化に関する活動において顕著な成績をあげた場合，それを自校の科目の履修とみなし，単位の修得を認めるものである。単位認定に当たっては，各学校の判断により，その学修成果に対応する科目の一部又は全部の単位

として認めることもでき，また，増加単位として認定することもできる。

⑥　高等学校卒業程度認定試験の合格科目に係る学修の単位認定

　　生徒が在学中又は入学する前に，高等学校卒業程度認定試験規則の定めるところにより合格点を得た試験科目（旧大学入学資格検定により合格点を得た受検科目を含む。）に係る学修について，それを自校の科目の履修とみなして，単位の修得を認めるものである。

　　平成17年から従来の大学入学資格検定に代わり高等学校卒業程度認定試験が導入されるとともに，従来の大学入学資格検定と異なり，高等学校の全日制課程の生徒にもその受験が認められることとなった。

　　これらのことを踏まえ，平成17年度より，全日制課程，定時制課程及び通信制課程の別を問わず，生徒が，在学中又は入学する前の高等学校卒業程度認定試験の合格科目に係る学修について，校長の判断により，当該高等学校における科目の履修とみなし，当該科目の単位を与えることができることとしたものである。また，旧大学入学資格検定に合格した科目についても同様の取扱いとされている。

　　単位認定の対象とする試験科目の範囲や認定方法等は，各学校において適切に判断する必要があり，例えば，生徒が現に高等学校において履修中の科目を対象とするか，高等学校卒業程度認定試験においてどのような評点での合格を要件とするかなど，具体的な範囲や認定方法は，各学校の判断に委ねられている。

　　なお，この制度が学校教育法施行規則で規定されたことに伴い，高等学校学習指導要領の大学入学資格検定合格科目の単位認定についての規定は削除された。

⑦　別科において修得した科目に係る学修の単位認定

　　別科とは，高等学校に置かれ，高等学校の入学資格を有する者に対して，簡易な程度において，特別の技能教育を施すことを目的とする教育機関であり，その修業年限は1年以上とされている（学校教育法第82条において準用する第58条第1項，第3項）。

　　生徒が在学中又は入学する前に，別科において高等部学習指導要領の定めるところに準じて修得した科目に係る学修について，それを自校の科目の履修とみなして，単位の修得を認めるものである。「高等学校学習指導要領に定めるところに準じて」とあるのは，別科における科目の履修が内容的にも，量的にも，高等部における科目の履修に準じていることを要することとしているものである。

【別表】

制　　度	根　拠　規　定	制　度　の　概　要
①海外留学に係る単位認定	学校教育法施行規則第135条第5項において準用する第93条	外国の高等学校への留学を許可された場合に，外国の高等学校における履修を自校における履修とみなし，単位の修得を認定できる制度（36単位まで）
②学校間連携による単位認定	学校教育法施行規則第135条第5項において準用する第97条の第1項及び第2項	他の高等学校において一部の科目の単位を修得したときは，その単位数を自校の定めた卒業に必要な単位数のうちに加えることのできる制度 （②～⑤を合わせて36単位まで）
③大学，高等専門学校又は専修学校等における学修の単位認定	学校教育法施行規則第135条第5項において準用する第98条第1号 平成10年文部省告示第41号第1項	大学，高等専門学校若しくは専修学校における学修，大学，公民館その他の社会教育施設において開設する講座等における学修を自校における科目の履修とみなし，当該科目の単位を与えることのできる制度 （②～⑤を合わせて36単位まで）
④技能審査の成果の単位認定	学校教育法施行規則第135条第5項において準用する第98条第2号 平成10年文部省告示第41号第2項	文部科学大臣が認定した技能審査など一定の要件を満たす知識及び技能の審査の成果に係る学修を自校における科目の履修とみなし，当該科目の単位を与えることのできる制度 （②～⑤を合わせて36単位まで）

第5節
単位の修得及び卒業の認定

⑤ボランティア活動等の単位認定	学校教育法施行規則第135条第5項において準用する第98条第3号 平成10年文部省告示第41号第3項	学校外におけるボランティア活動，就業体験活動，スポーツ又は文化に関する活動に係る学修で一定の要件を満たすものを自校における科目の履修とみなし，当該科目の単位を与えることのできる制度（②～⑤を合わせて36単位まで）
⑥高等学校卒業程度認定試験の合格科目の単位認定	学校教育法施行規則第135条第5項において準用する第100条第1号	高等学校卒業程度認定試験の合格科目に係る学修を，自校における科目の履修とみなし，当該科目の単位を与えることができる制度
⑦別科の科目の単位認定	学校教育法施行規則第135条第5項において準用する第100条第2号	高等学校の別科において，高等学校学習指導要領の定めるところに準じて修得した科目に係る学修を，自校における科目の履修とみなし，当該科目の単位を与えることのできる制度

● 2　知的障害者である生徒に対する教育を行う特別支援学校

卒業の認定等（第1章第2節第4款の2）

> 2　知的障害者である生徒に対する教育を行う特別支援学校
> 　学校においては，卒業までに履修させる各教科等のそれぞれの授業時数を定めるものとする。
> 　校長は，各教科等を履修した者で，その成果がそれらの目標からみて満足できると認められるものについて，高等部の全課程の修了を認定するものとする。

　従前どおり，卒業までに履修させる各教科，道徳科，総合的な探究の時間，特別活動及び自立活動のそれぞれの授業時数を定めることとしている。また，卒業までに履修させる総授業時数については，第1章第2節第2款の3の(2)のイの(ｱ)に各学年の総授業時数を1,050単位時間を標準として示していることから，3,150単位時間を標準とすることとなる。

また，それらを履修した者で，その成果がそれらの目標からみて満足できると認められるものについて，高等部の全課程の修了を認定するものとしている。

　なお，学校において卒業を認めるに当たっては，生徒の平素の成績を評価して，これを定めなければならないこととされている（学校教育法施行規則第135条第2項において準用する第57条）。

　さらに，校長は，全課程を修了したと認めた者に卒業証書を授与することとされている（同第135条第2項において準用する第58条）。

第6節　生徒の調和的な発達の支援

● 1　生徒の調和的な発達を支える指導の充実

(1) ホームルーム経営, 生徒の発達の支援 (第1章第2節第5款の1の(1))

> 第5款　生徒の調和的な発達の支援
>
> 1　生徒の調和的な発達を支える指導の充実
> 　教育課程の編成及び実施に当たっては, 次の事項に配慮するものとす
> る。
> (1) 学習や生活の基盤として, 教師と生徒との信頼関係及び生徒相互の
> 　よりよい人間関係を育てるため, 日頃からホームルーム経営の充実を
> 　図ること。また, 主に集団の場面で必要な指導や援助を行うガイダン
> 　スと, 個々の生徒の多様な実態を踏まえ, 一人一人が抱える課題に個
> 　別に対応した指導を行うカウンセリングの双方により, 生徒の発達を
> 　支援すること。

　教育は本来, 個々の生徒のもつ能力を最大限まで発達させることを目指すもの
である。このためには, 個々の生徒の特性等を的確に捉え, その伸長・発達のた
めに, 高等部における教育の全教育活動を通じて, 適切な指導・援助を行う必要
がある。

　学校は, 生徒にとって安心感がある場でなければならない。生徒一人一人は興
味や関心などが異なることを前提に, 生徒が自分の個性に気付き, 可能性を発揮
し, 自己肯定感をもちながら, 日々の学校生活を送ることができるようにするこ
とが重要である。

　ホームルームは, 生徒にとって学習や学校生活の基盤であり, ホームルーム担
任の教師の営みは重要である。ホームルーム担任の教師は, 学校, 学部, 学年や
学科などの経営を踏まえて, 調和のとれたホームルーム経営の目標を設定し, 指
導の方向及び内容をホームルーム経営案として整えるなど, ホームルーム経営の
全体的な構想を立てるようにする必要がある。

　ホームルーム経営を行う上で最も重要なことは生徒一人一人の実態を把握する
こと, すなわち確かな生徒理解である。ホームルーム担任の教師の, 日頃のきめ
細かい観察を基本に, 面接など適切な方法を用いて, 一人一人の生徒を客観的か
つ総合的に認識することが生徒理解の第一歩である。日頃から, 生徒の気持ちを

理解しようとするホームルーム担任の教師の姿勢は，生徒との信頼関係を築く上で極めて重要であり，愛情をもって接していくことが大切である。

　また，ホームルームを一人一人の生徒にとって存在感を実感できる場としてつくりあげることが大切である。すなわち，生徒の規範意識を育成するため，必要な場面では，ホームルーム担任の教師が毅然とした対応を行いつつ，相互理解と協調に努めるホームルーム，言い換えれば，生徒相互のよりよい人間関係を育てていく上で，規律ある生活及び集団づくりが大切である。さらに，集団の一員として，一人一人の生徒が安心して自分の力を発揮できるよう，日頃から，生徒に自己存在感や意思決定の場を与え，その時その場で何が正しいかを判断し，自ら責任をもって行動できる能力を培うことが大切である。

　なお，教師の意識しない言動や価値観が，生徒に感化を及ぼすこともあり，この見えない部分での教師と生徒との人間関係にも十分配慮する必要がある。

　ホームルーム経営に当たって，ホームルーム担任の教師は，校長や副校長，教頭の指導の下，学部・学年の教師や生徒指導の主任，更に養護教諭など他の教職員と連携しながらホームルーム経営を進めることが大切であり，開かれたホームルーム経営の実現を目指す必要がある。特に，学部・学年・学科というまとまりを大事にする高等部においては学部主事，学年主任及び学科主任の果たす役割も大きい。また，充実したホームルーム経営を進めるに当たっては，家庭や地域社会との連携を密にすることが大切である。特に保護者との間では，日頃から連絡を取り合い，生徒理解，生徒に対する指導の在り方について共通理解をしておく必要がある。

　全ての生徒が学校や学部，ホームルームの生活によりよく適応し，豊かな人間関係の中で有意義な生活を築くことができるようにし，生徒一人一人の興味や関心，障害の状態や特性及び心身の発達の段階等や学習の課題等を踏まえ，生徒の発達を支え，その資質・能力を高めていくことは重要なことである。

　このため，生徒の障害の状態や特性及び心身の発達の段階等や教育活動の特性を踏まえて，あらかじめ適切な時期や機会を設定し，主に集団の場面で必要な指導や援助を行うガイダンスと，個々の生徒が抱える課題を受け止めながら，その解決に向けて，主に個別の会話・面談や言葉がけを通して指導や援助を行うカウンセリングの双方により，生徒の発達を支援することが重要である。

　高等学校学習指導要領第5章の「第3　指導計画の作成と内容の取扱い」の2の(3)において「学校生活への適応や人間関係の形成，教科・科目や進路の選択などについては主に集団の場面で必要な指導や援助を行うガイダンスと，個々の生徒の多様な実態を踏まえ，一人一人が抱える課題に個別に対応した指導を行うカウンセリング（教育相談を含む。）の双方の趣旨を踏まえて指導を行うこと。」とあり，特別支援学校において準ずることとする。

　高等部の教育課程は，必履修教科・科目，生徒に選択履修させる各教科・科目，総合的な探究の時間，特別活動及び自立活動（知的障害者である生徒に対する教育を行う特別支援学校においては，各教科，道徳科，総合的な探究の時間，特別活動及び自立活動）から編成されている。

　第1章第2節第2款の3の(3)で示しているように，選択の幅の大きい高等部の教育課程の下では，生徒が安易な科目選択や計画性のない学習に陥ることなく，自己の特性等と将来の進路との関わりにおいて適切な各教科・科目又は各教科を履修することができるようにするとともに，類型が設けられている場合には，適切な類型を選択できるように指導・援助することが重要になってくる。

　さらに，社会に対する認識を深め，自己の在り方生き方を考えて，将来の進路を選択したり，主体的，自律的に学んだりできるよう指導・援助することも，高等部段階の重要な課題である。

　以上のような課題に対応する上で，ガイダンスの機能の充実がとりわけ大切となっている。

　また，ガイダンスの機能の充実を図ることは，全ての生徒が学校や学部，ホームルームの生活によりよく適応し，豊かな人間関係の中で有意義な生活を築くようにするとともに，選択や決定，主体的な活動に関して適切な指導・援助を与えることによって，現在及び将来の生き方を考え行動する態度や能力を育てる上で，極めて重要な意味をもつものである。具体的には，学習活動など学校生活への適応，よりよい人間関係の形成，学業や進路等における選択，自己の生き方などに関わって，生徒が適応し，主体的な選択やよりよい意思決定ができるよう，適切な情報提供や案内・説明，活動体験，各種の援助・相談活動などを学校として進めていくものであり，単なる事前の説明や資料配布に限定されるものではない。

　各学校においては，計画的・組織的な取組によってガイダンスの機能を充実させることによって，一人一人の生徒に関し，学校や学部，ホームルームの生活によりよく適応させ，これから取り組むことになる諸活動に対して主体的な活動への意欲をもたせ，自己実現に関わって必要とされる資質や能力，態度を身に付けるようにし，共に学び，活動することを通して存在感や自己実現の喜びの感じられる生活を築かせる中でよりよい発達を促すことが重要である。

　特に，ガイダンスの機能の充実について配慮の求められる教育活動としては，例えば，次のようなものが考えられる。

　ア　入学時，新年度や新学期の開始時期において，教師と生徒及び生徒相互のよりよい人間関係が生まれるように配慮するとともに，生徒自身が学校や学部，ホームルームにおける諸活動や集団生活の意義，それらの内容などについて十分に理解し，現在及び将来の生き方を主体的に考え，自主的・自発的

によりよい生活の実現に取り組むことができるよう指導・援助の充実を図ること。

イ　各教科・科目等又は各教科等や各種の学習活動の開始時期などにおいて，学習活動のねらいや方法，よりよい選択の仕方等についての理解を図り，生徒の学習意欲を喚起して，主体的に活動に取り組むことができるよう十分に配慮すること。

ウ　不適切な選択が学校生活への不適応の原因ともなることなどを考慮し，しっかりとした選択ができるよう，年間を通じて適切な指導を計画的に進めるとともに，個々の生徒に対する相談活動の充実に配慮すること。

エ　生徒自身が自己の適性や将来の生き方を視野に入れた主体的な判断に基づき各教科・科目又は各教科や類型の選択を適切に行うことができ，その学習に真剣に取り組む意欲をもつことができるよう配慮すること。

オ　進路の選択に関して，生徒一人一人が自己理解を深め，自己の将来の生き方を考え，卒業後の進路を主体的に選択し，更に積極的にその後の生活において自己実現を図ろうとする態度を育てるよう配慮すること。

　また，カウンセリングの機能を充実させることによって，生徒一人一人の教育上の問題等について，本人又はその保護者などにその望ましい在り方についての助言を通して，生徒のもつ悩みや困難の解決を援助し，生徒の発達に即して，よりよい人間関係を育て，生活に適応させ，人格の成長への援助を図ることは重要なことである。

　カウンセリングの実施に当たっては，個々の生徒の多様な実態や一人一人が抱える課題やその背景などを把握すること，早期発見・早期対応に留意すること，スクールカウンセラー等の活用や関係機関等との連携などに配慮することが必要である。

(2) 生徒指導の充実（第1章第2節第5款の1の(2)）

> (2)　生徒が，自己の存在感を実感しながら，よりよい人間関係を形成し，有意義で充実した学校生活を送る中で，現在及び将来における自己実現を図っていくことができるよう，生徒理解を深め，学習指導と関連付けながら，生徒指導の充実を図ること。

　生徒指導は，学校の教育目標を達成するために重要な機能の一つであり，一人一人の生徒の人格を尊重し，個性の伸長を図りながら，社会的資質や行動力を高めるように指導，援助するものである。すなわち，生徒指導は，全ての生徒のそれぞれの人格のよりよき発達を目指すとともに，学校生活が全ての生徒にとって

有意義で興味深く，充実したものになるようにすることを目指すものであり，単なる生徒の問題行動への対応という消極的な面だけにとどまるものではない。

　学校教育において，生徒指導は学習指導と並んで重要な意義をもつものであり，また，両者は相互に深く関わっている。各学校においては，生徒指導が，一人一人の生徒の健全な成長を促し，生徒自ら現在及び将来における自己実現を図っていくための自己指導能力の育成を目指すという生徒指導の積極的な意義を踏まえ，学校の教育活動全体を通じ，学習指導と関連付けながら，その一層の充実を図っていくことが必要である。

　生徒指導を進めていく上で，その基盤となるのは生徒一人一人についての生徒理解の深化を図ることである。一人一人の生徒はそれぞれ違った能力・適性，興味・関心等をもっており，また，生徒の成育環境も将来の夢や進路希望等も異なる。それ故，生徒理解においては，生徒を多面的・総合的に理解していくことが重要であり，ホームルーム担任の教師の日頃の人間的な触れ合いに基づくきめ細かい観察や面接などに加えて，学部や学年の教師，教科担任，部活動等の顧問教師，養護教諭などによるものを含めて，広い視野から生徒理解を行うことが大切である。また，青年期にある高等部の生徒一人一人の不安や悩みに目を向け，生徒の内面に対する共感的理解をもって生徒理解を深めることが大切である。

　生徒理解の深化とともに，教師と生徒との信頼関係を築くことも生徒指導を進める基盤である。教師と生徒の信頼関係は，日頃の人間的な触れ合いと生徒と共に歩む教師の姿勢，授業等における生徒の充実感・成就感を生み出す指導，生徒の障害の状態や特性及び心身の発達の段階等や状況に応じた的確な指導と不正や反社会的行動に対する毅然とした教師の態度などを通じて形成されていくものである。その信頼関係をもとに，生徒の自己開示も進み，教師の生徒理解も一層深まっていくのである。

　また，学校教育は，集団での活動や生活を基本とするものであり，ホームルームや学部，学校での生徒相互の人間関係の在り方は，生徒の健全な成長と深く関わっている。生徒一人一人が自己の存在感を実感しながら，共感的な人間関係を育み，自己決定の場を豊かにもち，自己実現を図っていける望ましい集団の実現は極めて重要である。すなわち，自他の個性を尊重し，互いの身になって考え，相手のよさを見付けようと努める集団，互いに協力し合い，主体的によりよい人間関係を形成していこうとする集団，言い換えれば，好ましい人間関係を基礎に豊かな集団生活が営まれるホームルームや学校の教育的環境を形成することは，生徒指導の充実の基盤であり，かつ生徒指導の重要な目標の一つでもある。教育課程における選択の幅の大きい高等部にあっては，日常の授業の集団とホームルーム集団とが一致しない場合も多いだけに，このことはとりわけ重要である。

　以上のことを基盤として，高等部における生徒指導では，複雑化し，目まぐる

しい変化が続く社会において，人としての調和のとれた発達を図りながら，自らの行動を選択し，決定していくことのできる主体を育成するとともに，集団や社会の一員としてよりよい生活を築こうとする自主的，実践的な態度を身に付けさせ，将来の社会生活の中で自己実現を果たすことができる能力や態度の育成を目指さなければならない。そのため，生徒指導において，ガイダンスの機能の充実が求められるのである。

なお，教育機能としての生徒指導は，教育課程の特定の領域における指導ではなく，教育課程の全領域において行わなければならないものである。特別活動におけるホームルーム活動などは，集団や社会の一員としてよりよい生活を築くための自主的，実践的な学習の場であるとともに，人間としての在り方生き方についての考えを深め，自己を生かす能力を養う場であり，生徒指導のための中核的な時間となると考えられるが，あくまでも学校の教育活動全体を通じて生徒指導の機能が発揮できるようにすることが大切であり，教育課程の編成に当たっては，この点に十分配慮する必要がある。

さらに，わかる喜びや学ぶ意義を実感できない授業は生徒にとって苦痛であり，生徒の劣等感を助長し，情緒の不安定をもたらし，様々な問題行動を生じさせる原因となることも考えられる。教師は，生徒一人一人の特性を十分把握した上で，他の教師の助言や協力を得て，指導技術の向上，指導方法や指導体制などの工夫改善を図り，日頃の学習指導を一層充実させることが大切である。

生徒指導を進めるに当たっては，全教職員の共通理解を図り，学校としての協力体制・指導体制を築くとともに，家庭や地域社会及び関係機関等との連携・協力を密にし，生徒の健全育成を広い視野から考える開かれた生徒指導の推進を図ることが重要である。そのためには，保護者との間で学校だよりや学年・ホームルーム通信等，あるいはPTAの会報，保護者会などにより相互の交流を通して，生徒理解，生徒に対する指導の在り方等について共通理解をしておく必要がある。また，地域懇談会や関係機関等との懇談会などを通して交流と連携を深めるなど，日頃から生徒指導の充実に取り組むことが必要である。

(3) キャリア教育の充実（第1章第2節第5款の1の(3)）

(3) 生徒が，学ぶことと自己の将来とのつながりを見通しながら，社会的・職業的自立に向けて必要な基盤となる資質・能力を身に付けていくことができるよう，特別活動を要としつつ各教科・科目等又は各教科等の特質に応じて，キャリア教育の充実を図ること。その中で，生徒が自己の在り方生き方を考え主体的に進路を選択することができるよう，学校の教育活動全体を通じ，組織的かつ計画的な進路指導を行うこと。その際，

家庭及び地域や福祉，労働等の業務を行う関係機関との連携を十分に図ること。

　本項は，生徒に学校で学ぶことと社会との接続を意識させ，一人一人の社会的・職業的自立に向けて必要な基盤となる資質・能力を育み，キャリア発達を促すキャリア教育の充実を図ることを示している。

　学校教育においては，キャリア教育の理念が浸透してきている一方で，これまで学校の教育活動全体で行うとされてきた意図が十分に理解されず，指導場面が曖昧にされてしまい，また，狭義の意味での「進路指導」と混同され，「働くこと」の現実や必要な資質・能力の育成につなげていく指導が軽視されていたりするのではないか，といった指摘もある。こうした指摘等を踏まえて，キャリア教育を効果的に展開していくためには，特別活動のホームルーム活動を要としながら，総合的な探究の時間や学校行事，公民科に新設された科目「公共」をはじめとする各教科・科目，知的障害者である生徒に教育を行う特別支援学校においては道徳科における学習，個別指導としての教育相談等の機会を生かしつつ，学校の教育活動全体を通じて必要な資質・能力の育成を図っていく取組が重要になる。

　また，自己のキャリア形成の方向性と関連付けながら見通しをもったり，振り返ったりする機会を設けるなど主体的・対話的で深い学びの実現に向けた授業改善を進めることがキャリア教育の視点からも求められる。

　さらに，今回の改訂では特別活動のホームルーム活動の内容に「(3)一人一人のキャリア形成と自己実現」を設けている。その実施に際しては次の２点に留意することが重要である。

　一つ目は，第１章において，特別活動が学校教育全体で行うキャリア教育の要としての役割を担うことを位置付けた趣旨を踏まえることである。キャリア教育の要としての役割を担うこととは，キャリア教育が学校教育全体を通して行うものであるという前提のもと，これからの学びや人間としての在り方生き方を見通し，これまでの活動を振り返るなど，教育活動全体の取組を自己の将来や社会づくりにつなげていくための役割を果たすことである。この点に留意してホームルーム活動の指導に当たることが重要である。

　二つ目は，ホームルーム活動の(3)の内容は，キャリア教育の視点からの小・中・高等部のつながりが明確になるよう整理したということである。ここで扱う内容については，将来に向けた自己実現に関わるものであり，一人一人の主体的な意思決定を大切にする活動である。小学部から高等部へのつながりを考慮しながら，高等部段階として適切なものを内容として設定している。キャリア教育は，教育活動全体の中で基礎的・汎用的能力を育むものであることから職場体験

活動などの固定的な活動だけに終わらないようにすることが大切である。

　特に，高等部段階の生徒は，知的能力や身体的能力の発達が著しく，また，人間としての在り方生き方を模索し，価値観を形成するという特色をもつ。このような発達の段階にある生徒が自己理解を深めるとともに，自己と社会との関わりについて深く考え，将来の在り方生き方，進路を選択決定して，将来の生活において望ましい自己実現ができるよう指導・援助を行う進路指導が必要である。ここでいう進路の選択決定や将来設計は，高等部卒業後の就職や進学等について意思決定することがゴールではない。高等部卒業後の社会的移行においても，様々なことを学んだり，職業経験を積んだりしながら，自分自身の在り方生き方や進むべき方向性とその具体的な選択肢について探索・試行し，常に将来設計や目標を修正して，自己実現に向けて努力していくことができるようにすることが大切である。

　このような高等部におけるキャリア教育や進路指導は，高等部における教育の目標である「社会において果たさなければならない使命の自覚に基づき，個性に応じて将来の進路を決定させ」ることや，「個性の確立に努める」ことを目指して行われるものであり（学校教育法第51条），全校の教職員の共通理解と協力的指導体制によって，学校の教育活動全体を通じて組織的，計画的，継続的に行われなければならない。

　視覚障害者，聴覚障害者，肢体不自由者又は病弱者である生徒に対する教育を行う特別支援学校高等部の教育課程は，卒業までに履修すべき単位数に比べて必履修教科・科目の最低合計単位数は半分以下であり，学校設定教科・科目，総合的な探究の時間等の活用により，各学校において，生徒，学科の特色，学校及び地域の実態等に応じて，より弾力的な教育課程の編成が可能になっている。したがって，生徒が自己の特性等と将来の進路との関わりにおいて適切な各教科・科目を選択できるように指導する必要がある。

　学校の教育活動全体を通じて行うキャリア教育や進路指導を効果的に進めていくためには，校長のリーダーシップの下，進路指導主事やキャリア教育担当教師を中心とした校内の組織体制を整備し，学年や学部，学校全体の教師が共通の認識に立って指導計画の作成に当たるなど，それぞれの役割・立場において協力して指導に当たることが重要である。家庭や地域社会，公共職業安定所をはじめとする関係機関との連携についても十分配慮していく必要がある。

　また，キャリア教育は，生徒に将来の生活や社会，職業などとの関連を意識させ，キャリア発達を促すものであることから，その実施に当たっては，就業体験活動や社会人講話などの機会の確保が不可欠である。「社会に開かれた教育課程」の理念のもと，幅広い地域住民等（キャリア教育や学校との連携をコーディネートする専門人材，高齢者，若者，PTA・青少年団体，企業・NPO等）と目

標やビジョンを共有し，連携・協働して生徒を育てていくことが求められる。

さらに，キャリア教育を進めるに当たり，家庭・保護者の役割やその影響の大きさを考慮し，個別の教育支援計画を活用し，家庭・保護者との共通理解を図りながら進めることが重要である。その際，各学校は，保護者が生徒の進路や職業に関する情報を必ずしも十分に得られていない状況等を踏まえて，産業構造や進路を巡る環境の変化等の現実に即した情報を提供して共通理解を図った上で，将来，生徒が社会の中での自分の役割を果たしながら，自分らしい生き方を実現していくための働きかけを行うことが必要である。

また，知的障害者である生徒に対する教育を行う特別支援学校の高等部においては，各学科に共通する職業科が設けられていることなどを踏まえた取組が望まれる。

(4) 生徒の特性等の伸長と学校やホームルームでの生活への適応，現在及び将来の生き方を考え行動する態度や能力の育成（第1章第2節第5款の1の(4)）

> (4) 学校の教育活動全体を通じて，個々の生徒の特性等の的確な把握に努め，その伸長を図ること。また，生徒が適切な各教科・科目や類型を選択し学校やホームルームでの生活によりよく適応するとともに，現在及び将来の生き方を考え行動する態度や能力を育成することができるようにすること。

学校の教育活動全体を通じて，個々の生徒の障害の状態や特性及び心身の発達の段階等の的確な把握に努め，その伸長を図ること及び生徒に適切な各教科・科目や類型を選択させるよう指導することについては，従前から示していた。今回の改訂においても，高等部の教育課程における選択の幅を確保することに配慮がなされていることから，各教科・科目の履修指導等は引き続き重要であるとともに，学校やホームルームでの生活への適応指導や現在及び将来の生き方を考え行動する態度や能力の育成も重視する必要がある。

教育は本来，個々の生徒のもつ能力を最大限まで発達させることを目指すものである。このためには，個々の生徒の特性等を的確に捉え，その伸長・発達のために，高等部における教育の全教育活動を通じて，適切な指導・援助を行う必要がある。

高等部の教育課程は，各教科・科目，総合的な探究の時間，特別活動及び自立活動（知的障害者である生徒に対する教育を行う特別支援学校においては，各教科，道徳科，総合的な探究の時間，特別活動及び自立活動）から編成されてい

る。第１章第２節第２款の３の(3)で示しているように，選択の幅の大きい高等部の教育課程の下では，生徒が安易な科目選択や計画性のない学習に陥ることなく，自己の特性等と将来の進路との関わりにおいて適切な各教科・科目を履修することができるようにするとともに，類型が設けられている場合には，適切な類型を選択できるように指導・援助することが重要になってくる。

　そのためには，第１章第２節第５款の１の(1)に示されたガイダンスの機能の充実がとりわけ大切となっている。ここでいうガイダンスの機能とは，学習活動など学校生活への適応，好ましい人間関係の形成，学業や進路等における選択，自己の在り方生き方などに関わって，生徒がよりよく適応し，主体的な選択やよりよい意思決定ができるよう，適切な情報提供や案内・説明，活動体験，相談活動などを学校として進めていくことを指している。それは，学習指導，生徒指導など学校教育活動の様々な場面で発揮される機能である。

　各学校においては，ガイダンスの機能の充実に計画的・組織的に取り組むことによって，一人一人の生徒が，学校やホームルームの生活によりよく適応し，諸活動に対して主体的に取り組む意欲をもって，自己実現に関わって必要とされる資質や能力，態度を身に付けるようにするとともに，共に学び，活動することを通して存在感や自己実現の喜びの得られる生活を築く中でよりよい発達を促すことが重要である。したがって，それは，単なる事前の説明や資料配付で足りるものではない。

　第５章において準ずることとしている高等学校学習指導要領第５章特別活動の「第３　指導計画の作成と内容の取扱い」の２の(3)においても「学校生活への適応や人間関係の形成，教科・科目や進路の選択などについては，主に集団の場面で必要な指導や援助を行うガイダンスと，個々の多様な実態を踏まえ，一人一人が抱える課題に対応した指導を行うカウンセリング（教育相談を含む。）の双方の趣旨を踏まえて指導を行うこと。特に入学当初においては，個々の生徒が学校生活に適応するとともに，希望と目標をもって生活をできるよう工夫すること。あわせて，家庭との連絡を密にすること。」と示している。このような特別活動における配慮をはじめ，各教科・科目等でもその機能を生かすなど，学校の教育活動全体を通じてガイダンスの機能を充実していくことが大切である。

　特に，ガイダンスの機能の充実に関わる教育活動については，本解説第２編第２部第１章第６節の１の(1)において述べているとおり，例えば，次のようなものに配慮することが考えられる。

　ア　入学時，新年度や新学期の開始時期において，教師と生徒及び生徒相互のよりよい人間関係が生まれるように配慮するとともに，生徒自身が学校やホームルームにおける諸活動や集団生活の意義，それらの内容などについて十分に理解し，現在及び将来の生き方を主体的に考え，自主的・自発的により

よい生活の実現に取り組むことができるよう指導・援助の充実を図ること。

イ　各教科・科目等又は各教科等や各種の学習活動の開始時期などにおいて，学習活動のねらいや方法，よりよい選択の仕方等についての理解を図り，生徒の学習意欲を喚起して，主体的に活動に取り組むことができるよう十分に配慮すること。

ウ　不適切な選択が学校生活への不適応の原因ともなることなどを考慮し，しっかりとした選択ができるよう，年間を通じて適切な指導を計画的に進めるとともに，個々の生徒に対する相談活動の充実に配慮すること。

エ　生徒自身が自己の適性や将来の生き方を視野に入れた主体的な判断に基づき各教科・科目又は各教科や類型の選択を適切に行うことができ，その学習に真剣に取り組む意欲をもつことができるよう配慮すること。

オ　進路の選択に関して，生徒一人一人が自己理解を深め，自己の将来の生き方を考え，卒業後の進路を主体的に選択し，更に積極的にその後の生活において自己実現を図ろうとする態度を育てるよう配慮すること。

(5) 生涯学習への意欲の向上（第1章第2節第5款の1の(5)）

> (5)　生徒が，学校教育を通じて身に付けた知識及び技能を活用し，もてる能力を最大限伸ばすことができるよう，生涯学習への意欲を高めるとともに，社会教育その他様々な学習機会に関する情報の提供に努めること。また，生涯を通じてスポーツや文化芸術活動に親しみ，豊かな生活を営むことができるよう，地域のスポーツ団体，文化芸術団体及び障害者福祉団体等と連携し，多様なスポーツや文化芸術活動を体験することができるよう配慮すること。

　本項は，障害者のライフステージ全体を豊かなものとするためには，障害のある生徒に対して学校教育段階から将来を見据えた教育活動の充実を図ることを示している。

　人が豊かな人生を送っていこうとすれば，単に生活が保障され，仕事により賃金を得て，社会における役割を果たしていくのみならず，学習，文化，スポーツといった生涯にわたる学習や体験の中から生き甲斐を見つけ，人と繋がっていくことが必要となってくる。

　そのため学校教育においては，卒業後の生活において，進路に関する指導だけではなく，スポーツ活動や文化活動などを含め，障害のある生徒が，自己実現を図るための生涯にわたる学習活動全般を楽しむことができるよう，第2章以下に示す各教科・科目等又は各教科等の指導や第1章第2節第3款の1の(6)，第5

款の1の(3)及び第6款の1の(3)に示されていることを踏まえ，在学中から地域における活動に参加し，楽しむ態度を養うとともに，そのために必要な行政や民間による支援について学ぶなど，卒業後においても様々な活動に積極的に参加できるよう，生涯学習への意欲を高めることが重要である。

　障害のある生徒が，学校卒業後も必要な支援を受けながら豊かな生活を送るためには，特別支援学校と企業や障害者福祉施設等，高等教育機関といった卒業後の進路先とが，密接な連携を図ることが不可欠である。

　引き続き，特別支援学校の場においても，学校教育のみならず，社会教育，文化及びスポーツといった就労や日常生活の時間とは異なる生涯を通じて人々の心のつながりや相互に理解しあえる活動の機会が提供されるような機能が総合的に発揮されるようにすることも大切である。

(6) 学習の遅れがちな生徒の指導における配慮事項（第1章第2節第5款の1の(6)）

> (6) 学習の遅れがちな生徒などについては，各教科・科目等の選択，その内容の取扱いなどについて必要な配慮を行い，生徒の実態に応じ，例えば義務教育段階の学習内容の確実な定着を図るための指導を適宜取り入れるなど，指導内容や指導方法を工夫すること。

　本項では，第1章第2節第2款の4の(2)と同様の趣旨から，学習の遅れがちな生徒に対する配慮の方策の一つとして，義務教育段階の学習内容の確実な定着を図るための指導を適宜取り入れることを例示として示している。なお，第1章第2節第2款の3の(5)では指導計画の作成に当たって配慮すべき事項として示されているが，本項は，教育課程の実施に当たって配慮すべき事項として示されているものである。

　学習の遅れがちな生徒に対しては，一人一人の能力や適性等の伸長を図るため，その実態に即して，各教科・科目等又は各教科等の選択やその内容の取扱いなどに必要な配慮を加え，個々の生徒の実態に即した指導内容・指導方法を検討し，適切な指導を行う必要がある。

　この規定の「各教科・科目等の選択，その内容の取扱いなど」の「など」には，個々の生徒に応じた学習意欲を高める指導方法などが考えられる。

　学習の遅れがちな生徒の指導に当たっては，一人一人に即した適切な指導をするため，学習内容の習熟の程度を的確に把握することと，学習の遅れがちな原因がどこにあるのか，その傾向はどの教科・科目において著しいのかなど実態を十分に把握することが必要である。

その上で，生徒の実態に即して，各教科・科目の選択を適切に指導するとともに，その内容の取扱いについては，増加単位（第1章第2節第2款の3の(1)のアの(イ)のただし書き），必履修教科・科目の単位数の一部減（第1章第2節第2款の3の(1)のイの(ア)の㋐のただし書き），各科目・科目の内容の選択（第1章第2節第2款の3の(4)のエ）などの方法を活用し生徒の実態に即して適切に指導する必要がある。

なお，知的障害者である生徒に対する教育を行う特別支援学校においては，各教科の段階に示す内容を基に生徒の知的障害の状態等に応じて，具体的に指導内容を設定することとなっていることに留意する必要がある。

(7) 個別の教育支援計画の作成（第1章第2節第5款の1の(7)）

> (7) 家庭及び地域並びに医療，福祉，保健，労働等の業務を行う関係機関との連携を図り，長期的な視点で生徒への教育的支援を行うために，個別の教育支援計画を作成すること。

高等部の教育においては，これまでも，指導計画の作成等に当たって配慮すべき事項として，家庭，児童福祉施設，医療機関等との連携を密にし，指導の効果を上げるよう努めることが示されてきた。したがって，保護者との連携はもとより，生徒一人一人の障害の状態等に応じて，福祉施設や医療機関等との連携に努めてきているところである。

平成15年度から実施された障害者基本計画においては，教育，医療，福祉，労働等の関係機関が連携・協力を図り，障害のある幼児児童生徒の生涯にわたる継続的な支援体制を整え，それぞれの年代における子供の望ましい成長を促すため，個別の支援計画を作成することが示された。この個別の支援計画のうち，幼児児童生徒に対して，教育機関が中心となって作成するものを，個別の教育支援計画という。

障害のある生徒は，学校生活だけでなく家庭生活や地域での生活を含め，長期的な視点で幼児期から学校卒業後までの一貫した支援を行うことが重要である。このため，教育関係者のみならず，家庭や医療，福祉などの関係機関と連携するため，それぞれの側面からの取組を示した個別の教育支援計画を作成し活用していくことが考えられる。具体的には，障害のある生徒が生活の中で遭遇する制約や困難を改善・克服するために，本人及び保護者の意向や将来の希望などを踏まえ，在籍校のみならず，例えば，家庭，医療機関における療育事業及び福祉機関における児童発達支援事業において，実際にどのような支援が必要で可能であるか，支援の目標を立て，それぞれが提供する支援の内容を具体的に記述し，支援

の内容を整理したり，関連付けたりするなど関係機関の役割を明確にすることとなる。

特に高等部の段階においては，学校から進路先への移行が円滑に進むようにすることが重要である。そのため，例えば，企業や福祉施設等での就業体験活動等の体験学習を通して生徒が就業への意欲を高めたり，進路先で課題に落ち着いて取り組んだりできるよう，関係者間で連携・協力しながら個別の教育支援計画を作成していくことが大切である。その際，関係者間で個々の生徒の実態等を的確に把握したり，共通に理解したりできるようにするため，国際生活機能分類（ICF）の考え方を参考とすることも有効である。なお，ICFの考え方については，特別支援学校教育要領・学習指導要領解説自立活動編（幼稚部・小学部・中学部）で解説しているので，参照されたい。

このように，個別の教育支援計画の作成を通して，生徒に対する支援の目標を長期的な視点から設定することは，学校が教育課程の編成の基本的な方針を明らかにする際，全教職員が共通理解をすべき大切な情報となる。また，在籍校において提供される教育的支援の内容については，教科等横断的な視点から個々の生徒の障害の状態や特性及び心身の発達の段階等に応じた指導内容や指導方法の工夫を検討する際の情報として各教科・科目等又は各教科等にわたる個別の指導計画に生かしていくことが重要である。

個別の教育支援計画の活用に当たっては，例えば，中学部や中学校で作成される個別の教育支援計画を引き継ぎ，適切な支援の目的や教育的支援の内容を設定したり，進路先である企業や福祉施設等に在学中の支援の目的や教育的支援の内容を伝えたりするなど，切れ目ない支援に生かすことが大切である。その際，個別の教育支援計画には，多くの関係者が関与することから，保護者の同意を事前に得るなど個人情報の適切な取扱いに十分留意することが必要である。

また，個別の教育支援計画については，これまで学習指導要領に規定されてきたところであるが，家庭と教育と福祉の一層の連携を推進するための方策の一つとして，平成30年8月に行われた学校教育法施行規則の一部改正により，新たに省令にも位置付けられたところである。省令改正の内容及び詳細な趣旨等については，「学校教育法施行規則の一部を改正する省令の施行について」（平成30年8月27日付け30文科初第756号文部科学省初等中等教育局長通知）を参照されたい。

個別の教育支援計画と関連するものに，個別の指導計画があるが，それぞれ作成する目的や活用する方法には違いがあるのでそのことに留意して，相互の関連性を図ることに配慮する必要がある。なお，個別の指導計画については，本解説第2編第2部第1章第3節の3の(5)のイを参照されたい。

205

(8) 重複障害者の指導（第1章第2節第5款の1の(8)）

> (8) 複数の種類の障害を併せ有する生徒（以下「重複障害者」という。）については，専門的な知識，技能を有する教師や特別支援学校間の協力の下に指導を行ったり，必要に応じて専門の医師やその他の専門家の指導・助言を求めたりするなどして，学習効果を一層高めるようにすること。

　特別支援学校に在籍する生徒の障害の重度・重複化，多様化が進み，これまで以上に一人一人の教育的ニーズに対応した適切な指導や必要な支援が求められている。

　重複障害者は，複数の種類の障害を併せ有していることから，指導に当たっては，それぞれの障害についての専門的な知識や技能を有する教師間の協力の下に，一人一人の生徒について個別の指導計画を作成するとともに指導方法を創意工夫して進めることが大切である。

　また，重複障害者は，一人一人の障害の状態が極めて多様であったり，発達の諸側面にも不均衡が大きかったりすることから，校内において，それぞれの障害についての専門性を有する教師間で連携するだけでなく，例えば，学校医等を含めた関係する教職員によって検討する機会を設けるなどして，適切な指導内容・方法を追究することも大切である。

　さらに，重複障害者の指導に当たっては，実態把握や指導計画の作成，評価において，より専門的な知識や技能を有する者との協力や連携が求められる場合もある。その際，必要に応じて，専門の医師，看護師，理学療法士，作業療法士，言語聴覚士，心理学や教育学の専門家等に指導・助言を求めたり，連絡を取り合ったりすることが重要である。

　なお，重複障害者については，一人一人の実態に応じた弾力的な教育課程の取扱い（第1章第2節第8款）が定められており，これらの規定の活用も含め，より適切な教育課程の編成について工夫することが大切である。

(9) 学校医等との連絡（第1章第2節第5款の1の(9)）

> (9) 学校医等との連絡を密にし，生徒の障害の状態等に応じた保健及び安全に十分留意すること。

　特別支援学校においては，生徒の保健及び安全について留意することは極めて大切なことである。特に，各学校に在籍する生徒の障害が重度・重複化，多様化してきていることから，生徒の中には，発熱しやすい，発作が起きやすい，疲労

しやすいなどの傾向のある者が見られる。そのため，生徒の保健及び安全について留意することが極めて重要である。そこで，学校医等との連絡を十分にとることが必要であるが，地域や学校の実態により，例えば医療機関や福祉施設等に併設又は隣接している特別支援学校においては，これらの医療機関等の医師などの専門家との連絡を十分にとるよう努めることが大切である。

生徒の保健及び安全に留意するためには，まず，生徒一人一人の障害の状態の把握が必要であり，それには，養護教諭やホームルーム担任をはじめとして，生徒に日常接する教職員の絶えざる観察と情報交換が必要である。

また，保健及び安全の指導を効果的に進めるためには，保健体育科，ホームルーム活動及び自立活動においてはもちろん，学校全体として，組織的，計画的に取り組むことが必要であり，保健主事，養護教諭等を中心として，保健及び安全の指導体制づくりや，学校医等との連絡体制の組織化が必要である。

(10) 実験・実習への配慮（第1章第2節第5款の1の (10)）

> (10) 実験・実習に当たっては，特に安全と保健に留意すること。

障害のある生徒は，障害による種々の制約があり，必要で十分な実験・実習が行えないことが多い。したがって，このような生徒に対しては，危険防止の見地から，使用する機械器具，材料などを適切に選び，その取扱いにも十分注意して，実験・実習の目的が達せられるよう留意することが必要であることから，従前同様に示した。

2 特別な配慮を必要とする生徒への指導

(1) 海外から帰国した生徒や外国人の生徒の指導（第1章第2節第5款の2の (1)）

> 2 海外から帰国した生徒などの学校生活への適応や，日本語の習得に困難のある生徒に対する日本語指導
> (1) 海外から帰国した生徒などについては，学校生活への適応を図るとともに，外国における生活経験を生かすなどの適切な指導を行うものとする。

国際化の進展に伴い，学校では帰国生徒や外国人生徒に加え，両親のいずれかが外国籍であるなどのいわゆる外国につながる生徒の受入れが多くなっている。

これらの生徒の多くは，異文化における生活経験等を通して，我が国の社会とは異なる言語や生活習慣，行動様式を身に付けているが，一人一人の実態は，それぞれの言語的・文化的背景，年齢，就学形態や教育内容・方法，さらには，家庭の教育方針などによって様々である。このため，これらの生徒の受入れに当たっては，一人一人の実態を的確に把握し，当該生徒が自信や誇りをもって学校生活において自己実現を図ることができるように配慮することが大切である。

　帰国生徒や外国人生徒，外国につながる生徒は，他の生徒が経験していない異文化での貴重な生活経験をもっている。外国での生活や異文化に触れた経験や，これらを通じて身に付けた見方や考え方，感情や情緒，外国語の能力などの特性を，本人の各教科・科目等又は各教科等の学習に生かすことができるよう配慮することが大切である。また，本人に対するきめ細かな指導とともに，他の生徒についても，帰国生徒や外国人生徒，外国につながる生徒と共に学ぶことを通じて，互いの長所や特性を認め，広い視野をもって異文化を理解し共に生きていこうとする姿勢を育てるよう配慮することが大切である。そして，このような相互啓発を通じて，互いに尊重し合う態度を育て，国際理解を深めるとともに，国際社会に生きる人間として望ましい能力や態度を育成することが期待される。このような機会としては，外国語科において，外国語でコミュニケーションを行ったり，外国語の背景にある生活や文化などについて理解を深める学習活動を進めたりする際に配慮を行うことなどが考えられるほか，例えば地理歴史科や芸術科などの教科，総合的な探究の時間での学習活動，特別活動における学校行事などが考えられ，生徒や学校の実態等に応じて適宜工夫することが必要である。

　小学部及び中学部は義務教育であり，学齢児童生徒が，海外から帰国した場合，住居地の小・中学校又は特別支援学校小学部，中学部に編入学させることになっているが，高等部においては，校長が帰国生徒について，相当年齢に達し，入学させようとする学年に在学する他の生徒と同等以上の学力があると認めた場合には，第1学年の途中から又は各学年を通じ，編入学を認めることができるとされている（学校教育法施行規則第135条第5項において準用する第91条）。また，特別の必要があり，教育上支障がないときは，学年の途中においても学期の区分に従い入学の許可，各学年の課程の修了及び卒業の認定ができることとされている（同施行規則第135条第5項において準用する第104条第3項）。これは，外国の学校と我が国の学校とでは卒業，入学の時期に相当のずれがある場合が多いので，外国において我が国の中学校又は特別支援学校中学部に相当する学校教育の課程を修了した者について，4月以外の時期に我が国の特別支援学校高等部に入学・編入学させることを認めるものである。このように，帰国生徒に対する高等部への入学・編入学について特例を設けているのは，我が国における国際化の進展に対応したものである。

(2) 日本語の習得に困難のある生徒への指導（第1章第2節第5款の2の(2)）

> (2) 日本語の習得に困難のある生徒については，個々の生徒の実態に応じた指導内容や指導方法の工夫を組織的かつ計画的に行うものとする。

　帰国生徒や外国人生徒，外国につながる生徒の中には，日本語の能力が不十分であったり，日常的な会話はできていても学習に必要な日本語の能力が十分ではなく，学習活動への参加に支障が生じたりする場合がある。このため，生徒が日本語を用いて学校生活を営むとともに，学習に取り組むことができるよう，一人一人の日本語の能力を的確に把握しつつ各教科・科目等又は各教科等や日本語の指導の目標を明確に示し，きめ細かな指導を行うことが大切である。また，このような考え方は学習状況の評価に当たって生徒一人一人の状況をきめ細かに見取っていく際にも参考となる。

　平成26年に学校教育法施行規則が改正され，義務教育諸学校においては，日本語の習得に困難がある生徒に対し，日本語の能力に応じた特別の指導を行うための特別の教育課程を編成し，実施することが可能となった。特別支援学校高等部においても，生徒の実態に応じた指導内容や指導方法の工夫を組織的・計画的に行うことが必要である。例えば，指導内容については，学校生活に必要な基礎的な日本語の習得のための指導を行ったり，各教科・科目等又は各教科等の指導と学習のために必要な日本語の習得のための指導を統合して行ったりするなどの工夫が考えられる。指導方法については，在籍するホームルーム等における日本語の能力に配慮した指導や放課後等を活用した指導などの工夫が考えられる。

　生徒にとって学習や学校生活の基盤であるホームルームにおける指導に当たっては，一人一人の生徒の日本語の能力などに応じ，①授業において使われている日本語や学習内容を認識できるようにするための支援，②学習したことを構造化して理解・定着できるようにするための支援，③理解したことを適切に表現できるようにするための支援，④自ら学習を自律的に行うことができるようにするための支援，⑤学習や生活に必要な心理的安定のための情意面の支援といった側面からの支援が求められる。このため，指導に当たっては，例えば，ゆっくりはっきり話す，生徒の日本語による発話を促すなどの配慮，絵や図などの視覚的支援の活用，学習目的や流れが分かるワークシートの活用などの教材の工夫，生徒の日本語習得状況や学習理解度の把握に基づいた指導計画の作成など，生徒の状況に応じた支援を行うことが考えられる。

　さらに，言葉の問題とともに生活習慣の違いなどによる生徒の不適応の問題が

生じる場合もあるので，教師自身が当該生徒の言語的・文化的背景に関心をもち，理解しようとする姿勢を保ち，温かい対応を図るとともに，当該生徒を取り巻く人間関係を好ましいものにするようホームルーム経営等において配慮する必要がある。また，外国人生徒や外国につながる生徒については，課外において当該国の言語や文化の学習の機会を設けることなどにも配慮することが大切である。

これらの日本語の習得に困難のある生徒の指導を効果的に行うためには，教師や管理職など，全ての教職員が協力しながら，学校全体で取り組む体制を構築することが重要である。また，日本語教育や母語によるコミュニケーションなどの専門性を有する学校外の専門人材の参加・協力を得ることも大切である。

1　教育課程の改善と学校評価等，教育課程外の活動との連携等

(1) カリキュラム・マネジメントの実施と学校評価との関連付け（第1章第2節第6款の1の(1)）

第6款　学校運営上の留意事項

1　教育課程の改善と学校評価等，教育課程外の活動との連携等
　(1)　各学校においては，校長の方針の下に，校務分掌に基づき教職員が適切に役割を分担しつつ，相互に連携しながら，各学校の特色を生かしたカリキュラム・マネジメントを行うよう努めるものとする。また，各学校が行う学校評価については，教育課程の編成，実施，改善が教育活動や学校運営の中核となることを踏まえ，カリキュラム・マネジメントと関連付けながら実施するよう留意するものとする。

第6節
生徒の調和的
な発達の支援

第7節
学校運営上
の留意事項

　本項は，カリキュラム・マネジメントを，校長の方針の下に，全教職員の適切な役割分担と連携に基づき行うとともに，学校評価と関連付けて行うことを示している。

　カリキュラム・マネジメントは，本解説第2編第2部第1章第2節の5において示すように，学校教育に関わる様々な取組を，教育課程を中心に据えて組織的かつ計画的に実施し，教育活動の質の向上につなげていくものである。カリキュラム・マネジメントの実施に当たって，「校長の方針の下に」としているのは，学校の教育目標など教育課程の編成の基本となる事項とともに，校長が定める校務分掌に基づくことを示しており，全教職員が適切に役割を分担し，相互に連携することが必要である。その上で，生徒の実態や地域の実情，指導内容を踏まえて効果的な年間指導計画等の在り方や，授業時間や週時程の在り方等について，校内研修等を通じて研究を重ねていくことも重要であり，こうした取組が学校の特色を創り上げていくこととなる。

　また，各学校におけるカリキュラム・マネジメントの取組は，学校が担う様々な業務の進め方の改善を伴ってより充実することができる。この点からも，「校長の方針の下に」学校の業務改善を図り，指導の体制を整えていくことが重要となる。

　また，各学校が行う学校評価は，学校教育法第42条において「教育活動その

他の学校運営の状況について評価を行い，その結果に基づき学校運営の改善を図るため必要な措置を講ずる」と規定されており，教育課程の編成，実施，改善は教育活動や学校運営の中核となることを踏まえ，教育課程を中心として教育活動の質の向上を図るカリキュラム・マネジメントは学校評価と関連付けて実施することが重要である。

　学校評価の実施方法は，学校教育法施行規則第66条から第68条までに，自己評価・学校関係者評価の実施・公表，評価結果の設置者への報告について定めるとともに，文部科学省では法令上の規定等を踏まえて「学校評価ガイドライン〔平成28年改訂〕」（平成28年３月文部科学省）を作成している。同ガイドラインでは，具体的にどのような評価項目・指標等を設定するかは各学校が判断するべきことではあるが，その設定について検討する際の視点となる例が12分野にわたり示されている。カリキュラム・マネジメントと関連付けて実施する観点からは，教育課程・学習指導に係る項目はもとより，当該教育課程を効果的に実施するための人的又は物的な体制の確保の状況なども重要である。

　各学校は，例示された項目を網羅的に取り入れるのではなく，その重点目標を達成するために必要な項目・指標等を精選して設定することが期待され，こうした例示も参照しながら各教科・科目等又は各教科等の授業の状況や教育課程等の状況を評価し改善につなげていくことが求められる。

○学校教育法
第42条　小学校は，文部科学大臣の定めるところにより当該小学校の教育活動その他の学校運営の状況について評価を行い，その結果に基づき学校運営の改善を図るため必要な措置を講ずることにより，その教育水準の向上に努めなければならない。
第43条　小学校は，当該小学校に関する保護者及び地域住民その他の関係者の理解を深めるとともに，これらの者との連携及び協力の推進に資するため，当該小学校の教育活動その他の学校運営の状況に関する情報を積極的に提供するものとする。
（学校教育法第42条及び第43条については，同法第82条において特別支援学校に準用する）

○学校教育法施行規則
第66条　小学校は，当該小学校の教育活動その他の学校運営の状況について，自ら評価を行い，その結果を公表するものとする。
　2　前項の評価を行うに当たつては，小学校は，その実情に応じ，適切な項目を設定して行うものとする。

第67条　小学校は，前条第1項の規定による評価の結果を踏まえた当該小学校の児童の保護者その他の当該小学校の関係者（当該小学校の職員を除く。）による評価を行い，その結果を公表するよう努めるものとする。

第68条　小学校は，第66条第1項の規定による評価の結果及び前条の規定により評価を行つた場合はその結果を，当該小学校の設置者に報告するものとする。

（学校教育法施行規則第66条，67条及び68条については，同規則第135条において準用する）

（参考：学校評価ガイドラインにおける教育課程の評価）

　文部科学省が作成する「学校評価ガイドライン」では，各学校や設置者において評価項目・指標等の設定について検討する際の視点となる例として考えられるものを便宜的に分類した学校運営における以下の12分野ごとに例示している。

　①教育課程・学習指導，②キャリア教育（進路指導），③生徒指導，④保健管理，⑤安全管理，⑥特別支援教育，⑦組織運営，⑧研修（資質向上の取組），⑨教育目標・学校評価，⑩情報提供，⑪保護者，地域住民等との連携，⑫環境整備

　これらの例示を参考にしつつ，具体的にどのような評価項目・指標等を設定するかは各学校が判断するべきであるが，各学校は設定した学校の教育目標の実現に向けた教育課程や人的又は物的な体制に関わる評価項目・指標について，例示された項目を網羅的に取り入れるのではなく，真に必要な項目・指標等を精選して設定することが期待される。

（例えば「教育課程・学習指導」については，以下の項目が例示されている）

■　教育課程・学習指導
○　各教科等の授業の状況
・　説明，板書，発問など，各教師の授業の実施方法
・　視聴覚教材や教育機器などの教材・教具の活用
・　体験的な学習や問題解決的な学習，生徒の興味・関心を生かした自主的・自発的な学習の状況
・　個別指導やグループ別指導，習熟度に応じた指導，生徒の興味・関心等に応じた課題学習，補充的な学習や発展的な学習などの個に応じた指導の方法等の状況
・　ティーム・ティーチング指導などにおける教師間の協力的な指導の

状況

・ 学級内における生徒の様子や，学習に適した環境に整備されている
かなど，学級経営の状況

・ コンピュータや情報通信ネットワークを効果的に活用した授業の状
況

・ 学習指導要領や各教育委員会が定める基準にのっとり，生徒の発達
の段階に即した指導に関する状況

・ 授業や教材の開発に地域の人材など外部人材を活用し，よりよいも
のとする工夫の状況

○ 教育課程等の状況

・ 学校の教育課程の編成・実施の考え方についての教職員間の共通理
解の状況

・ 生徒の学力・体力の状況を把握し，それを踏まえた取組の状況

・ 生徒の学習について観点別学習状況の評価や評定などの状況

・ 学校図書館の計画的利用や，読書活動の推進の取組状況

・ 体験活動，学校行事などの管理・実施体制の状況

・ 部活動など教育課程外の活動の管理・実施体制の状況

・ 必要な教科等の指導体制の整備，授業時数の配当の状況

・ 学習指導要領や各教育委員会が定める基準にのっとり，生徒の発達
の段階に即した指導の状況

・ 教育課程の編成・実施の管理の状況（例：教育課程の実施に必要な，
教科等ごと等の年間の指導計画や週案などが適切に作成されているか
どうか）

・ 生徒の実態を踏まえた，個別指導やグループ別指導，習熟度に応じ
た指導，補充的な学習や発展的な学習など，個に応じた指導の計画状
況

・ 幼小連携，小中連携など学校間の円滑な接続に関する工夫の状況

・ （データ等）学力調査等の結果

・ （データ等）運動・体力調査の結果

・ （データ等）生徒の学習についての観点別学習状況の評価・評定の結
果

なお，特別支援学校は，生徒の障害に応じた教育を行うことから，教育
課程の編成や教材・教具，施設・設備の工夫と整備，医療・福祉等関係機
関との連携，個別の指導計画や個別の教育支援計画の作成など，生徒の多

様な実態等を踏まえた対応が必要である。また，小・中学校等の要請に応じ，特別支援教育に関する助言・援助を行うこと（センター的機能）も期待されるなどの特性が存在する。このことから，学校評価の進め方や具体的な評価項目・指標等の設定などに当たっては，その特性にかんがみ，適宜ふさわしい在り方を考慮しながら取組を進めることが重要である。

(2) 各分野における学校の全体計画等の関連付け（第1章第2節第6款の1の(2)）

> (2) 教育課程の編成及び実施に当たっては，学校保健計画，学校安全計画，食に関する指導の全体計画，いじめの防止等のための対策に関する基本的な方針など，各分野における学校の全体計画等と関連付けながら，効果的な指導が行われるように留意するものとする。

　本項は，教育課程の編成及び実施に当たり，法令等の定めにより学校が策定すべき各分野の全体計画等と関連付けて，当該全体計画等に示す教育活動が効果的に実施されるようにすることを示している。

　各学校は，法令等の定めにより，学校保健計画，学校安全計画，食に関する指導の全体計画，いじめの防止等のための対策に関する基本的な方針など，各分野における学校の全体計画等を策定することとされている。これらの全体計画等には，生徒への指導に関する事項や学校運営に関する事項を位置付けることとなる。そのため，教育課程の編成及び実施に当たっては，これらの全体計画等との関連付けを十分に行うことで，カリキュラム・マネジメントの充実が図られ，効果的な指導を実現することにつながる。

〔学校保健計画〕
○学校保健安全法
　（学校保健計画の策定等）
第5条　学校においては，児童生徒等及び職員の心身の健康の保持増進を図るため，児童生徒等及び職員の健康診断，環境衛生検査，児童生徒等に対する指導その他保健に関する事項について計画を策定し，これを実施しなければならない。

〔学校安全計画〕
○学校保健安全法
　（学校安全計画の策定等）

215

第27条　学校においては，児童生徒等の安全の確保を図るため，当該学校の施設及び設備の安全点検，児童生徒等に対する通学を含めた学校生活その他の日常生活における安全に関する指導，職員の研修その他学校における安全に関する事項について計画を策定し，これを実施しなければならない。

〔食に関する指導の全体計画〕
○学校給食法
第10条　栄養教諭は，児童又は生徒が健全な食生活を自ら営むことができる知識及び態度を養うため，学校給食において摂取する食品と健康の保持増進との関連性についての指導，食に関して特別の配慮を必要とする児童又は生徒に対する個別的な指導その他の学校給食を活用した食に関する実践的な指導を行うものとする。この場合において，校長は，当該指導が効果的に行われるよう，学校給食と関連付けつつ当該義務教育諸学校における食に関する指導の全体的な計画を作成することその他の必要な措置を講ずるものとする。

〔いじめの防止等のための対策に関する基本的な方針〕
○いじめ防止対策推進法
（学校いじめ防止基本方針）
第13条　学校は，いじめ防止基本方針又は地方いじめ防止基本方針を参酌し，その学校の実情に応じ，当該学校におけるいじめの防止等のための対策に関する基本的な方針を定めるものとする。

(3) 教育課程外の学校教育活動と教育課程との関連（第1章第2節第6款の1の(3)）

(3) 教育課程外の学校教育活動と教育課程との関連が図られるように留意するものとする。特に，生徒の自主的，自発的な参加により行われる部活動については，スポーツや文化，科学等に親しませ，学習意欲の向上や責任感，連帯感の涵養等，学校教育が目指す資質・能力の育成に資するものであり，学校教育の一環として，教育課程との関連が図られるよう留意すること。その際，学校や地域の実態に応じ，地域の人々の協力，社会教育施設や社会教育関係団体等の各種団体との連携などの運営上の工夫を行い，持続可能な運営体制が整えられるようにするものとする。

高等部の時期は，生徒自身の興味・関心に応じて，教育課程外の学校教育活動や地域の教育活動など，生徒による自主的・自発的な活動が多様化していく段階にある。少子化や核家族化が進む中にあって，高等部の生徒が学校外の様々な活動に参加することは，ともすれば学校生活にとどまりがちな生徒の生活の場を地域社会に広げ，幅広い視野に立って自らのキャリア形成を考える機会となることも期待される。このような教育課程外の様々な教育活動を教育課程と関連付けることは，生徒が多様な学びや経験をする場や自らの興味・関心を深く追究する機会などの充実につながる。

　特に，学校教育の一環として行われる部活動は，異年齢との交流の中で，生徒同士や教師と生徒等の人間関係の構築を図ったり，生徒自身が活動を通して自己肯定感を高めたりするなど，その教育的意義が高いことも指摘されている。

　そうした教育的意義が部活動の充実の中のみで図られるのではなく，例えば，運動部の活動において保健体育科の指導との関連を図り，競技を「すること」のみならず，「みる，支える，知る」といった視点からスポーツに関する科学的知見やスポーツとの多様な関わり方及びスポーツがもつ様々なよさを実感しながら，自己の適性等に応じて，生涯にわたるスポーツとの豊かな関わり方を学ぶなど，教育課程外で行われる部活動と教育課程内の活動との関連を図る中で，その教育効果が発揮されることが重要である。

　このため，本項では生徒の自主的，自発的な参加により行われる部活動について，

① スポーツや文化及び科学等に親しませ，学習意欲の向上や責任感，連帯感の涵養，互いに協力し合って友情を深めるといった好ましい人間関係の形成等に資するものであるとの意義があること，

② 部活動は，教育課程において学習したことなども踏まえ，自らの適性や興味・関心等をより深く追求していく機会であることから，第2章以下に示す各教科・科目等又は各教科等の目標及び内容との関係にも配慮しつつ，生徒自身が教育課程において学習する内容について改めてその大切さを認識するよう促すなど，学校教育の一環として，教育課程との関連が図られるよう留意すること，

③ 一定規模の地域単位で運営を支える体制を構築していくことが長期的には不可欠であることから，設置者等と連携しながら，学校や地域の実態に応じ，教師の勤務負担軽減の観点も考慮しつつ，部活動指導員等のスポーツや文化及び科学等にわたる指導者や地域の人々の協力，体育館や公民館などの社会教育施設や地域のスポーツクラブといった社会教育関係団体等の各種団体との連携などの運営上の工夫を行うこと，

をそれぞれ規定している。

第7節
学校運営上
の留意事項

217

学校が部活動を実施するに当たっては，本項や中央教育審議会での学校における働き方改革に関する議論，また，運動部活動については「運動部活動の在り方に関する総合的なガイドライン（平成30年3月スポーツ庁）」，文化部活動については「文化部活動の在り方に関する総合的なガイドライン（平成30年12月文化庁）」を参考に，教師の勤務負担を考慮しつつ，生徒が参加しやすいよう実施形態などを工夫するとともに，生徒の生活全体を見渡して休養日や活動時間を適切に設定するなど生徒のバランスのとれた生活や成長に配慮することが必要である。その際，生徒の心身の健康管理，事故防止及び体罰・ハラスメントの防止に留意すること。

● 2　家庭や地域社会との連携並びに学校間の連携や交流及び共同学習

(1) 家庭や地域社会との連携及び協働と世代を越えた交流の機会（第1章第2節第6款の2の(1)）

> 2　家庭や地域社会との連携及び協働と学校間の連携
> 　教育課程の編成及び実施に当たっては，次の事項に配慮するものとする。
> (1) 学校がその目的を達成するため，学校や地域の実態等に応じ，教育活動の実施に必要な人的又は物的な体制を家庭や地域の人々の協力を得ながら整えるなど，家庭や地域社会との連携及び協働を深めること。また，高齢者や異年齢の子供など，地域における世代を越えた交流の機会を設けること。

　教育基本法には，第13条において「学校，家庭及び地域住民その他の関係者は，教育におけるそれぞれの役割と責任を自覚するとともに，相互の連携及び協力に努めるものとする。」と規定されている。また，学校教育法には，「小学校は，当該小学校に関する保護者及び地域住民その他の関係者の理解を深めるとともに，これらの者との連携及び協力の推進に資するため，当該小学校の教育活動その他の学校運営の状況に関する情報を積極的に提供するものとする。」と規定されている（同法第82条において準用する第43条）。このように，学校がその目的を達成するためには，家庭や地域の人々とともに生徒を育てていくという視点に立ち，家庭，地域社会との連携を深め，学校内外を通じた生徒の生活の充実と活性化を図ることが大切である。また，学校，家庭，地域社会がそれぞれ本来の教育機能を発揮し，全体としてバランスのとれた教育が行われることが重要である。

　そのためには，教育活動の計画や実施の場面では，家庭や地域の人々の積極的

な協力を得て生徒にとって大切な学習の場である地域の教育資源や学習環境を一層活用していくことが必要である（第1章第2節第1款の5）。特に高等部では，就業体験活動の機会の確保（第1章第2節第2款の3の(6)のア）を図るためにも，産業界等とも十分に連携することが極めて重要である。また，例えば，地域住民や保護者等が学校運営に参画する仕組みである学校運営協議会制度の活用などにより，各学校の教育方針や特色ある教育活動，生徒の状況などについて家庭や地域の人々に適切に情報発信し理解や協力を得たり，家庭や地域の人々の学校運営などに対する意見を的確に把握して自校の教育活動に生かしたりすることが大切である。さらに，家庭や地域社会における生徒の生活の在り方が学校教育にも大きな影響を与えていることを考慮し，休業日も含め学校施設の開放，地域の人々や生徒向けの学習機会の提供，地域社会の一員としての教師のボランティア活動を通して，家庭や地域社会に積極的に働きかけ，それぞれがもつ本来の教育機能が総合的に発揮されるようにすることも大切である。なお，その際，家庭や地域社会が担うべきものや担った方がよいものは家庭や地域社会が担うように促していくなど，相互の意思疎通を十分に行い，適切な役割分担を図ることが必要である。

　また，都市化や核家族化の進行により，日常の生活において，生徒が高齢者と交流する機会は減少している。そのため，学校は生徒が高齢者と自然に触れ合い交流する機会を設け，高齢者に対する感謝と尊敬の気持ちや思いやりの心を育み，高齢者から様々な生きた知識や人間の生き方を学んでいくことが大切である。高齢者との交流としては，例えば，授業や学校行事などに地域の高齢者を招待したり，高齢者福祉施設などを訪問したりして，高齢者の豊かな体験に基づく話を聞き，介護の簡単な手伝いをするなどといった体験活動が考えられる。また，異年齢の子供など地域の様々な人々との世代を越えた交流を図っていくことも考えられる。

　こうした取組を進めるに当たっては，特に，家庭科において，子供や高齢者に関する内容について指導する際に，乳幼児や高齢者との触れ合いや交流などの実践的な活動を取り入れるよう努めるとともに，総合的な探究の時間や特別活動などを活用することが考えられる。また，学校は介護や福祉の専門家の協力を求めたり，地域社会や学校外の関係施設や団体で働く人々と連携したりして，積極的に交流を進めていくことが大切である。

(2) 学校相互間の連携や交流（第1章第2節第6款の2の(2)）

(2) 他の特別支援学校や，幼稚園，認定こども園，保育所，小学校，中学校，高等学校及び大学などとの間の連携や交流を図るとともに，障害の

ない幼児児童生徒との交流及び共同学習の機会を設け，共に尊重し合いながら協働して生活していく態度を育むようにすること。

　　特に，高等部の生徒の経験を広げて積極的な態度を養い，社会性や豊かな人間性を育むために，学校の教育活動全体を通じて，高等学校の生徒などと交流及び共同学習を計画的，組織的に行うとともに，地域の人々などと活動を共にする機会を積極的に設けること。

　学校同士が相互に連携を図り，積極的に交流を深めることによって，学校生活をより豊かにするとともに，生徒の人間関係や経験を広げるなど広い視野に立った適切な教育活動を進めていくことが必要である。その際には，近隣の学校のみならず異なった地域の学校同士において，あるいは同一校種だけでなく異校種間においても，このような幅広い連携や交流が考えられる。

　学校間の連携としては，例えば，同一都道府県等や近隣の学校同士が学習指導や生徒指導のための連絡会を設けたり，合同の研究会や研修会を開催したりすることなどが考えられる。その際，他の特別支援学校や高等学校などとの間で相互に生徒の実態や指導の在り方などについて理解を深めることは，それぞれの学校の役割の基本を再確認することとなるとともに，広い視野に立って教育活動の改善・充実を図っていく上で極めて有意義であり，生徒に対する一貫性のある教育を相互に連携し協力し合って推進するという新たな発想や取組が期待される。

　学校同士の交流としては，例えば，近隣の他の特別支援学校や高等学校，中学校，小学校，幼稚園，認定こども園，保育所と学校行事，クラブ活動や部活動，自然体験活動，ボランティア活動などを合同で行ったり，自然や社会環境が異なる学校同士が相互に訪問したり，コンピュータや情報通信ネットワークなどを活用して交流したりすることなどが考えられる。これらの活動を通じ，学校全体が活性化するとともに，生徒が幅広い体験を得，視野を広げることにより，豊かな人間形成を図っていくことが期待される。

　特別支援学校や高等学校等が，それぞれの学校の教育課程に位置付けて，障害のある者とない者が共に活動する交流及び共同学習は，障害のある生徒の経験を広め，社会性を養い，豊かな人間性を育てる上で，大きな意義を有しているとともに，双方の生徒にとって，意義深い教育活動であることが明らかになってきている。また，平成23年8月の障害者基本法の改正によって，第16条第3項に「国及び地方公共団体は，障害者である児童及び生徒と障害者でない児童及び生徒との交流及び共同学習を積極的に進めることによつて，その相互理解を促進しなければならない。」と規定された。よって，今回の改訂においても，特別支援学校の生徒と高等学校等の生徒などと交流及び共同学習を計画的，組織的に行うことを位置付けている。

障害者である児童及び生徒と障害者でない児童及び生徒が一緒に参加する活動は，相互の触れ合いを通じて豊かな人間性を育むことを目的とする交流の側面と，教科等のねらいの達成を目的とする共同学習の側面があるものと考えられる。「交流及び共同学習」とは，このように両方の側面が一体としてあることをより明確に表したものである。したがって，この二つの側面を分かちがたいものとして捉え，推進していく必要がある。

　交流及び共同学習は，生徒が他の学校の生徒と理解し合うための絶好の機会であり，同じ社会に生きる人間として，互いを正しく理解し，共に助け合い，支え合って生きていくことの大切さを学ぶ場でもあると考えられる。交流及び共同学習の内容としては，例えば，高等学校等と学校行事，クラブ活動や部活動，自然体験活動，ボランティア活動などを合同で行ったり，文通や作品の交換，コンピュータや情報通信ネットワークなどを活用してコミュニケーションを深めたりすることなどが考えられる。これらの活動を通じ，学校全体が活性化するとともに，生徒が幅広い体験を得，視野を広げることにより，豊かな人間形成を図っていくことが期待される。

　交流及び共同学習の実施に当たっては，双方の学校同士が十分に連絡を取り合い，指導計画に基づく内容や方法を事前に検討し，各学校や障害のある生徒一人一人の実態に応じた様々な配慮を行うなどして，組織的，計画的に継続した活動を実施することが大切である。

　高等部については，他の高等学校において科目の単位を修得することのできる学校間連携（学校教育法施行規則第135条5項において準用する第97条第1項及び第2項），ボランティア活動や就業体験活動などの学校外活動に対する単位認定（同施行規則第135条5項において準用する第98条第3項，平成10年文部省告示第41号）が制度化されており，こうした取組を積極的に進めていくことが期待される。

(3) 特別支援教育に関するセンターとしての役割（第1章第2節第6款の3）

> 3　高等学校等の要請により，障害のある生徒又は当該生徒の教育を担当する教師等に対して必要な助言又は援助を行ったり，地域の実態や家庭の要請等により保護者等に対して教育相談を行ったりするなど，各学校の教師の専門性や施設・設備を生かした地域における特別支援教育のセンターとしての役割を果たすよう努めること。その際，学校として組織的に取り組むことができるよう校内体制を整備するとともに，他の特別支援学校や地域の高等学校等との連携を図ること。

　特別支援学校は，特別支援教育に関する相談のセンターとして，その教育上の専門性を生かし，地域の高等学校等の教師や保護者に対して教育相談等の取組を進めてきた。

　学校教育法第74条においては，特別支援学校が高等学校等の要請に応じて，児童生徒の教育に対する必要な助言又は援助を行うよう努めるものとするという規定が設けられていることを踏まえて，特別支援学校が地域の実態や家庭の要請等に応じて，児童生徒やその保護者に対して行ってきた教育相談等のセンターとしての役割に加え，地域の高等学校等の要請に応じ，障害のある児童生徒等や担当する教師等に対する助言や援助を行うこと，その際学校として組織的に取り組むこと，他の特別支援学校や高等学校等と連携を図ることを示している。

　なお，高等部学習指導要領では，「高等学校等の要請により……」としており，高等学校だけではなく，幼稚園，認定こども園，保育所，小・中学校等に在籍する障害のある幼児児童生徒や担当教師等への支援も含まれていることに留意する必要がある。

　特別支援教育に関するセンター的機能に関しては，平成17年12月の中央教育審議会答申「特別支援教育を推進するための制度の在り方について」において，①小・中学校等の教師への支援機能，②特別支援教育等に関する相談・情報提供機能，③障害のある幼児児童生徒への指導・支援機能，④医療，福祉，労働等の関係機関等との連絡・調整機能，⑤小・中学校等の教師に対する研修協力機能，⑥障害のある幼児児童生徒への施設・設備等の提供機能の6点にわたって示している。

　また，中央教育審議会答申においては，特別支援学校における特別支援教育コーディネーターは，校内における取組だけでなく，例えば，高等学校等に在籍する生徒に対する巡回による指導を行ったり，特別支援学校の教師の専門性を活用しながら教育相談を行ったりするなど，域内の教育資源の組合せ（スクールクラスター）の中で，コーディネーターとしての機能を発揮していくことが求められるとしている。

　そうしたことを踏まえ，高等学校学習指導要領等においては，特別支援学校の助言又は援助を活用しつつ，生徒の障害の状態等に応じた指導内容や指導方法の工夫を組織的かつ計画的に行うことが示されている（高等学校学習指導要領第1章第5款の2の(1)のア）。

　高等学校等に対する具体的な支援の活動内容としては，例えば，個別の指導計画や個別の教育支援計画を作成する際の支援のほか，自立活動の指導に関する支援，難聴の生徒の聴力測定の実施や補聴器の調整，弱視の生徒に対する教材・教具の提供，授業に集中しにくい生徒の理解や対応に関する具体的な支援等が考え

られる。

　特に，高等学校においては，平成28年12月に学校教育法施行規則及び「学校教育法施行規則第140条の規定による特別の教育課程について定める件」（平成5年文部省告示第7号）の一部改正等が行われ，平成30年4月から高等学校等において通級による指導ができることとなった。高等学校等における通級による指導の制度化を踏まえ，今回改訂された高等学校学習指導要領では，第1章第5款の2の(1)のイにおいて，通級による指導を行う場合には，特別支援学校高等部学習指導要領第6章に示す自立活動の内容を参考とし，具体的な目標や内容を定め，指導を行うものとすること，通級による指導が効果的に行われるよう，高等学校における各教科・科目等と通級による指導との関連を図るなど，教師間の連携に努めることが，新たに示された。その際，特別支援学校が，自立活動に関する助言や援助を行っていくことも考えられる。

　さらに，保護者等に対して，障害のある生徒にとって必要な教育の在り方や見通しについての情報を提供するなどして，特別支援教育の実際についての理解を促す活動もある。

　支援に当たっては，例えば，特別支援学校の教師が高等学校等を訪問して助言を行ったり，障害種別の専門性や施設・設備の活用等について伝えたりすることなども考えられる。

　以上のように，特別支援教育のセンターとしての役割には様々な活動が考えられるが，特別支援学校においては，在籍する生徒に対する教育を今後一層充実するとともに，それぞれの地域の実態を適切に把握して，必要とされるセンターとしての機能の充実を図っていくことが大切である。

　また，特別支援学校が，地域における特別支援教育のセンターとしての役割を果たしていくためには，各学校において，教師同士の連携協力はもとより，校務分掌や校内組織を工夫するなどして，校内体制を整備し，学校として組織的に取り組むことが必要である。

　さらに，高等学校においては，普通科，専門学科及び総合学科の各学科や全日制，定時制及び通信制の各課程が設けられており，多様で柔軟な教育の機会を提供している。また，専修学校や高等専門学校を含め，それぞれの学校に在籍する障害のある生徒の実態は多様であることから，他の特別支援学校や高等学校等との連携の下，例えば，実習等における安全の確保や就労に向けた指導など，それぞれの学校の有する専門性を生かした指導や支援を進めていくことが重要である。このほか，特別支援教育センター等の教育機関，児童相談所等の福祉機関，病院等の医療機関，ハローワーク（公共職業安定所）等の労働機関などとの連携協力を図り，ネットワークを形成する中で特別支援学校が適切な役割を果たすことも考えられる。

第8節　道徳教育推進上の配慮事項

● 1　道徳教育の指導体制と全体計画

(1) 道徳教育の指導体制（第1章第2節第7款の1前段）

> 第7款　道徳教育に関する配慮事項
>
> 　道徳教育を進めるに当たっては，道徳教育の特質を踏まえ，第1節及び
> 第1款から第6款までに示す事項に加え，次の事項に配慮するものとする。
> 1　各学校においては，第1款の2の(2)に示す道徳教育の目標を踏まえ，
> 　道徳教育の全体計画を作成し，校長の方針の下に，道徳教育の推進を主
> 　に担当する教師（「道徳教育推進教師」という。）を中心に，全教師が協
> 　力して道徳教育を展開すること。

ア　校長の方針の明確化

　高等部における道徳教育は第1章第1款の2の(2)の2段目に示すように，学校の教育活動全体で人間としての在り方生き方に関する教育を通して行うことによりその充実を図るものであり，学校の教育課程の管理者である校長は，その指導力を発揮し，学校の道徳教育の基本的な方針を全教師に明確に示すことが必要である。校長は道徳教育の改善・充実を視野におきながら，関係法規や社会的な要請，学校や地域社会の実情，生徒の道徳性に関わる実態，家庭や地域社会の期待などを踏まえ，学校の教育目標との関わりで，道徳教育の基本的な方針等を明示しなければならない。中学部又は中学校までの道徳教育とのつながりを意識するとともに，各学校や生徒の実態を踏まえ，学校としての道徳教育の重点を示すことが重要である。

　校長が道徳教育の方針を明示することにより，全教師が道徳教育の重要性についての認識を深めるとともに，学校の道徳教育の重点や推進すべき方向について共通に理解し，具体的な指導を行うことができる。また，校長の方針は，全教師が協力して学校の道徳教育の諸計画を作成し，展開し，その不断の改善，充実を図っていく上でのよりどころになるものである。

イ　道徳教育推進教師を中心とした全教師による協力体制の整備

(ア) 道徳教育推進教師の役割

　道徳教育推進教師には，人間としての在り方生き方に関する教育を学校の

教育活動全体を通じて推進する上での中心となり，全教師の参画，分担，協力の下に，その充実が図られるよう働きかけていくことが望まれる。全教師による協力体制を整えるためには，道徳教育推進教師の役割を明確にしておく必要があり，その役割としては，以下に示すような事柄が考えられる。

- ・　道徳教育の全体計画の作成に関すること
- ・　全教育活動における道徳教育の推進，充実に関すること
- ・　道徳科の充実と指導体制に関すること（知的障害者である生徒に対する教育を行う特別支援学校）
- ・　道徳教育用教材の整備・充実・活用に関すること
- ・　道徳教育の情報提供や情報交換に関すること
- ・　道徳教育の全体計画の公開など家庭や地域社会との共通理解に関すること
- ・　道徳教育の研修の充実に関すること
- ・　道徳教育の全体計画の評価に関すること　　など

　また，各教師がそれぞれの役割を自覚しその役割を進んで果たす上でも，全教師による協力体制を整えることは重要である。なお，道徳教育推進教師については，その職務の内容に鑑み，校長が適切に任命するとともに，学校の実態に応じて人数等に工夫を加えるなどの創意工夫が求められる。さらに，道徳教育推進教師の研修や近隣の学校の道徳教育推進教師との連携等も積極的に進め，道徳教育の充実に努めることが大切である。

(イ) 協力体制の充実

　学校が組織体として一体となって道徳教育を進めるためには，校長の明確な方針と道徳教育推進教師等の役割の明確化とともに，全教師が指導力を発揮し，協力して道徳教育を展開できる体制を整える必要がある。例えば，家庭や地域社会との共通理解など，道徳教育を推進する上での課題に合わせた組織を設けるなど，学校の実態に応じて全教師が積極的に関わることができる機能的な協力体制を構築することが大切である。特に，小学部・中学部と異なり，道徳科が設けられていない視覚障害者，聴覚障害者，肢体不自由者又は病弱者である生徒に対する教育を行う特別支援学校高等部では，校長のリーダーシップの下，道徳教育推進教師を軸としながら，ホームルーム担任である教師だけでなく全教師が道徳教育の担当であるという意識で推進する必要がある。校長は道徳教育の推進体制の充実を図るだけでなく，例えば校長自身も節目節目での講話等を通じて直接生徒に語りかけ，生徒が人間としての在り方生き方について考える機会を作ることにも大きな意義がある。

(2) 道徳教育の全体計画（第1章第2節第7款の1後段）

> なお，道徳教育の全体計画の作成に当たっては，生徒や学校，地域の実態
> に応じ，指導の方針や重点を明らかにして，各教科・科目等との関係を明
> らかにすること。その際，視覚障害者，聴覚障害者，肢体不自由者又は病
> 弱者である生徒に対する教育を行う特別支援学校においては，第2章第1
> 節第1款において準ずるものとしている高等学校学習指導要領第2章第3
> 節の公民科の「公共」及び「倫理」並びに第5章の特別活動が，人間とし
> ての在り方生き方に関する中核的な指導の場面であることに配慮すること。
> また，知的障害者である生徒に対する教育を行う特別支援学校において
> は，学校の道徳教育の重点目標を設定するとともに，道徳科の指導方針，
> 第3章特別の教科道徳（知的障害者である生徒に対する教育を行う特別支
> 援学校）に示す内容との関連を踏まえた各教科，総合的な探究の時間，特
> 別活動及び自立活動における指導の内容及び時期並びに家庭や地域社会と
> の連携の方法を示すこと。

① 道徳教育の全体計画

ア　全体計画の意義

高等部における道徳教育の全体計画は，人間としての在り方生き方に関す
る教育の基本的な方針を示すとともに，学校の教育活動全体を通して，道徳
教育の目標を達成するための方策を総合的に示した教育計画である。

学校における道徳教育の中軸となるのは，学校の設定する道徳教育の基本
的な方針である。全体計画は，その基本方針を具現化し，学校としての道徳
教育の目標を達成するために，どのようなことに重点的に取り組むのか，各
教育活動はどのような役割を分担し関連を図るのか，家庭や地域社会との共
通理解をどう図っていくのかなどについて総合的に示すものでなければなら
ない。

このような全体計画は，特に次の諸点において重要な意義をもつ。

(ア) 人格の形成及び国家，社会の形成者として必要な資質の育成を図る場と
して学校の特色や実態及び課題に即した道徳教育が展開できる

各学校においては，様々な教育の営みが人格の形成や国家，社会の形成
者として必要な資質の育成につながっていることを意識し，特色があり，
課題を押さえた道徳教育の充実を図ることができる。答えが一つではない
課題に誠実に向き合い，それらを自分のこととして捉え，他者と協働し自
分の答えを見いだしていく思考力，判断力，表現力等や，これらの基にな
る主体性を持って多様な人々と協働して学ぶ態度の育成が求められてい

る。

(イ) 学校における道徳教育の重点目標を明確にして取り組むことができる

　学校としての重点目標を明確にし，それを全教師が共有することにより，学校の教育活動全体で行う道徳教育に方向性をもたせることができる。

(ウ) 視覚障害者，聴覚障害者，肢体不自由者又は病弱者である生徒に対する教育を行う特別支援学校においては，「人間としての在り方生き方」を目標に掲げる公民科の「公共」及び「倫理」並びに特別活動の中核的な指導の場面としての位置付けや役割が明確になる

　公民科の「公共」及び「倫理」並びに特別活動で担うべきことを理解する。また，全体計画は，公民科の「公共」及び「倫理」並びに特別活動の年間指導計画を作成するよりどころにもなる。

(エ) 知的障害者である生徒に対する教育を行う特別支援学校においては，道徳教育の要としての道徳科の位置付けや役割が明確になる

　道徳科で進めるべきことを押さえるとともに，教育活動相互の関連を図ることができる。また，全体計画は，道徳科の年間指導計画を作成するよりどころにもなる。

(オ) 全教師による一貫性のある道徳教育が組織的に展開できる

　全教師が全体計画の作成に参加し，その活用を図ることを通して，道徳教育の基本的な方針やそれぞれの役割についての理解が深まり，組織的で一貫した道徳教育の展開が可能になる。

(カ) 家庭や地域社会との共通理解・連携を深め，保護者や地域住民の協力を可能にする

　全体計画を公表し，家庭や地域社会の理解を得ることにより，家庭や地域社会と連携し，その協力を得ながら道徳教育の充実を図ることができる。

イ　全体計画の内容

　全体計画は，各学校において，校長の明確な方針の下に，道徳教育推進教師が中心となって，全教師の協力により創意と英知を結集して作成されるものであるとともに，学校全体で行う道徳教育の全体計画を作成，実施するに当たっては，小・中学部及び小・中学校の道徳教育との接続を意識することが求められる。その上で，各学校において全体計画を作成，実施するに当たっては，各学校や生徒の実態に応じて，取り扱う内容を重点化して示すことが大切である。作成に当たっては，上記の意義を踏まえて次の事項を含めることが望まれる。

(ア) 基本的把握事項

計画作成に当たって把握すべき事項として，次の内容が挙げられる。

- 教育関係法規の規定，時代や社会の要請や課題，教育行政の重点施策
- 学校や地域の実態と課題，教職員や保護者の願い
- 生徒の実態や発達の段階等

(イ) 具体的計画事項

基本的把握事項を踏まえ，各学校が全体計画に示すことが望まれる事項として，次の諸点を挙げることができる。

- 学校の教育目標，道徳教育の重点目標，学部及び各学年の重点目標
- 各教科・科目，総合的な探究の学習の時間，特別活動及び自立活動における道徳教育の指導の方針及び内容（視覚障害者，聴覚障害者，肢体不自由者又は病弱者である生徒に対する教育を行う特別支援学校）

  重点的指導との関連や各教科・科目等の指導計画を作成する際の道徳教育の観点を記述する。また，中核的な指導の場面である公民科の「公共」及び「倫理」並びに特別活動をはじめとして，各教科・科目等の方針に基づいて進める道徳性を養うことに関わる指導の内容を整理して示す。

- 道徳科の指導の方針（知的障害者である生徒に対する教育を行う特別支援学校）

  年間指導計画を作成する際の観点や重点目標に関わる内容の指導の工夫，校長や副校長，教頭等の参加，他の教師との協力的な指導等を記述する。

- 各教科，外国語活動，総合的な探究の時間，特別活動及び自立活動などにおける道徳教育の指導の方針，内容及び時期（知的障害者である生徒に対する教育を行う特別支援学校）

  重点内容項目との関連や各教科等の指導計画を作成する際の道徳教育の観点を記述する。また，各教科等の方針に基づいて進める道徳性の育成に関わる指導の内容及び時期を整理して示す。

- 特色ある教育活動や豊かな体験活動における指導との関連

  学校や地域の特色を生かした取組や生徒指導との関連，就業体験活動，ボランティア活動，自然体験活動など生徒の内面に根ざした道徳性を養うことに関わる豊かな体験活動との関連を示す。

- ホームルーム，学校の人間関係，環境の整備や生活全般における指導の方針

　　　　日常的なホームルーム経営を充実させるための具体的な計画等を記
　　　述する。
　　・　家庭，地域社会，関係機関，小学校・中学校・高等学校等との連携
　　　の方針
　　　　道徳教育講演会の実施，地域教材の開発や活用，広報活動や授業等
　　　に保護者や地域の人々の積極的な参加や協力を得る具体的な計画や方
　　　策，学校・中学校・高等学校等との連携方針等を記述する。
　　・　道徳教育の推進体制
　　　　道徳教育推進教師の位置付けも含めた学校の全教師による推進体制
　　　等を示す。
　　・　その他
　　重点的指導に関する添付資料等
　　　　例えば，道徳教育の重点目標に関わる各教科・科目等における指導
　　　の内容，体験活動や実践活動の時期，研修計画などに関する資料等を
　　　整理して添付する。

　なお，「重点的指導」とは，各学校が定める道徳教育の重点目標に関わる
各教科・科目等又は各教科等における指導を示すことが考えられる。
　このようにして作成した全体計画は，家庭や地域の人々の積極的な理解を
得るとともに，様々な意見を聞き一層の改善に役立てるために，その趣旨や
概要等を学校通信に掲載したり，ホームページで紹介したりするなど，積極
的に公開していくことが求められる。

ウ　全体計画作成上の創意工夫と留意点

　全体計画の作成に当たっては，理念だけに終わることなく，具体的な指導
に生きて働くものになるよう体制を整え，全教師で創意工夫をして，特に次
のことに留意しながら作業を進めることが大切である。

(ア) 校長の明確な方針の下に道徳教育推進教師を中心として全教師の協力・指導体制を整える

　学校における道徳教育は，人格の基盤となる道徳性を育成するものであ
り，学校の教育活動全体で指導し，家庭や地域社会との連携の下に進めね
ばならないことから，特に校長が指導力を発揮し，道徳教育推進教師が中
心となって全教師が全体計画の作成に参画するよう体制を整える必要があ
る。

229

(イ) 道徳教育及び道徳科（知的障害者である生徒に対する教育を行う特別支援学校）の特質を理解し，教師の意識の高揚を図る

　　全教師が，道徳教育及び道徳科（知的障害者である生徒に対する教育を行う特別支援学校）の重要性や特質について理解が深められるよう，関係する教育法規や教育課程の仕組み，時代や社会の要請，生徒の実態，保護者や地域の人々の意見等について研修を行い，教師自身の日常的な指導の中での課題が明確になるようにする。そのことを通して，全体計画の作成に関わる教師の意識の高揚を図ることができ，その積極的な活用につなげることができる。

(ウ) 各学校の特色を生かして重点的な道徳教育が展開できるようにする

　　全体計画の作成に当たっては，学校や地域の実態を踏まえ，各学校の課題を明らかにし，道徳教育の重点目標や学部，各学年の指導の重点を明確にするなど，各学校の特色が生かされるよう創意工夫することが大切である。

　　第1章第2節第7款の2には，各学校において指導の重点化を図るために，今日的課題と高等部段階の発達上の課題を踏まえて道徳教育推進上の配慮事項を示している。各学校においては，それぞれの実態に応じて，学校の教育活動全体を通じてこれらの事項の指導が適切に行われ充実するよう工夫する必要がある。

　　また，知的障害者である生徒に対する教育を行う特別支援学校における道徳科の年間指導計画の作成に当たっても，全体計画に示した重点的な指導が反映されるよう工夫する必要がある。

(エ) 学校の教育活動全体を通じた道徳教育の相互の関連性を明確にする

　　視覚障害者，聴覚障害者，肢体不自由者又は病弱者である生徒に対する教育を行う特別支援学校においては，道徳教育の指導の方針や重点を基に，各教科・科目，総合的な探究の時間及び特別活動における道徳教育の関連を捉え，公民科の「公共」及び「倫理」並びに特別活動において人間としての在り方生き方に関する中核的な指導の場面としての役割が果たされるよう計画を工夫することが必要である。

　　また，学校教育全体において，豊かな体験活動がなされるよう計画することも大切である。

　　知的障害者である生徒に対する教育を行う特別支援学校においては，各教科，外国語活動，総合的な探究の時間，特別活動及び自立活動における道徳教育を，道徳科の内容との関連で捉え，道徳科が要としての役割を果たせるよう計画を工夫することが重要である。

　　また，学校教育全体において，豊かな体験活動がなされるよう計画する

とともに，体験活動を生かした道徳科が効果的に展開されるよう道徳科の年間指導計画等においても創意工夫することが大切である。

(オ) 生徒の実態を踏まえ，保護者及び地域の人々の意見を活用することや，学校間交流，関係諸機関などとの連携に努める

全体計画の作成に当たっては，生徒の実態や発達の段階，生徒との信頼関係を育む具体的な方策，保護者や地域の人々の意見に耳を傾け，それを全体計画に反映させ，必要に応じて指導に活用する柔軟な姿勢が大切である。

また，関係する幼稚園や保育所，小・中・高等学校，特別支援学校などとの連携や交流を図り，共通の関心の下に指導を行うとともに，福祉施設，企業等との連携や交流を深めることも大切であり，それらが円滑に行われるような体制等を工夫することが必要である。

(カ) 計画の実施及び評価・改善のための体制を確立する

全体計画は，学校における道徳教育の基本を示すものである。したがって，その実施状況を評価し，改善の必要があれば直ちにそれに着手できる体制を整えておくことが大切である。また，全教師による一貫性のある道徳教育を推進するためには，校内の研修体制を充実させ，全体計画の具体化や評価・改善に当たって必要となる事項についての理解を深める必要がある。

② 各教科・科目等又は各教科等における人間としての在り方生き方に関する教育

各教科・科目等又は各教科等における道徳教育を行う際には，次のような配慮をすることが求められる。

視覚障害者，聴覚障害者，肢体不自由者又は病弱者である生徒に対する教育を行う特別支援学校の高等部における人間としての在り方生き方に関する教育は，学校の教育活動全体を通じて各教科・科目，総合的な探究の学習の時間及び特別活動のそれぞれの特質に応じて実施するものである。特に公民科に新たに必履修科目として設けた「公共」及び新たに選択科目となった「倫理」並びに特別活動にはそれぞれの目標に「人間としての在り方生き方」を掲げており，これらを中核的な指導の場面として重視し，道徳教育の目標全体を踏まえた指導を行う必要がある。

今回の改訂において，公民科については，次のように，人間としての在り方生き方についての自覚を一層深めることを重視している。

「公共」では，人間と社会の在り方についての見方・考え方を働かせ，幸福，正義，公正などに着目して，現代の諸課題を捉え考察し，選択・判断する

ための手掛かりとなる概念や理論について理解し，それらについての考え方や公共的な空間における基本的な原理を活用して，現実社会の諸課題の解決に向けて，事実を基に多面的・多角的に考察し公正に判断する力や，合意形成や社会参画を視野に入れながら，構想したことを議論する力を養う学習を行い，現代社会に生きる人間としての在り方生き方についての自覚を深めることとした。

　特に，内容の「Ａ「公共」の扉」の「(2)公共的な空間における人間としての在り方生き方」では，倫理的主体として選択・判断する際の手掛かりとして，行為の結果である個人や社会全体の幸福を重視する考え方や，行為の動機となる公正などの義務を重視する考え方などについて理解し，それらの考え方を活用することを通して，行為者自身の人間としての在り方生き方について探求することが重要であることを理解できるようにしている。指導に当たっては，思考実験などを通して人間としての在り方生き方について多面的・多角的に考察し，表現できるようにすることが必要となる。

　「倫理」では，人間としての在り方生き方についての見方・考え方を働かせ，古今東西の幅広い知的蓄積を通して，より深く思索するための手掛かりとなる概念や理論について理解し活用して，現代の倫理的諸課題の解決に向けて，論理的に思考し，思索を深め説明したり対話したりする力を養い，現代社会に生きる人間としての在り方生き方についての自覚を深めることとした。

　特に，内容の「Ａ現代に生きる自己の課題と人間としての在り方生き方」の「(1)人間としての在り方生き方の自覚」では，生きる主体としての自己を確立する上での核となる自分自身に固有な選択基準ないし判断基準，つまり人生観，世界観ないし価値観を形成するために，人間の存在や価値に関わる基本的な課題について思索する活動を通して，人間の心の在り方，人生観，倫理観，世界観について理解し，それらを手掛かりとして，人間としての在り方生き方について多面的・多角的に考察し，表現できるようにしている。指導に当たっては，いかに生きればよいかという問いを切実に問い，その問いに，まず先哲がどのように問い，どのように答えを求めているかを参考にしながら，自らの答えを求めて思索を深めることができるようにすることが必要となる。

　なお，公民科については，「公共」を全ての生徒に履修させることとしている（第1章第2節第2款3(1)）。

　次に，特別活動におけるホームルーム活動や学校の生活における集団活動や体験的な活動は，日常生活における道徳的な実践の指導を行う重要な機会と場であり，特別活動が道徳教育に果たす役割は大きい。特別活動の目標には，「集団活動に自主的，実践的に取り組み」，「互いのよさや可能性を発揮」，「集団や自己の生活上の課題を解決」など，道徳教育でもねらいとする内容が含ま

れている。また，目指す資質・能力には，「多様な他者との協働」，「人間関係」，「人間としての生き方」，「自己実現」など，道徳教育でもねらいとする内容と共通している面が多く含まれており，道徳教育において果たすべき役割は極めて大きい。

　具体的には，例えば，自他の個性や立場を尊重しようとする態度，義務を果たそうとする態度，よりよい人間関係を深めようとする態度，社会に貢献しようとする態度，自分たちで約束をつくって守ろうとする態度，より高い目標を設定し諸問題を解決しようとする態度，自己のよさや可能性を大切にして集団活動を行おうとする態度などは，集団活動を通して身に付けることができる道徳性である。

　ホームルーム活動の内容(1)の「ホームルームや学校における生活づくりへの参画」は，ホームルームや学校の生活上の諸課題を見いだし，これを自主的に取り上げ，協力して課題解決していく自発的，自治的な活動である。このような生徒による自発的，自治的な活動によって，よりよい人間関係の形成や生活づくりに参画する態度などに関わる道徳性を身に付けることができる。

　また，ホームルーム活動の内容(2)の「日常の生活や学習への適応と自己の成長及び健康安全」では，自他の個性の理解と尊重，よりよい人間関係の形成，男女相互の理解と協力，国際理解と国際交流の推進，青年期の悩みや課題とその解決，生命の尊重と心身ともに健康で安全な生活態度や規律ある習慣の確立を示している。

　さらに，ホームルーム活動の内容(3)の「一人一人のキャリア形成と自己実現」では，学校生活と社会的・職業的自立の意義の理解，主体的な学習態度の確立と学校図書館等の活用，社会参画意識の醸成や勤労観，職業観の形成，主体的な進路の選択決定と将来設計を示している。これらのことについて，自らの生活を振り返り，自己の目標を定め，粘り強く取り組み，よりよい生活態度を身に付けようとすることは，道徳性の育成に密接な関わりをもっている。

　生徒会活動においては，全校の生徒が学校におけるよりよい生活を築くために，問題を見いだし，これを自主的に取り上げ，協力して課題解決していく自発的，自治的な活動を通して，異年齢によるよりよい人間関係の形成やよりよい学校生活づくりに参画する態度などに関わる道徳性を身に付けることができる。

　学校行事においては，特に，就業体験活動やボランティア精神を養う活動などの社会体験や自然体験，幼児児童生徒，高齢者などとの触れ合いや文化や芸術に親しむ体験を通して，よりよい人間関係の形成，自立的態度，心身の健康，協力，責任，公徳心，勤労，社会奉仕などに関わる道徳性の育成を図ることができる。

以上に加え，総合的な探究の時間においては，目標を「探究の見方・考え方を働かせ，横断的・総合的な学習を行うことを通して，自己の在り方生き方を考えながら，よりよく課題を発見し解決していくための資質・能力を次のとおり育成する」とし，育成を目指す資質・能力の三つの柱を示している。

　総合的な探究の時間の内容は，各学校で定めるものであるが，目標を実現するにふさわしい探究課題については，例えば，国際理解，情報，環境，福祉・健康などの現代的な諸課題に対応する横断的・総合的な課題，地域や学校の特色に応じた課題，生徒の興味・関心に基づく課題，職業や自己の進路に関する課題などを踏まえて設定することが考えられる。生徒が，横断的・総合的な学習を探究の見方・考え方を働かせて行うことを通して，このような現代社会の課題などに取り組み，これらの学習が自己の生き方在り方を考えながらよりよく課題を発見し解決していくことにつながっていくことになる。

　また，探究課題の解決を通して育成を目指す資質・能力については，主体的に判断して学習活動を進めたり，粘り強く考え解決しようとしたり，自己の目標を実現しようとしたり，他者と協調して生活しようとしたりする資質・能力の育成は道徳教育につながるものである。

　また，学校設定教科に関する科目として「産業社会と人間」を設けることができることを示し，その際の配慮事項として，「産業社会における自己の在り方生き方について考えさせ，社会に積極的に寄与し，生涯にわたって学習に取り組む意欲や態度を養う」ようにすることや，「自己の将来の生き方や進路についての考察」（第1章第2節第2款の3の(1)のアの(オ)の㋑）を行う指導をすることを示している。

　このほかの各教科・科目又は各教科においても目標や内容，配慮事項の中に関連する記述があり，例えば，各学科に共通する各教科の目標との関連をみると，特に次のような点を指摘することができる。

ア　国語科

　国語で的確に理解したり効果的に表現したりする資質・能力を育成する上で，生涯にわたる社会生活における他者との関わりの中で伝え合う力を高めることは，学校の教育活動全体で道徳教育を進めていくための基盤となるものである。また，思考力や想像力を伸ばすこと及び言語感覚を磨くことは，道徳的心情や道徳的判断力を養う基本になる。さらに，我が国の言語文化の担い手としての自覚をもち，生涯にわたり国語を尊重してその能力の向上を図る態度を養うことは，伝統と文化を尊重し，それらを育んできた我が国と郷土を愛することなどにつながるものである。

　教材選定の観点として，道徳性の育成に資する項目を国語科の特質に応じ

て示している。

イ　地理歴史科

現代世界の地域的特色と日本及び世界の歴史の展開に関して，多面的・多角的に考察し理解を深めることは，それらを通して涵養^{かん}される日本国民としての自覚，我が国の国土や歴史に対する愛情，他国や他国の文化を尊重することの大切さについての自覚などを深めることなどにつながるものである。

ウ　数学科

数学科の目標にある「数学を活用して事象を論理的に考察する力」，「事象の本質や他の事象との関係を認識し統合的・発展的に考察する力」，「数学的な表現を用いて事象を簡潔・明瞭・的確に表現する力」を高めることは，道徳的判断力の育成にも資するものである。また，「数学のよさを認識し積極的に数学を活用しようとする態度」，「粘り強く考え数学的論拠に基づいて判断しようとする態度」を養うことは，工夫して生活や学習をしようとする態度を養うことにも資するものである。

エ　理科

自然の事物・現象を探究する活動を通して，地球の環境や生態系のバランスなどについて考えさせ，自然と人間との関わりについて認識させることは，生命を尊重し，自然科学の保全に寄与する態度の育成につながるものである。また，見通しをもって観察，実験を行うことや，科学的に探究する力を育て，科学的に探究しようとする態度を養うことは，道徳的判断力や真理を大切にしようとする態度の育成にも資するものでる。

オ　保健体育科

科目「体育」における様々な運動の経験を通して，粘り強くやり遂げる，ルールを守る，集団に参加し協力する，自己の責任を果たす，一人一人の違いを大切にするといった態度が養われる。また，健康・安全についての理解は，健康の大切さを知り，生涯を通じて自らの健康を適切に管理し，改善することにつながるものである。

カ　芸術科

芸術を愛好する心情を育むとともに，感性を高めることは，美しいものや崇高なものを尊重することにつながるものである。また，心豊かな生活や社会を創造していく態度を養い，豊かな情操を培うことは，学校の教育活動全体で道徳教育を進めていく上で，基盤となるものである。

キ　外国語科

外国語科においては，第1款の目標(3)として「外国語の背景にある文化に対する理解を深め，聞き手，読み手，話し手，書き手に配慮しながら，主体的，自律的に外国語を用いてコミュニケーションを図ろうとする態度を養

う」と示している。「外国語の背景にある文化に対する理解を深め」ること
は，世界の中の日本人としての自覚をもち，国際的視野に立って，世界の平
和と人類の幸福に貢献することにつながるものである。また，「聞き手，読
み手，話し手，書き手に配慮」することは，外国語の学習を通して，他者を
配慮し受け入れる寛容の精神や平和・国際貢献などの精神を獲得し，多面的
思考ができるような人材を育てることにつながる。

ク　家庭科

家族・家庭，衣食住，消費や環境などについて，生活を主体的に営むため
に必要な理解を図るとともに，それらに係る技能を身に付けることは，より
よい生活習慣を身に付けることにつながるとともに，勤労の尊さや意義を理
解することにもつながるものである。また，家族・家庭の意義や社会との関
わりについて理解することや，自分や家庭，地域の生活を主体的に創造しよ
うとする実践的な態度を育てることは，家族への敬愛の念を深めるとともに
に，家庭や地域社会の一員としての自覚をもって自分の生き方を考え，生活
をよりよくしようとすることにつながるものである。

ケ　情報科

情報に関する科学的な見方・考え方を働かせ，情報と情報技術を適切に活
用するとともに，情報社会に主体的に参画する態度を養うことは，情報社会
で適正な活動を行うための基になる考え方と態度を身に付けさせることにつ
ながるものである。

コ　理数科

多角的，複合的に事象を捉え，数学や理科などに関する課題を設定して探
究し，課題を解決する力を養うとともに創造的な力を高めることは，道徳的
判断力の育成にも資するものである。また，「様々な事象や課題に向き合
い，粘り強く考え行動し，課題の解決や新たな価値の創造に向けて積極的に
挑戦しようとする態度」，「探究の過程を振り返って評価・改善しようとする
態度」，「倫理的な態度」を養うことは，工夫して生活や学習をしようとする
態度を養うことにも資するものである。

さらに，主として専門学科において開設される各教科・科目又は各教科につ
いても，今回の改訂において，例えば，農業科の目標を「農業に関する課題を
発見し，職業人に求められる倫理観を踏まえ合理的かつ創造的に解決する」と
し，職業に関する各教科を通じて職業人に求められる倫理観の育成の重要性を
より強調して示すなど，教育活動の様々な場面で人間としての在り方生き方に
関する指導が一層充実するよう配慮している。

各学校においては，道徳教育の充実が今回の改訂においても重視されている

ことを踏まえ，校長の方針の下に，道徳教育推進教師を中心に，全教師の連携協力のもと，年間指導計画に基づき，教育活動全体を通じて人間としての在り方生き方に関する教育が一層具体的に展開されるよう努める必要がある。

> 2 道徳教育を進めるに当たっては，中学部又は中学校までの特別の教科である道徳の学習等を通じて深めた，主として自分自身，人との関わり，集団や社会との関わり，生命や自然，崇高なものとの関わりに関する道徳的諸価値についての理解を基にしながら，様々な体験や思索の機会等を通して，人間としての在り方生き方についての考えを深めるよう留意すること。また，自立心や自律性を高め，規律ある生活をすること，生命を尊重する心を育てること，社会連帯の自覚を高め，主体的に社会の形成に参画する意欲と態度を養うこと，義務を果たし責任を重んじる態度及び人権を尊重し差別のないよりよい社会を実現しようとする態度を養うこと，伝統と文化を尊重し，それらを育んできた我が国と郷土を愛するとともに，他国を尊重すること，国際社会に生きる日本人としての自覚を身に付けることに関する指導が適切に行われるよう配慮すること。

第8節
道徳教育推進
上の配慮事項

　道徳教育を進めるに当たっては，中学部又は中学校までの道徳科の学習等を通じて深めた，主として「自分自身」,「人との関わり」,「集団や社会との関わり」,「生命や自然，崇高なものとの関わり」に関する道徳的諸価値についての理解を基にしながら，人間としての在り方生き方についての考えを深め，全学年を通じ，学校教育のあらゆる機会を捉えて，様々な体験や思索の機会等を通して指導することが求められる。その際，高等部の生徒という発達の段階や特性等を踏まえるとともに，学校，地域社会等の実態や課題に応じて，学校としての道徳教育の重点目標に基づき指導内容についての重点化を図ることが大切である。その際，小・中学部及び小・中学校の道徳教育の内容項目とのつながりを意識することも大切である。

　どのような内容を重点的に指導するかについては，各学校において生徒や学校の実態などを踏まえ工夫するものであるが，その際には社会的な要請や今日的課題，中学部又は中学校までの道徳科の学習を通じた道徳的諸価値の理解についても考慮し，次の(1)から(5)までについて指導するよう配慮することが求められる。

(1) 自立心や自律性を高め，規律ある生活をすること

高等部の時期は，自ら考え主体的に判断し行動することができるようになり，人間としての在り方生き方についての関心が高まってくる。また，教師や保護者など大人への依存から脱却して，自分なりの考えをもって精神的に自立していく時期である。さらに，他者の考えを尊重しつつ，自ら考え，自らの意志で決定し，その行為の結果には責任をもつという自律性を確立していく時期でもある。生徒が自己を振り返り，自己を深く見つめ，人間としての在り方生き方について考えを深め，生徒の自立心や自律性を高め，規律ある生活が送れるようにする取組が求められる。

(2) 生命を尊重する心を育てること

近年，生徒を取り巻く社会環境や生活様式も変化し，自然や人間との関わりの希薄さから，いじめや暴力行為，自殺・自傷行為など生命を軽視する行動につながり，社会問題になることもある。人間としての在り方生き方についての関心も高まるこの時期の生徒に，乳幼児や人生の先輩たちと触れ合ったり，医師や看護師などから生命に関する話を聞く機会をもったり，生命倫理に関わる問題を取り上げ話し合ったりすることなど，生命の尊さを深く考えさせ，かけがえのない生命を尊重する心を育成する取組が求められる。人間尊重の精神と生命に対する畏敬の念を培っていくことは，豊かな心を育むことの根本に置かれる課題の一つである。

(3) 社会連帯の自覚を高め，主体的に社会の形成に参画する意欲と態度を養うこと

地域社会は家庭や学校とともに大切な生活の場であり，生徒にとって，家庭，学校だけでなく，地域社会の一員としての自覚を深めることが大切である。自分が社会の構成員の一員であることを認識し，その中での役割を自覚して主体的に協力していくことのできるという社会連帯の自覚を高めることが求められている。地域の人々との人間関係を問い直したり，就業体験活動を通して自らの将来の生き方を思い描いたり，地域についての学習を通して将来の社会の在り方を協働して探究したり，ボランティア活動などの体験活動を生かしたりするなどして，社会の形成に主体的に参画しようとする意欲や態度を身に付けていくことが大切である。

(4) 義務を果たし責任を重んずる態度及び人権を尊重し差別のないよりよい社会を実現しようとする態度を養うこと

人間は集団や社会をつくり，他の人と互いに協力し合って生活している。社

238

会の秩序と規律の理解を深めて，自らに課せられた義務や責任を確実に果たすことの大切さを自覚することが求められる。さらには，自分と異なる他者の意見に十分耳を傾け，他者を尊重するとともに，各人が自他の人権を尊重し，世の中からあらゆる差別や偏見をなくすよう努力し，望ましい社会の理想を掲げ，そのような社会の実現に積極的に尽くすよう努める態度を養うよう配慮する必要がある。

(5) 伝統と文化を尊重し，それらを育んできた我が国と郷土を愛するとともに，他国を尊重すること，国際社会に生きる日本人としての自覚を身に付けること

知識基盤社会化やグローバル化がますます進展する中で，国際的規模の相互依存関係がより深まっている。将来の我が国を担う生徒は，郷土や国で育まれてきた優れた伝統と文化などのよさについて理解を深め，それらを育んできた我が国や郷土を愛するとともに，国際的視野に立って，他国の生活習慣や文化を尊重する態度を養うことが大切である。また，国際社会の中で独自性をもちながら国際社会の平和と発展，地球環境の保全に貢献できる国家の発展に努める日本人として，主体的に生きようとする態度を身に付けていくことが求められる。

● 3　豊かな体験活動の充実といじめの防止（第1章第2節第7款の3）

> 3　学校やホームルーム内の人間関係や環境を整えるとともに，就業体験活動やボランティア活動，自然体験活動，地域の行事への参加などの豊かな体験を充実すること。また，道徳教育の指導が，生徒の日常生活に生かされるようにすること。その際，いじめの防止や安全の確保等にも資することとなるように留意すること。

(1) 学校やホームルーム内の人間関係や環境を整えること
ア　教師と生徒の人間関係

生徒の道徳性の多くの部分は，日々の人間関係の中で養われる。学校やホームルームにおける人的な環境は，主に教師と生徒及び生徒相互の関わりにおいて形成される。

教師と生徒の人間関係においては，教師が生徒に対してもつ人間的関心と教育的愛情，生徒が教師の生き方に寄せる尊敬と相互の信頼が基盤となる。教師自身がよりよく生きようとする姿勢を示したり，教師が生徒と共に考

え，悩み，感動を共有していくという姿勢を見せたりすることで信頼が強化される。そのためにも，教師と生徒が共に語り合える場を日頃から設定し，生徒を理解する有効な機会となるようにすることが大切である。

イ　生徒相互の人間関係

生徒相互の人間関係を豊かにするには，相互の交流を深め，互いが伸び伸びと生活できる状況をつくることが大切である。生徒一人一人が，寛容の心をもち互いに認め合い，助け合い，学び合う場と機会を意図的に設け，様々な体験の共有や具体的な諸問題の解決を通して，互いに尊重し合い，協働的に学び合えるよう配慮しなければならない。教師は生徒の人間関係が常に変化していることに留意しつつ，座席配置やグループ編成の在り方などについても適切に見直しを図る必要がある。また，異学年間の交流や特別支援学級の生徒との交流などは，生徒相互のよりよい人間関係や道徳性を養う機会を増すことになる。

ウ　環境の整備

生徒の道徳性を養う上で，人的な環境とともに物的な環境も大切である。具体的には，言語環境の充実，整理整頓され掃除の行き届いた校舎や教室の整備，各種掲示物の工夫などは，生徒の道徳性を養う上で，大きな効果が期待できる。各学校や各ホームルームにおいては，計画的に環境の充実・整備に取り組むとともに，日頃から生徒の道徳性を養うという視点で学校や教室の環境の整備に努めたい。

また，学校やホームルームの環境の充実・整備を教職員だけが中心となって進めるだけでなく，生徒自らが自分たちのホームルームや学校の環境の充実・整備を積極的に行うことができるよう，特別活動等とも関連を図りながら指導することも大切である。

(2) 豊かな体験の充実

勤労観，職業観を育むことができる就業体験活動や他の人々や社会のために役立ち自分自身を高めることができるボランティア活動，自然のすばらしさを味わい自然や動植物を愛護する心を育てることができる自然体験活動，地域の一員として社会参画の意欲を高めることができる地域の行事への参加など，様々な体験活動の充実が求められている。学校外の様々な人や事物に出会う体験活動は，生徒の世界を広げ，実生活や実社会の生きた文脈の中で様々な価値や人間としての在り方生き方について考えることができる貴重な経験となる。共に学ぶ楽しさや自己の成長に気付く喜びを実感させ，他者，社会，自然・環境との関わりの中で共に生きる自分への自信をもたせることが大切である。各学校においては，学校の教育活動全体において生徒や学校の実態を考慮し，豊

かな体験の積み重ねを通して生徒の道徳性が養われるよう配慮することが大切である。その際には，生徒に体験活動を通して道徳教育に関してどのように配慮しながら指導するのか指導の意図を明確にしておくことが必要であり，実施計画にもこのことを明記することが求められる。

さらに，地域の行事への参加も，幅広い年齢層の人々と接し，人々の生活，文化，伝統に親しみ，地域に対する愛着を高めるだけでなく，地域貢献などを通じて社会に参画する態度を育てるなど，生徒にとっては道徳性を養う豊かな体験となる。具体的には，学校行事や総合的な探究の時間などでの体験活動として，自治会や社会教育施設など地域の関係機関・団体等で行う地域振興の行事や奉仕活動，自然体験活動，防災訓練などに学校や学部，学年として参加することなどが考えられる。その場合には，地域の行事の性格や内容を事前に把握し，学校の目標や年間の指導計画との関連を明確にしながら生徒の豊かな体験が充実するよう進めることが大切である。

(3) 道徳教育の指導内容と生徒の日常生活

道徳教育で養う道徳性は，人間としての在り方生き方を考え，主体的な判断の下に行動し，自立した人間として他者と共によりよく生きるための基盤となるものである。日常生活の様々な場面で意図的，計画的に学習の機会を設け，生徒が多様な意見に学び合いながら，物事を多面的・多角的に考え，自らの判断により，適切な行為を選択し，実践するなど，道徳教育の指導内容が生徒の日常生活に生かされるようにすることが大切である。

特に，いじめの防止や安全の確保といった課題についても，道徳教育及び道徳科（知的障害者である生徒に対する教育を行う特別支援学校）の特質を生かし，よりよく生きるための基盤となる道徳性を養うことで，生徒がそれらの課題に主体的に関わることができるようにしていくことが大切である。

ア　いじめの防止

いじめは，生徒の心身の健全な発達に重大な影響を及ぼし，ともすると不登校や自殺などを引き起こす背景ともなる深刻な問題である。子供から大人まで，社会全体でいじめの防止等に取り組んでいく必要がある。その対応として，いじめ防止対策推進法が公布され，平成25年9月から施行されている。各学校では，いじめ防止対策推進法に基づき，いじめ防止等のための対策に関する基本的な方針を定め，いじめの防止及び早期発見，早期対応に一丸となって取り組むことが求められている。教師は，いじめはどの生徒にもどの学校にも起こり得るものであることを認識し，人間としての在り方生き方について生徒と率直に語り合う場を通して生徒との信頼関係を深め，いじめの防止及び早期発見，早期対応に努めなければならない。

　いじめの防止等と道徳教育との関連を考えた場合，同法第15条の中に「児童等の豊かな情操と道徳心を培い，心の通う対人交流の能力の素地を養うことがいじめの防止に資することを踏まえ，全ての教育活動を通じた道徳教育及び体験活動等の充実を図らなければならない」と示されている。

　すなわち，道徳教育においては，公民科の「公共」及び「倫理」並びに特別活動を人間としての在り方生き方に関する中核的な指導場面としながらも，教育活動全体を通して，主として「自分自身」，「人との関わり」，「集団や社会との関わり」，「生命や自然，崇高なものとの関わり」に関する道徳的諸価値についての理解を基にしながら，様々な体験や思索の機会を通して，人間としての在り方生き方についての考えを深めるようにすることが大切である。また，知的障害者である生徒に対する教育を行う特別支援学校においては，道徳科を要とし，教育活動全体を通して，生命を大切にする心や互いを認め合い，協力し，助け合うことのできる信頼感や友情を育むことをはじめとし，節度ある言動，思いやりの心，寛容な心などをしっかりと育てることが大切である。そして，こうして学んだことが，日常生活の中で，よりよい人間関係やいじめのないホームルーム生活を実現するために自分たちにできることを相談し協力して実行したり，いじめに対してその間違いに気付き，友達と力を合わせ，教師や家族に相談しながら正していこうとしたりするなど，いじめの防止等に生徒が主体的に関わる態度へとつながっていくのである。

　とりわけ高等部では，生徒自身が主体的にいじめの問題の解決に向けて行動できるような集団を育てることが大切である。生徒の自尊感情や対人交流の能力，人間関係を形成していく能力，立場や意見の異なる他者を理解する能力などいじめを未然に防止するための資質・能力を育むとともに，様々な体験活動や協働して探究する学習活動を通して，学校・ホームルームの諸問題を自主的・協働的に解決していくことができる集団づくりを進めることが求められる。

　なお，道徳教育の全体計画を立案するに当たっても，いじめの防止等に向けた道徳教育の進め方について具体的に示し，教職員の共通理解を図ることが大切である。その際，「生徒指導提要」（文部科学省）等を活用して，いじめを捉える視点やいじめの構造などについて理解を深め，いじめの問題に取り組む基本姿勢を確認するとともに，開発的・予防的生徒指導を充実させていくことが求められる。

イ　安全の確保

　生徒自身が日常生活全般における安全確保のために必要な事項を実践的に理解し，生命尊重を基盤として，生涯を通じて安全な生活を送る基礎を培う

とともに，進んで安全で安心な社会づくりに参加し貢献できるような資質や能力を育てることは，次世代の安全文化の構築にとって重要なことである。

　道徳教育においては，自律的に判断することやよく考えて行動し，節度，節制に心掛けることの大切さ，生きている喜びや生命のかけがえのなさなど生命の尊さの自覚，力を合わせよりよい集団や社会の実現に努めようとする社会参画の精神などを深めることが，自他の安全に配慮して安全な行動をとったり，自ら危険な環境を改善したり，安全で安心な社会づくりに向けて学校，家庭及び地域社会の安全活動に進んで参加し，貢献したりするなど，生徒が安全の確保に積極的に関わる態度につながる。交通事故及び犯罪，自然災害から身を守ることや危機管理など安全に関する指導に当たっては，学校の安全教育の目標や全体計画，各教科・科目等又は各教科等との関連などを考えながら進めることが大切である。

● 4　家庭や地域社会との連携（第1章第2節第7款の4）

> 4　学校の道徳教育の全体計画や道徳教育に関する諸活動などの情報を積極的に公表したり，道徳教育の充実のために家庭や地域の人々の積極的な参加や協力を得たりするなど，家庭や地域社会との共通理解を深め，相互の連携を図ること。

(1) 道徳教育に関わる情報発信

　学校で行う道徳教育は，自立した人間として他者と共によりよく生きるための基盤となる道徳性を養うことを目標として行われる。このような道徳性は学校生活だけに限られたものではなく，家庭や地域社会においても，生徒の具体的な行動を支える内面的な資質である。このため，学校で行う道徳教育をより充実するためには，学校と家庭や地域社会との間に，生徒の道徳性を養う上での共通理解を図ることが不可欠である。

　道徳教育は学校が主体的に行う教育活動であることから，学校が道徳教育の方針を家庭や地域社会に伝え，理解と協力を得るようにしなければならない。

　具体的には，学校通信などで校長の方針に基づいて作成した道徳教育の全体計画を示したり，道徳教育の成果としての生徒のよさや成長の様子を知らせたりすることなどが考えられる。また，学校のホームページなどインターネットを活用した情報発信も家庭や地域社会に周知する上で効果的である。

(2) 家庭や地域社会との相互連携

　道徳教育の主体は学校であるが，学校の道徳教育の充実を図るためには，家庭や地域社会との共通理解を深め，相互の連携を深めることが必要である。学校の道徳教育に関わる情報発信と併せて，学校の実情や実態に応じて相互交流の場を設定することが望まれる。例えば，学校での道徳教育の実情について説明したり，家庭や地域社会における生徒のよさや成長などを知らせてもらったりする情報交換会を定例化し，生徒の道徳性の発達や学校，家庭，地域社会の願いを交流し合う機会をもつことが考えられる。また，こうした情報交換で把握した問題点や要望などに着目した講演会の開催なども有効である。これらの会の開催は学校が会場となることが多いと予想されるが，より参加しやすいよう，例えば，会場を地域の公民館等としたり，生徒と保護者で道徳について学ぶ機会を設けたりするなどの工夫も考えられる。

　また，学校運営協議会制度などを活用して，学校での道徳教育の成果を具体的に報告し，意見を得ようとすることも考えられる。それらを学校評価に生かし道徳教育の改善を図るとともに，学校が家庭や地域社会との共通理解を深め，相互の連携を深める方法を検討することも考えられる。さらに，学校，家庭，地域社会の共通理解・連携を深めることで，保護者や地域住民の道徳教育に関わる意識が高まることも期待できる。

　学校教育法施行規則及び学習指導要領においては，生徒の障害の状態や特性及び心身の発達の段階等，卒業後の進路や生活に必要な資質・能力等（以下「障害の状態等」という。）に応じた教育課程を編成することができるよう，教育課程の取扱いに関する各種の規定が設けられている。各学校においては，生徒の障害の状態等に応じたより効果的な学習を行うことができるよう，これらの規定を含め，教育課程の編成について工夫することが大切である。

　以下の規定を適用する際には，第1章第1節の教育目標において示したとおり，第2章以下に示す各教科・科目又は各教科，特別の教科である道徳，総合的な探究の時間，特別活動に加えて，自立活動を取り扱うことが前提となっていることを踏まえる必要がある。その上で，生徒が学年や学部において，その在学期間に学校教育として提供する教育の内容を決定する際に，生徒一人一人の障害の状態等を考慮しながら，教育課程の編成について検討を行う際に理解しておかなければならない規定が「重複障害者等に関する教育課程の取扱い」である。そのため，生徒一人一人の障害の状態等を考慮することなしに，例えば，重複障害者である生徒は，自立活動を主とした教育課程で学ぶことを前提とするなど，最初から既存の教育課程の枠組みに生徒を当てはめて考えることは避けなければならない。そうならないためにも，第2章以下に示す各教科・科目等又は各教科等のそれぞれの目標及び内容を踏まえ，個々の生徒が前各学年までに，何を目標として学び，どの程度の内容を習得しているのかなど，個別の指導計画を基にして，生徒一人一人の学習の習得状況等の把握に努めることが必要である。その上で，生徒の残りの在学期間を見通しながら，第2章以下に示す各教科・科目等又は各教科等のそれぞれの目標及び内容を踏まえて，更にどのような内容を，どれだけの時間をかけて指導するのかを検討するなど，各学校には教育の内容や授業時数の配当を決定する裁量が委ねられている。

　そのため，各学校が教育課程の編成について検討する際には，生徒一人一人が，それまでの学習を継承し積み上げていくといったボトムアップの視点のほか，高等部を卒業するまでの限られた時間の中で，どのような資質・能力を，どこまで育むとよいのかといった，卒業までに育成を目指す資質・能力を整理して，それらに重点を置いて指導するといったトップダウンの視点も必要になる。

　また，第1章第2節第8款の3の規定を適用した場合，各教科等の一部又は全部について，合わせて指導を行うことができるようになっている。その際，指導を担う教師が教育の内容と指導の形態とを混同し，結果として学習活動が優先され，各教科等の内容への意識が不十分な状態にならないようにしなければならな

第8節
道徳教育推進
上の配慮事項

第9節
重複障害者等
に関する教育
課程の取扱い

い。つまり，各学校で選択した教育の内容に対する学習を行うために，最適な指導の形態を選択するということを改めて認識した上で，教育の内容に照らした個々の生徒の学習評価に努めなければならない。

このように，以下の各種規定を適用する際には，各学校において，特にカリキュラム・マネジメントに努めることが重要である。学習評価に基づき，なぜその規定を適用することを選択したのか，その理由を明らかにしていきながら教育課程の編成を工夫することが求められており，このことは，教育課程の評価を実施する上でも重要であることを踏まえる必要がある。

なお，「第8款重複障害者等に関する教育課程の取扱い」は，重複障害者に限定した教育課程の取扱いではないことに留意する必要がある。

● 1　障害の状態により特に必要がある場合（第1章第2節第8款の1）

> 第8款　重複障害者等に関する教育課程の取扱い
>
> 1　生徒の障害の状態により特に必要がある場合には，次に示すところによるものとする。

この規定は，生徒の障害の状態により，例えば，各教科・科目又は各教科等の学習を行う際に，特に必要がある場合には，その実態に応じて，弾力的な教育課程を編成できることについて，その取扱いごとに3項目に分けて示したものである。

「障害の状態により特に必要がある場合」とは，例えば，障害の状態等により学習場面において様々なつまずきや困難が生じているため，当該学年の学習の一部又は全部が困難な状態を指すものである。このことを勘案し，各学校が主体となって，弾力的な教育課程の編成について，その適用の判断を行うものである。その際，(1)から(3)までの3項目の規定は，あくまでも文末表現が「できること」となっていることに留意する必要がある。つまり，第1章第2節第2款の3の(5)のアの規定に基づき，調和のとれた具体的な指導計画を作成する上で，第2章以下に示す各教科・科目等又は各教科等の目標及び内容を取り扱わなかったり，替えたりすることについては，その後の生徒の学習の在り方を大きく左右するため，慎重に検討を進めなければならない。

（第１章第２節第８款の１の(1)）

> (1) 各教科・科目（知的障害者である生徒に対する教育を行う特別支援学校においては各教科。）の目標及び内容の一部を取り扱わないことができること。

　この規定は，各教科・科目又は各教科の目標及び内容に関する事項の一部を取り扱わないことができることを示している。

　なお，「一部を取り扱わないことができる」とあるが，安易に取り扱わなくてもよいということではないことに留意する必要がある。

　本規定の適用の判断に際しては，各教科・科目又は各教科の目標に対応した評価規準に生徒の実態を照らし，障害により想定される学習上の困難を把握すること，また，評価規準を質的に逸脱しない範囲で学習上の困難に応じた手立てを適切に講じても，目標達成が困難であるのかどうかを慎重に吟味することが不可欠である。

（第１章第２節第８款の１の(2)）

> (2) 高等部の各教科・科目（知的障害者である生徒に対する教育を行う特別支援学校においては各教科。）の目標及び内容の一部を，当該各教科・科目に相当する中学部又は小学部の各教科の目標及び内容に関する事項の一部によって，替えることができること。

　この規定は，高等部の生徒に対して，その実態に応じて中学部又は小学部の各教科の指導を行うことができることを示している。

　なお，当該各教科・科目又は各教科に相当する中学部又は小学部の各教科とは，原則として教科名称同一のものを指すが，視覚障害者，聴覚障害者，肢体不自由者又は病弱者である生徒に対する教育を行う特別支援学校においては，高等部の「地理歴史」及び「公民」に相当する中学部又は小学部の各教科とは「社会」，同じく「芸術」に相当するのは中学部の「音楽」若しくは「美術」又は小学部の「音楽」若しくは「図画工作」，同じく「家庭」に相当するのは中学部の「技術・家庭」又は小学部の「家庭」，同じく「数学」に相当するのは小学部においては「算数」と考えてよい。また，知的障害者である生徒に対する教育を行う特別支援学校においては，高等部の「職業」及び「家庭」に相当する中学部の各教科とは「職業・家庭」と考えてよい。この場合，中学部又は小学部との代替は，目標及び内容に関する事項の一部であって，全部を替えることはできない点

に留意する必要がある。

（第1章第2節第8款の1の(3)）

> (3) 視覚障害者，聴覚障害者，肢体不自由者又は病弱者である生徒に対す
> る教育を行う特別支援学校の外国語科に属する科目及び知的障害者であ
> る生徒に対する教育を行う特別支援学校の外国語科については，小学部・
> 中学部学習指導要領に示す外国語活動の目標及び内容の一部を取り入れ
> ることができること。

　視覚障害者，聴覚障害者，肢体不自由者又は病弱者である生徒に対する教育を
行う特別支援学校高等部において外国語科に属する科目及び知的障害者である生
徒に対する教育を行う特別支援学校高等部において外国語科を指導する際に，生
徒の障害の状態により特に必要がある場合には，小学部・中学部学習指導要領に
示す外国語活動の目標及び内容の一部を取り入れることができることを示してい
る。

　今回の改訂では，知的障害者である児童に対する教育を行う特別支援学校小学
部においても教育課程に外国語活動が位置付けられていることから，知的障害者
である生徒に対する教育を行う特別支援学校高等部において外国語科を指導する
際の規定も合わせて示した。

　なお，いずれにおいてもその際には，目標及び内容の一部を取り入れることが
できるが，全部を替えることはできない点に留意する必要がある。

　生徒の障害の状態により特に必要がある場合に，上記(1)，(2)，(3)の規定
を適用するに当たっては，取り扱わない事項や替えた事項について，どのように
事後の措置をするかについて十分考慮した指導計画を作成する必要がある。特
に，系統的な学習を主とする場合には，教材や指導の一貫性に留意するなど，よ
り一層慎重な取扱いが必要である。

● 2　知的障害者である生徒の場合（第1章第2節第8款の2）

> 2　知的障害者である生徒に対する教育を行う特別支援学校の高等部に就
> 学する生徒のうち，高等部の2段階に示す各教科の内容を習得し目標を
> 達成している者については，高等学校学習指導要領第2章に示す各教科・
> 科目，中学校学習指導要領第2章に示す各教科又は小学校学習指導要領
> 第2章に示す各教科及び第4章に示す外国語活動の目標及び内容の一部

を取り入れることができるものとする。また，主として専門学科におい
て開設される各教科の内容を習得し目標を達成している者については，
高等学校学習指導要領第3章に示す各教科・科目の目標及び内容の一部
を取り入れることができるものとする。

知的障害者である生徒に対する教育を行う特別支援学校の各教科の各段階にお
ける目標及び内容は，本解説第2編第2部第5章第1節の1に示されている生徒
の知的障害の状態を想定し，卒業後の進路や生活に必要と考えられる資質・能力
等を考慮して整理されている。

しかし，知的障害者である生徒に対する教育を行う特別支援学校において，生
徒の知的障害の状態等は多様であり，本解説第2編第2部第5章第1節の1で想
定した知的障害の状態よりも障害の程度や学習状況等が大きく異なる場合があ
る。このような生徒の中には，例えば，第2章第2節第1款の1に示す各教科の
目標及び内容のうち既に2段階に示す内容を習得し，目標を達成していることも
想定される。

このように高等部の2段階に示す各教科の内容を既に習得し目標を達成してい
る者については，高等学校学習指導要領第2章に示す各教科・科目，中学校学習
指導要領第2章に示す各教科又は小学校学習指導要領第2章に示す各教科及び第
4章に示す外国語活動の目標及び内容の一部を取り入れることができることを示
した。

しかしながら，教科の名称までを替えることはできないことに留意する必要が
ある。

なお，取り入れることのできる当該各教科に相当する高等学校の各教科・科
目，中学校の各教科，小学校の各教科及び外国語活動は，原則として教科名称が
同一のものを指す。

● 3　重複障害者の場合

重複障害者とは，当該学校に就学することになった障害以外に他の障害を併せ
有する生徒であり，視覚障害，聴覚障害，知的障害，肢体不自由及び病弱につい
て，原則的には学校教育法施行令第22条の3において規定している程度の障害
を複数併せ有する者を指している。

しかし，教育課程を編成する上で，以下に示す規定を適用するに当たっては，
指導上の必要性から，必ずしもこれに限定される必要はなく，言語障害や自閉
症，情緒障害などを併せ有する場合も含めて考えてもよい。

(1) 知的障害を併せ有する生徒の場合（第1章第2節第8款の3の(1)）

> 3　視覚障害者，聴覚障害者，肢体不自由者又は病弱者である生徒に対する教育を行う特別支援学校に就学する生徒のうち，知的障害を併せ有する者については，次に示すところによるものとする。
>
> (1)　各教科・科目の目標及び内容の一部又は各教科・科目を，当該各教科・科目に相当する第2章第2節第1款及び第2款に示す知的障害者である生徒に対する教育を行う特別支援学校の各教科の目標及び内容の一部又は各教科によって，替えることができること。この場合，各教科・科目に替えて履修した第2章第2節第1款及び第2款に示す各教科については，1単位時間を50分とし，35単位時間の授業を1単位として計算することを標準とするものとすること。

　この規定は，視覚障害者，聴覚障害者，肢体不自由者又は病弱者である生徒に対する教育を行う特別支援学校に，知的障害を併せ有する生徒が就学している実情を考慮し，これらの生徒の実態に応じた弾力的な教育課程の編成ができることを示したものである。

　今回の改訂では，知的障害の特長及び学習上の特性等を踏まえ，各学校段階及び小学部・中学部の目標及び内容との連続性を確保する観点から，各教科の目標及び内容が設定されている。高等部の段階ごとの目標及び内容の基本的な考え方については，本解説第2編第2部第5章第1節の5及び第3節の1に示されているので，本規定を適用する際の参考にすること。

①　各教科・科目の目標及び内容の一部を替える場合

　視覚障害者，聴覚障害者，肢体不自由者又は病弱者である生徒に対する教育を行う特別支援学校高等部の各教科・科目の目標及び内容の一部を，当該教科・科目に相当する知的障害者である生徒に対する教育を行う特別支援学校高等部の各教科の目標及び内容の一部によって替えることができる。

　なお，当該各教科・科目に相当する各教科とは，原則として教科名称の同一のものを指すが，視覚障害者，聴覚障害者，肢体不自由者又は病弱者である生徒に対する教育を行う特別支援学校高等部の「地理歴史」及び「公民」に相当する知的障害者である生徒に対する教育を行う特別支援学校高等部の教科とは「社会」，同じく「芸術」に相当するのは「音楽」又は「美術」と考えてよい。

　したがって，教科・科目の名称を替えることはできないことに留意しなければならない。

② 各教科・科目を替える場合

　視覚障害者，聴覚障害者，肢体不自由者又は病弱者である生徒に対する教育を行う特別支援学校高等部の各教科・科目を，当該教科・科目に相当する知的障害者である生徒に対する教育を行う特別支援学校高等部の各教科によって替えることができる。当該各教科・科目に相当する各教科の考え方は，①と同様であり，各教科・科目の名称を替えることはできないことに留意しなければならない。

　なお，知的障害を併せ有する生徒についても，74単位以上の修得が高等部の全課程の修了を認定するのに必要であるため，知的障害者である生徒に対して教育を行う特別支援学校の各教科を履修する場合，1単位時間を50分とし，35単位時間の授業を1単位として計算することを標準とし，単位に換算することとなる。

（第1章第2節第8款の3の(2)）

> (2) 生徒の障害の状態により特に必要がある場合には，第2款の3の(2)に示す知的障害者である生徒に対する教育を行う特別支援学校における各教科等の履修等によることができること。

　本規定は，知的障害を併せ有する生徒の障害の状態により特に必要がある場合には，第1章第2節第2款の3の(2)「知的障害者である生徒に対する教育を行う特別支援学校における各教科等の履修等」のア「各教科等の履修」の各項やイ「各教科等の授業時数等」の各項に示す規定を適用できることを示している。「履修等」とは，知的障害者である生徒に対する教育を行う特別支援学校高等部の各教科等の履修だけにとどまらず，第1章第2節第2款に示す規定を適用することにより，例えば，各教科等の目標及び内容を考慮し各教科及び総合的な探究の時間の配当学年並びに各学年における授業時数を適切に定めたりするなどして，生徒の実態に応じた弾力的な教育課程の編成ができることを示している。

　なお，本項の規定を適用する際には，第1章第2節第2款の3の(2)のアの(ア)の「卒業までに履修させる各教科等」において，道徳科の履修が必要とされていることなどにも留意する必要がある。

（第１章第２節第８款の３の(3)）

> (3) 校長は，(2)により，第２款の３の(2)に示す知的障害者である生徒に
>   対する教育を行う特別支援学校における各教科等を履修した者で，その
>   成果がそれらの目標からみて満足できると認められるものについて，高
>   等部の全課程の修了を認定するものとすること。

　本規定は，前項に基づき，知的障害者である生徒に対する教育を行う特別支援
学校における各教科等を履修した者に対して，全課程の修了の認定に関する規定
である。

　前項の規定を用いた場合には，単位制によるのではなく，知的障害者である生
徒に対する教育を行う特別支援学校の高等部における全課程の修了の認定等にか
かる規定（第１章第２節第４款の２）と同様となる。すなわち，各教科等の学習
の成果がそれらの目標からみて満足できると認められるものについて，校長は，
高等部の全課程の修了を認定するものとしている。

　なお，学校において卒業を認めるに当たっては，平素の成績を評価して，これ
を定めなければならないこととされている（学校教育法施行規則第135条第２項
において準用する第57条）。

　また，校長は，全課程を修了したと認めた者に卒業証書を授与することとされ
ている（同135条第２項において準用する第58条）。

● 4　重複障害者のうち，障害の状態により特に必要がある場合（第１章第２節第８款の４）

> 4　重複障害者のうち，障害の状態により特に必要がある場合には，次に
>   示すところによるものとする。
> (1) 各教科・科目若しくは特別活動（知的障害者である生徒に対する教
>   育を行う特別支援学校においては，各教科，道徳科若しくは特別活
>   動。）の目標及び内容の一部又は各教科・科目若しくは総合的な探究の
>   時間（知的障害者である生徒に対する教育を行う特別支援学校におい
>   ては，各教科若しくは総合的な探究の時間。）に替えて，自立活動を主
>   として指導を行うことができること。この場合，実情に応じた授業時
>   数を適切に定めるものとすること。
> (2) 校長は，各教科・科目若しくは特別活動（知的障害者である生徒に
>   対する教育を行う特別支援学校においては，各教科，道徳科若しくは
>   特別活動。）の目標及び内容の一部又は各教科・科目若しくは総合的な

探究の時間（知的障害者である生徒に対する教育を行う特別支援学校においては，各教科若しくは総合的な探究の時間。）に替えて自立活動を主として履修した者で，その成果がそれらの目標からみて満足できると認められるものについて，高等部の全課程の修了を認定するものとすること。

　この規定は，重複障害者のうち，障害の状態により特に必要がある場合についての教育課程の取扱いを示している。

　障害の状態により特に必要がある場合には，各教科・科目又は特別活動（知的障害者である生徒に対する教育を行う特別支援学校においては，各教科，道徳科又は特別活動）の目標及び内容に関する事項の一部に替えて，自立活動の指導を主として行うほか，各教科・科目又は各教科の目標及び内容の全部又は総合的な探究の時間に替えて，主として自立活動の指導を行うこともできることを示している。

　この規定を適用する際には，次のことに留意することが必要である。

　重複障害者については，一人一人の障害の状態が極めて多様であり，発達の諸側面にも不均衡が大きいが，他の生徒と同様，第1章第1節「教育目標」において示したとおり，第2章以下に示す各教科・科目，総合的な探究の時間，特別活動（知的障害者である生徒に対する教育を行う特別支援学校においては，各教科，道徳科，総合的な探究の時間，特別活動）に加えて，自立活動を取り扱うことが前提となっていることを踏まえる必要がある。その上で，次に示すとおり，各教科・科目又は各教科と自立活動の目標設定に至る手続きの違いを踏まえ，高等部の在学期間に学校教育として提供すべき教育の内容を卒業後の生活も考慮しながら，障害の状態により特に必要がある場合か否かを検討していくことが必要である。

① **各教科・科目の目標設定に至る手続きの例**

　a　準ずることとしている高等学校学習指導要領の第2章各学科に共通する各教科の目標，中学校学習指導要領又は小学校学習指導要領の第2章各教科に示されている目標に照らし，生徒の学習状況を把握する。

　　・高等学校の各教科・科目の目標について

　　・中学校又は小学校の各教科の目標について

　b　上記aの学習が困難又は不可能な場合，第2章第2節に示されている知的障害者である生徒を教育する特別支援学校高等部の各教科の目標に照らし，生徒の学習状況が何段階相当か把握する。

　c　上記a又はbを踏まえ，高等部卒業までに育成を目指す資質・能力を検

討し，在学期間に提供すべき教育の内容を十分見極める。

d　知的障害者である生徒を教育する特別支援学校高等部の各教科の目標及び内容の系統性を踏まえ，教育課程を編成する。

② 自立活動の目標設定に至る手続きの例

自立活動の内容は，各教科・科目等又は各教科等のようにその全てを取り扱うものではなく，個々の生徒の実態に応じて必要な項目を選定して取り扱うものである。

a　個々の生徒の実態を的確に把握する。

b　実態把握に基づいて得られた指導すべき課題や課題相互の関連を整理する。

c　個々の実態に即した指導目標を設定する。

d　第6章第2款の内容から，個々の生徒の指導目標を達成させるために必要な項目を選定する。

e　選定した項目を相互に関連付けて具体的な指導内容を設定する。

重複障害者については，例えば，上記①の手続きを経て，知的障害者である生徒に対する教育を行う特別支援学校高等部の1段階の内容を習得し目標を達成することが難しそうな生徒に対し，1段階から丁寧に指導するという判断がある一方で，自立活動に替えて指導するという判断もある。特に，後者の判断をする場合には慎重になされるべきである。なぜならば，第1章第2節第2款の3の(2)のアの(ア)に示すとおり，第2章以下に示す各教科等に加えて，自立活動を取り扱うことが前提となっていることを踏まえる必要がある。よって，1段階の内容を習得し目標を達成するための指導に加え，上記②の手続きを経て，学習上又は生活上の困難を主体的に改善・克服するための自立活動の指導も実施するという検討も必要である。

よって，この規定を適用する場合，障害が重複している，あるいはその障害が重度であるという理由だけで，各教科等の目標や内容を取り扱うことを全く検討しないまま，安易に自立活動を主とした指導を行うようなことのないように留意しなければならない。

なお，道徳科及び特別活動については，その目標及び内容の全部を替えることができないことに留意する必要がある。

また，(2)では，高等部の全課程の修了の認定に当たって，必要単位数を規定せず，この履修の成果が目標からみて満足できると認められるものについてこれを行うこととしている。

● 5 訪問教育の場合（第1章第2節第8款の5）

> 5 障害のため通学して教育を受けることが困難な生徒に対して，教師を派遣して教育を行う場合については，次に示すところによるものとする。
> (1) 1，2，3の(1)若しくは(2)又は4の(1)に示すところによることができること。
> (2) 特に必要がある場合には，実情に応じた授業時数を適切に定めること。
> (3) 校長は，生徒の学習の成果に基づき，高等部の全課程の修了を認定することができること。

　障害のため通学して教育を受けることが困難な生徒は，一般的に障害が重度であるか又は重複しており，医療上の規制や生活上の規制を受けている場合がある。こうした生徒に教員を派遣して教育を行う場合（訪問教育）には，個々の実態に応じた指導を行うため，弾力的な教育課程を編成することが必要となる。そのため本項では，訪問教育の場合の教育課程の取扱いや授業時数について，3項目を示している。

　(1)では，訪問教育の際は，第1章第2節第8款の1から3の(1)若しくは(2)又は4の(1)に示す教育課程の取扱いによることができると規定している。すなわち，生徒の障害の状態により特に必要がある場合の教育課程の取扱い（第8款の1）や重複障害者に関する教育課程の取扱い（第8款の2及び3の(1)若しくは(2)又は4の(1)）を適用して学習ができることを規定しているのである。

　また，(2)では，訪問教育を行う場合に，特に必要があるときは，実情に応じた授業時数を適切に定めることができることを示している。

　授業時数を定める際には，生徒の実態を的確に把握するとともに，医療上の規制や生活上の規制等も考慮して，適切に定める必要がある。

　さらに，(3)では，訪問教育を受けた生徒の高等部の全課程の修了の認定については，校長が，生徒の学習の成果に基づき，これを行うことができると規定している。この場合の生徒の学習の成果とは，自立活動を主とした指導による成果等，又は，各教科・科目を履修する場合の学習の成果全体（履修状況，単位数，学習態度・意欲等を総合的に判断する）を意味し，校長が，それを評価し，卒業を認定できることとしており，全課程の修了の認定に当たっての必要な単位数については規定していない。

　なお，単位の修得については，第1章第2節第4款1の(1)に示す「各教科・科目及び総合的な探究の時間の単位の修得の認定」に関する規定及び次項に示す

療養中及び訪問教育の生徒について通信により教育を行う場合の規定によることになる。

また，訪問教育に関する教育課程の取扱いは，学校教育法施行規則第131条第1項にも規定されているので，この点に留意する必要がある。

● 6　療養中及び訪問教育の生徒の通信による教育を行う場合（第1章第2節第8款の6）

> 6　療養中の生徒及び障害のため通学して教育を受けることが困難な生徒について，各教科・科目の一部を通信により教育を行う場合の1単位当たりの添削指導及び面接指導の回数等（知的障害者である生徒に対する教育を行う特別支援学校においては，通信により教育を行うこととなった各教科の一部の授業時数に相当する添削指導及び面接指導の回数等。）については，実情に応じて適切に定めるものとする。

本規定は，療養中の生徒及び訪問教育を受ける生徒について，各教科・科目等の一部を通信により教育を行う場合の指導の回数等について示している。

療養中の生徒や訪問教育を受ける生徒については，各教科・科目の一部を通信により教育を行うことができる。この場合の1単位当たりの添削指導，面接指導の回数及び試験の実施等については，「実情に応じて適切に定めるものとする。」としており，弾力的な取扱いができる。しかし，その回数等を定めるに当たっては，各教科・科目の目標が達成できるようにする必要がある。

また，本規定では，療養中の生徒のみならず，訪問教育を受ける生徒で各教科・科目の履修が可能な場合にも，通信による指導を合わせて行うことにより，単位を修得することができることを示している。

療養中の生徒は，肢体不自由者又は病弱者である生徒に対する教育を行う特別支援学校に在籍することが多いが，生徒の障害の重度・重複化，多様化に伴い，例えば視覚障害者の生徒が網膜剥離の手術のため入院する場合などもあることから，本規定は全ての特別支援学校の療養中の生徒や訪問教育が必要な生徒に対して適用できるものとして示している。

なお，知的障害者である生徒に対する教育を行う特別支援学校においては，単位制ではないので，通信により教育を行うこととなった各教科の一部の授業時数に相当する添削指導及び面接指導の回数等については，実情に応じて適切に定めるものと示している。

通信により行う教育には，添削指導及び面接指導によるもののほか，様々な通信回線を用いることにより，多様なメディアを高度に利用して，文字，音声，静

止画，動画等の多様な情報を一体的に扱うもので同時かつ双方向的に行われるもの及び事前に収録された授業を，学校から離れた空間で，インターネット等のメディアを利用して配信を行うことにより，生徒が視聴したい時間に受講することが可能なものを含む。この場合，当該授業が行われる各教科・科目等の特質に応じ，対面により行う授業を相当の時間数行うことが必要である。

第9節
重複障害者等
に関する教育
課程の取扱い

（第1章第2節第9款）

第9款　専攻科

1　視覚障害者又は聴覚障害者である生徒に対する教育を行う特別支援学校の専攻科における教科及び科目のうち標準的なものは，次の表に掲げるとおりである。視覚障害者又は聴覚障害者である生徒に対する教育を行う特別支援学校においては，必要がある場合には同表に掲げる教科について，これらに属する科目以外の科目を設けることができる。

	教　科	科　　　　目
視覚障害者である生徒に対する教育を行う特別支援学校	保 健 理 療	医療と社会，人体の構造と機能，疾病の成り立ちと予防，生活と疾病，基礎保健理療，臨床保健理療，地域保健理療と保健理療経営，保健理療基礎実習，保健理療臨床実習，保健理療情報，課題研究
	理　　　療	医療と社会，人体の構造と機能，疾病の成り立ちと予防，生活と疾病，基礎理療学，臨床理療学，地域理療と理療経営，理療基礎実習，理療臨床実習，理療情報，課題研究
	理 学 療 法	人体の構造と機能，疾病と障害，保健・医療・福祉とリハビリテーション，基礎理学療法学，理学療法管理学，理学療法評価学，理学療法治療学，地域理学療法学，理学療法臨床実習，理学療法情報，課題研究
聴覚障害者である生徒に対する教育を行う特別支援学校	理 容 ・ 美 容	関係法規・制度，衛生管理，保健，香粧品化学，文化論，理容・美容技術理論，運営管理，理容実習，美容実習，理容・美容情報，課題研究
	歯 科 技 工	歯科技工関係法規，歯科技工学概論，歯科理工学，歯の解剖学，顎口腔機能学，有床義歯技工学，歯冠修復技工学，矯正歯科技工学，小児歯科技工学，歯科技工実習，歯科技工情報，課題研究

2　視覚障害者又は聴覚障害者である生徒に対する教育を行う特別支援学校の専攻科においては，必要がある場合には１の表に掲げる教科及び科目以外の教科及び科目を設けることができる。

　視覚障害者又は聴覚障害者である生徒に対する教育を行う特別支援学校に専攻科を置くことについては，学校教育法第82条において準用する第58条によって，その法的根拠を有している。高等部の専攻科の教育課程に関する諸事項については，各学校及びその設置者において，専攻科の設置目的等に従って定めることが適当であるので，従前と同様に，専攻科に関する最小限の規定をすることにとどめた。

①　高等部同様に学科については示さず，教科及び科目の標準的なものを示した。

②　上記１の表に掲げる教科について，これらに属する科目以外の科目については，各学校において設けることができる。

③　上記１の表に掲げる教科及び科目以外の教科及び科目を設ける場合については，各学校において設けることができる。

● 第1　各教科の目標及び各科目の目標と内容等（第2章第1節第1款及び第2款）

第2章　各　教　科

第1節　視覚障害者，聴覚障害者，肢体不自由者又は
病弱者である生徒に対する教育を行う特別支援学校

第1款　各教科の目標及び各科目の目標と内容

　各教科の目標及び各科目の目標と内容については，当該各教科及び各科目に対応する高等学校学習指導要領第2章及び第3章に示す各教科の目標及び各科目の目標と内容に準ずるほか，視覚障害者である生徒に対する教育を行う特別支援学校については第3款から第5款まで，聴覚障害者である生徒に対する教育を行う特別支援学校については第6款から第9款までに示すところによるものとする。

第2款　各科目に関する指導計画の作成と内容の取扱い

　各科目に関する指導計画の作成と内容の取扱いについては，高等学校学習指導要領第2章及び第3章に示すものに準ずるほか，視覚障害者である生徒に対する教育を行う特別支援学校については第3款から第5款まで，聴覚障害者である生徒に対する教育を行う特別支援学校については第6款から第9款までに示すところによるものとするが，生徒の障害の状態や特性及び心身の発達の段階等を十分考慮するとともに，特に次の事項に配慮するものとする。

　視覚障害者，聴覚障害者，肢体不自由者又は病弱者である生徒に対する教育を行う特別支援学校の高等部の各教科の目標及び各科目の目標及び内容並びに各科目に関する指導計画の作成と内容の取扱いについては，従前より，高等学校学習指導要領第2章及び第3章に示されているものに準ずることとしている。ここでいう「準ずる」とは，原則として同一ということを意味している。しかしなが

ら，指導計画の作成と内容の取扱いについては，高等学校学習指導要領に準ずる
のみならず，生徒の障害の状態や特性及び心身の発達の段階等を十分考慮しなけ
ればならない。

このようなことから，各教科の指導に当たっては，高等学校学習指導要領解説
のそれぞれの教科の説明に加え，本章に示す視覚障害者，聴覚障害者，肢体不自
由者又は病弱者である生徒に対する教育を行う特別支援学校ごとに必要とされる
指導上の配慮事項についての説明も十分に踏まえた上で，適切に指導する必要が
ある。

今回の改訂では，視覚障害者，聴覚障害者，肢体不自由者又は病弱者である生
徒に対する教育を行う特別支援学校ごとに必要とされる指導上の配慮事項につい
て，それぞれの学校に在籍する生徒の実態を考慮して見直しを行った。これら
は，視覚障害者，聴覚障害者，肢体不自由者又は病弱者である生徒に対する教育
を行う特別支援学校の各教科・科目全般にわたって特色があり，しかも基本的な
配慮事項であるが，これらがそれぞれの学校における配慮事項の全てではないこ
とに留意する必要がある。

● 第2　視覚障害者である生徒に対する教育を行う特別支援学校

1　点字又は普通の文字等に関する配慮（第2章第1節第2款の1の(1)）

> 1　視覚障害者である生徒に対する教育を行う特別支援学校
> (1) 生徒の視覚障害の状態等に応じて，点字又は普通の文字等による的
> 　　確な理解と豊かな表現力を一層養うこと。なお，点字を常用して学習
> 　　する生徒に対しても，漢字・漢語の意味や構成等についての理解を一
> 　　層促すため，適切な指導が行われるようにすること。

点字又は普通の文字についての指導を継続して受けてきた生徒は，中学部まで
の指導で基礎は身に付けている。高等部では，これまでの基礎の上に，文字や図
等を速く的確に読み取る力などを一層向上させるとともに，豊かに表現できる力
を高めるように指導する必要がある。

特に点字では，古文・漢文の表現，数学や理科の記号と式の表現，英語点字な
どについて，各教科・科目の内容に即して理解を深めることになる。

また，六点漢字や漢点字のような点字による漢字表記の工夫があるように，漢
字の理解は，日本語を正しく理解・表現するために重要である。例えば，「握
手」という熟語では二文字目が一文字目の目的語であるように，漢語を構成する

漢字相互の関係を知るなど，点字を常用して学習する生徒が，小学部及び中学部における学習の基礎の上に，漢字・漢語に対する理解を深めることが大切である。さらに，普通の文字の装飾や文書のレイアウト等の表現の工夫を理解しておくことも，コンピュータ等情報機器を活用して普通の文字を表現する上で重要である。

なお，中途で視覚障害が進行するなどした生徒については，現在の視力や視野等の状態，眼疾患の状態，読速度など学習の効率性，本人の希望や意欲等を考慮して，学習や読書等に際して常用する文字を点字にするか，普通の文字にするかを決定しなければならない。その上で，コンピュータ等情報機器を活用したデジタルデータの読み上げが情報の理解に有効な場面があるので，生徒の状態に応じて活用できるようにする必要がある。

このように，文字の読み書きの力を高めることは，文字を用いて自分の考えをまとめたり，情報を他者に正確に伝えたりするために重要な役割を果たす。さらには，主題を明確にして，取材メモなどを活用して書きたい事柄を充実させ，的確な用語を選択して文を組み立て，必要に応じて推敲を加えるなどにより，文字による豊かな表現の力を高めることができる。

そこで，今回の改訂では，「点字又は普通の文字等による的確な理解と豊かな表現の力を一層養うこと」とした。

2 視覚的なイメージを伴う事柄の指導（第2章第1節第2款の1の(2)）

> (2) 視覚的なイメージを伴わないと理解が困難な事象や習得が難しい技能については，既習の内容や経験と関連付けながら，具体例を示すなど指導方法を工夫して，理解を深め習得を促すようにすること。

高等部では，各教科・科目の内容が多岐にわたり，多様な事象について理解を深めることが求められる。しかし，視覚に障害のある生徒は，視覚による情報収集の困難があることから，視覚的なイメージを伴い，他の感覚で実態を捉えることが難しい事象などでは，理解が曖昧だったり，一面的だったりすることがある。そのような場合に，これまでの経験や知識と関連付けて具体的に説明を加えることで，事象の理解を深めることができる。例えば，「鮮やかな新緑」という事象を理解するために，「鮮やか」という言葉について，「際立ってはっきりしている」というイメージを捉えられるように指導する場合を考えてみる。これまでの生徒の経験を生かして，触地図の中でも際立ってはっきりしている線など，鮮やかさを感じる例をあげることで，新緑も「周りから際立ってはっきりしている

色あい」であることを説明できる。同様に，見事な技や動きは，きわだって目立つ（多くの人の目を引く）ことから，「鮮やかな包丁さばき」のように，技が巧みで見事な様子を表現する際にも「鮮やか」という言葉が使われることを説明して理解を広げると，イメージは更に確かになる。その際，文中の表現であれば，前後の内容を手掛かりにしたり，他の題材から分かりやすい用例をあげたりしながらイメージを具体的にしていくことが必要である。

　同様に，運動・動作をイメージ化して技能の習得につなげることもある。例えば，水泳のスタートを，「壁を蹴った後に身体を細くする」といったように，できる動作を基に動きを理解させたり，ダンスで両手を上下に交互に動かす動作を，「たいこを叩く」といったように，既習の動作に置き換えて確かなイメージをもたせたりするような例である。その際，運動の流れを連続的，総合的に理解させる工夫と，十分に経験できる機会が必要である。

　このように視覚的なイメージを伴う事象や技能については，既習の内容や経験と関連付けながら理解を促すとともに，自分から調べたり，様々な学習場面で用いてみたりするなど積極的な態度を養うことが大切である。

　そこで，今回の改訂では，「理解が困難な事象や習得が難しい技能については，既習の内容や経験と関連付けながら，具体例を示すなど指導方法を工夫して，理解を深め習得を促す」と示した。

3　指導内容の精選等（第2章第1節第2款の1の(3)）

> (3) 生徒の視覚障害の状態等に応じて，指導内容を適切に精選し，基礎的・基本的な事項を確実に習得するとともに，考えを深めていくことができるよう指導すること。

　高等部においては，生徒の視覚障害の状態等に応じて，各教科・科目の目標を達成できるよう，一人一人の生徒に応じて指導内容を適切に精選することが必要である。その一つとして，模型を用いた観察やモデル実験等により，基礎的・基本的な事柄から具体的に指導し，帰納的に規則性，関係性，特徴などを見いだせるようにすることがある。また，法則などの視点を基に，演繹的に予想を立て，それを実験等で確かめるようにすることも大切である。

　例えば，理科では，自由落下が等加速度直線運動であることを学習する。等加速度直線運動について具体的に理解するために，1本のひもに間隔をあけて四つのナットをしばり付けたものの上端を持って静かに落とし，それぞれのナットが落ちた音の間隔の違いにより，落下時間と落下距離の関係を確認する実験を行うことが考えられる。ナットを等間隔にしばり付けたひもと，最初のナットを基準

として，ナットの間隔が1の2乗，2の2乗と，2乗の比になるようにしばり付けたひもを落とした時の様子を比較すると，前者の四つの音は次第に速くなるリズムで聞こえるが，後者の音の連なりは等間隔に聞こえる。この事実から，一本のひもにしばり付けられた四つのナットは落ちる速さが加速しており，2乗の比ずつ移動距離が増していることに考えが整理できる。すると，重力による加速度が働くことを具体的に理解した上で，落下距離は，落下にかかった時間の2乗に比例するという自由落下の式の理解につなげることができる。さらに，この着目点を，投げ下ろした場合や投げ上げた場合の加速度にも関連付けることができる。

　今回の改訂では，各教科・科目の内容の基礎的・基本的な事項を確実に習得することと，関連付けてより深く理解したり，考えを形成したりできるように指導することについて，「基礎的・基本的な事項を確実に習得するとともに，考えを深めていくことができるよう指導する」と示した。

　なお，考えを深めるために観察や実験など直接体験の機会を設ける場合，指導の順序や観察・実験等の内容や方法を工夫することや，必要に応じて教師が事象について説明を補うなどの配慮をすることで，効率的・効果的に学習できるようにすることが大切である。

　一方，指導の工夫や配慮により履修が可能であるにもかかわらず，見えないことなどを理由に各教科・科目の内容を安易に取り扱わなかったり，省略したりすることは，指導内容の精選にはあたらないことに留意が必要である。

4　主体的に学習を進めるための教材等の活用（第2章第1節第2款の1の(4)）

> (4) 視覚補助具やコンピュータ等の情報機器，触覚教材，拡大教材及び音声教材等各種教材の活用を通して，生徒が効率的に多様な情報を収集・整理し，主体的な学習ができるようにするなど，生徒の視覚障害の状態等を考慮した指導方法を工夫すること。

　高等部では，中学部に比べて教科・科目の内容が大幅に増え，難しくなり，授業展開も速くなる。生徒は，視覚障害による情報の制約を補うことにとどまらず，多様な情報を素早く読み取り，主体的に学習できる能力と態度を養うことが必要である。そのためには，触覚教材や拡大教材，音声教材等の教材・教具を効果的に組み合わせて活用するだけではなく，様々な視覚補助具や情報機器等を活用して，効率的に情報を収集できる力を育成することが重要である。

　その際，生徒の視覚障害の状態や視覚補助具等の活用能力は多様であることを

踏まえる必要がある。例えば，視覚活用の有無は当然のこと，同じ視力値であっても，視野や色覚の状態，眼振や羞明の有無など，視機能の状態は異なる。さらに，弱視レンズ，拡大読書器等の視覚補助具や情報機器の活用についての習熟度にも違いがあることなどである。

その上で，点字や点図，必要な箇所を拡大した教材，白黒反転の教材，最適な文字サイズなどの選択を生徒自身で判断できるようにするとともに，視覚補助具や，デジタルデータの活用を適切に組み合わせられるように指導することが大切である。

コンピュータ等の情報機器は，視覚障害者が情報を収集・発信することを容易にする。近年は情報端末が様々な機能をもつようになっているので，有効に活用できるようにしたい。同時に，情報モラルについても十分な指導が必要である。

なお，授業で使う教材等や様々な方法で得た情報を分かりやすく整理しておくことも重要である。例えば，情報の記録と管理のために，教科ごとのファイルを作った上で通し番号を付けたり，必要な情報をすぐに取り出せるようにインデックスを付けたりすることがある。また，よく使う資料は取り出しやすい場所に置いておくなどして活用を容易にすることも重要である。同様に，電子データについても適切に整理できるようにしておくことが必要である。

そこで，今回の改訂においては，生徒が主体的な学習をできるようにするために視覚補助具やコンピュータ等の情報機器，各種教材がいずれも重要であること，それらを活用して，効率的に情報を収集・整理することが大切であることから，「視覚補助具やコンピュータ等の情報機器等，触覚教材，拡大教材及び音声教材等各種教材の効果的な活用を通して，生徒が効率的に多様な情報の収集・整理ができるようにするなど」とした。

5　見通しをもった学習活動の展開（第2章第1節第2款の1の(5)）

> (5) 生徒が空間や時間の概念を活用して場の状況や活動の過程等を的確に把握できるよう配慮し，見通しをもって積極的な学習活動を展開できるようにすること。

生徒が実験，実技，実習等での活動を通して各教科・科目の内容の理解を深めるためには，授業が行われている教室等の場の状況や自分の位置関係を十分に把握できていることが必要である。また，時間の経過に伴い状況等が変化する場合，変化の全体像と現在の状況についての理解も重要である。しかし，障害により視覚からの情報が不足することで，状況の把握と判断に困難を来すことがある。そこで，視覚障害の状態等に応じて，人や物がどのような位置にありどう動

いているのか，また，その中での自分の位置や動き，時間の経過による変化など，空間的な位置関係や役割分担，さらには，時間的経過による変化などが理解できるよう地図や各種資料を効果的に活用しながら，指導方法等を工夫することが大切である。

　例えば，保健体育科でネット型の球技としてフロアバレーボールを取り扱う際に，前衛選手であれば，ネットに対して自分がどのように位置しており，ボールの動きに伴ってどのようにポジションを取る必要があるかを，ボールの音や後衛選手の声などを手掛かりに判断できるように指導する必要がある。さらに，ボールが打たれた音や転がってくる音から，ボールのスピードやコースを判断しつつ，ブロックするなど守備に関わる動きや，前衛が受けたボールをアタックするなどボール操作に関わる動きができるよう指導することになる。これらのことを，これまでに培ってきた空間や時間の概念を活用して段階を追って指導することで，生徒は主体的にゲームに参加することができる。

　同様に，取り組んでいる活動が活動全体のどのあたりに位置付いているかを生徒が理解できるようにすることも重要である。例えば，家庭科で被服制作に取り組む際に，あらかじめ型紙などを組み合わせて完成作品をシミュレーションしたり，手順書で完成までの工程を確認したりできるようにしておくとよい。そのことで，どの段階でどの部分の作業を進めているかが把握できるようになる。このように，制作過程を見通して全体が理解できることで，主体的に制作を進めることにつながる。

　学習活動に見通しをもてるように配慮や工夫をすることは，「意欲的な学び」を更に進め，見通しをもって粘り強く取り組み，自己の学習活動を振り返って次につなげる「主体的な学び」の実現につながる。

6　高等学校等を卒業後，社会経験を経て高等部に入学した生徒への対応（第2章第1節第2款の1の(6)）

> (6)　高等学校等を卒業した者が，社会経験を経るなどした後に，専門学科
> 　　　又は専攻科に入学した場合においては，その社会経験等を踏まえた指導
> 　　　内容となるよう工夫すること。

　視覚障害者である生徒に対する教育を行う特別支援学校では，高等学校等を卒業して一定期間を経て，視覚障害の進行等をきっかけに理療科等の専門教育を主とする学科に入学する生徒がいることから，今回の改訂で新たに本項を設けた。

　このような生徒は，社会経験や実務経験等により，一定の資質・能力が養われていることがある。例えば，理療や保健理療に含まれる内容を大学等で学んだ経

験があったり，実務経験を通じて身に付けた見方や考え方を学習に生かすことができたりする生徒である。一方，高等学校等を卒業した後に社会生活の期間が長くなっていることなどから，各教科・科目の基本的な内容について振り返りを要する場合もあることから，入学した者の年齢，入学するまでの経験又は勤労状況その他の実情を踏まえ，各教科・科目の目標を達成できるように十分配慮することが必要である。例えば，各教科・科目の発展的な内容を加えて指導したり，基礎的・基本的な事項から指導したりするなどである。その際，各教科・科目の目標や内容の趣旨を逸脱したり，生徒の負担が過重となったりすることのないように配慮しながら，個別学習やグループ別学習など学習集団を工夫したり，繰り返し学習，課題学習，補充的な学習や発展的な学習などの学習活動を取り入れたりするとともに，教師間の連携を図るなどの工夫により，個に応じた指導と体験を重視した指導の充実を図ることが必要である。

　また，視力の著しい低下により，読字や書字の困難がある生徒も多い。コンピュータ等情報端末を活用してデータの拡大や読み上げにより情報を収集したり，フェルトペンを使って書いたりするなど，個に応じて視覚障害を補う効果的な学習方法を身に付けられるようにする必要がある。さらに，個別の指導計画で自立活動の目標設定を適切に行い，自立活動の指導の成果を各教科・科目の指導に生かすことも重要である。特に，障害の心理的な受容，点字の書字や触読など個々の生徒の実態により対応が異なることに留意し，各教科・科目の指導での困難を改善・克服できるようにすることが必要である。

● 第3　聴覚障害者である生徒に対する教育を行う特別支援学校

1　抽象的，論理的な思考力の伸長（第2章第1節第2款の2の(1)）

> 2　聴覚障害者である生徒に対する教育を行う特別支援学校
> (1) 生徒の興味・関心を生かして，主体的な言語活動を促すとともに，抽象的，論理的な思考力の伸長に努めること。

　学習内容の確実な理解や定着を図るためには，言語活動の活発化とともに，これらの活動を通して，抽象的な言語表現の理解を図ったり，筋道を立てて考えることができるようにしたりするなど，抽象的かつ論理的な思考力の伸長を目指すことが必要である。聴覚障害者である生徒の言語活動の活発化を図るためには，個々の生徒の興味・関心に即するとともに，それぞれの有する言語力を駆使して，言語による積極的な活動を促すことが大切である。

　「生徒の興味・関心を生かして」とは，小学部・中学部では「体験的な活動を

通して」指導してきたことを踏まえ，高等部では生徒の興味・関心を生かすよう発展させたものである。例えば，生徒が興味・関心のある時事問題などの話題を扱ったり，身近な話題を取り上げ生徒の経験と結び付けるようにしたりするなど，生徒の言語力や学力に応じた扱い方を工夫することが考えられる。

また，高等部における学習の範囲の広がりや内容の深まりに応じ，言語による抽象的，論理的な思考力の伸長が求められる。その際，生徒が自己の学びに対して目的意識をもったり，他との関わり合いを通して学びを深めたりするといった生徒の主体的な学習活動を行うことが重要である。このため，今回の改訂では，「積極的な言語活動」を「主体的な言語活動」に改めた。ここでいう「言語活動」とは，生徒が日常使用している音声や文字，手話や指文字等を適切に活用して，日本語による言語活動を積極的に促すことを示している。特に，高等部においては，生徒同士の話し合い活動やこれまでに形成された言語概念を用いた学習活動などを重視する必要がある。

また，抽象的，論理的な思考力の伸長を図るよう，例えば，経験した事柄や既習事項などを分類したり一般化したりする活動，既習事項に基づき批判的に読む活動，各教科の学習過程における思考・判断に関する活動などを取り上げるなどして，指導の工夫を行うことが必要である。

2 読書習慣や書いて表現する力の育成と情報の活用（第2章第1節第2款の2の(2)）

> (2) 生徒の言語力等に応じて，適切な読書習慣や書いて表現する力の育成を図り，主体的に情報を収集・獲得し，適切に選択・活用する態度を養うようにすること。

聴覚に障害のある高等部の生徒の読書や，文字による表現に関する指導は，幼稚部から中学部までの「読むこと」や「書くこと」に関する指導に基盤を置く必要があることはもちろんである。また，これらの言語活動は相互に結び付いており，それらの基礎となる生徒個々の力には，個人差が著しいことを十分踏まえておくことが大切である。

読書習慣の育成については，生徒自らが分からないことを分かりたいと思うことが読書に興味・関心をもったり，成就感を得たりすることなどの内面的な必要感を養うことにつながるようにする必要がある。読書指導が生徒の生活経験を拡充したり，教科指導の基礎を豊かにしたりすることを生徒自身が実感するように配慮するとともに，様々な分野に関する図書などを意図的に紹介して，生徒の興味・関心を高めるようにすることが大切である。

また，情報機器や情報通信ネットワーク等の進歩により，文字情報を活用する方法が多様化し，活用する機会も増えている。聴覚障害のある生徒が自立と社会参加を果たしていくためには，自分の感じたことや考えを適切に表現したり，書かれたものから情報を得たり考えを深めたりする力を育成することが重要である。このため，適切な読書習慣や書いて表現する力を育成することがより一層求められている。「書いて表現する力」とは，文字を書くことに限らず，電子メールの文章を入力したり，コンピュータを用いて文章を作成したりする力も含まれている。小学部・中学部段階では，実際に書く活動に重点を置き，高等部では，文字情報の伝達のための様々な活動を取り上げることが大切である。

　一般に，生徒による読書活動や読書感想文を書かせて文集にまとめさせる活動などは，他人の作文を読むことによって経験や感情の交流となったり，成就感を満足させたりすることになることから，読書や書いて表現する習慣の育成にも役立つ点で有効な方法と言える。このようにして，日常的に読んだり書いたりする力を育てるよう努めることも大切である。

　情報の獲得や活用について，今回の改訂では，学習の基盤となる資質・能力である言語能力や情報活用能力を育成する観点から「主体的に情報を収集・獲得し，適切に選択・活用する態度」と「収集」を加えた。

　聴覚に障害のある生徒が主体的に情報を収集・獲得する手立てとしては，身近にある新聞や雑誌，広告，情報通信ネットワーク等における文字や図表などを活用することが考えられる。したがって，新聞等に親しませるよう配慮して指導するとともに，こうした多種多様な情報の中から，自分にとって必要なものは何かを見極めたり，事実かどうかを確かめたりする態度の形成に努めることも重要である。

　学校図書館は，生徒の読書活動を支える重要な場である。したがって，多彩な図書やDVDなどの映像資料を用意することが望まれる。また，生徒の読書意欲を高めるために，新刊図書の紹介や読書調査の報告など幅広い広報活動が行われることが必要である。

3　正確かつ効率的な意思の相互伝達（第2章第1節第2款の2の(3)）

> (3) 生徒の聴覚障害の状態等に応じて，音声，文字，手話，指文字等を適切に活用して，発表や生徒同士の話合いなどの学習活動を積極的に取り入れ，正確かつ効率的に意思の相互伝達が行われるよう指導方法を工夫すること。

高等部における授業では，生徒と教師，生徒間の意思の相互伝達がより正確かつ効率的に行われることが求められる。今回の改訂では，「指文字」を加え「音声，文字，手話，指文字等を適切に活用して」と改めた。また，対話的な学習活動を通して学習内容の理解を図ったり，深い学びにつなげたりするため，「発表や生徒同士の話合いなどの学習活動を積極的に取り入れ」を加えた。高等部では，発表や意見交換，話合いによる考えの共有や交流，案の練り上げや議論などの学習活動が考えられる。

　個々の生徒の聴覚障害の状態等が異なることは当然であるが，高等部の生徒においては，聴覚障害の程度だけでなく，障害の生じた部位や時期といった要因が言語発達や学習に影響を及ぼすことから，言語面や思考力などの発達の状況，更にそれまでの学習状況等についても考慮することが必要である。

　「音声，文字，手話，指文字等を適切に活用する」とは，それぞれの機能や特徴，生徒の実態等を踏まえ，教科の指導目標が達成され指導内容が習得されるよう選択・活用されることを示している。

　音声，文字，手話，指文字等の選択・活用に当たって留意すべき点は，まず，第一に，それぞれの方法が学習活動を進めていく上でどのような意義を有しているかについて，十分に理解することが重要である。意思の相互伝達を行うための方法として，音声，文字，手話，指文字，聴覚活用，読話，発音・発語，キュード・スピーチなどが挙げられる。

　第二に，それぞれの方法には，特有の機能があり，これらの選択に当たっては，学習内容との関連から，その機能を十分に考慮する必要がある。一般的には，話し言葉の形で直接意思を伝達する方法として，聴覚活用，読話，発音・発語等が挙げられる。これに加えて，音素に分けて意思を伝達する方法にはキュード・スピーチが挙げられる。さらに，文字を単位として意思を伝達する方法には文字や指文字が，意味を単位として意思を伝達する方法には手話が挙げられる。

　こうしたことを踏まえ，学習活動を進める上で，生徒と教師，あるいは生徒同士の意思の相互伝達が正確かつ効率的に行われるためにはどのような方法が適切かという視点が大切である。

　第三に，その選択・活用に当たっては，基本的には生徒個人に即する必要がある。前述したように，生徒一人一人の聴覚障害の状態等が異なること，また，高等部の生徒であることに配慮し，指導内容等も考慮しながら慎重に行うようにすることが大切である。

　学校生活における全ての教育活動は，相互のコミュニケーションによる意思の疎通が基盤となって進行する。このことから，音声，文字，手話，指文字等の適切な選択・活用により，意思の相互伝達が正確かつ効率的に行われることが重要である。このため，教師は，授業や学校生活などにおける生徒のコミュニケーシ

ョンの状況を的確に理解し，適切なコミュニケーション手段の選択・活用を行うことが必要である。

4　保有する聴覚の活用（第2章第1節第2款の2の(4)）

> (4) 生徒の聴覚障害の状態等に応じて，補聴器や人工内耳等の利用により，
> 　生徒の保有する聴覚を最大限に活用し，効果的な学習活動が展開できる
> 　ようにすること。

　医療や科学技術の進歩等に応じて，聴覚補償機器等の性能は向上している。特に，近年人工内耳の手術が普及し，特別支援学校に在籍する人工内耳装用者数も増加している。この結果，在籍する生徒の聞こえの程度や聞こえ方はより一層多様化しており，個に応じた適切な指導や配慮が求められる。

　そこで，今回の改訂では，「生徒の聴覚障害の状態等に応じて」を加えるとともに，従前の「補聴器等」を「補聴器や人工内耳等」に改めた。生徒一人一人の保有する聴覚を最大限に活用することは，聴覚障害者である生徒に対する教育を行う特別支援学校の教育全般にわたって重要なことであるが，各教科の指導においても，このことは特に配慮すべきことである。

　聴覚活用の可能性は，聴覚障害の程度だけではなく，他の様々な条件によって左右されるものである。その時点における生徒の聴覚障害の状態そのものについては，オージオグラムに示された聴力型や補充現象の程度などが補聴器の効果に影響を及ぼすものと考えられる。また，障害発生の時期や進行の経過，あるいは幼児期の指導の在り方なども，聴取能力に大きな影響を及ぼす。こうした諸条件については，生徒一人一人で異なることから，聴覚活用について一律の扱いをすることは適切ではない。

　大部分の生徒が，以上のような諸条件に応じて聴覚活用の指導を受けてきたことを前提として考慮すれば，高等部においては，生徒が自分の聴覚活用の効果や意義を自覚して，これを学習や生活に生かすようにすることが主眼になる。

　このため，個々の生徒の聴覚障害の状態や指導の経過，現在の聴覚活用の可能性や限界を把握し，指導に当たることが大切である。また，個別に補聴器や人工内耳等の保守・管理についての指導・助言を行ったり，教室等の聴覚学習関連機器の整備や活用に努めたりすることが必要である。

　なお，予想される聴覚活用の可能性と生徒の実態とが著しく異なる場合には，その原因を調べて対策を講ずる必要がある。また，教育歴等の事情から，保有する聴覚が十分に生かされていない場合も考えられる。このような場合は，精密な聴力測定を行うなど必要な情報を収集した上で作成された個別の指導計画に基づ

き，最大限の聴覚活用を図るための指導を行うことが大切である。

5　指導内容の精選等（第２章第１節第２款の２の(5)）

> (5) 生徒の言語力等に応じて，指導内容を適切に精選し，基礎的・基本的
> な事項に重点を置くなど指導を工夫すること。

　今回の改訂においては，生徒の「生きる力」を明確にした資質・能力の三つの
柱で各教科の目標及び内容が整理された。これを踏まえ，従前重視されてきたそ
れぞれの発達段階における基礎的・基本的な知識・技能の確実な習得を図ること
がより一層求められる。このため，各教科の指導計画の作成に当たっては，生徒
一人一人の聴覚障害の状態等を的確に把握し，指導内容を適切に精選して学習活
動を設定していくことが重要である。

　従前，指導内容の精選の観点として，生徒の「聴覚障害の状態等」を示してい
たが，その内容をより分かりやすくするよう，今回の改訂では，小学部・中学部
では「言語概念や読み書きの力などに応じて」とし，高等部では「生徒の言語力
等に応じて」と改めた。「生徒の言語力等」とは，聴覚障害や言語習得の状況等
を示しており，例えば，これまでの教育歴，対人関係，言語の受容及び表出能
力，思考等概念の形成状況，興味・関心等について的確に把握し，これらを指導
計画に反映させるとともに，実際の指導に役立てることが大切である。

　また，今回の改訂では，従前の「指導すること」を「指導を工夫すること」と
改めた。これは，指導内容をどのように適切に精選して指導するかという点にお
いて指導の工夫が重要であることから改めたものである。

　「基礎的・基本的な事項に重点を置くなど」とは，今回の改訂においても重視
されている基礎的・基本的な知識及び技能の確実な習得を図ることを踏まえた指
導の工夫例である。例えば，基礎的・基本的な知識及び技能の習得に課題がある
場合は，生徒の学習状況等を踏まえ，生徒の主体性を引き出しつつ基礎的・基本
的な事項に重点を置いて指導するよう指導内容の精選を図る必要がある。また，
基礎的・基本的な知識及び技能が習得されている場合など，生徒の実態等を踏ま
え，基礎的・基本的な事項のみに留まることなく，各教科で育成を目指す資質・
能力が育まれるよう指導内容を設定するといった指導の工夫を行うことも大切で
ある。

6 教材・教具やコンピュータ等の活用（第2章第1節第2款の2の(6)）

> (6) 視覚的に情報を獲得しやすい教材・教具やその活用方法等を工夫する
>   とともに，コンピュータ等の情報機器などを有効に活用し，指導の効果
>   を高めるようにすること。

　高等部において指導すべき全ての分野において，その範囲や量，内容の抽象性
や困難度等は，中学部と比較して著しく増大する。これらの課題を解決する方法
の一つとしては，視覚的に情報を獲得しやすいように工夫された教材・教具や生
徒の興味・関心に応じて取り組めるようなソフトウェアを使用できるコンピュー
タ等の情報機器，障害の状態に対応した周辺機器の活用が考えられる。生徒の実
態等に応じて，これらの教材・教具やコンピュータ等の情報機器等を適切に活用
して，生徒の学習活動を効率よく進めたり，学習内容の理解を容易にしたりする
ことは，各教科・科目の指導上極めて重要なことである。

　例えば，視覚教材としては，地理歴史科の地図類，理科における人体模型など
のほか，図書や種々の図等がある。また，実験の動画，指導事項となる概念又は
物事の関係などを表す図や動画など，情報機器を活用した視覚教材の活用も考え
られる。視覚教具としては，液晶プロジェクター，実物投影機，DVDプレーヤ
ー，タブレット端末などの情報機器等がある。ソフトウェアについても，文書作
成や表計算，デザイン関係，諸現象のシミュレーションなど，専門教科の内容等
に関連するものも含め，多種多様ある。また，情報通信ネットワークを利用した
視覚的な情報の提示や情報保障なども可能となっている。

　実際の指導に当たっては，生徒の理解を支援するという側面及び効率的な時間
の使用という側面から，それぞれの教材・教具やソフトウェアの特徴や機能を熟
知し，これらを有効に活用することによって，指導の効果を高めるよう配慮する
ことが必要である。その際，生徒が視覚的に受け取った情報に対して，例えば，
動画や図を見て理解したことを発表したり書いたりするなど言語的な側面から確
認するなどして，指導内容の的確な理解が図られるよう配慮することも大切であ
る。

　これらの教材・教具を利用する際には，教科の趣旨や目標などを踏まえて利用
する目的や指導の意図を明確にすることが必要である。その上で，提示的に用い
て興味・関心を引き出したり，写真や動画などで学習の記録を取って振り返りの
手掛かりにしたりするなど，その活用の方法に工夫を加えることが大切である。
さらに，生徒の自主的な学習場面でこれらの教材・教具やコンピュータ等の情報
機器などが有効に使用されるよう配慮することが必要である。

なお，いずれの教材・教具を活用する場合においても，綿密な教材研究の下に，教師による発問や板書など，授業を展開していく上での創意工夫がなされることが重要である。

● 第4 肢体不自由者である生徒に対する教育を行う特別支援学校

1 思考力，判断力，表現力等の育成（第2章第1節第2款の3の(1)）

> 3 肢体不自由者である生徒に対する教育を行う特別支援学校
>
> （1）体験的な活動を通して言語概念等の形成を一層図り，生徒の障害の状態や発達の段階に応じた思考力，判断力，表現力等の育成に努めること。

肢体不自由のある生徒は，身体の動きに困難があることから，様々なことを体験する機会が不足したまま，言葉や知識を習得していることが少なくない。そのため，言葉を知っていても意味の理解が不十分であったり，概念が不確かなまま用語や単位を使ったりすることがある。また，脳性疾患等の生徒には，視覚的な情報や複数の情報の処理を苦手とするなどの認知の特性により，知識の習得や言語，数量などの基礎的な概念の形成に偏りが生じている場合がある。このような知識や言語概念等の不確かさは，各教科・科目の学びを深める活動全般に影響することから，今回の改訂においては，従前の「生徒の言語活動や身体の動きの状態に応じて，考えたことや感じたことを表現する力の伸長に努めること。」を，「生徒の障害の状態や発達の段階に応じた思考力，判断力，表現力等の育成に努めること。」に改め，思考力等の育成の充実をより求めることにした。

各教科・科目の指導に当たっては，生徒一人一人の障害の状態や発達の段階，高等部入学前までの学習の履歴等に応じて体験的な活動を効果的に取り入れ，感じたことや気付いたこと，特徴などを言語化するなどして，言葉の意味の正しい理解や言語概念等の形成を一層図る必要がある。そのような学習を基盤にして知識や技能の着実な習得を図りながら思考力，判断力，表現力等を育成し，学びを深めていくことが重要である。

2 指導内容の設定等（第2章第1節第2款の3の(2)）

> （2）生徒の身体の動きの状態や認知の特性，各教科・科目の内容の習得状況等を考慮して，指導内容を適切に設定し，重点を置く事項に時間を多

> く配当するなど計画的に指導すること。

　肢体不自由者である生徒に対する教育を行う特別支援学校においては，生徒が身体の動きやコミュニケーションの状態等から学習に時間がかかること，自立活動の時間があること，療育施設等において治療や機能訓練等を受ける場合があることなどから，授業時間が制約される場合もあるため，指導内容を適切に設定することが求められる。

　指導内容の設定に当たって，従前は「生徒の身体の動きの状態や生活経験の程度等を考慮して」を，今回の改訂では，脳性疾患等の生徒にみられる認知の特性や学習の履歴などを踏まえる必要があることから，「生徒の身体の動きの状態や認知の特性，各教科・科目の内容の習得状況等を考慮して」に改めた。

　また，指導内容を適切に設定する観点として，従前の「基礎的・基本的な事項に重点を置くなど」を，今回の改訂においては，「重点を置く事項に時間を多く配当するなど」に改め，更に「計画的に指導すること。」を加えた。「重点を置く事項」とは，例えば，視覚的な情報や複数の情報の処理を苦手とする生徒に対し，数学Ⅰの「図形と計量」を取り扱う際に，中学部又は中学校段階で学習した図形の相似や三平方の定理などの内容をあらためて取り扱い，振り返ったり確認したりすることが考えられる。このように学習効果を高めるために必要な事項には，時間を多く配当して丁寧に指導し，別の事項については必要最小限の時間で指導するなど配当時間の調整が必要となる。そのため，各教科・科目の目標と指導内容との関連を十分に研究し，各教科・科目の内容の系統性や基礎的・基本的な事項を確認した上で，指導内容の取扱いに軽重を付け，重点の置き方，指導の順序，まとめ方，時間配分を工夫して，計画的に指導することが重要であることを示すこととした。

　なお，従前まで「指導内容を適切に精選する」としていた規定を，「指導内容を適切に設定し」に改めた。今回の改訂においては，肢体不自由のある生徒が，様々な事情により授業時間が制約されることを理由にして，履修が可能である各教科・科目の内容であるにもかかわらず，取り扱わなくてよいとするような誤った解釈を避けることを意図したものである。

3　姿勢や認知の特性に応じた指導の工夫（第2章第1節第2款の3の(3)）

> (3) 生徒の学習時の姿勢や認知の特性等に応じて，指導方法を工夫すること。

各教科・科目において，肢体不自由のある生徒が，効果的に学習をするために
は，学習時の姿勢や認知の特性等に配慮して，指導方法を工夫する必要がある。
　肢体不自由のある生徒が，学習活動に応じて適切な姿勢を保持できるようにす
ることは，疲労しにくいだけでなく，身体の操作等も行いやすくなり，学習を効
果的に進めることにもつながる。また，適切な姿勢を保持して自分の身体を基点
に様々な学習に取り組むことは，学習内容を理解する点とともに，側わんや拘縮
を予防する観点からも重要である。したがって，学習を効果的に進めるための必
要な配慮として適切な姿勢の保持を行うだけでなく，生徒の卒業後の生活を見据
え，自ら活動しやすい姿勢を考えたり，いすや机の位置及び高さなどを調整した
りできるように指導することが大切である。

　一方，肢体不自由のある生徒の認知の特性に応じて指導を工夫することも重要
である。脳性疾患等の生徒には，視覚的な情報や複合的な情報を処理することを
苦手とし，提示された文字や図の正確な把握，それらの書き写し，資料の読み取
りなどに困難がある場合がある。こうした場合には，例えば文字や図の特徴につ
いて言葉で説明を加えたり，読み取りやすい書体を用いたり，注視すべき所を指
示したりすることなどが考えられる。また，地図や統計グラフのように多数の情
報が盛り込まれている資料を用いる場合は，着目させたい情報だけを取り出して
指導した後，他の情報と関連付けたり比較したりするなど，指導の手順を工夫す
ることなども考えられる。このように生徒の認知の特性を把握し，各教科・科目
を通じて指導方法を工夫することが求められる。

4　補助具や補助的手段，コンピュータ等の活用（第2章第1節第2款の3の(4)）

> (4) 生徒の身体の動きや意思の表出の状態等に応じて，適切な補助具や補
> 助的手段を工夫するとともに，コンピュータ等の情報機器などを有効に
> 活用し，指導の効果を高めるようにすること。

　身体の動きや意思の表出の状態等により，歩行や筆記などが困難な生徒や，話
し言葉が不自由な生徒などに対して，補助具や補助的手段を工夫するとともに，
コンピュータ等の情報機器などを有効に活用して指導の効果を高めることが必要
である。
　ここで述べている補助具の例として，歩行の困難な生徒については，つえ，車
いす，歩行器などが挙げられる。また，筆記等の動作が困難な生徒については，
筆記用自助具や筆記等を代替するコンピュータ等の情報機器及び生徒の身体の動
きの状態に対応した入出力機器，滑り止めシートなどが挙げられる。補助的手段

の例としては，身振り，コミュニケーションボードの活用などが挙げられる。

　近年の情報通信ネットワークを含めた情報機器の進歩は目覚ましく，今後更に様々な活用が想定されることから，情報機器に関する知見を広く収集し，個々に応じた学習への効果的な活用の仕方を検討することが求められる。

　なお，補助具や補助的手段の使用は，生徒の身体の動きや意思の表出の状態，またそれらの改善の見通しについて，生徒本人や保護者，医師等の意見も踏まえて慎重に判断し，自立活動の指導との関連を図りながら，適切に活用することが大切である。また，補助具や補助的手段の使用が，合理的配慮として認められる場合は，そのことを個別の教育支援計画や個別の指導計画に明記するなどして，適切な学習環境を保障することが求められる。

5　自立活動の時間における指導との関連（第2章第1節第2款の3の(5)）

> (5)　各教科・科目の指導に当たっては，特に自立活動の時間における指導との密接な関連を保ち，学習効果を一層高めるようにすること。

　肢体不自由のある生徒は，身体の動きやコミュニケーションの状態，認知の特性等により，各教科・科目の様々な学習活動が困難になることが少なくないことから，それらの困難を改善・克服するように指導することが必要であり，特に自立活動の時間における指導と密接な関連を図り，学習効果を高めるよう配慮しなければならない。

　このことについて，従前は，保健体育，芸術，家庭などの教科・科目の内容を念頭に置き，「身体の動きやコミュニケーション等に関する内容の指導」の際に配慮を求めていたが，今回の改訂では，どの教科・科目の指導においても自立活動の時間における指導と密接な関連を図る必要があることから，「各教科・科目の指導」で配慮を求めることとした。

　各教科・科目の指導において学習効果を高めるためには，生徒一人一人の自立活動の時間における指導とどのように関連を保つのかを，指導に当たる教員間で十分に共通理解した上で，一貫した指導を組織的に行う必要がある。また，学習上の困難に対し，生徒自身が自分に合った改善・克服の仕方を身に付け，自分で対処できたり，周囲の人に対処を求めたりすることができるように指導していくことも大切である。

　なお，生徒の身体の動きやコミュニケーション等の困難の改善に重点が置かれ過ぎることによって，各教科・科目の目標を逸脱してしまうことのないよう留意することが必要である。

● 第5　病弱者である生徒に対する教育を行う特別支援学校

1　指導内容の精選等（第2章第1節第2款の4の(1)）

> 4　病弱者である生徒に対する教育を行う特別支援学校
> (1) 個々の生徒の学習状況や病気の状態，授業時数の制約等に応じて，指導内容を適切に精選し，基礎的・基本的な事項に重点を置くとともに，指導内容の連続性に配慮した工夫を行ったり，各教科・科目等相互の関連を図ったりして，系統的，発展的な学習活動が展開できるようにすること。

　病弱者である生徒は入院や治療，体調不良等のため学習時間の制約や学習できない期間（学習の空白）等があるため学びが定着せず，学習が遅れることがある。また，活動の制限等により学習の基礎となる体験や社会生活上の経験が不足するため，学習内容の理解が難しい場合がある。さらに，病気の状態等も個々に異なっているので，各教科・科目の指導計画の作成に当たっては，個々の生徒の学習の状況を把握するとともに病気の状態や学習時間の制約，発達の段階や特性等も考慮する必要がある。

　各教科・科目の内容に関する事項は，特に示す場合を除き取り扱わなければならない。しかし，具体的な指導内容は生徒の実態等を踏まえて決定するものなので，学習時間の制約等がある場合には，基礎的・基本的な事項を習得させる視点から指導内容を精選するなど，効果的に指導する必要がある。また，各教科・科目の目標や内容との関連性を検討し不必要な重複を避ける，各教科・科目を合わせて指導する，各教科・科目横断的な指導を行うなど，他の教科・科目と関連させて指導することも大切である。

　例えば，国語科の話し合う活動での学習を外国語科のスピーチやディスカッション，ディベートなどの活動に生かしたり，公民科で経済活動と市場について学習する際は，家庭科の生活における経済との関わりについて関連させて指導したりすることなどが考えられる。

　病弱者である生徒の中には，学習の空白がある，又は学習した事項が断片的になっている，学習が定着していないといったことがある。入院等のため転学等をした場合は，前籍校と教科書が異なっている，卒業するまでに履修が必要な教科・科目が異なっている，学習進度が違っていることがある。

　そのため，前籍校との連携を密にするとともに，教科・科目それぞれの目標や指導内容の関連性や学年間での指導内容のつながりや指導の連続性を検討し，指

導内容を適切に設定するよう配慮して指導計画を作成する必要がある。その際，入院期間や病気の状態等を勘案して，指導の時期や方法，時間配分等も考慮することが重要である。また，必要に応じて，総合的な探究の時間又は特別活動との関連を図ることも重要である。

2　自立活動の時間における指導との関連（第２章第１節第２款の４の (2)）

> (2)　健康状態の維持や管理，改善に関する内容の指導に当たっては，主体的に自己理解を深めながら学びに向かう力を高めるために，自立活動における指導との密接な関連を保ち，学習効果を一層高めるようにすること。

各教科・科目の指導に当たっては，自立活動の指導と密接な関連を保つようにする必要がある。

「健康状態の維持」とは，例えば，がん等の生徒が寛解時に感染症等にかかって状態が悪くならないようにするため，マスクをする，人混みをさける，疲れた時は無理をせず休養をとるなどの予防的対応により，現在の健康状態を保ち続けることを意味する。また，予防的観点から健康観察や管理の重要性が増している。例えば，アレルギー疾患の生徒が生活や服薬の管理を主体的に行うことで，体調を把握し，維持・改善に向けて取り組めるようにする必要がある。

そのため特に，保健の「健康の考え方」，「現代の感染症とその予防」，「精神疾患の予防と回復」，生物基礎の「ヒトの体の調節」，家庭基礎の「食生活と健康」，家庭総合の「食生活の科学と文化」など，直接心身の活動に関わる内容については，自立活動における「病気の状態の理解と生活管理に関すること」，「健康状態の維持・改善に関すること」及び「情緒の安定に関すること」などの事項との関連を図り，自立活動の時間における指導と補い合いながら学習効果を一層高めるようにすることが大切である。

3　体験的な活動における指導方法の工夫（第２章第１節第２款の４の (3)）

> (3)　体験的な活動を伴う内容の指導に当たっては，生徒の病気の状態や学習環境に応じて，間接体験や疑似体験，仮想体験等を取り入れるなど，指導方法を工夫し，効果的な学習活動が展開できるようにすること。

病弱者である生徒は，治療のため活動が制限されていたり，運動・動作の障害

があったりするため，各教科・科目や特別活動等での体験的な活動を伴う内容については，病気の状態や学習環境等により実施が困難なことがある。そのため，このような内容の指導に当たっては，生徒が活動できるように指導内容を検討するとともに，指導方法を工夫して，効果的に学習が展開できるようにする必要がある。

例えば，食物アレルギーの生徒が調理実習を行う場合には，アレルギーを引き起こす材料を別の材料に替えたり，それに応じた調理方法に変更したりする。

病室に持ち込むことができない植物等の観察を行う場合には，医療関係者に了解を得た上で，ビニール袋に密閉して行う，パウチ加工をして行う，テレビ会議システム等を活用して病室からリアルタイムで病室外にある植物や地層等を観察するなど，できる限り，生徒が実際に見て体験し，興味・関心をもって学習できるように工夫することが重要である。

また，知らない場所へ行くことに強い不安を感じる生徒が社会見学をする場合には，例えば，仮想的な世界を，あたかも現実世界のように体感できるVR（Virtual Reality）の技術を使った機器を活用して見学先を事前に仮想体験するなどして，不安を軽減してから見学することで，積極的に参加できるようにすることも大切である。

しかし，病気の状態等によっては，どのように指導方法を工夫しても直接的な体験ができない場合があるので，その際は，例えば，火気を使用する実験ではWebサイトでの実験の様子を見て間接体験をする，又はタブレット端末で実験シミュレーションアプリを操作することにより疑似体験をする，現地調査（フィールドワーク）を行う際にテレビ会議システム等を活用して地域の人から話を聞くなどの間接的な体験をする，体感型アプリ等を利用してスポーツの疑似体験を行うなど，指導方法を工夫して，学習効果を高めるようにすることが大切である。

4　補助用具や補助的手段，コンピュータ等の活用（第２章第１節第２款の４の (4)）

> (4) 生徒の身体活動の制限や認知の特性，学習環境等に応じて，教材・教具や入力支援機器等の補助用具を工夫するとともに，コンピュータ等の情報機器などを有効に活用し，指導の効果を高めるようにすること。

がんや膠原病等の合併症により身体活動が制限されている生徒や，高次脳機能障害を含む認知上の特性がある生徒の指導に当たっては，実態に応じて教材・教具や入力支援機器等の補助用具を工夫することが求められる。例えば，運動・動

作の障害がある生徒がスイッチや視線入力装置，音声出力会話補助装置等の入出力支援機器や電動車いす等の補助用具を活用したり，本を読むことが困難な生徒がタブレット端末等の拡大機能や読み上げ機能を使ったりして，学習が効果的に行えるようにすることが重要である。また病気のため教室に登校できない場合には，病室内で指導する教師と教室で指導する教師とが連携を取りながら，テレビ会議システムにより病室内でも授業を受けることができるようにする，また事前に収録された授業を，学校から離れた空間でインターネット等のメディアを利用して配信を行うなどして，学習できる機会を確保するために情報機器を活用することも大切である。

その際，タブレット端末等の情報機器やネットワークを活用して，理科室の顕微鏡を操作する，教室の具体物を遠隔操作できる場面を設けるなど，療養中でも，可能な限り主体的，対話的な活動ができるよう工夫することが重要である。

5　負担過重とならない学習活動（第２章第１節第２款の４の(5)）

> (5)　生徒の病気の状態等を考慮し，学習活動が負担過重となる又は必要以
>   　上に制限することがないようにすること。

生徒の病気は，心身症，精神疾患，筋ジストロフィー，がん，アレルギー疾患，心臓疾患など多様であり，軽い症状から重篤な症状まで様々である。個々の生徒の病気の特性を理解し日々の病気の状態の変化等を十分に考慮した上で，学習活動が負担過重にならないようにする必要がある。例えば，活動量が制限されている生徒に，過度な負荷をかけて健康状態を悪化させるといったことがないようにすることが重要である。特に，高等部では進学や就労，単位の修得などへの不安から，生徒が無理して学習し，病気の状態等が悪化することがあるので，指導に当たっては，より一層の配慮が必要である。

ただし，可能な活動はできるだけ実施できるように学校生活管理指導表等を活用して，適切に配慮をすることが必要であり，必要以上に制限しないことが重要である。

これらの点を例示すると以下のとおりである。

①心身症や精神疾患の生徒は，日内変動が激しいため，常に病気の状態等を把握し，例えば過度なストレスを与えないなど，適切に対応する。

②筋ジストロフィーの生徒は，身体の状況に応じた運動負荷を考慮して学習活動を設定する。

③アレルギー疾患の生徒については，アレルゲン（抗原）となる物質を把握し，日々の対応や緊急時の対応を定め，校内で情報を共有する。

④心臓疾患の生徒については，活動の量と活動の時間，及び休憩時間を適切に
定めること。運動や学校行事を計画する際は，学校生活管理指導表を活用す
る。

⑤高次脳機能障害の生徒は，事故や発病以前にはできていたことや理解できて
いたことが難しくなっていることがあり，精神的に負担を感じることがあ
る。そのため生徒と一緒に学習活動や手順等を確認するなど，症状に応じて
適切に対応する。

6 病気の状態の変化に応じた指導上の配慮（第2章第1節第2款の 4の(6)）

> (6) 病気のため，姿勢の保持や長時間の学習活動が困難な生徒については，
> 姿勢の変換や適切な休養の確保などに留意すること。

病気の状態の変化や治療方法，生活規制（生活管理）等は，個々の病気により
異なる。進行性疾患は病気の状態が日々変化し，急性疾患は入院初期・中期・後
期で治療方法等が変わることがある。慢性疾患は健康状態の維持・改善のため常
に生活管理が必要である。病気の状態等に応じて弾力的に対応できるようにする
ためには，医療との連携により日々更新される情報を入手するとともに，適宜，
健康観察を行い，病気の状態や体調の変化を見逃さないようにする必要がある。

例えば，座り続けることが難しくても，授業を受けるために無理をして座り続
ける生徒がいるので，適宜，声をかけて，自ら休憩を取らせたり，姿勢を交換さ
せたりすることが必要である。そのことにより，体調の変化に気付かせ，自ら休
憩を求める等の自己管理ができるようにすることが重要である。また，精神疾患
の生徒には，長時間の学習が病気の状態を悪化させることがあるので，学習時間
の配分を工夫した指導が必要である。

（第4章）

第4章　総合的な探究の時間

　総合的な探究の時間の目標，各学校において定める目標及び内容並びに指導計画の作成と内容の取扱いについては，高等学校学習指導要領第4章に示すものに準ずるほか，次に示すところによるものとする。

1　生徒の障害の状態や発達の段階等を十分考慮し，学習活動が効果的に行われるよう配慮すること。

2　体験活動に当たっては，安全と保健に留意するとともに，学習活動に応じて，中学部又は中学校までの学習を踏まえ，高等学校の生徒などと交流及び共同学習を行うよう配慮すること。

3　知的障害者である生徒に対する教育を行う特別支援学校において，探究的な学習を行う場合には，知的障害のある生徒の学習上の特性として，学習によって得た知識や技能が断片的になりやすいことなどを踏まえ，各教科等の学習で培われた資質・能力を総合的に関連付けながら，具体的に指導内容を設定し，生徒が自らの課題を解決できるように配慮すること。

　今回の改訂において，特別支援学校高等部の教育課程における「総合的な学習の時間」を「総合的な探究の時間」に，高等学校に準じて変更した。これは，平成28年12月の中央教育審議会において「高等学校においては，小・中学校における総合的な学習の時間の取組の成果を生かしつつ，より探究的な活動を重視する視点から，位置付けを明確化し直すことが必要と考えられる」とされたことを受けたものである。

　さて，総合的な探究の時間については，視覚障害者，聴覚障害者，肢体不自由者又は病弱者である生徒に対する教育を行う特別支援学校においては，適切な単位数を，また，知的障害者である生徒に対する教育を行う特別支援学校においては適切な授業時数を，各学校において定めることとされている。

　総合的な探究の時間については，前回の改訂において，教育課程における位置付けを明確にし，各学校における指導の充実を図るため，総合的な学習の時間として新たに章立てられたところである。

　総合的な探究の時間の目標，各学校において定める目標及び内容並びに指導計画の作成と内容の取扱いについては，各特別支援学校を通じて，高等学校学習指

導要領に準ずることとしている。ここでいう「準ずる」とは，原則として同一ということを意味している。一方，指導計画の作成と内容の取扱いについては，高等学校学習指導要領に準ずるのみならず，次のような特別支援学校独自の項目が二つ示されていたところ，今回の改訂では，知的障害者である生徒に対する特別支援学校の高等部においては，総合的な探究の時間の指導に当たっても，他の各教科・科目等（知的障害者である生徒に対する教育を行う特別支援学校においては各教科等。）の内容の指導と同様に，個々の生徒の知的障害の状態や経験等を考慮することが重要であることから，三つ目の項目が加わった。総合的な探究の時間の内容の指導においては，これらの事項に十分配慮する必要がある。

第一は，学習活動が効果的に行われるために配慮することを示しています。特別支援学校に在籍する生徒の障害の種類や程度，発達の段階や特性等は多様であることから，個々の生徒の実態に応じ，補助用具や補助的手段，コンピュータ等の情報機器を適切に活用するなど，学習活動が効果的に行われるよう配慮することが大切である。

第二は，体験活動に当たっての配慮事項である。体験活動としては，例えば，自然に関わる体験活動，就業体験活動やボランティア活動など社会と関わる体験活動，ものづくりや生産，文化や芸術に関わる体験活動，交流及び共同学習などが考えられるが，これらの体験活動を展開するに当たっては，生徒をはじめ教職員や外部の協力者などの安全確保，健康や衛生等の管理に十分配慮することが求められる。

交流及び共同学習については，第1章第2節第6款の2の(2)において，一層の充実を目指していることを示した。ここでは，高等学校等との交流及び共同学習を通して体験的な学習などが展開できる場合もあることから，学習活動に応じて，適切に交流及び共同学習を行うよう配慮することを，特別支援学校独自に示した。

第三は，知的障害者である生徒に対する教育を行う特別支援学校高等部における配慮事項である。総合的な探究の時間は，探究のよさを理解すること，実社会や実生活の中から問いを見いだし解決していくこと，探究に主体的・協働的に取り組めるようにすることなどが求められる。その際に，知的障害のある生徒の学習上の特性として，抽象的な内容が分かりにくいことや，学習した知識や技能が断片的になりやすいことなどを踏まえ，実際の生活に関する課題の解決に応用されるようにしていくためには，具体の場面や物事に即しながら段階的な継続した指導が必要になる。そのため，各教科等の学習で培われた資質・能力を明確にし，それらを総合的に関連付けながら，個別の指導計画に基づき，生徒一人一人の具体的な指導内容を設定していくことが大切となる。また，主体的・協働的に取り組めるようにするために，個々の生徒の知的障害の状態，生活年齢，学習状

況や経験等を考慮しながら，単元等を設定し，生徒が自らの課題を解決できるように配慮することが大切である。

第8章　特別活動

（第5章）

第5章　特別活動

　特別活動の目標，各活動・学校行事の目標及び内容並びに指導計画の作成と内容の取扱いについては，高等学校学習指導要領第5章に示すものに準ずるほか，次に示すところによるものとする。

1　指導計画の作成に当たっては，生徒の少人数からくる種々の制約を解消し，積極的な集団活動が行われるよう配慮する必要があること。
2　生徒の経験を広めて積極的な態度を養い，社会性や豊かな人間性を育むために，集団活動を通して高等学校の生徒などと交流及び共同学習を行ったり，地域の人々などと活動を共にしたりする機会を積極的に設ける必要があること。その際，生徒の障害の状態や特性等を考慮して，活動の種類や時期，実施方法等を適切に定めること。
3　知的障害者である生徒に対する教育を行う特別支援学校において，内容の指導に当たっては，個々の生徒の知的障害の状態，生活年齢，学習状況及び経験等に応じて，適切に指導の重点を定め，具体的に指導する必要があること。

　高等部における特別活動の目標，内容及び指導計画の作成と内容の取扱いについては，各特別支援学校を通じて，高等学校に準ずることとしている。ここでいう「準ずる」とは，原則として同一ということを意味している。しかしながら，指導計画の作成と内容の取扱いについては，高等学校に準ずるのみならず，次のような特別支援学校独自の項目が三つ示されており，これらの事項に十分配慮する必要がある。

　第一は，特別活動の実施に当たっての配慮である。特別活動の実施に当たっては，生徒が互いのよさや可能性を発揮しながら，多様な他者と協働することが大変重要であるが，特別支援学校における一学級当たりの生徒数は，高等学校に比較するとかなり少なくなっており，学級を単位として行われるホームルームを実施する上で，集団の構成上創意工夫が必要となることが多い。このため，他の学級や学年と合併することなどによって，少人数からくる制約を解消するよう努めることが重要になる。

　第二は，「交流及び共同学習」や「活動を共に」する際の配慮事項である。これらの実施については，第1章第2節第6款の2の(2)や第4章総合的な探究の

時間の2においても示されているが，特別活動においてより成果が期待できることから，特に示されているものである。実施に当たっては，活動の種類や時期，実施方法等を適切に定めることが必要である。

　第三は，知的障害者である生徒に対する教育を行う特別支援学校における配慮事項である。知的障害者である生徒に対する教育を行う特別支援学校においては，特別活動の内容を指導する場合においても，他の教科等の内容の指導と同様に，個々の生徒の知的障害の状態や経験等を考慮することが重要である。今回の改訂では，考慮が必要な事柄として新たに「生活年齢」及び「学習状況」が追加された。これは，従前の知的障害の状態や経験だけでなく，生活年齢や個々の学習状況を踏まえた指導内容の設定に考慮することが重要であることによるものである。例えば，学校行事等を設定する際にも，生活年齢を十分に踏まえ，学年にふさわしい内容を工夫していくようにすることが大切である。

　このことについては，視覚障害者，聴覚障害者，肢体不自由者又は病弱者である生徒に対する教育を行う特別支援学校において，知的障害を併せ有する生徒に対して指導を行う場合も，同様に配慮することが大切である。

　特別活動の内容の指導においても，生徒一人一人の知的障害の状態，生活年齢，学習状況及び経験等に応じた指導の重点を明確にし，具体的なねらいや指導内容を設定することが重要である。その際，特に，生徒の理解に基づく，生活に結び付いた内容を，実際的な場面で具体的な活動を通して指導することが必要である。

　第5章において準ずることとしている高等学校学習指導要領第5章特別活動においては，例えば，ホームルーム活動においては，「(2) 日常の生活や学習への適応と自己の成長及び健康安全」として，「自他の個性の理解と尊重，よりよい人間関係の形成」，「男女相互の理解と協力」，「国際理解と国際交流の推進」，「青年期の悩みや課題とその解決」，「生命の尊重と心身ともに健康で安全な生活態度や規律ある習慣の確立」が内容として示されている。また，「(3) 一人一人のキャリア形成と自己実現」として，「学校生活と社会的・職業的自立の意義の理解」，「主体的な学習態度の確立と学校図書館等の活用」，「社会参画意識の醸成や勤労観・職業観の形成」，「主体的な進路の選択決定と将来設計」が示されている。

　これらの内容の指導に当たっては，生徒の知的障害の状態や経験等に応じて内容を適切に選択し，日常生活の中から課題等を例示して具体的に指導することが大切である。また，これらの指導では，一人一人の生徒の将来の生活や生き方を想定したり，進路を選択したりすることを通して，自己実現の在り方等に関わる事項を扱うので，様々な情報や資料を基にした話合いや意見発表により主体的な学習活動が行われるようにすることも大切である。特に，教師のきめ細かな情報

の提供やそれに基づく指導とともに，家庭や関係諸機関との連携を密にすること
が大切である。これらの指導は，職業科や家庭科などにおける指導との関連を考
慮しながら進める必要がある。

第8章
特別活動

第9章
自立活動

第9章　自立活動

第1　目標（第6章第1款）

第6章　自立活動

第1款　目　標

　個々の生徒が自立を目指し，障害による学習上又は生活上の困難を主体的に改善・克服するために必要な知識，技能，態度及び習慣を養い，もって心身の調和的発達の基盤を培う。

第2　内容（第6章第2款）

第2款　内　容

1　健康の保持
　(1)　生活のリズムや生活習慣の形成に関すること。
　(2)　病気の状態の理解と生活管理に関すること。
　(3)　身体各部の状態の理解と養護に関すること。
　(4)　障害の特性の理解と生活環境の調整に関すること。
　(5)　健康状態の維持・改善に関すること。
2　心理的な安定
　(1)　情緒の安定に関すること。
　(2)　状況の理解と変化への対応に関すること。
　(3)　障害による学習上又は生活上の困難を改善・克服する意欲に関すること。
3　人間関係の形成
　(1)　他者とのかかわりの基礎に関すること。
　(2)　他者の意図や感情の理解に関すること。
　(3)　自己の理解と行動の調整に関すること。
　(4)　集団への参加の基礎に関すること。
4　環境の把握
　(1)　保有する感覚の活用に関すること。
　(2)　感覚や認知の特性についての理解と対応に関すること。
　(3)　感覚の補助及び代行手段の活用に関すること。
　(4)　感覚を総合的に活用した周囲の状況についての把握と状況に応じた行動に関すること。

（5）認知や行動の手掛かりとなる概念の形成に関すること。

5　身体の動き

（1）姿勢と運動・動作の基本的技能に関すること。

（2）姿勢保持と運動・動作の補助的手段の活用に関すること。

（3）日常生活に必要な基本動作に関すること。

（4）身体の移動能力に関すること。

（5）作業に必要な動作と円滑な遂行に関すること。

6　コミュニケーション

（1）コミュニケーションの基礎的能力に関すること。

（2）言語の受容と表出に関すること。

（3）言語の形成と活用に関すること。

（4）コミュニケーション手段の選択と活用に関すること。

（5）状況に応じたコミュニケーションに関すること。

第3　個別の指導計画の作成と内容の取扱い（第6章第3款）

第3款　個別の指導計画の作成と内容の取扱い

1　自立活動の指導に当たっては，個々の生徒の障害の状態や特性及び心身の発達の段階等の的確な把握に基づき，指導すべき課題を明確にすることによって，指導目標及び指導内容を設定し，個別の指導計画を作成するものとする。その際，第2款に示す内容の中からそれぞれに必要とする項目を選定し，それらを相互に関連付け，具体的に指導内容を設定するものとする。

2　個別の指導計画の作成に当たっては，次の事項に配慮するものとする。

（1）個々の生徒について，障害の状態，発達や経験の程度，興味・関心，生活や学習環境などの実態を的確に把握すること。

（2）生徒の実態把握に基づいて得られた指導すべき課題相互の関連を検討すること。その際，これまでの学習状況や将来の可能性を見通しながら，長期的及び短期的な観点から指導目標を設定し，それらを達成するために必要な指導内容を段階的に取り上げること。

（3）具体的な指導内容を設定する際には，以下の点を考慮すること。

ア　生徒が，興味をもって主体的に取り組み，成就感を味わうとともに自己を肯定的に捉えることができるような指導内容を取り上げること。

イ　生徒が，障害による学習上又は生活上の困難を改善・克服しようとする意欲を高めることができるような指導内容を重点的に取り上

げること。

　　ウ　個々の生徒が，発達の遅れている側面を補うために，発達の進んでいる側面を更に伸ばすような指導内容を取り上げること。

　　エ　個々の生徒が，活動しやすいように自ら環境を整えたり，必要に応じて周囲の人に支援を求めたりすることができるような指導内容を計画的に取り上げること。

　　オ　個々の生徒に対し，自己選択・自己決定する機会を設けることによって，思考・判断・表現する力を高めることができるような指導内容を取り上げること。

　　カ　個々の生徒が，自立活動における学習の意味を将来の自立や社会参加に必要な資質・能力との関係において理解し，取り組めるような指導内容を取り上げること。

　(4)　生徒の学習状況や結果を適切に評価し，個別の指導計画や具体的な指導の改善に生かすよう努めること。

　(5)　各教科・科目，総合的な探究の時間及び特別活動（知的障害者である教育を行う特別支援学校においては，各教科，道徳科，総合的な探究の時間及び特別活動）の指導と密接な関連を保つようにし，計画的，組織的に指導が行われるようにするものとする。

3　個々の生徒の実態に応じた具体的な指導方法を創意工夫し，意欲的な活動を促すようにするものとする。

4　重複障害者のうち自立活動を主として指導を行うものについては，全人的な発達を促すために必要な基本的な指導内容を，個々の生徒の実態に応じて設定し，系統的な指導が展開できるようにするものとする。その際，個々の生徒の人間として調和のとれた育成を目指すように努めるものとする。

5　自立活動の指導は，専門的な知識や技能を有する教師を中心として，全教師の協力の下に効果的に行われるようにするものとする。

6　生徒の障害の状態等により，必要に応じて，専門の医師及びその他の専門家の指導・助言を求めるなどして，適切な指導ができるようにするものとする。

　解説については，特別支援学校教育要領・学習指導要領解説自立活動編（幼稚部・小学部・中学部）（平成30年3月）に準ずることとする。この場合において，次の事項に留意すること。

(1)　視覚障害者，聴覚障害者，肢体不自由者及び病弱者である生徒に対する教育を行う特別支援学校においては，「各教科等」とあるのは「各教科・科目等」

と読み替える。

(2)「道徳科」に係る解説については，知的障害者である生徒に対する教育を行う特別支援学校において準ずることとする。

(3)「総合的な学習の時間」とあるのは「総合的な探究の時間」と読み替える。

（第6章第3款の7）

> 7　自立活動の指導の成果が進路先等でも生かされるように，個別の教育支援計画等を活用して関係機関等との連携を図るものとする。

　本項目については，特別支援学校小学部・中学部学習指導要領第7章第3の7において規定している「進学先等」を，高等部の生徒の多様な進路の状況を踏まえ，「進路先等」と規定するものである。

　解説については，同解説自立活動編第7章の8に準ずることとし，「就学先」とあるのは「就労先」と読み替える。

付録

目次

教育基本法

平成十八年十二月二十二日　法律第百二十号

　我々日本国民は，たゆまぬ努力によって築いてきた民主的で文化的な国家を更に発展させるとともに，世界の平和と人類の福祉の向上に貢献することを願うものである。

　我々は，この理想を実現するため，個人の尊厳を重んじ，真理と正義を希求し，公共の精神を尊び，豊かな人間性と創造性を備えた人間の育成を期するとともに，伝統を継承し，新しい文化の創造を目指す教育を推進する。

　ここに，我々は，日本国憲法の精神にのっとり，我が国の未来を切り拓く教育の基本を確立し，その振興を図るため，この法律を制定する。

第一章　教育の目的及び理念

（教育の目的）

第一条　教育は，人格の完成を目指し，平和で民主的な国家及び社会の形成者として必要な資質を備えた心身ともに健康な国民の育成を期して行われなければならない。

（教育の目標）

第二条　教育は，その目的を実現するため，学問の自由を尊重しつつ，次に掲げる目標を達成するよう行われるものとする。

　一　幅広い知識と教養を身に付け，真理を求める態度を養い，豊かな情操と道徳心を培うとともに，健やかな身体を養うこと。

　二　個人の価値を尊重して，その能力を伸ばし，創造性を培い，自主及び自律の精神を養うとともに，職業及び生活との関連を重視し，勤労を重んずる態度を養うこと。

　三　正義と責任，男女の平等，自他の敬愛と協力を重んずるとともに，公共の精神に基づき，主体的に社会の形成に参画し，その発展に寄与する態度を養うこと。

　四　生命を尊び，自然を大切にし，環境の保全に寄与する態度を養うこと。

　五　伝統と文化を尊重し，それらをはぐくんできた我が国と郷土を愛するとともに，他国を尊重し，国際社会の平和と発展に寄与する態度を養うこと。

（生涯学習の理念）

第三条　国民一人一人が，自己の人格を磨き，豊かな人生を送ることができるよう，その生涯にわたって，あらゆる機会に，あらゆる場所において学習することができ，その成果を適切に生かすことのできる社会の実現が図られなければならない。

（教育の機会均等）

第四条　すべて国民は，ひとしく，その能力に応じた教育を受ける機会を与えられなければならず，人種，信条，性別，社会的身分，経済的地位又は門地によって，教育上差別されない。

2　国及び地方公共団体は，障害のある者が，その障害の状態に応じ，十分な教育を受けられるよう，教育上必要な支援を講じなければならない。

3　国及び地方公共団体は，能力があるにもかかわらず，経済的理由によって修学が困難な者に対して，奨学の措置を講じなければならない。

付録1

第二章　教育の実施に関する基本

（義務教育）

第五条　国民は，その保護する子に，別に法律で定めるところにより，普通教育を受けさせる義務を負う。

2　義務教育として行われる普通教育は，各個人の有する能力を伸ばしつつ社会において自立的に生きる基礎を培い，また，国家及び社会の形成者として必要とされる基本的な資質を養うことを目的として行われるものとする。

3　国及び地方公共団体は，義務教育の機会を保障し，その水準を確保するため，適切な役割分担及び相互の協力の下，その実施に責任を負う。

4　国又は地方公共団体の設置する学校における義務教育については，授業料を徴収しない。

（学校教育）

第六条　法律に定める学校は，公の性質を有するものであって，国，地方公共団体及び法律に定める法人のみが，これを設置することができる。

2　前項の学校においては，教育の目標が達成されるよう，教育を受ける者の心身の発達に応じて，体系的な教育が組織的に行われなければならない。この場合において，教育を受ける者が，学校生活を営む上で必要な規律を重んずるとともに，自ら進んで学習に取り組む意欲を高めることを重視して行われなければならない。

（大学）

第七条　大学は，学術の中心として，高い教養と専門的な能力を培うとともに，深く真理を探究して新たな知見を創造し，これらの成果を広く社会に提供することにより，社会の発展に寄与するものとする。

2　大学については，自主性，自律性その他の大学における教育及び研究の特性が尊重されなければならない。

（私立学校）

第八条　私立学校の有する公の性質及び学校教育において果たす重要な役割にかんがみ，国及び地方公共団体は，その自主性を尊重しつつ，助成その他の適当な方法によって私立学校教育の振興に努めなければならない。

（教員）

第九条　法律に定める学校の教員は，自己の崇高な使命を深く自覚し，絶えず研究と修養に励み，その職責の遂行に努めなければならない。

2　前項の教員については，その使命と職責の重要性にかんがみ，その身分は尊重され，待遇の適正が期せられるとともに，養成と研修の充実が図られなければならない。

（家庭教育）

第十条　父母その他の保護者は，子の教育について第一義的責任を有するものであって，生活のために必要な習慣を身に付けさせるとともに，自立心を育成し，心身の調和のとれた発達を図るよう努めるものとする。

2　国及び地方公共団体は，家庭教育の自主性を尊重しつつ，保護者に対する学習の機会及び情報の提供その他の家庭教育を支援するために必要な施策を講ずるよう努めなければならない。

（幼児期の教育）

第十一条　幼児期の教育は，生涯にわたる人格形成の基礎を培う重要なものであることにかんがみ，国及び地方公共団体は，幼児の健やかな成長に資する良好な環境の整備その他適当な方法によって，その振興に努めなければならない。

付録1

（社会教育）

第十二条　個人の要望や社会の要請にこたえ，社会において行われる教育は，国及び地方公共団体によって奨励されなければならない。

2　国及び地方公共団体は，図書館，博物館，公民館その他の社会教育施設の設置，学校の施設の利用，学習の機会及び情報の提供その他の適当な方法によって社会教育の振興に努めなければならない。

（学校，家庭及び地域住民等の相互の連携協力）

第十三条　学校，家庭及び地域住民その他の関係者は，教育におけるそれぞれの役割と責任を自覚するとともに，相互の連携及び協力に努めるものとする。

（政治教育）

第十四条　良識ある公民として必要な政治的教養は，教育上尊重されなければならない。

2　法律に定める学校は，特定の政党を支持し，又はこれに反対するための政治教育その他政治的活動をしてはならない。

（宗教教育）

第十五条　宗教に関する寛容の態度，宗教に関する一般的な教養及び宗教の社会生活における地位は，教育上尊重されなければならない。

2　国及び地方公共団体が設置する学校は，特定の宗教のための宗教教育その他宗教的活動をしてはならない。

第三章　教育行政

（教育行政）

第十六条　教育は，不当な支配に服することなく，この法律及び他の法律の定めるところにより行われるべきものであり，教育行政は，国と地方公共団体との適切な役割分担及び相互の協力の下，公正かつ適正に行われなければならない。

2　国は，全国的な教育の機会均等と教育水準の維持向上を図るため，教育に関する施策を総合的に策定し，実施しなければならない。

3　地方公共団体は，その地域における教育の振興を図るため，その実情に応じた教育に関する施策を策定し，実施しなければならない。

4　国及び地方公共団体は，教育が円滑かつ継続的に実施されるよう，必要な財政上の措置を講じなければならない。

（教育振興基本計画）

第十七条　政府は，教育の振興に関する施策の総合的かつ計画的な推進を図るため，教育の振興に関する施策についての基本的な方針及び講ずべき施策その他必要な事項について，基本的な計画を定め，これを国会に報告するとともに，公表しなければならない。

2　地方公共団体は，前項の計画を参酌し，その地域の実情に応じ，当該地方公共団体における教育の振興のための施策に関する基本的な計画を定めるよう努めなければならない。

第四章　法令の制定

第十八条　この法律に規定する諸条項を実施するため，必要な法令が制定されなければならない。

付録1

学校教育法（抄）

昭和二十二年三月三十一日法律第二十六号

第四章　小学校

第三十条　小学校における教育は，前条に規定する目的を実現するために必要な程度において第二十一条各号に掲げる目標を達成するよう行われるものとする。

②　前項の場合においては，生涯にわたり学習する基盤が培われるよう，基礎的な知識及び技能を習得させるとともに，これらを活用して課題を解決するために必要な思考力，判断力，表現力その他の能力をはぐくみ，主体的に学習に取り組む態度を養うことに，特に意を用いなければならない。

第三十一条　小学校においては，前条第一項の規定による目標の達成に資するよう，教育指導を行うに当たり，児童の体験的な学習活動，特にボランティア活動など社会奉仕体験活動，自然体験活動その他の体験活動の充実に努めるものとする。この場合において，社会教育関係団体その他の関係団体及び関係機関との連携に十分配慮しなければならない。

第三十四条　小学校においては，文部科学大臣の検定を経た教科用図書又は文部科学省が著作の名義を有する教科用図書を使用しなければならない。

②　前項に規定する教科用図書（以下この条において「教科用図書」という。）の内容を文部科学大臣の定めるところにより記録した電磁的記録（電子的方式，磁気的方式その他人の知覚によっては認識することができない方式で作られる記録であつて，電子計算機による情報処理の用に供されるものをいう。）である教材がある場合には，同項の規定にかかわらず，文部科学大臣の定めるところにより，児童の教育の充実を図るため必要があると認められる教育課程の一部において，教科用図書に代えて当該教材を使用することができる。

③　前項に規定する場合において，視覚障害，発達障害その他の文部科学大臣の定める事由により教科用図書を使用して学習することが困難な児童に対し，教科用図書に用いられた文字，図形等の拡大又は音声への変換その他の同項に規定する教材を電子計算機において用いることにより可能となる方法で指導することにより当該児童の学習上の困難の程度を低減させる必要があると認められるときは，文部科学大臣の定めるところにより，教育課程の全部又は一部において，教科用図書に代えて当該教材を使用することができる。

④・⑤　（略）

付録1

第六章　高等学校

第五十条　高等学校は，中学校における教育の基礎の上に，心身の発達及び進路に応じて，高度な普通教育及び専門教育を施すことを目的とする。

第五十一条　高等学校における教育は，前条に規定する目的を実現するため，次に掲げる目標を達成するよう行われるものとする。

一　義務教育として行われる普通教育の成果を更に発展拡充させて，豊かな人間性，創造性及び健やかな身体を養い，国家及び社会の形成者として必要な資質を養うこと。

二　社会において果たさなければならない使命の自覚に基づき，個性に応じて将来の進路を決定させ，一般的な教養を高め，専門的な知識，技術及び技能を習得させること。

三　個性の確立に努めるとともに，社会について，広く深い理解と健全な批判力を養い，社会の発展に寄与する態度を養うこと。

第五十二条　高等学校の学科及び教育課程に関する事項は，前二条の規定及び第六十二条において読

み替えて準用する第三十条第二項の規定に従い，文部科学大臣が定める。

第五十六条　高等学校の修業年限は，全日制の課程については，三年とし，定時制の課程及び通信制の課程については，三年以上とする。

第五十八条　高等学校には，専攻科及び別科を置くことができる。

②　高等学校の専攻科は，高等学校若しくはこれに準ずる学校若しくは中等教育学校を卒業した者又は文部科学大臣の定めるところにより，これと同等以上の学力があると認められた者に対して，精深な程度において，特別の事項を教授し，その研究を指導することを目的とし，その修業年限は，一年以上とする。

③　高等学校の別科は，前条に規定する入学資格を有する者に対して，簡易な程度において，特別の技能教育を施すことを目的とし，その修業年限は，一年以上とする。

第六十二条　第三十条第二項，第三十一条，第三十四条，第三十七条第四項から第十七項まで及び第十九項並びに第四十二条から第四十四条までの規定は，高等学校に準用する。この場合において，第三十条第二項中「前項」とあるのは「第五十一条」と，第三十一条中「前条第一項」とあるのは「第五十一条」と読み替えるものとする。

第八章　特別支援教育

第七十二条　特別支援学校は，視覚障害者，聴覚障害者，知的障害者，肢体不自由者又は病弱者（身体虚弱者を含む。以下同じ。）に対して，幼稚園，小学校，中学校又は高等学校に準ずる教育を施すとともに，障害による学習上又は生活上の困難を克服し自立を図るために必要な知識技能を授けることを目的とする。

第七十三条　特別支援学校においては，文部科学大臣の定めるところにより，前条に規定する者に対する教育のうち当該学校が行うものを明らかにするものとする。

第七十四条　特別支援学校においては，第七十二条に規定する目的を実現するための教育を行うほか，幼稚園，小学校，中学校，義務教育学校，高等学校又は中等教育学校の要請に応じて，第八十一条第一項に規定する幼児，児童又は生徒の教育に関し必要な助言又は援助を行うよう努めるものとする。

第七十五条　第七十二条に規定する視覚障害者，聴覚障害者，知的障害者，肢体不自由者又は病弱者の障害の程度は，政令で定める。

第七十六条　（略）

②　特別支援学校には，小学部及び中学部のほか，幼稚部又は高等部を置くことができ，また，特別の必要のある場合においては，前項の規定にかかわらず，小学部及び中学部を置かないで幼稚部又は高等部のみを置くことができる。

第七十七条　特別支援学校の幼稚部の教育課程その他の保育内容，小学部及び中学部の教育課程又は高等部の学科及び教育課程に関する事項は，幼稚園，小学校，中学校又は高等学校に準じて，文部科学大臣が定める。

第八十一条　幼稚園，小学校，中学校，義務教育学校，高等学校及び中等教育学校においては，次項各号のいずれかに該当する幼児，児童及び生徒その他教育上特別の支援を必要とする幼児，児童及び生徒に対し，文部科学大臣の定めるところにより，障害による学習上又は生活上の困難を克服するための教育を行うものとする。

②　小学校，中学校，義務教育学校，高等学校及び中等教育学校には，次の各号のいずれかに該当する児童及び生徒のために，特別支援学級を置くことができる。

一　知的障害者

二　肢体不自由者

三　身体虚弱者

四　弱視者

五　難聴者

六　その他障害のある者で，特別支援学級において教育を行うことが適当なもの

③　（略）

第八十二条　第二十六条，第二十七条，第三十一条（第四十九条及び第六十二条において読み替えて準用する場合を含む。），第三十二条，第三十四条（第四十九条及び第六十二条において準用する場合を含む。），第三十六条，第三十七条（第二十八条，第四十九条及び第六十二条において準用する場合を含む。），第四十二条から第四十四条まで，第四十七条及び第五十六条から第六十条までの規定は特別支援学校に，第八十四条の規定は特別支援学校の高等部に，それぞれ準用する。

第九章　大学

第八十四条　大学は，通信による教育を行うことができる。

附　則

第九条　高等学校，中等教育学校の後期課程及び特別支援学校並びに特別支援学級においては，当分の間，第三十四条第一項（第四十九条，第四十九条の八，第六十二条，第七十条第一項及び第八十二条において準用する場合を含む。）の規定にかかわらず，文部科学大臣の定めるところにより，第三十四条第一項に規定する教科用図書以外の教科用図書を使用することができる。

②　第三十四条第二項及び第三項の規定は，前項の規定により使用する教科用図書について準用する。

学校教育法施行規則（抄）　昭和二十二年五月二十三日文部省令第十一号

第四章　小学校

第二節　教育課程

第五十四条　児童が心身の状況によつて履修することが困難な各教科は，その児童の心身の状況に適合するように課さなければならない。

第五十六条の五　学校教育法第三十四条第二項に規定する教材（以下この条において「教科用図書代替教材」という。）は，同条第一項に規定する教科用図書（以下この条において「教科用図書」という。）の発行者が，その発行する教科用図書の内容の全部（電磁的記録に記録することに伴つて変更が必要となる内容を除く。）をそのまま記録した電磁的記録である教材とする。

2　学校教育法第三十四条第二項の規定による教科用図書代替教材の使用は，文部科学大臣が別に定める基準を満たすように行うものとする。

3　学校教育法第三十四条第三項に規定する文部科学大臣の定める事由は，次のとおりとする。

一　視覚障害，発達障害その他の障害

二　日本語に通じないこと

三　前二号に掲げる事由に準ずるもの

4　学校教育法第三十四条第三項の規定による教科用図書代替教材の使用は，文部科学大臣が別に定める基準を満たすように行うものとする。

第五十七条　小学校において，各学年の課程の修了又は卒業を認めるに当たつては，児童の平素の成績を評価して，これを定めなければならない。

第五十八条　校長は，小学校の全課程を修了したと認めた者には，卒業証書を授与しなければならない。

第三節　学年及び授業日

第五十九条　小学校の学年は，四月一日に始まり，翌年三月三十一日に終わる。

第六章　高等学校

第一節　設備，編制，学科及び教育課程

第八十一条　二以上の学科を置く高等学校には，専門教育を主とする学科（以下「専門学科」という。）ごとに学科主任を置き，農業に関する専門学科を置く高等学校には，農場長を置くものとする。

2〜5　（略）

第八十八条の三　高等学校は，文部科学大臣が別に定めるところにより，授業を，多様なメディアを高度に利用して，当該授業を行う教室等以外の場所で履修させることができる。

第八十九条　高等学校においては，文部科学大臣の検定を経た教科用図書又は文部科学省が著作の名義を有する教科用図書のない場合には，当該高等学校の設置者の定めるところにより，他の適切な教科用図書を使用することができる。

2　第五十六条の五の規定は，学校教育法附則第九条第二項において準用する同法第三十四条第二項又は第三項の規定により前項の他の適切な教科用図書に代えて使用する教材について準用する。

付録1

第二節　入学，退学，転学，留学，休学及び卒業等

第九十一条　第一学年の途中又は第二学年以上に入学を許可される者は，相当年齢に達し，当該学年に在学する者と同等以上の学力があると認められた者とする。

第九十二条　他の高等学校に転学を志望する生徒のあるときは，校長は，その事由を具し，生徒の在学証明書その他必要な書類を転学先の校長に送付しなければならない。転学先の校長は，教育上支障がない場合には，転学を許可することができる。

2　全日制の課程，定時制の課程及び通信制の課程相互の間の転学又は転籍については，修得した単位に応じて，相当学年に転入することができる。

第九十三条　校長は，教育上有益と認めるときは，生徒が外国の高等学校に留学することを許可することができる。

2　校長は，前項の規定により留学することを許可された生徒について，外国の高等学校における履修を高等学校における履修とみなし，三十六単位を超えない範囲で単位の修得を認定することができる。

3　校長は，前項の規定により単位の修得を認定された生徒について，第百四条第一項において準用する第五十九条又は第百四条第二項に規定する学年の途中においても，各学年の課程の修了又は卒業を認めることができる。

第九十七条　校長は，教育上有益と認めるときは，生徒が当該校長の定めるところにより他の高等学校又は中等教育学校の後期課程において一部の科目の単位を修得したときは，当該修得した単位数を当該生徒の在学する高等学校が定めた全課程の修了を認めるに必要な単位数のうちに加えることができる。

2　前項の規定により，生徒が他の高等学校又は中等教育学校の後期課程において一部の科目の単位を修得する場合においては，当該他の高等学校又は中等教育学校の校長は，当該生徒について一部の科目の履修を許可することができる。

3　（略）

第九十八条　校長は，教育上有益と認めるときは，当該校長の定めるところにより，生徒が行う次に掲げる学修を当該生徒の在学する高等学校における科目の履修とみなし，当該科目の単位を与えることができる。

一　大学，高等専門学校又は専修学校の高等課程若しくは専門課程における学修その他の教育施設等における学修で文部科学大臣が別に定めるもの

二　知識及び技能に関する審査で文部科学大臣が別に定めるものに係る学修

三　ボランティア活動その他の継続的に行われる活動（当該生徒の在学する高等学校の教育活動として行われるものを除く。）に係る学修で文部科学大臣が別に定めるもの

第九十九条　第九十七条の規定に基づき加えることのできる単位数及び前条の規定に基づき与えることのできる単位数の合計数は三十六を超えないものとする。

第百条　校長は，教育上有益と認めるときは，当該校長の定めるところにより，生徒が行う次に掲げる学修（当該生徒が入学する前に行つたものを含む。）を当該生徒の在学する高等学校における科目の履修とみなし，当該科目の単位を与えることができる。

一　高等学校卒業程度認定試験規則（平成十七年文部科学省令第一号）の定めるところにより合格点を得た試験科目（同令附則第二条の規定による廃止前の大学入学資格検定規程（昭和二十六年文部省令第十二号。以下「旧規程」という。）の定めるところにより合格点を得た受検科目を含む。）に係る学修

二　高等学校の別科における学修で第八十四条の規定に基づき文部科学大臣が公示する高等学校学習指導要領の定めるところに準じて修得した科目に係る学修

第百条の二　学校教育法第五十八条の二に規定する文部科学大臣の定める基準は，次のとおりとす

る。

一　修業年限が二年以上であること。

二　課程の修了に必要な総単位数その他の事項が，別に定める基準を満たすものであること。

2　（略）

第三節　定時制の課程及び通信制の課程並びに学年による教育課程の区分を設けない場合その他

第百四条　第四十三条から第四十九条まで（第四十六条を除く。），第五十四条，第五十六条の五から第七十一条まで（第六十九条を除く。）及び第七十八条の二の規定は，高等学校に準用する。

2　（略）

3　校長は，特別の必要があり，かつ，教育上支障がないときは，第一項において準用する第五十九条に規定する学年の途中においても，学期の区分に従い，入学（第九十一条に規定する入学を除く。）を許可し並びに各学年の課程の修了及び卒業を認めることができる。

第八章　特別支援教育

第百二十八条　特別支援学校の高等部の教育課程は，別表第三及び別表第五に定める各教科に属する科目，総合的な学習の時間，特別活動並びに自立活動によつて編成するものとする。

2　前項の規定にかかわらず，知的障害者である生徒を教育する場合は，国語，社会，数学，理科，音楽，美術，保健体育，職業，家庭，外国語，情報，家政，農業，工業，流通・サービス及び福祉の各教科，第百二十九条に規定する特別支援学校高等部学習指導要領で定めるこれら以外の教科及び道徳，総合的な学習の時間，特別活動並びに自立活動によつて教育課程を編成するものとする。

第百二十九条　特別支援学校の幼稚部の教育課程その他の保育内容並びに小学部，中学部及び高等部の教育課程については，この章に定めるもののほか，教育課程その他の保育内容又は教育課程の基準として文部科学大臣が別に公示する特別支援学校幼稚部教育要領，特別支援学校小学部・中学部学習指導要領及び特別支援学校高等部学習指導要領によるものとする。

第百三十条　特別支援学校の小学部，中学部又は高等部においては，特に必要がある場合は，第百二十六条から第百二十八条までに規定する各教科（次項において「各教科」という。）又は別表第三及び別表第五に定める各教科に属する科目の全部又は一部について，合わせて授業を行うことができる。

2　特別支援学校の小学部，中学部又は高等部においては，知的障害者である児童若しくは生徒又は複数の種類の障害を併せ有する児童若しくは生徒を教育する場合において特に必要があるときは，各教科，特別の教科である道徳（特別支援学校の高等部にあつては，前条に規定する特別支援学校高等部学習指導要領で定める道徳），外国語活動，特別活動及び自立活動の全部又は一部について，合わせて授業を行うことができる。

第百三十一条　特別支援学校の小学部，中学部又は高等部において，複数の種類の障害を併せ有する児童若しくは生徒を教育する場合又は教員を派遣して教育を行う場合において，特に必要があるときは，第百二十六条から第百二十九条までの規定にかかわらず，特別の教育課程によることができる。

2　前項の規定により特別の教育課程による場合において，文部科学大臣の検定を経た教科用図書又は文部科学省が著作の名義を有する教科用図書を使用することが適当でないときは，当該学校の設置者の定めるところにより，他の適切な教科用図書を使用することができる。

3　第五十六条の五の規定は，学校教育法附則第九条第二項において準用する同法第三十四条第二項

付録1

302

又は第三項の規定により前項の他の適切な教科用図書に代えて使用する教材について準用する。

第百三十二条　特別支援学校の小学部，中学部又は高等部の教育課程に関し，その改善に資する研究を行うため特に必要があり，かつ，児童又は生徒の教育上適切な配慮がなされていると文部科学大臣が認める場合においては，文部科学大臣が別に定めるところにより，第百二十六条から第百二十九条までの規定によらないことができる。

第百三十二条の二　文部科学大臣が，特別支援学校の小学部，中学部又は高等部において，当該特別支援学校又は当該特別支援学校が設置されている地域の実態に照らし，より効果的な教育を実施するため，当該特別支援学校又は当該地域の特色を生かした特別の教育課程を編成して教育を実施する必要があり，かつ，当該特別の教育課程について，教育基本法及び学校教育法第七十二条の規定等に照らして適切であり，児童又は生徒の教育上適切な配慮がなされているものとして文部科学大臣が定める基準を満たしていると認める場合においては，文部科学大臣が別に定めるところにより，第百二十六条から第百二十九条までの規定の一部又は全部によらないことができる。

第百三十三条　校長は，生徒の特別支援学校の高等部の全課程の修了を認めるに当たつては，特別支援学校高等部学習指導要領に定めるところにより行うものとする。ただし，第百三十二条又は第百三十二条の二の規定により，特別支援学校の高等部の教育課程に関し第百二十八条及び第百二十九条の規定によらない場合においては，文部科学大臣が別に定めるところにより行うものとする。

2　前項前段の規定により全課程の修了の要件として特別支援学校高等部学習指導要領の定めるところにより校長が定める単位数又は授業時数のうち，第百三十五条第五項において準用する第八十八条の三に規定する授業の方法によるものは，それぞれ全課程の修了要件として定められた単位数又は授業時数の二分の一に満たないものとする。

第百三十四条　特別支援学校の高等部における通信教育に関する事項は，別に定める。

第百三十四条の二　校長は，特別支援学校に在学する児童等について個別の教育支援計画（学校と医療，保健，福祉，労働等に関する業務を行う関係機関及び民間団体（次項において「関係機関等」という。）との連携の下に行う当該児童等に対する長期的な支援に関する計画をいう。）を作成しなければならない。

2　校長は，前項の規定により個別の教育支援計画を作成するに当たつては，当該児童等又はその保護者の意向を踏まえつつ，あらかじめ，関係機関等と当該児童等の支援に関する必要な情報の共有を図らなければならない。

第百三十五条　第四十三条から第四十九条まで（第四十六条を除く。），第五十四条，第五十九条から第六十三条まで，第六十五条から第六十八条まで，第八十二条及び第百条の三の規定は，特別支援学校に準用する。この場合において，同条中「第百四条第一項」とあるのは，「第百三十五条第一項」と読み替えるものとする。

2　第五十六条の五から第五十八条まで，第六十四条及び第八十九条の規定は，特別支援学校の小学部，中学部及び高等部に準用する。

3・4　（略）

5　第七十条，第七十一条，第七十八条の二，第八十一条，第八十八条の三，第九十条第一項から第三項まで，第九十一条から第九十五条まで，第九十七条第一項及び第二項，第九十八条から第百条の二まで並びに第百四条第三項の規定は，特別支援学校の高等部に準用する。この場合において，第九十七条第一項及び第二項中「他の高等学校又は中等教育学校の後期課程」とあるのは「他の特別支援学校の高等部，高等学校又は中等教育学校の後期課程」と，同条第二項中「当該他の高等学校又は中等教育学校」とあるのは「当該他の特別支援学校，高等学校又は中等教育学校」と読み替えるものとする。

別表第三（第八十三条，第百八条，第百二十八条関係）

（一）　各学科に共通する各教科

各　教　科	各教科に属する科目
国　　　語	国語総合，国語表現，現代文A，現代文B，古典A，古典B
地 理 歴 史	世界史A，世界史B，日本史A，日本史B，地理A，地理B
公　　　民	現代社会，倫理，政治・経済
数　　　学	数学I，数学II，数学III，数学A，数学B，数学活用
理　　　科	科学と人間生活，物理基礎，物理，化学基礎，化学，生物基礎，生物，地学基礎，地学，理科課題研究
保 健 体 育	体育，保健
芸　　　術	音楽I，音楽II，音楽III，美術I，美術II，美術III，工芸I，工芸II，工芸III，書道I，書道II，書道III
外　国　語	コミュニケーション英語基礎，コミュニケーション英語I，コミュニケーション英語II，コミュニケーション英語III，英語表現I，英語表現II，英語会話
家　　　庭	家庭基礎，家庭総合，生活デザイン
情　　　報	社会と情報，情報の科学

（二）　主として専門学科において開設される各教科

各　教　科	各教科に属する科目
農　　　業	農業と環境，課題研究，総合実習，農業情報処理，作物，野菜，果樹，草花，畜産，農業経営，農業機械，食品製造，食品化学，微生物利用，植物バイオテクノロジー，動物バイオテクノロジー，農業経済，食品流通，森林科学，森林経営，林産物利用，農業土木設計，農業土木施工，水循環，造園計画，造園技術，環境緑化材料，測量，生物活用，グリーンライフ
工　　　業	工業技術基礎，課題研究，実習，製図，工業数理基礎，情報技術基礎，材料技術基礎，生産システム技術，工業技術英語，工業管理技術，環境工学基礎，機械工作，機械設計，原動機，電子機械，電子機械応用，自動車工学，自動車整備，電気基礎，電気機器，電力技術，電子技術，電子回路，電子計測制御，通信技術，電子情報技術，プログラミング技術，ハードウェア技術，ソフトウェア技術，コンピュータシステム技術，建築構造，建築計画，建築構造設計，建築施工，建築法規，設備計画，空気調和設備，衛生・防災設備，測量，土木基礎力学，土木構造設計，土木施工，社会基盤工学，工業化学，化学工学，地球環境化学，材料製造技術，工業材料，材料加工，セラミック化学，セラミック技術，セラミック工業，繊維製品，繊維・染色技術，染織デザイン，インテリア計画，インテリア装備，インテリアエレメント生産，デザイン技術，デザイン材料，デザイン史
商　　　業	ビジネス基礎，課題研究，総合実践，ビジネス実務，マーケティング，商品開発，広告と販売促進，ビジネス経済，ビジネス経済応用，経済活動と法，簿記，財務会計I，財務会計II，原価計算，管理会計，情報処理，ビジネス情報，電子商取引，プログラミング，ビジネス情報管理

水 産	水産海洋基礎，課題研究，総合実習，海洋情報技術，水産海洋科学，漁業，航海・計器，船舶運用，船用機関，機械設計工作，電気理論，移動体通信工学，海洋通信技術，資源増殖，海洋生物，海洋環境，小型船舶，食品製造，食品管理，水産流通，ダイビング，マリンスポーツ
家 庭	生活産業基礎，課題研究，生活産業情報，消費生活，子どもの発達と保育，子ども文化，生活と福祉，リビングデザイン，服飾文化，ファッション造形基礎，ファッション造形，ファッションデザイン，服飾手芸，フードデザイン，食文化，調理，栄養，食品，食品衛生，公衆衛生
看 護	基礎看護，人体と看護，疾病と看護，生活と看護，成人看護，老年看護，精神看護，在宅看護，母性看護，小児看護，看護の統合と実践，看護臨地実習，看護情報活用
情 報	情報産業と社会，課題研究，情報の表現と管理，情報と問題解決，情報テクノロジー，アルゴリズムとプログラム，ネットワークシステム，データベース，情報システム実習，情報メディア，情報デザイン，表現メディアの編集と表現，情報コンテンツ実習
福 祉	社会福祉基礎，介護福祉基礎，コミュニケーション技術，生活支援技術，介護過程，介護総合演習，介護実習，こころとからだの理解，福祉情報活用
理 数	理数数学Ⅰ，理数数学Ⅱ，理数数学特論，理数物理，理数化学，理数生物，理数地学，課題研究
体 育	スポーツ概論，スポーツⅠ，スポーツⅡ，スポーツⅢ，スポーツⅣ，スポーツⅤ，スポーツⅥ，スポーツ総合演習
音 楽	音楽理論，音楽史，演奏研究，ソルフェージュ，声楽，器楽，作曲，鑑賞研究
美 術	美術概論，美術史，素描，構成，絵画，版画，彫刻，ビジュアルデザイン，クラフトデザイン，情報メディアデザイン，映像表現，環境造形，鑑賞研究
英 語	総合英語，英語理解，英語表現，異文化理解，時事英語

備考
　一　（一）及び（二）の表の上欄に掲げる各教科について，それぞれの表の下欄に掲げる各教科に属する科目以外の科目を設けることができる。
　二　（一）及び（二）の表の上欄に掲げる各教科以外の教科及び当該教科に関する科目を設けることができる。

別表第五（第百二十八条関係）
（一）　視覚障害者である生徒に対する教育を行う特別支援学校の主として専門学科において開設される各教科

各 教 科	各教科に属する科目
保 健 理 療	医療と社会，人体の構造と機能，疾病の成り立ちと予防，生活と疾病，基礎保健理療，臨床保健理療，地域保健理療と保健理療経営，保健理療基礎実習，保健理療臨床実習，保健理療情報活用，課題研究
理 療	医療と社会，人体の構造と機能，疾病の成り立ちと予防，生活と疾病，基礎理療学，臨床理療学，地域理療と理療経営，理療基礎実習，理療臨床実習，理療情報活用，課題研究

理 学 療 法	人体の構造と機能，疾病と障害，保健・医療・福祉とリハビリテーション，基礎理学療法学，理学療法評価学，理学療法治療学，地域理学療法学，臨床実習，理学療法情報活用，課題研究

（二） 聴覚障害者である生徒に対する教育を行う特別支援学校の主として専門学科において開設される各教科

各 教 科	各教科に属する科目
印　　刷	印刷概論，写真製版，印刷機械・材料，印刷デザイン，写真化学・光学，文書処理・管理，印刷情報技術基礎，画像技術，印刷総合実習，課題研究
理 容 ・ 美 容	理容・美容関係法規，衛生管理，理容・美容保健，理容・美容の物理・化学，理容・美容文化論，理容・美容技術理論，理容・美容運営管理，理容実習，理容・美容情報活用，課題研究
クリーニング	クリーニング関係法規，公衆衛生，クリーニング理論，繊維，クリーニング機器・装置，クリーニング実習，課題研究
歯 科 技 工	歯科技工関係法規，歯科技工学概論，歯科理工学，歯の解剖学，顎口腔機能<ruby>顎<rt>がく</rt></ruby><ruby>口<rt>くう</rt></ruby>学，有床義歯技工学，歯冠修復技工学，矯正歯科技工学，小児歯科技工学，歯科技工実習，歯科技工情報活用，課題研究

備考

一 （一）及び（二）の表の上欄に掲げる各教科について，それぞれの表の下欄に掲げる各教科に属する科目以外の科目を設けることができる。

二 （一）及び（二）の表の上欄に掲げる各教科以外の教科及び当該教科に関する科目を設けることができる。

付録1

学校教育法施行規則の一部を改正する省令

平成三十年三月三十日文部科学省令第十三号

学校教育法施行規則（昭和二十二年文部省令第十一号）の一部を次のように改正する。

第八十三条中「総合的な学習の時間」を「総合的な探究の時間」に改める。

別表第三を次のように改める。

別表第三（第八十三条，第百八条，第百二十八条関係）

（一）　各学科に共通する各教科

各 教 科	各教科に属する科目
国　　　　語	現代の国語，言語文化，論理国語，文学国語，国語表現，古典探究
地 理 歴 史	地理総合，地理探究，歴史総合，日本史探究，世界史探究
公　　　　民	公共，倫理，政治・経済
数　　　　学	数学Ⅰ，数学Ⅱ，数学Ⅲ，数学A，数学B，数学C
理　　　　科	科学と人間生活，物理基礎，物理，化学基礎，化学，生物基礎，生物，地学基礎，地学
保 健 体 育	体育，保健
芸　　　　術	音楽Ⅰ，音楽Ⅱ，音楽Ⅲ，美術Ⅰ，美術Ⅱ，美術Ⅲ，工芸Ⅰ，工芸Ⅱ，工芸Ⅲ，書道Ⅰ，書道Ⅱ，書道Ⅲ
外 国 語	英語コミュニケーションⅠ，英語コミュニケーションⅡ，英語コミュニケーションⅢ，論理・表現Ⅰ，論理・表現Ⅱ，論理・表現Ⅲ
家　　　　庭	家庭基礎，家庭総合
情　　　　報	情報Ⅰ，情報Ⅱ
理　　　　数	理数探究基礎，理数探究

付録1

（二）　主として専門学科において開設される各教科

各 教 科	各教科に属する科目
農　　　　業	農業と環境，課題研究，総合実習，農業と情報，作物，野菜，果樹，草花，畜産，栽培と環境，飼育と環境，農業経営，農業機械，植物バイオテクノロジー，食品製造，食品化学，食品微生物，食品流通，森林科学，森林経営，林産物利用，農業土木設計，農業土木施工，水循環，造園計画，造園施工管理，造園植栽，測量，生物活用，地域資源活用
工　　　　業	工業技術基礎，課題研究，実習，製図，工業情報数理，工業材料技術，工業技術英語，工業管理技術，工業環境技術，機械工作，機械設計，原動機，電子機械，生産技術，自動車工学，自動車整備，船舶工学，電気回路，電気機器，電力技術，電子技術，電子回路，電子計測制御，通信技術，プログラミング技術，ハードウェア技術，ソフトウェア技術，コンピュータシステム技術，建築構造，建築計画，建築構造設計，建築施工，建築法規，設備計画，空気調和設備，衛生・防災設備，測量，土木基盤力学，土木構造設計，土木施工，社会基盤工学，工業化学，化学工学，地球環境化学，材料製造技術，材料工学，材料加工，セラミック化学，セラミック技術，セラミック工業，繊維製品，繊維・染色技術，染織デザイン，インテリア計画，インテリア装備，インテリアエレ

工　　業	メント生産，デザイン実践，デザイン材料，デザイン史
商　　業	ビジネス基礎，課題研究，総合実践，ビジネス・コミュニケーション，マーケティング，商品開発と流通，観光ビジネス，ビジネス・マネジメント，グローバル経済，ビジネス法規，簿記，財務会計Ⅰ，財務会計Ⅱ，原価計算，管理会計，情報処理，ソフトウェア活用，プログラミング，ネットワーク活用，ネットワーク管理
水　　産	水産海洋基礎，課題研究，総合実習，海洋情報技術，水産海洋科学，漁業，航海・計器，船舶運用，船用機関，機械設計工作，電気理論，移動体通信工学，海洋通信技術，資源増殖，海洋生物，海洋環境，小型船舶，食品製造，食品管理，水産流通，ダイビング，マリンスポーツ
家　　庭	生活産業基礎，課題研究，生活産業情報，消費生活，保育基礎，保育実践，生活と福祉，住生活デザイン，服飾文化，ファッション造形基礎，ファッション造形，ファッションデザイン，服飾手芸，フードデザイン，食文化，調理，栄養，食品，食品衛生，公衆衛生，総合調理実習
看　　護	基礎看護，人体の構造と機能，疾病の成り立ちと回復の促進，健康支援と社会保障制度，成人看護，老年看護，小児看護，母性看護，精神看護，在宅看護，看護の統合と実践，看護臨地実習，看護情報
情　　報	情報産業と社会，課題研究，情報の表現と管理，情報テクノロジー，情報セキュリティ，情報システムのプログラミング，ネットワークシステム，データベース，情報デザイン，コンテンツの制作と発信，メディアとサービス，情報実習
福　　祉	社会福祉基礎，介護福祉基礎，コミュニケーション技術，生活支援技術，介護過程，介護総合演習，介護実習，こころとからだの理解，福祉情報
理　　数	理数数学Ⅰ，理数数学Ⅱ，理数数学特論，理数物理，理数化学，理数生物，理数地学
体　　育	スポーツ概論，スポーツⅠ，スポーツⅡ，スポーツⅢ，スポーツⅣ，スポーツⅤ，スポーツⅥ，スポーツ総合演習
音　　楽	音楽理論，音楽史，演奏研究，ソルフェージュ，声楽，器楽，作曲，鑑賞研究
美　　術	美術概論，美術史，鑑賞研究，素描，構成，絵画，版画，彫刻，ビジュアルデザイン，クラフトデザイン，情報メディアデザイン，映像表現，環境造形
英　　語	総合英語Ⅰ，総合英語Ⅱ，総合英語Ⅲ，ディベート・ディスカッションⅠ，ディベート・ディスカッションⅡ，エッセイライティングⅠ，エッセイライティングⅡ

付録1

備考

一　（一）及び（二）の表の上欄に掲げる各教科について，それぞれの表の下欄に掲げる各教科に属する科目以外の科目を設けることができる。

二　（一）及び（二）の表の上欄に掲げる各教科以外の教科及び当該教科に関する科目を設けることができる。

附　則

1　この省令は，平成三十四年四月一日から施行する。

2　改正後の学校教育法施行規則（以下この項及び次項において「新令」という。）別表第三の規定
　は，施行の日以降高等学校（中等教育学校の後期課程及び特別支援学校の高等部を含む。以下この
　項及び次項において同じ。）に入学した生徒（新令第九十一条（新令第百十三条第一項及び第百三
　十五条第五項で準用する場合を含む。）の規定により入学した生徒であって同日前に入学した生徒
　に係る教育課程により履修するものを除く。）に係る教育課程から適用する。

3　前項の規定により新令別表第三の規定が適用されるまでの高等学校の教育課程については，なお
　従前の例による。

付録1

学校教育法施行規則の一部を改正する省令の一部を改正する省令

平成三十年八月三十一日文部科学省令第二十八号

　学校教育法施行規則の一部を改正する省令（平成三十年文部科学省令第十三号）の一部を次のように改正する。

　次の表により、改正前欄に掲げる規定の傍線を付した部分をこれに順次対応する改正後欄に掲げる規定の傍線を付した部分のように改め、改正前欄及び改正後欄に対応して掲げるその標記部分に二重傍線を付した規定（以下「対象規定」という。）は、改正前欄に掲げる対象規定で改正前欄にこれに対応するものを掲げていないものは、これを加える。

改　正　後	改　正　前
附　則	附　則
1　この省令は、平成三十四年四月一日から施行する。ただし、附則第四項及び第五項の規定は平成三十一年四月一日から施行する。	1　この省令は、平成三十四年四月一日から施行する。
2　改正後の学校教育法施行規則（以下「新令」という。）第八十三条及び別表第三の規定は、施行の日以降高等学校（中等教育学校の後期課程及び特別支援学校の高等部を含む。次項及び附則第四項において同じ。）に入学した生徒（新令第九十一条（新令第百十三条第一項及び第百三十五条第五項で準用する場合を含む。附則第四項において同じ。）の規定により入学した生徒であって同日前に入学した生徒に係る教育課程により履修するものを除く。）に係る教育課程から適用する。	2　改正後の学校教育法施行規則（以下この項及び次項において「新令」という。）別表第三の規定は、施行の日以降高等学校（中等教育学校の後期課程及び特別支援学校の高等部を含む。以下この項及び次項において同じ。）に入学した生徒（新令第九十一条（新令第百十三条第一項及び第百三十五条第五項で準用する場合を含む。）の規定により入学した生徒であって同日前に入学した生徒に係る教育課程により履修するものを除く。）に係る教育課程から適用する。
3　前項の規定により新令第八十三条及び別表第三の規定が適用されるまでの高等学校の教育課程については、なお従前の例による。	3　前項の規定により新令別表第三の規定が適用されるまでの高等学校の教育課程については、なお従前の例による。
4‖　平成三十一年四月一日から平成三十四年三月三十一日までの間に高等学校に入学した生徒（新令第九十一条の規定により入学した生徒に係る教育課程により履修するものを除く。）に係る教育課程についての平成三十一年四月一日から新令第八十三条の規定が適用されるまでの間における改正前の学校教育法施行規則（以下「旧令」という。）第八十三条の規定の適用については、同条中「総合的な学習の時間」とあるのは「総合的な探究の時間」とする。	〔項を加える。〕
5‖　平成三十一年四月一日から新令別表第三の規定の適用については、同表㈡の表福祉の項中「福祉情報活用」とあるのは「福祉情報活用、福祉情報」とする。	〔項を加える。〕
備考　表中の〔　〕の記載及び対象規定の二重傍線を付した標記部分を除く全体に付した傍線は注記である。	

付録1

310

附　則

この省令は，公布の日から施行する。

付録1

学校教育法施行規則の一部を改正する省令

平成三十一年二月四日文部科学省令第三号

学校教育法施行規則（昭和二十二年文部省令第十一号）の一部を次のように改正する。

次の表により、改正前欄に掲げる規定の傍線を付した部分をこれに順次対応する改正後欄に掲げる規定の傍線を付した部分のように改める。

改正後

第百二十八条 特別支援学校の高等部の教育課程は、別表第三及び別表第五に定める各教科に属する科目、総合的な探究の時間、特別活動並びに自立活動によって編成するものとする。

2 前項の規定にかかわらず、知的障害者である生徒を教育する場合は、国語、社会、数学、理科、音楽、美術、保健体育、職業、家庭、外国語、情報、家政、農業、工業、流通・サービス及び福祉の各教科、第百二十九条に規定する特別支援学校高等部学習指導要領で定めるこれら以外の教科及び特別の教科である道徳、総合的な探究の時間、特別活動並びに自立活動によって教育課程を編成するものとする。

第百三十条 （略）

2 特別支援学校の小学部、中学部又は高等部においては、知的障害者である児童若しくは生徒又は複数の種類の障害を併せ有する児童若しくは生徒を教育する場合において特に必要があるときは、各教科、特別の教科である道徳、外国語活動、特別活動及び自立活動の全部又は一部について、合わせて授業を行うことができる。

別表第五 （第百二十八条関係）

(一) 視覚障害者である生徒に対する教育を行う特別支援学校の主として専門学科において開設される各教科

各教科	各教科に属する科目
保健理療	医療と社会、人体の構造と機能、疾病の成り立ちと予防、生活と疾病、基礎保健理療、臨床保健理療、地域保健理療と保健理療経営、保健理療基礎実習、保健理療臨床実習、保健理療情報活用、課題研究
理療	医療と社会、人体の構造と機能、疾病の成り立ちと予防、生活と疾病、基礎理療学、臨床

改正前

第百二十八条 特別支援学校の高等部の教育課程は、別表第三及び別表第五に定める各教科に属する科目、総合的な学習の時間、特別活動並びに自立活動によって編成するものとする。

2 前項の規定にかかわらず、知的障害者である生徒を教育する場合は、国語、社会、数学、理科、音楽、美術、保健体育、職業、家庭、外国語、情報、家政、農業、工業、流通・サービス及び福祉の各教科、第百二十九条に規定する特別支援学校高等部学習指導要領で定めるこれら以外の教科及び道徳、総合的な学習の時間、特別活動並びに自立活動によって教育課程を編成するものとする。

第百三十条 （略）

2 特別支援学校の小学部、中学部又は高等部においては、知的障害者である児童若しくは生徒又は複数の種類の障害を併せ有する児童若しくは生徒を教育する場合において特に必要があるときは、各教科、特別の教科である道徳（特別支援学校の高等部にあっては、前条に規定する特別支援学校高等部学習指導要領で定める道徳）、外国語活動、特別活動及び自立活動の全部又は一部について、合わせて授業を行うことができる。

別表第五 （第百二十八条関係）

(一) 視覚障害者である生徒に対する教育を行う特別支援学校の主として専門学科において開設される各教科

各教科	各教科に属する科目
保健理療	医療と社会、人体の構造と機能、疾病の成り立ちと予防、生活と疾病、基礎保健理療、臨床保健理療、地域保健理療と保健理療経営、保健理療基礎実習、保健理療臨床実習、保健理療情報活用、課題研究
理療	医療と社会、人体の構造と機能、疾病の成り立ちと予防、生活と疾病、基礎理療学、臨床

付録1

（上段の表）

教科	各教科に属する科目
理学療法	理療学、地域理療と理療経営、理療情報、理療臨床実習、理療基礎実習、理療情報、課題研究 人体の構造と機能、疾病と障害、保健・医療・福祉とリハビリテーション、基礎理学療法学、理学療法管理学、理学療法評価学、理学療法治療学、地域理学療法学、理学療法臨床実習、理学療法情報、課題研究
（二）聴覚障害者である生徒に対する教育を行う特別支援学校の主として専門学科において開設される各教科	
各教科	各教科に属する科目
印刷	印刷概論、印刷デザイン、印刷製版技術、DTP技術、印刷情報技術、デジタル画像技術、印刷総合実習、課題研究
理容・美容	関係法規・制度、衛生管理、保健、香粧品化学、文化論、理容・美容技術理論、運営管理、理容実習、美容実習、理容・美容情報、課題研究
クリーニング	（略）
歯科技工	歯科技工関係法規、歯科技工学概論、歯科理工学、歯の解剖学、顎口腔機能学、有床義歯技工学、歯冠修復技工学、矯正歯科技工学、小児歯科技工学、歯科技工実習、歯科技工情報、課題研究
備考	（略）

（下段の表）

教科	各教科に属する科目
理学療法	理療学、地域理療と理療経営、理療情報、理療臨床実習、理療基礎実習、理療情報活用、課題研究 人体の構造と機能、疾病と障害、保健・医療・福祉とリハビリテーション、基礎理学療法学、理学療法評価学、理学療法治療学、地域理学療法学、臨床実習、理学療法情報活用、課題研究
（二）聴覚障害者である生徒に対する教育を行う特別支援学校の主として専門学科において開設される各教科	
各教科	各教科に属する科目
印刷	印刷概論、写真製版、印刷機械・材料、印刷デザイン、写真化学・光学、文書処理、管理、印刷情報技術基礎、画像技術、印刷総合実習、課題研究
理容・美容	理容・美容関係法規、衛生管理、理容・美容保健、理容・美容の物理・化学、理容・美容文化論、理容・美容技術理論、理容・美容運営管理、理容実習、理容・美容情報活用、課題研究
クリーニング	（略）
歯科技工	歯科技工関係法規、歯科技工学概論、歯科理工学、歯の解剖学、顎口腔機能学、有床義歯技工学、歯冠修復技工学、矯正歯科技工学、小児歯科技工学、歯科技工実習、歯科技工情報活用、課題研究
備考	（略）

附 則

1 この省令は，平成三十四年四月一日から施行する。ただし，附則第四項及び第五項の規定は平成三十一年四月一日から，附則第六項の規定は平成三十二年四月一日から施行する。

2 この省令による改正後の学校教育法施行規則（以下「新令」という。）第百二十八条，第百三十条第二項及び別表第五の規定は，この省令の施行の日以降特別支援学校の高等部に入学した生徒（新令第百三十五条第五項の規定により準用される新令第九十一条の規定により入学した生徒であって同日前に入学した生徒に係る教育課程により履修するものを除く。）に係る教育課程から適用する。

3 前項の規定により新令第百二十八条，第百三十条第二項及び別表第五の規定が適用されるまでの特別支援学校の高等部の教育課程については，なお従前の例による。

4　平成三十一年四月一日から平成三十四年三月三十一日までの間に特別支援学校の高等部に入学した生徒（新令第百三十五条第五項の規定により準用される新令第九十一条の規定により入学した生徒であって平成三十一年三月三十一日までに入学した生徒に係る教育課程により履修するものを除く。）に係る教育課程についての平成三十一年四月一日から新令第百二十八条の規定が適用されるまでの間におけるこの省令による改正前の学校教育法施行規則（以下「旧令」という。）第百二十八条の規定の適用については，同条中「総合的な学習の時間」とあるのは「総合的な探究の時間」とする。

5　平成三十一年四月一日から新令別表第五の規定が適用されるまでの間における旧令別表第五の規定の適用については，同表（一）の表保健理療の項中「課題研究」とあるのは「課題研究，保健理療情報」とし，同表理療の項中「課題研究」とあるのは「課題研究，理療情報」とし，同表理学療法の項中「課題研究」とあるのは「課題研究，理学療法管理学，理学療法臨床実習，理学療法情報」とし，同表（二）の表印刷の項中「課題研究」とあるのは「課題研究，印刷製版技術，DTP技術，印刷情報技術，デジタル画像技術」とし，同表理容・美容の項中「課題研究」とあるのは「課題研究，関係法規・制度，保健，香粧品化学，文化論，運営管理，美容実習，理容・美容情報」とし，同表歯科技工の項中「課題研究」とあるのは「課題研究，歯科技工情報」とする。

6　平成三十二年四月一日から平成三十四年三月三十一日までの間に特別支援学校の高等部に入学した生徒（新令第百三十五条第五項の規定により準用される新令第九十一条の規定により入学した生徒であって平成三十二年三月三十一日までに入学した生徒に係る教育課程により履修するものを除く。）に係る教育課程についての平成三十二年四月一日から新令第百二十八条第二項及び第百三十条第二項の規定が適用されるまでの間における旧令第百二十八条第二項の規定の適用については，同項中「道徳」とあるのは「特別の教科である道徳」とし，旧令第百三十条第二項の規定の適用については，同項中「特別の教科である道徳（特別支援学校の高等部にあつては，前条に規定する特別支援学校高等部学習指導要領で定める道徳）」とあるのは「特別の教科である道徳」とする。

特別支援学校の高等部の学科を定める省令（抄）

昭和四十一年二月二十一日文部省令第二号

学校教育法（昭和二十二年法律第二十六号）第七十三条の規定に基づき，盲学校及び聾学校の高等部の学科を定める省令を次のように定める。

第一条　特別支援学校の高等部の学科は，普通教育を主とする学科及び専門教育を主とする学科とする。

第二条　特別支援学校の高等部の普通教育を主とする学科は，普通科とする。

2　特別支援学校の高等部の専門教育を主とする学科は，次の表に掲げる学科その他専門教育を施す学科として適正な規模及び内容があると認められるものとする。

視覚障害者である生徒に対する教育を行う学科	一　家庭に関する学科 二　音楽に関する学科 三　理療に関する学科 四　理学療法に関する学科
聴覚障害者である生徒に対する教育を行う学科	一　農業に関する学科 二　工業に関する学科 三　商業に関する学科 四　家庭に関する学科 五　美術に関する学科 六　理容・美容に関する学科 七　歯科技工に関する学科
知的障害者，肢体不自由者又は病弱者（身体虚弱者を含む。）である生徒に対する教育を行う学科	一　農業に関する学科 二　工業に関する学科 三　商業に関する学科 四　家庭に関する学科 五　産業一般に関する学科

付録1

附　則

（平成十九年三月三〇日文部科学省令第五号）抄

（施行期日）

第一条　この省令は，学校教育法等の一部を改正する法律（以下「改正法」という。）の施行の日（平成十九年四月一日）から施行する。

第1章　総　　則

第1節　教育目標

　高等部における教育については，学校教育法第72条に定める目的を実現するために，生徒の障害の状態や特性及び心身の発達の段階等を十分考慮して，次に掲げる目標の達成に努めなければならない。

1　学校教育法第51条に規定する高等学校教育の目標
2　生徒の障害による学習上又は生活上の困難を改善・克服し自立を図るために必要な知識，技能，態度及び習慣を養うこと。

第2節　教育課程の編成

第1款　高等部における教育の基本と教育課程の役割

1　各学校においては，教育基本法及び学校教育法その他の法令並びにこの章以下に示すところに従い，生徒の人間として調和のとれた育成を目指し，生徒の障害の状態や特性及び心身の発達の段階等，学科の特色及び学校や地域の実態を十分考慮して，適切な教育課程を編成するものとし，これらに掲げる目標を達成するよう教育を行うものとする。

2　学校の教育活動を進めるに当たっては，各学校において，第3款の1に示す主体的・対話的で深い学びの実現に向けた授業改善を通して，創意工夫を生かした特色ある教育活動を展開する中で，次の (1) から (4) までに掲げる事項の実現を図り，生徒に生きる力を育むことを目指すものとする。

(1) 基礎的・基本的な知識及び技能を確実に習得させ，これらを活用して課題を解決するために必要な思考力，判断力，表現力等を育むとともに，主体的に学習に取り組む態度を養い，個性を生かし多様な人々との協働を促す教育の充実に努めること。その際，生徒の発達の段階を考慮して，生徒の言語活動など，学習の基盤をつくる活動を充実するとともに，家庭との連携を図りながら，生徒の学習習慣が確立するよう配慮すること。

(2) 道徳教育や体験活動，多様な表現や鑑賞の活動等を通して，豊かな心や創造性の涵養を目指した教育の充実に努めること。

　学校における道徳教育は，人間としての在り方生き方に関する教育を学校の教育活動全体を通じて行うことによりその充実を図るものとし，視覚障害者，聴覚障害者，肢体不自由者又は病弱者である生徒に対する教育を行う特別支援学校においては，各教科に属する科目（以下「各教科・科目」という。），総合的な探究の時間，特別活動及び自立活動（以下「各教科・科目等」という。）において，また，知的障害者である生徒に対する教育を行う特別支援学校においては，第3章に掲げる特別の教科である道徳（以下「道徳科」という。）を要として，各教科，総合的な探究の時間，特別活動及び自立活動において，それぞれの特質に応じて，適切な指導を行うこと。

　道徳教育は，教育基本法及び学校教育法に定められた教育の根本精神に基づき，生徒が自己探求と自己実現に努め国家・社会の一員としての自覚に基づき行為しうる発達の段階にあることを考慮し，人間としての在り方生き方を考え，主体的な判断の下に行動し，自立した人間として他者と共によりよく生きるための基盤となる道徳性を養うことを目標とすること。

　道徳教育を進めるに当たっては，人間尊重の精神と生命に対する畏敬の念を家庭，学校，その

付録2

316

他社会における具体的な生活の中に生かし，豊かな心をもち，伝統と文化を尊重し，それらを育んできた我が国と郷土を愛し，個性豊かな文化の創造を図るとともに，平和で民主的な国家及び社会の形成者として，公共の精神を尊び，社会及び国家の発展に努め，他国を尊重し，国際社会の平和と発展や環境の保全に貢献し未来を拓く主体性のある日本人の育成に資することとなるよう特に留意すること。

(3) 学校における体育・健康に関する指導を，生徒の発達の段階を考慮して，学校の教育活動全体を通じて適切に行うことにより，健康で安全な生活と豊かなスポーツライフの実現を目指した教育の充実に努めること。特に，学校における食育の推進並びに体力の向上に関する指導，安全に関する指導及び心身の健康の保持増進に関する指導については，保健体育科，家庭科及び特別活動の時間はもとより，各教科・科目，総合的な探究の時間及び自立活動（知的障害者である生徒に対する教育を行う特別支援学校においては，各教科，道徳科，総合的な探究の時間及び自立活動。）などにおいてもそれぞれの特質に応じて適切に行うよう努めること。また，それらの指導を通して，家庭や地域社会との連携を図りながら，日常生活において適切な体育・健康に関する活動の実践を促し，生涯を通じて健康・安全で活力ある生活を送るための基礎が培われるよう配慮すること。

(4) 学校における自立活動の指導は，障害による学習上又は生活上の困難を改善・克服し，自立し社会参加する資質を養うため，自立活動の時間はもとより，学校の教育活動全体を通じて適切に行うものとする。特に，自立活動の時間における指導は，各教科・科目，総合的な探究の時間及び特別活動（知的障害者である生徒に対する教育を行う特別支援学校においては，各教科，道徳科，総合的な探究の時間及び特別活動。）と密接な関連を保ち，個々の生徒の障害の状態や特性及び心身の発達の段階等を的確に把握して，適切な指導計画の下に行うよう配慮すること。

3　2の(1)から(4)までに掲げる事項の実現を図り，豊かな創造性を備え持続可能な社会の創り手となることが期待される生徒に，生きる力を育むことを目指すに当たっては，学校教育全体，各教科・科目等並びに知的障害者である生徒に対する教育を行う特別支援学校における各教科，道徳科，総合的な探究の時間，特別活動及び自立活動（以下「各教科等」という。）において，それぞれの指導を通してどのような資質・能力の育成を目指すのかを明確にしながら，教育活動の充実を図るものとする。その際，生徒の障害の状態や特性及び心身の発達の段階等を踏まえつつ，次に掲げることが偏りなく実現できるようにするものとする。

(1) 知識及び技能が習得されるようにすること。

(2) 思考力，判断力，表現力等を育成すること。

(3) 学びに向かう力，人間性等を涵養すること。

4　学校においては，生徒の障害の状態や特性及び心身の発達の段階等，学校や地域の実態等に応じて，就業やボランティアに関わる体験的な学習の指導を適切に行うようにし，勤労の尊さや創造することの喜びを体得させ，望ましい勤労観，職業観の育成や社会奉仕の精神の涵養に資するものとする。

5　各学校においては，生徒や学校，地域の実態を適切に把握し，教育の目的や目標の実現に必要な教育の内容等を教科等横断的な視点で組み立てていくこと，教育課程の実施状況を評価してその改善を図っていくこと，教育課程の実施に必要な人的又は物的な体制を確保するとともにその改善を図っていくことなどを通して，教育課程に基づき組織的かつ計画的に各学校の教育活動の質の向上を図っていくこと（以下「カリキュラム・マネジメント」という。）に努めるものとする。その際，生徒に何が身に付いたかという学習の成果を的確に捉え，第2款の3の(5)のイに示す個別の指導計画の実施状況の評価と改善を，教育課程の評価と改善につなげていくよう工夫すること。

付録2

第2款　教育課程の編成

1　各学校の教育目標と教育課程の編成

　　教育課程の編成に当たっては，学校教育全体，各教科・科目等及び各教科等において，それぞれ
　の指導を通して育成を目指す資質・能力を踏まえつつ，各学校の教育目標を明確にするとともに，
　教育課程の編成についての基本的な方針が家庭や地域とも共有されるよう努めるものとする。その
　際，第4章総合的な探究の時間において準ずるものとしている高等学校学習指導要領第4章の第2
　の1に基づき定められる目標との関連を図るものとする。

2　教科等横断的な視点に立った資質・能力の育成

(1) 各学校においては，生徒の障害の状態や特性及び心身の発達の段階等を考慮し，言語能力，情
　報活用能力（情報モラルを含む。），問題発見・解決能力等の学習の基盤となる資質・能力を育成
　していくことができるよう，各教科・科目等又は各教科等の特質を生かし，教科等横断的な視点
　から教育課程の編成を図るものとする。

(2) 各学校においては，生徒や学校，地域の実態並びに生徒の障害の状態や特性及び心身の発達の
　段階等を考慮し，豊かな人生の実現や災害等を乗り越えて次代の社会を形成することに向けた現
　代的な諸課題に対応して求められる資質・能力を，教科等横断的な視点で育成していくことがで
　きるよう，各学校の特色を生かした教育課程の編成を図るものとする。

3　教育課程の編成における共通的事項

(1) 視覚障害者，聴覚障害者，肢体不自由者又は病弱者である生徒に対する教育を行う特別支援学
　校における各教科・科目等の履修等

　ア　各教科・科目及び単位数等

　　(ア) 卒業までに履修させる単位数等

　　　　各学校においては，卒業までに履修させる(イ)から(オ)までに示す各教科・科目及びその
　　　単位数，総合的な探究の時間の単位数，特別活動及びその授業時数並びに自立活動の授業時
　　　数に関する事項を定めるものとする。この場合，卒業までに履修させる単位数の計は，イの
　　　(ア)及び(イ)に掲げる各教科・科目の単位数並びに総合的な探究の時間の単位数を含めて74
　　　単位（自立活動の授業については，授業時数を単位数に換算して，この単位数に含めること
　　　ができる。）以上とする。

　　　　単位については，1単位時間を50分とし，35単位時間の授業を1単位として計算するこ
　　　とを標準とする。

　　(イ) 各学科に共通する各教科・科目及び標準単位数

　　　　各学校においては，教育課程の編成に当たって，次の表に掲げる各教科・科目及びその標
　　　準単位数を踏まえ，生徒に履修させる各教科・科目及びそれらの単位数について適切に定め
　　　るものとする。ただし，生徒の実態等を考慮し，特に必要がある場合には，標準単位数の標
　　　準の限度を超えて単位数を増加して配当することができる。

付録2

教　科	科　目	標　準 単位数			
国　語	現代の国語	2	地理歴史	地理総合	2
	言語文化	2		地理探究	3
	論理国語	4		歴史総合	2
	文学国語	4		日本史探究	3
	国語表現	4		世界史探究	3
	古典探究	4	公　民	公共	2
				倫理	2
				政治・経済	2

教科	科目	単位
数　学	数学 I	3
	数学 II	4
	数学 III	3
	数学 A	2
	数学 B	2
	数学 C	2
理　科	科学と人間生活	2
	物理基礎	2
	物理	4
	化学基礎	2
	化学	4
	生物基礎	2
	生物	4
	地学基礎	2
	地学	4
保健体育	体育	7〜8
	保健	2
芸　術	音楽 I	2
	音楽 II	2
	音楽 III	2
	美術 I	2
	美術 II	2
	美術 III	2

教科	科目	単位
芸　術	工芸 I	2
	工芸 II	2
	工芸 III	2
	書道 I	2
	書道 II	2
	書道 III	2
外国語	英語コミュニケーション I	3
	英語コミュニケーション II	4
	英語コミュニケーション III	4
	論理・表現 I	2
	論理・表現 II	2
	論理・表現 III	2
家　庭	家庭基礎	2
	家庭総合	4
情　報	情報 I	2
	情報 II	2
理　数	理数探究基礎	1
	理数探究	2〜5

(ｳ) 主として専門学科において開設される各教科・科目

　　各学校においては，教育課程の編成に当たって，視覚障害者である生徒に対する教育を行う特別支援学校にあっては次の表の⑦及び④，聴覚障害者である生徒に対する教育を行う特別支援学校にあっては次の表の⑦及び⑨，肢体不自由者又は病弱者である生徒に対する教育を行う特別支援学校にあっては次の表の⑦に掲げる主として専門学科（専門教育を主とする学科をいう。以下同じ。）において開設される各教科・科目及び設置者の定めるそれぞれの標準単位数を踏まえ，生徒に履修させる各教科・科目及びその単位数について適切に定めるものとする。

⑦　視覚障害者，聴覚障害者，肢体不自由者又は病弱者である生徒に対する教育を行う特別支援学校

教　科	科　目
農　業	農業と環境，課題研究，総合実習，農業と情報，作物，野菜，果樹，草花，畜産，栽培と環境，飼育と環境，農業経営，農業機械，植物バイオテクノロジー，食品製造，食品化学，食品微生物，食品流通，森林科学，森林経営，林産物利用，農業土木設計，農業土木施工，水循環，造園計画，造園施工管理，造園植栽，測量，生物活用，地域資源活用
工　業	工業技術基礎，課題研究，実習，製図，工業情報数理，工業材料技術，工業技術英語，工業管理技術，工業環境技術，機械工作，機械設計，原動機，電子機械，生産技術，自動車工学，自動車整備，船舶工学，電気回路，電気機器，電力技術，電子技術，電子回路，電子計測制御，通信技術，プログラミング技術，ハードウェア技術，ソフトウェア技術，コ

工 業	ンピュータシステム技術，建築構造，建築計画，建築構造設計，建築施工，建築法規，設備計画，空気調和設備，衛生・防災設備，測量，土木基盤力学，土木構造設計，土木施工，社会基盤工学，工業化学，化学工学，地球環境化学，材料製造技術，材料工学，材料加工，セラミック化学，セラミック技術，セラミック工業，繊維製品，繊維・染色技術，染織デザイン，インテリア計画，インテリア装備，インテリアエレメント生産，デザイン実践，デザイン材料，デザイン史
商 業	ビジネス基礎，課題研究，総合実践，ビジネス・コミュニケーション，マーケティング，商品開発と流通，観光ビジネス，ビジネス・マネジメント，グローバル経済，ビジネス法規，簿記，財務会計Ⅰ，財務会計Ⅱ，原価計算，管理会計，情報処理，ソフトウェア活用，プログラミング，ネットワーク活用，ネットワーク管理
水 産	水産海洋基礎，課題研究，総合実習，海洋情報技術，水産海洋科学，漁業，航海・計器，船舶運用，船用機関，機械設計工作，電気理論，移動体通信工学，海洋通信技術，資源増殖，海洋生物，海洋環境，小型船舶，食品製造，食品管理，水産流通，ダイビング，マリンスポーツ
家 庭	生活産業基礎，課題研究，生活産業情報，消費生活，保育基礎，保育実践，生活と福祉，住生活デザイン，服飾文化，ファッション造形基礎，ファッション造形，ファッションデザイン，服飾手芸，フードデザイン，食文化，調理，栄養，食品，食品衛生，公衆衛生，総合調理実習
看 護	基礎看護，人体の構造と機能，疾病の成り立ちと回復の促進，健康支援と社会保障制度，成人看護，老年看護，小児看護，母性看護，精神看護，在宅看護，看護の統合と実践，看護臨地実習，看護情報
情 報	情報産業と社会，課題研究，情報の表現と管理，情報テクノロジー，情報セキュリティ，情報システムのプログラミング，ネットワークシステム，データベース，情報デザイン，コンテンツの制作と発信，メディアとサービス，情報実習
福 祉	社会福祉基礎，介護福祉基礎，コミュニケーション技術，生活支援技術，介護過程，介護総合演習，介護実習，こころとからだの理解，福祉情報
理 数	理数数学Ⅰ，理数数学Ⅱ，理数数学特論，理数物理，理数化学，理数生物，理数地学
体 育	スポーツ概論，スポーツⅠ，スポーツⅡ，スポーツⅢ，スポーツⅣ，スポーツⅤ，スポーツⅥ，スポーツ総合演習
音 楽	音楽理論，音楽史，演奏研究，ソルフェージュ，声楽，器楽，作曲，鑑賞研究
美 術	美術概論，美術史，鑑賞研究，素描，構成，絵画，版画，彫刻，ビジュアルデザイン，クラフトデザイン，情報メディアデザイン，映像表現，環境造形
英 語	総合英語Ⅰ，総合英語Ⅱ，総合英語Ⅲ，ディベート・ディスカッションⅠ，ディベート・ディスカッションⅡ，エッセイライティングⅠ，エッセイライティングⅡ

(イ) 視覚障害者である生徒に対する教育を行う特別支援学校

教　科	科　　目
保健理療	医療と社会，人体の構造と機能，疾病の成り立ちと予防，生活と疾病，基礎保健理療，臨床保健理療，地域保健理療と保健理療経営，保健理療基礎実習，保健理療臨床実習，保健理療情報，課題研究

(ウ) 聴覚障害者である生徒に対する教育を行う特別支援学校

教　科	科　　目
印　刷	印刷概論，印刷デザイン，印刷製版技術，ＤＴＰ技術，印刷情報技術，デジタル画像技術，印刷総合実習，課題研究
理容・美容	関係法規・制度，衛生管理，保健，香粧品化学，文化論，理容・美容技術理論，運営管理，理容実習，美容実習，理容・美容情報，課題研究
クリーニング	クリーニング関係法規，公衆衛生，クリーニング理論，繊維，クリーニング機器・装置，クリーニング実習，課題研究

(エ) 学校設定科目

　　学校においては，生徒や学校，地域の実態及び学科の特色等に応じ，特色ある教育課程の編成に資するよう，(イ)及び(ウ)の表に掲げる教科について，これらに属する科目以外の科目（以下「学校設定科目」という。）を設けることができる。この場合において，学校設定科目の名称，目標，内容，単位数等については，その科目の属する教科の目標に基づき，高等部における教育としての水準の確保に十分配慮し，各学校の定めるところによるものとする。

(オ) 学校設定教科

　㋐　学校においては，生徒や学校，地域の実態及び学科の特色等に応じ，特色ある教育課程の編成に資するよう，(イ)及び(ウ)の表に掲げる教科以外の教科（以下この項及び第4款の1の(2)において「学校設定教科」という。）及び当該教科に関する科目を設けることができる。この場合において，学校設定教科及び当該教科に関する科目の名称，目標，内容，単位数等については，高等部における教育の目標に基づき，高等部における教育としての水準の確保に十分配慮し，各学校の定めるところによるものとする。

　㋑　学校においては，学校設定教科に関する科目として「産業社会と人間」を設けることができる。この科目の目標，内容，単位数等を各学校において定めるに当たっては，産業社会における自己の在り方生き方について考えさせ，社会に積極的に寄与し，生涯にわたって学習に取り組む意欲や態度を養うとともに，生徒の主体的な各教科・科目の選択に資するよう，就業体験活動等の体験的な学習や調査・研究などを通して，次のような事項について指導することに配慮するものとする。

　　a　社会生活や職業生活に必要な基本的な能力や態度及び望ましい勤労観，職業観の育成

　　b　我が国の産業の発展とそれがもたらした社会の変化についての考察

　　c　自己の将来の生き方や進路についての考察及び各教科・科目の履修計画の作成

イ　各教科・科目の履修等

(ア) 各学科に共通する必履修教科・科目及び総合的な探究の時間

　㋐　全ての生徒に履修させる各教科・科目（以下「必履修教科・科目」という。）は次のとおりとし，その単位数は，アの(イ)に標準単位数として示された単位数を下らないものとする。ただし，生徒の実態及び専門学科の特色等を考慮し，特に必要がある場合には，「数学Ⅰ」及び「英語コミュニケーションⅠ」については2単位とすることができ，その

付録2

321

他の必履修教科・科目（標準単位数が２単位であるものを除く。）についてはその単位数の一部を減じることができる。

a　国語のうち「現代の国語」及び「言語文化」

b　地理歴史のうち「地理総合」及び「歴史総合」

c　公民のうち「公共」

d　数学のうち「数学Ⅰ」

e　理科のうち「科学と人間生活」，「物理基礎」，「化学基礎」，「生物基礎」及び「地学基礎」のうちから２科目（うち１科目は「科学と人間生活」とする。）又は「物理基礎」，「化学基礎」，「生物基礎」及び「地学基礎」のうちから３科目

f　保健体育のうち「体育」及び「保健」

g　芸術のうち「音楽Ⅰ」，「美術Ⅰ」，「工芸Ⅰ」及び「書道Ⅰ」のうちから１科目

h　外国語のうち「英語コミュニケーションⅠ」（英語以外の外国語を履修する場合は，学校設定科目として設ける１科目とし，その標準単位数は３単位とする。）

i　家庭のうち「家庭基礎」及び「家庭総合」のうちから１科目

j　情報のうち「情報Ⅰ」

㋑　総合的な探究の時間については，全ての生徒に履修させるものとし，その単位数は，各学校において，生徒や学校の実態に応じて適切に定めるものとする。

㋒　外国の高等学校等に留学していた生徒について，外国の高等学校等における履修により，必履修教科・科目又は総合的な探究の時間の履修と同様の成果が認められる場合においては，外国の高等学校等における履修をもって相当する必履修教科・科目又は総合的な探究の時間の履修の一部又は全部に替えることができる。

（イ）専門学科における各教科・科目の履修

専門学科における各教科・科目の履修については，（ア）のほか次のとおりとする。

㋐　専門学科においては，専門教科・科目（アの（ウ）の表に掲げる各教科・科目，同表の教科に属する学校設定科目及び専門教育に関する学校設定教科に関する科目をいう。以下同じ。）について，全ての生徒に履修させる単位数は，25単位を下らないこと。ただし，各学科の目標を達成する上で，専門教科・科目以外の各教科・科目の履修により，専門教科・科目の履修と同様の成果が期待できる場合においては，その専門教科・科目以外の各教科・科目の単位数の一部の履修をもって，当該専門教科・科目の単位数の一部の履修に替えることができること。

㋑　専門教科・科目の履修によって，（ア）の必履修教科・科目の履修と同様の成果が期待できる場合においては，その専門教科・科目の履修をもって，必履修教科・科目の履修の一部又は全部に替えることができること。

㋒　職業教育を主とする専門学科においては，総合的な探究の時間の履修により，農業，工業，商業，水産，家庭，情報，保健理療，印刷，理容・美容若しくはクリーニングの各教科の「課題研究」，看護の「看護臨地実習」又は福祉の「介護総合演習」（以下「課題研究等」という。）の履修と同様の成果が期待できる場合においては，総合的な探究の時間の履修をもって課題研究等の履修の一部又は全部に替えることができること。また，課題研究等の履修により，総合的な探究の時間の履修と同様の成果が期待できる場合においては，課題研究等の履修をもって総合的な探究の時間の履修の一部又は全部に替えることができること。

ウ　各教科・科目等の授業時数等

（ア）各教科・科目，ホームルーム活動及び自立活動の授業は，年間35週行うことを標準とし，必要がある場合には，各教科・科目及び自立活動の授業を特定の学期又は特定の期間

（夏季，冬季，学年末等の休業日の期間に授業日を設定する場合を含む。）に行うことができる。

（イ）週当たりの授業時数は，30単位時間を標準とする。ただし，特に必要がある場合には，これを増加することができる。

（ウ）ホームルーム活動の授業時数については，原則として，年間35単位時間以上とするものとする。

（エ）生徒会活動及び学校行事については，生徒や学校の実態に応じて，それぞれ適切な授業時数を充てるものとする。

（オ）各学年の自立活動の時間に充てる授業時数は，生徒の障害の状態や特性及び心身の発達の段階等に応じて，適切に定めるものとする。

（カ）各教科・科目等のそれぞれの授業の1単位時間は，各学校において，各教科・科目等の授業時数を確保しつつ，生徒の実態及び各教科・科目等の特質を考慮して適切に定めるものとする。

（キ）各教科・科目等の特質に応じ，10分から15分程度の短い時間を活用して特定の各教科・科目等の指導を行う場合において，当該各教科・科目等を担当する教師が単元や題材など内容や時間のまとまりを見通した中で，その指導内容の決定や指導の成果の把握と活用等を責任をもって行う体制が整備されているときは，その時間を当該各教科・科目等の授業時数に含めることができる。

（ク）総合的な探究の時間における学習活動により，特別活動の学校行事に掲げる各行事の実施と同様の成果が期待できる場合においては，総合的な探究の時間における学習活動をもって相当する特別活動の学校行事に掲げる各行事の実施に替えることができる。

（ケ）理数の「理数探究基礎」又は「理数探究」の履修により，総合的な探究の時間の履修と同様の成果が期待できる場合においては，「理数探究基礎」又は「理数探究」の履修をもって総合的な探究の時間の履修の一部又は全部に替えることができる。

(2) 知的障害者である生徒に対する教育を行う特別支援学校における各教科等の履修等

ア 各教科等の履修

（ア）卒業までに履修させる各教科等

各学校においては，卒業までに履修させる（イ）から（エ）までに示す各教科及びその授業時数，道徳科及び総合的な探究の時間の授業時数，特別活動及びその授業時数並びに自立活動の授業時数に関する事項を定めるものとする。

（イ）各学科に共通する各教科等

⑦ 国語，社会，数学，理科，音楽，美術，保健体育，職業及び家庭の各教科，道徳科，総合的な探究の時間，特別活動並びに自立活動については，特に示す場合を除き，全ての生徒に履修させるものとする。

① 外国語及び情報の各教科については，生徒や学校の実態を考慮し，必要に応じて設けることができる。

（ウ）主として専門学科において開設される各教科

⑦ 専門学科においては，（イ）のほか，家政，農業，工業，流通・サービス若しくは福祉の各教科又は（エ）に規定する学校設定教科のうち専門教育に関するもの（以下「専門教科」という。）のうち，いずれか1以上履修させるものとする。

① 専門教科の履修によって，（イ）の⑦の全ての生徒に履修させる各教科の履修と同様の成果が期待できる場合においては，その専門教科の履修をもって，全ての生徒に履修させる各教科の履修に替えることができる。

（エ）学校設定教科

学校においては，生徒や学校，地域の実態及び学科の特色等に応じ，特色ある教育課程の編成に資するよう，（イ）及び（ウ）に掲げる教科以外の教科（以下この項において「学校設定教科」という。）を設けることができる。この場合において，学校設定教科の名称，目標，内容等については，高等部における教育の目標に基づき，高等部における教育としての水準の確保に十分配慮し，各学校の定めるところによるものとする。

イ　各教科等の授業時数等

（ア）各教科等（ただし，この項及び（ク）において，特別活動についてはホームルーム活動に限る。）の総授業時数は，各学年とも1,050単位時間（1単位時間は，50分として計算するものとする。（ウ）において同じ。）を標準とし，特に必要がある場合には，これを増加することができる。この場合，各教科等の目標及び内容を考慮し，各教科及び総合的な探究の時間の配当学年及び当該学年における授業時数，道徳科，特別活動及び自立活動の各学年における授業時数を適切に定めるものとする。

（イ）各教科，道徳科，ホームルーム活動及び自立活動の授業は，年間35週行うことを標準とし，必要がある場合には，各教科，道徳科及び自立活動の授業を特定の学期又は特定の期間（夏季，冬季，学年末等の休業日の期間に授業日を設定する場合を含む。）に行うことができる。

（ウ）専門学科においては，専門教科について，全ての生徒に履修させる授業時数は，875単位時間を下らないものとする。

（エ）ホームルーム活動の授業時数については，原則として，年間35単位時間以上とするものとする。

（オ）生徒会活動及び学校行事については，生徒や学校の実態に応じて，それぞれ適切な授業時数を充てるものとする。

（カ）総合的な探究の時間に充てる授業時数は，各学校において，生徒や学校の実態に応じて，適切に定めるものとする。

（キ）各学年の自立活動の時間に充てる授業時数は，生徒の障害の状態や特性及び心身の発達の段階等に応じて，適切に定めるものとする。

（ク）各教科等のそれぞれの授業の1単位時間は，各学校において，各教科等の授業時数を確保しつつ，生徒の実態及び各教科等の特質を考慮して適切に定めるものとする。

（ケ）各教科等の特質に応じ，10分から15分程度の短い時間を活用して特定の各教科等の指導を行う場合において，当該各教科等を担当する教師が単元や題材など内容の時間のまとまりを見通した中で，その指導内容の決定や指導の成果の把握と活用等を責任をもって行う体制が整備されているときは，その時間を当該各教科等の授業時数に含めることができる。

（コ）総合的な探究の時間における学習活動により，特別活動の学校行事に掲げる各行事の実施と同様の成果が期待できる場合においては，総合的な探究の時間における学習活動をもって相当する特別活動の学校行事に掲げる各行事の実施に替えることができる。

(3) 選択履修の趣旨を生かした適切な教育課程の編成

　　教育課程の編成に当たっては，生徒の障害の状態や特性及び心身の発達の段階等に応じた適切な各教科・科目（知的障害者である生徒に対する教育を行う特別支援学校においては各教科。以下この項，(4)のイ，(6)及び第5款において同じ。）の履修ができるようにし，このため，多様な各教科・科目を設け生徒が自由に選択履修することのできるよう配慮するものとする。また，教育課程の類型を設け，そのいずれかの類型を選択して履修させる場合においても，その類型において履修させることになっている各教科・科目以外の各教科・科目を履修させたり，生徒が自由に選択履修することのできる各教科・科目を設けたりするものとする。

(4) 各教科・科目等又は各教科等の内容等の取扱い

ア 学校においては，第2章以下に示していない事項を加えて指導することができる。また，第2章第1節第1款において準ずるものとしている高等学校学習指導要領第2章及び第3章並びに同節第3款から第9款までに示す各科目又は第2章第1款及び第2款に示す各教科の内容の取扱いのうち内容の範囲や程度等を示す事項は，当該科目（知的障害者である生徒に対する教育を行う特別支援学校においては各教科。）を履修する全ての生徒に対して指導するものとする内容の範囲や程度等を示したものであり，学校において必要がある場合には，この事項にかかわらず指導することができる。ただし，これらの場合には，第2章以下に示す各教科・科目等又は各教科等の目標や内容の趣旨を逸脱したり，生徒の負担が過重となったりすることのないようにするものとする。

イ 第2章以下に示す各教科・科目，特別活動及び自立活動の内容に掲げる事項の順序は，特に示す場合を除き，指導の順序を示すものではないので，学校においては，その取扱いについて適切な工夫を加えるものとする。

ウ 視覚障害者，聴覚障害者，肢体不自由者又は病弱者である生徒に対する教育を行う特別支援学校においては，あらかじめ計画して，各教科・科目の内容及び総合的な探究の時間における学習活動を学期の区分に応じて単位ごとに分割して指導することができる。

エ 視覚障害者，聴覚障害者，肢体不自由者又は病弱者である生徒に対する教育を行う特別支援学校においては，特に必要がある場合には，第2章に示す教科及び科目の目標の趣旨を損なわない範囲内で，各教科・科目の内容に関する事項について，基礎的・基本的な事項に重点を置くなどその内容を適切に選択して指導することができる。

オ 知的障害者である生徒に対する教育を行う特別支援学校において，各教科の指導に当たっては，各教科の段階に示す内容を基に，生徒の知的障害の状態や経験等に応じて，具体的に指導内容を設定するものとする。その際，高等部の3年間を見通して計画的に指導するものとする。

カ 知的障害者である生徒に対する教育を行う特別支援学校において，道徳科の指導に当たっては，第3章に示す道徳科の目標及び内容に示す事項を基に，生徒の知的障害の状態や経験等に応じて，具体的に指導内容を設定するものとする。

(5) 指導計画の作成等に当たっての配慮すべき事項

ア 各学校においては，次の事項に配慮しながら，学校の創意工夫を生かし，全体として，調和のとれた具体的な指導計画を作成するものとする。

(ア) 各教科・科目等又は各教科等の指導内容については，単元や題材など内容や時間のまとまりを見通しながら，そのまとめ方や重点の置き方に適切な工夫を加え，第3款の1に示す主体的・対話的で深い学びの実現に向けた授業改善を通して資質・能力を育む効果的な指導ができるようにすること。

(イ) 各教科・科目等又は各教科等について相互の関連を図り，系統的，発展的な指導ができるようにすること。

(ウ) 知的障害者である生徒に対する教育を行う特別支援学校において，各教科等の一部又は全部を合わせて指導を行う場合には，各教科，道徳科，特別活動及び自立活動の内容を基に，生徒の知的障害の状態や経験等に応じて，具体的に指導内容を設定するものとする。また，各教科，道徳科，特別活動及び自立活動の内容の一部又は全部を合わせて指導を行う場合は，授業時数を適切に定めること。

イ 各教科・科目等又は各教科等の指導に当たっては，個々の生徒の実態を的確に把握し，次の事項に配慮しながら，個別の指導計画を作成すること。

(ア) 生徒の障害の状態や特性及び心身の発達の段階等並びに学習の進度を考慮して，基礎的・基本的な事項に重点を置くこと。

（イ）生徒が，基礎的・基本的な知識及び技能の習得も含め，学習内容を確実に身に付けることができるよう，それぞれの生徒に作成した個別の指導計画や学校の実態に応じて，指導方法や指導体制の工夫改善に努めること。その際，生徒の障害の状態や特性及び心身の発達の段階等並びに学習の進度を考慮して，個別指導を重視するとともに，グループ別学習，繰り返し学習，学習内容の習熟の程度に応じた学習，生徒の興味・関心等に応じた課題学習，補充的な学習や発展的な学習などの学習活動を取り入れることや，教師間の協力による指導体制を確保することなど，指導方法や指導体制の工夫改善により，個に応じた指導の充実を図ること。その際，第3款の1の(3)に示す情報手段や教材・教具の活用を図ること。

(6) キャリア教育及び職業教育に関して配慮すべき事項

ア　学校においては，第5款の1の(3)に示すキャリア教育及び職業教育を推進するために，生徒の障害の状態や特性及び心身の発達の段階等，学校や地域の実態等を考慮し，地域及び産業界や労働等の業務を行う関係機関との連携を図り，産業現場等における長期間の実習を取り入れるなどの就業体験活動の機会を積極的に設けるとともに，地域や産業界や労働等の業務を行う関係機関の人々の協力を積極的に得るよう配慮するものとする。

イ　普通科においては，生徒の障害の状態や特性及び心身の発達の段階等，学校や地域の実態等を考慮し，必要に応じて，適切な職業に関する各教科・科目の履修の機会の確保について配慮するものとする。

ウ　職業教育を主とする専門学科においては，次の事項に配慮するものとする。

（ア）職業に関する各教科・科目については，実験・実習に配当する授業時数を十分確保するようにすること。

（イ）生徒の実態を考慮し，職業に関する各教科・科目の履修を容易にするため特別な配慮が必要な場合には，各分野における基礎的又は中核的な科目を重点的に選択し，その内容については基礎的・基本的な事項が確実に身に付くように取り扱い，また，主として実験・実習によって指導するなどの工夫をこらすようにすること。

エ　職業に関する各教科・科目については，次の事項に配慮するものとする。

（ア）職業に関する各教科・科目については，就業体験活動をもって実習に替えることができること。この場合，就業体験活動は，その各教科・科目の内容に直接関係があり，かつ，その一部としてあらかじめ計画し，評価されるものであることを要すること。

（イ）農業，水産及び家庭に関する各教科・科目の指導に当たっては，ホームプロジェクトなどの活動を活用して，学習の効果を上げるよう留意すること。この場合，ホームプロジェクトについては，適切な授業時数をこれに充てることができること。

4　学部段階間及び学校段階等間の接続

教育課程の編成に当たっては，次の事項に配慮しながら，学部段階間及び学校段階等間の接続を図るものとする。

(1) 現行の特別支援学校小学部・中学部学習指導要領又は中学校学習指導要領を踏まえ，中学部における教育又は中学校教育までの学習の成果が高等部における教育に円滑に接続され，高等部における教育段階の終わりまでに育成することを目指す資質・能力を，生徒が確実に身に付けることができるよう工夫すること。

(2) 視覚障害者，聴覚障害者，肢体不自由者又は病弱者である生徒に対する教育を行う特別支援学校においては，生徒や学校の実態等に応じ，必要がある場合には，例えば次のような工夫を行い，義務教育段階での学習内容の確実な定着を図るようにすること。

ア　各教科・科目の指導に当たり，義務教育段階での学習内容の確実な定着を図るための学習機会を設けること。

イ　義務教育段階での学習内容の確実な定着を図りながら，必履修教科・科目の内容を十分に習

得させることができるよう，その単位数を標準単位数の標準の限度を超えて増加して配当すること。

　　ウ　義務教育段階での学習内容の確実な定着を図ることを目標とした学校設定科目等を履修させた後に，必履修教科・科目を履修させるようにすること。

　(3)　大学や専門学校，教育訓練機関等における教育や社会的・職業的自立，生涯にわたる学習や生活のために，高等部卒業以降の進路先との円滑な接続が図られるよう，関連する教育機関や企業，福祉施設等との連携により，卒業後の進路に求められる資質・能力を着実に育成することができるよう工夫すること。

第3款　教育課程の実施と学習評価

1　主体的・対話的で深い学びの実現に向けた授業改善
　各教科・科目等又は各教科等の指導に当たっては，次の事項に配慮するものとする。
　(1)　第1款の3の(1)から(3)までに示すことが偏りなく実現されるよう，単元や題材など内容や時間のまとまりを見通しながら，生徒の主体的・対話的で深い学びの実現に向けた授業改善を行うこと。
　　　特に，各教科・科目等又は各教科等において身に付けた知識及び技能を活用したり，思考力，判断力，表現力等や学びに向かう力，人間性等を発揮させたりして，学習の対象となる物事を捉え思考することにより，各教科・科目等又は各教科等の特質に応じた物事を捉える視点や考え方（以下「見方・考え方」という。）が鍛えられていくことに留意し，生徒が各教科・科目等又は各教科等の特質に応じた見方・考え方を働かせながら，知識を相互に関連付けてより深く理解したり，情報を精査して考えを形成したり，問題を見いだして解決策を考えたり，思いや考えを基に創造したりすることに向かう過程を重視した学習の充実を図ること。
　(2)　第2款の2の(1)に示す言語能力の育成を図るため，各学校において必要な言語環境を整えるとともに，国語科を要としつつ各教科・科目等又は各教科等の特質に応じて，生徒の言語活動を充実すること。あわせて，(6)に示すとおり読書活動を充実すること。
　(3)　第2款の2の(1)に示す情報活用能力の育成を図るため，各学校において，コンピュータや情報通信ネットワークなどの情報手段を活用するために必要な環境を整え，これらを適切に活用した学習活動の充実を図ること。また，各種の統計資料や新聞，視聴覚教材や教育機器などの教材・教具の適切な活用を図ること。
　(4)　生徒が学習の見通しを立てたり学習したことを振り返ったりする活動を，計画的に取り入れるよう工夫すること。
　(5)　生徒が生命の有限性や自然の大切さ，主体的に挑戦してみることや多様な他者と協働することの重要性などを実感しながら理解することができるよう，各教科・科目等又は各教科等の特質に応じた体験活動を重視し，家庭や地域社会と連携しつつ体系的・継続的に実施できるよう工夫すること。
　(6)　学校図書館を計画的に利用しその機能の活用を図り，生徒の主体的・対話的で深い学びの実現に向けた授業改善に生かすとともに，生徒の自主的，自発的な学習活動や読書活動を充実すること。また，地域の図書館や博物館，美術館，劇場，音楽堂等の施設の活用を積極的に図り，資料を活用した情報の収集や鑑賞等の学習活動を充実すること。
2　障害のため通学して教育を受けることが困難な生徒に対して，教師を派遣して教育を行う場合については，障害の状態や学習環境等に応じて，指導方法や指導体制を工夫し，学習活動が効果的に行われるようにすること。
3　学習評価の充実

付録2

学習評価の実施に当たっては，次の事項に配慮するものとする。

(1) 生徒のよい点や可能性，進歩の状況などを積極的に評価し，学習したことの意義や価値を実感できるようにすること。また，各教科・科目等又は各教科等の目標の実現に向けた学習状況を把握する観点から，単元や題材など内容や時間のまとまりを見通しながら評価の場面や方法を工夫して，学習の過程や成果を評価し，指導の改善や学習意欲の向上を図り，資質・能力の育成に生かすようにすること。

(2) 各教科・科目等又は各教科等の指導に当たっては，個別の指導計画に基づいて行われた学習状況や結果を適切に評価し，指導目標や指導内容，指導方法の改善に努め，より効果的な指導ができるようにすること。

(3) 創意工夫の中で学習評価の妥当性や信頼性が高められるよう，組織的かつ計画的な取組を推進するとともに，学年や学部段階を越えて生徒の学習の成果が円滑に接続されるように工夫すること。

第4款　単位の修得及び卒業の認定

1　視覚障害者，聴覚障害者，肢体不自由者又は病弱者である生徒に対する教育を行う特別支援学校
(1) 各教科・科目及び総合的な探究の時間の単位の修得の認定

　ア　学校においては，生徒が学校の定める指導計画に従って各教科・科目を履修し，その成果が各教科及び科目の目標からみて満足できると認められる場合には，その各教科・科目について履修した単位を修得したことを認定しなければならない。

　イ　学校においては，生徒が学校の定める指導計画に従って総合的な探究の時間を履修し，その成果が第4章において準ずるものとしている高等学校学習指導要領第4章第2の1に基づき定められる目標からみて満足できると認められる場合には，総合的な探究の時間について履修した単位を修得したことを認定しなければならない。

　ウ　学校においては，生徒が1科目又は総合的な探究の時間を2以上の年次にわたって履修したときは，各年次ごとにその各教科・科目又は総合的な探究の時間について履修した単位を修得したことを認定することを原則とする。また，単位の修得の認定を学期の区分ごとに行うことができる。

(2) 卒業までに修得させる単位数

　学校においては，卒業までに修得させる単位数を定め，校長は，当該単位数を修得した者で，特別活動及び自立活動の成果がそれらの目標からみて満足できると認められるものについて，高等部の全課程の修了を認定するものとする。この場合，卒業までに修得させる単位数は，74単位（自立活動の授業については，授業時数を単位数に換算して，この単位数に含めることができる。）以上とする。なお，普通科においては，卒業までに修得させる単位数に含めることができる学校設定科目及び学校設定教科に関する科目に係る修得単位数は，合わせて20単位を超えることができない。

(3) 各学年の課程の修了の認定

　学校においては，各学年の課程の修了の認定については，単位制が併用されていることを踏まえ，弾力的に行うよう配慮するものとする。

2　知的障害者である生徒に対する教育を行う特別支援学校

　学校においては，卒業までに履修させる各教科等のそれぞれの授業時数を定めるものとする。

　校長は，各教科等を履修した者で，その成果がそれらの目標からみて満足できると認められるものについて，高等部の全課程の修了を認定するものとする。

第5款　生徒の調和的な発達の支援

1　生徒の調和的な発達を支える指導の充実
　教育課程の編成及び実施に当たっては，次の事項に配慮するものとする。
　(1)　学習や生活の基盤として，教師と生徒との信頼関係及び生徒相互のよりよい人間関係を育てる
　　ため，日頃からホームルーム経営の充実を図ること。また，主に集団の場面で必要な指導や援助
　　を行うガイダンスと，個々の生徒の多様な実態を踏まえ，一人一人が抱える課題に個別に対応し
　　た指導を行うカウンセリングの双方により，生徒の発達を支援すること。
　(2)　生徒が，自己の存在感を実感しながら，よりよい人間関係を形成し，有意義で充実した学校生
　　活を送る中で，現在及び将来における自己実現を図っていくことができるよう，生徒理解を深
　　め，学習指導と関連付けながら，生徒指導の充実を図ること。
　(3)　生徒が，学ぶことと自己の将来とのつながりを見通しながら，社会的・職業的自立に向けて必
　　要な基盤となる資質・能力を身に付けていくことができるよう，特別活動を要としつつ各教科・
　　科目等又は各教科等の特質に応じて，キャリア教育の充実を図ること。その中で，生徒が自己の
　　在り方生き方を考え主体的に進路を選択することができるよう，学校の教育活動全体を通じ，組
　　織的かつ計画的な進路指導を行うこと。その際，家庭及び地域や福祉，労働等の業務を行う関係
　　機関との連携を十分に図ること。
　(4)　学校の教育活動全体を通じて，個々の生徒の特性等の的確な把握に努め，その伸長を図るこ
　　と。また，生徒が適切な各教科・科目や類型を選択し学校やホームルームでの生活によりよく適
　　応するとともに，現在及び将来の生き方を考え行動する態度や能力を育成することができるよう
　　にすること。
　(5)　生徒が，学校教育を通じて身に付けた知識及び技能を活用し，もてる能力を最大限伸ばすこと
　　ができるよう，生涯学習への意欲を高めるとともに，社会教育その他様々な学習機会に関する情
　　報の提供に努めること。また，生涯を通じてスポーツや文化芸術活動に親しみ，豊かな生活を営
　　むことができるよう，地域のスポーツ団体，文化芸術団体及び障害者福祉団体等と連携し，多様
　　なスポーツや文化芸術活動を体験することができるよう配慮すること。
　(6)　学習の遅れがちな生徒などについては，各教科・科目等の選択，その内容の取扱いなどについ
　　て必要な配慮を行い，生徒の実態に応じ，例えば義務教育段階の学習内容の確実な定着を図るた
　　めの指導を適宜取り入れるなど，指導内容や指導方法を工夫すること。
　(7)　家庭及び地域並びに医療，福祉，保健，労働等の業務を行う関係機関との連携を図り，長期的
　　な視点で生徒への教育的支援を行うために，個別の教育支援計画を作成すること。
　(8)　複数の種類の障害を併せ有する生徒（以下「重複障害者」という。）については，専門的な知
　　識，技能を有する教師や特別支援学校間の協力の下に指導を行ったり，必要に応じて専門の医師
　　やその他の専門家の指導・助言を求めたりするなどして，学習効果を一層高めるようにするこ
　　と。
　(9)　学校医等との連絡を密にし，生徒の障害の状態等に応じた保健及び安全に十分留意すること。
　(10)　実験・実習に当たっては，特に安全と保健に留意すること。
2　海外から帰国した生徒などの学校生活への適応や，日本語の習得に困難のある生徒に対する日本
　語指導
　(1)　海外から帰国した生徒などについては，学校生活への適応を図るとともに，外国における生活
　　経験を生かすなどの適切な指導を行うものとする。
　(2)　日本語の習得に困難のある生徒については，個々の生徒の実態に応じた指導内容や指導方法の
　　工夫を組織的かつ計画的に行うものとする。

付録2

329

1　教育課程の改善と学校評価等，教育課程外の活動との連携等
　(1)　各学校においては，校長の方針の下に，校務分掌に基づき教職員が適切に役割を分担しつつ，相互に連携しながら，各学校の特色を生かしたカリキュラム・マネジメントを行うよう努めるものとする。また，各学校が行う学校評価については，教育課程の編成，実施，改善が教育活動や学校運営の中核となることを踏まえ，カリキュラム・マネジメントと関連付けながら実施するよう留意するものとする。
　(2)　教育課程の編成及び実施に当たっては，学校保健計画，学校安全計画，食に関する指導の全体計画，いじめの防止等のための対策に関する基本的な方針など，各分野における学校の全体計画等と関連付けながら，効果的な指導が行われるように留意するものとする。
　(3)　教育課程外の学校教育活動と教育課程との関連が図られるように留意するものとする。特に，生徒の自主的，自発的な参加により行われる部活動については，スポーツや文化，科学等に親しませ，学習意欲の向上や責任感，連帯感の涵養等，学校教育が目指す資質・能力の育成に資するものであり，学校教育の一環として，教育課程との関連が図られるよう留意すること。その際，学校や地域の実態に応じ，地域の人々の協力，社会教育施設や社会教育関係団体等の各種団体との連携などの運営上の工夫を行い，持続可能な運営体制が整えられるようにするものとする。
2　家庭や地域社会との連携及び協働と学校間の連携
教育課程の編成及び実施に当たっては，次の事項に配慮するものとする。
　(1)　学校がその目的を達成するため，学校や地域の実態等に応じ，教育活動の実施に必要な人的又は物的な体制を家庭や地域の人々の協力を得ながら整えるなど，家庭や地域社会との連携及び協働を深めること。また，高齢者や異年齢の子供など，地域における世代を越えた交流の機会を設けること。
　(2)　他の特別支援学校や，幼稚園，認定こども園，保育所，小学校，中学校，高等学校及び大学などとの間の連携や交流を図るとともに，障害のない幼児児童生徒との交流及び共同学習の機会を設け，共に尊重し合いながら協働して生活していく態度を育むようにすること。
　　　特に，高等部の生徒の経験を広げて積極的な態度を養い，社会性や豊かな人間性を育むために，学校の教育活動全体を通じて，高等学校の生徒などと交流及び共同学習を計画的，組織的に行うとともに，地域の人々などと活動を共にする機会を積極的に設けること。
3　高等学校等の要請により，障害のある生徒又は当該生徒の教育を担当する教師等に対して必要な助言又は援助を行ったり，地域の実態や家庭の要請等により保護者等に対して教育相談を行ったりするなど，各学校の教師の専門性や施設・設備を生かした地域における特別支援教育のセンターとしての役割を果たすよう努めること。その際，学校として組織的に取り組むことができるよう校内体制を整備するとともに，他の特別支援学校や地域の高等学校等との連携を図ること。

道徳教育を進めるに当たっては，道徳教育の特質を踏まえ，第1節及び第1款から第6款までに示す事項に加え，次の事項に配慮するものとする。
1　各学校においては，第1款の2の(2)に示す道徳教育の目標を踏まえ，道徳教育の全体計画を作成し，校長の方針の下に，道徳教育の推進を主に担当する教師（「道徳教育推進教師」という。）を中心に，全教師が協力して道徳教育を展開すること。なお，道徳教育の全体計画の作成に当たっては，生徒や学校，地域の実態に応じ，指導の方針や重点を明らかにして，各教科・科目等との関係を明らかにすること。その際，視覚障害者，聴覚障害者，肢体不自由者又は病弱者である生徒に対

する教育を行う特別支援学校においては，第2章第1節第1款において準ずるものとしている高等学校学習指導要領第2章第3節の公民科の「公共」及び「倫理」並びに第5章の特別活動が，人間としての在り方生き方に関する中核的な指導の場面であることに配慮すること。

　　また，知的障害者である生徒に対する教育を行う特別支援学校においては，学校の道徳教育の重点目標を設定するとともに，道徳科の指導方針，第3章特別の教科道徳（知的障害者である生徒に対する教育を行う特別支援学校）に示す内容との関連を踏まえた各教科，総合的な探究の時間，特別活動及び自立活動における指導の内容及び時期並びに家庭や地域社会との連携の方法を示すこと。

2　道徳教育を進めるに当たっては，中学部又は中学校までの特別の教科である道徳の学習等を通じて深めた，主として自分自身，人との関わり，集団や社会との関わり，生命や自然，崇高なものとの関わりに関する道徳的諸価値についての理解を基にしながら，様々な体験や思索の機会等を通して，人間としての在り方生き方についての考えを深めるよう留意すること。また，自立心や自律性を高め，規律ある生活をすること，生命を尊重する心を育てること，社会連帯の自覚を高め，主体的に社会の形成に参画する意欲と態度を養うこと，義務を果たし責任を重んじる態度及び人権を尊重し差別のないよりよい社会を実現しようとする態度を養うこと，伝統と文化を尊重し，それらを育んできた我が国と郷土を愛するとともに，他国を尊重すること，国際社会に生きる日本人としての自覚を身に付けることに関する指導が適切に行われるよう配慮すること。

3　学校やホームルーム内の人間関係や環境を整えるとともに，就業体験活動やボランティア活動，自然体験活動，地域の行事への参加などの豊かな体験を充実すること。また，道徳教育の指導が，生徒の日常生活に生かされるようにすること。その際，いじめの防止や安全の確保等にも資することとなるように留意すること。

4　学校の道徳教育の全体計画や道徳教育に関する諸活動などの情報を積極的に公表したり，道徳教育の充実のために家庭や地域の人々の積極的な参加や協力を得たりするなど，家庭や地域社会との共通理解を深め，相互の連携を図ること。

第8款　重複障害者等に関する教育課程の取扱い

1　生徒の障害の状態により特に必要がある場合には，次に示すところによるものとする。
　(1) 各教科・科目（知的障害者である生徒に対する教育を行う特別支援学校においては各教科。）の目標及び内容の一部を取り扱わないことができること。
　(2) 高等部の各教科・科目（知的障害者である生徒に対する教育を行う特別支援学校においては各教科。）の目標及び内容の一部を，当該各教科・科目に相当する中学部又は小学部の各教科の目標及び内容に関する事項の一部によって，替えることができること。
　(3) 視覚障害者，聴覚障害者，肢体不自由者又は病弱者である生徒に対する教育を行う特別支援学校の外国語科に属する科目及び知的障害者である生徒に対する教育を行う特別支援学校の外国語科については，小学部・中学部学習指導要領に示す外国語活動の目標及び内容の一部を取り入れることができること。

2　知的障害者である生徒に対する教育を行う特別支援学校の高等部に就学する生徒のうち，高等部の2段階に示す各教科の内容を習得し目標を達成している者については，高等学校学習指導要領第2章に示す各教科・科目，中学校学習指導要領第2章に示す各教科又は小学校学習指導要領第2章に示す各教科及び第4章に示す外国語活動の目標及び内容の一部を取り入れることができるものとする。また，主として専門学科において開設される各教科の内容を習得し目標を達成している者については，高等学校学習指導要領第3章に示す各教科・科目の目標及び内容の一部を取り入れることができるものとする。

3　視覚障害者，聴覚障害者，肢体不自由者又は病弱者である生徒に対する教育を行う特別支援学校に就学する生徒のうち，知的障害を併せ有する者については，次に示すところによるものとする。

(1) 各教科・科目の目標及び内容の一部又は各教科・科目を，当該各教科・科目に相当する第2章第2節第1款及び第2款に示す知的障害者である生徒に対する教育を行う特別支援学校の各教科の目標及び内容の一部又は各教科によって，替えることができること。この場合，各教科・科目に替えて履修した第2章第2節第1款及び第2款に示す各教科については，1単位時間を50分とし，35単位時間の授業を1単位として計算することを標準とするものとすること。

(2) 生徒の障害の状態により特に必要がある場合には，第2款の3の(2)に示す知的障害者である生徒に対する教育を行う特別支援学校における各教科等の履修等によることができること。

(3) 校長は，(2)により，第2款の3の(2)に示す知的障害者である生徒に対する教育を行う特別支援学校における各教科等を履修した者で，その成果がそれらの目標からみて満足できると認められるものについて，高等部の全課程の修了を認定するものとすること。

4　重複障害者のうち，障害の状態により特に必要がある場合には，次に示すところによるものとする。

(1) 各教科・科目若しくは特別活動（知的障害者である生徒に対する教育を行う特別支援学校においては，各教科，道徳科若しくは特別活動。）の目標及び内容の一部又は各教科・科目若しくは総合的な探究の時間（知的障害者である生徒に対する教育を行う特別支援学校においては，各教科若しくは総合的な探究の時間。）に替えて，自立活動を主として指導を行うことができること。この場合，実情に応じた授業時数を適切に定めるものとすること。

(2) 校長は，各教科・科目若しくは特別活動（知的障害者である生徒に対する教育を行う特別支援学校においては，各教科，道徳科若しくは特別活動。）の目標及び内容の一部又は各教科・科目若しくは総合的な探究の時間（知的障害者である生徒に対する教育を行う特別支援学校においては，各教科若しくは総合的な探究の時間。）に替えて自立活動を主として履修した者で，その成果がそれらの目標からみて満足できると認められるものについて，高等部の全課程の修了を認定するものとすること。

5　障害のため通学して教育を受けることが困難な生徒に対して，教師を派遣して教育を行う場合については，次に示すところによるものとする。

(1) 1，2，3の(1)若しくは(2)又は4の(1)に示すところによることができること。

(2) 特に必要がある場合には，実情に応じた授業時数を適切に定めること。

(3) 校長は，生徒の学習の成果に基づき，高等部の全課程の修了を認定することができること。

6　療養中の生徒及び障害のため通学して教育を受けることが困難な生徒について，各教科・科目の一部を通信により教育を行う場合の1単位当たりの添削指導及び面接指導の回数等（知的障害者である生徒に対する教育を行う特別支援学校においては，通信により教育を行うこととなった各教科の一部の授業時数に相当する添削指導及び面接指導の回数等。）については，実情に応じて適切に定めるものとする。

第9款　専攻科

1　視覚障害者又は聴覚障害者である生徒に対する教育を行う特別支援学校の専攻科における教科及び科目のうち標準的なものは，次の表に掲げるとおりである。視覚障害者又は聴覚障害者である生徒に対する教育を行う特別支援学校においては，必要がある場合には同表に掲げる教科について，これらに属する科目以外の科目を設けることができる。

教　科	科　目
視覚障害者である生徒に対する教育を行う特別支援学校	保 健 理 療	医療と社会，人体の構造と機能，疾病の成り立ちと予防，生活と疾病，基礎保健理療，臨床保健理療，地域保健理療と保健理療経営，保健理療基礎実習，保健理療臨床実習，保健理療情報，課題研究
	理　療	医療と社会，人体の構造と機能，疾病の成り立ちと予防，生活と疾病，基礎理療学，臨床理療学，地域理療と理療経営，理療基礎実習，理療臨床実習，理療情報，課題研究
	理 学 療 法	人体の構造と機能，疾病と障害，保健・医療・福祉とリハビリテーション，基礎理学療法学，理学療法管理学，理学療法評価学，理学療法治療学，地域理学療法学，理学療法臨床実習，理学療法情報，課題研究
聴覚障害者である生徒に対する教育を行う特別支援学校	理 容・美 容	関係法規・制度，衛生管理，保健，香粧品化学，文化論，理容・美容技術理論，運営管理，理容実習，美容実習，理容・美容情報，課題研究
	歯 科 技 工	歯科技工関係法規，歯科技工学概論，歯科理工学，歯の解剖学，顎口腔機能学，有床義歯技工学，歯冠修復技工学，矯正歯科技工学，小児歯科技工学，歯科技工実習，歯科技工情報，課題研究

2　視覚障害者又は聴覚障害者である生徒に対する教育を行う特別支援学校の専攻科においては，必要がある場合には1の表に掲げる教科及び科目以外の教科及び科目を設けることができる。

付録2

333

高等学校学習指導要領における障害のある生徒などへの指導に関する規定

●高等学校学習指導要領解説総則編の抜粋

第6章　生徒の発達の支援

第2節　特別な配慮を必要とする生徒への指導

1　障害のある生徒などへの指導

（1）生徒の障害の状態等に応じた指導の工夫（第1章総則第5款2（1）ア）

> ア　障害のある生徒などについては，特別支援学校等の助言又は援助を活用しつつ，個々の生徒の障害の状態等に応じた指導内容や指導方法の工夫を組織的かつ計画的に行うものとする。

　学校教育法第81条第1項では，幼稚園，小学校，中学校，高等学校等において，障害のある生徒等に対し，障害による学習上又は生活上の困難を克服するための教育を行うことが規定されている。

　また，我が国においては，「障害者の権利に関する条約」に掲げられている教育の理念の実現に向けて，一人一人の教育的ニーズに応じた多様な学びの場の整備を進めていること，高等学校等にも，障害のある生徒のみならず，教育上特別の支援を必要とする生徒が在籍している可能性があることを前提に，全ての教職員が特別支援教育の目的や意義について十分に理解することが不可欠である。

　そこで，今回の改訂では，特別支援教育に関する教育課程編成の基本的な考え方や個に応じた指導を充実させるための教育課程実施上の留意事項などが一体的にわかるよう，学習指導要領の示し方について充実を図ることとした。

　障害のある生徒などには，視覚障害，聴覚障害，知的障害，肢体不自由，病弱・身体虚弱，言語障害，情緒障害，自閉症，LD（学習障害），ADHD（注意欠陥多動性障害）などのほか，学習面又は行動面において困難のある生徒で発達障害の可能性のある者も含まれている。このような障害の種類や程度を的確に把握した上で，障害のある生徒などの「困難さ」に対する「指導上の工夫の意図」を理解し，個に応じた様々な「手立て」を検討し，指導に当たっていく必要がある。また，このような考え方は学習状況の評価に当たって生徒一人一人の状況をきめ細かに見取っていく際にも参考となる。その際に，高等学校学習指導要領解説の各教科等編のほか，文部科学省が作成する「教育支援資料」などを参考にしながら，全ての教師が障害に関する知識や配慮等についての正しい理解と認識を深め，障害のある生徒などに対する組織的な対応ができるようにしていくことが重要である。

　例えば，弱視の生徒についての理科における観察・実験の指導，難聴や言語障害の生徒についての国語科における音読の指導，芸術科における歌唱の指導，肢体不自由の生徒についての保健体育科における実技の指導や家庭科における実習の指導，病弱・身体虚弱の生徒についての芸術科や保健体育科におけるアレルギー等に配慮した指導など，生徒の障害の状態や特性及び心身の発達の段階等（以下「障害の状態等」という。）に応じて個別的に特別な配慮が必要である。また，読み書きや計算などに困難があるLDの生徒についての国語科における書くことに関する指導や，数学科における計算の指導など，教師の適切な配慮により対応することが必要である。更に，ADHDや自閉症の生徒に対して，話して伝えるだけでなく，メモや絵などを付加する指導などの配慮も必要である。

　このように障害の種類や程度を十分に理解して指導方法の工夫を行うことが大切である。指導に当たっては，音声教材，デジタル教科書やデジタル教材等を含めICT等の適切な活用を図ることも考えられる。

　一方，障害の種類や程度によって一律に指導内容や指導方法が決まるわけではない。特別支援教育において大切な視点は，生徒一人一人の障害の状態等により，学習上又は生活上の困難が異なることに十分留意し，個々の生徒の障害の状態等に応じた指導内容や指導方法の工夫を検討し，適切な指導を行うことであると言える。

付録3

そこで，校長は，特別支援教育実施の責任者として，校内委員会を設置して，特別支援教育コーディネーターを指名し，校務分掌に明確に位置付けるなど，学校全体の特別支援教育の体制を充実させ，効果的な学校運営に努める必要がある。その際，各学校において，生徒の障害の状態等に応じた指導を充実させるためには，特別支援学校等に対し専門的な助言又は援助を要請するなどして，組織的・計画的に取り組むことが重要である。

　こうした点を踏まえ，各教科等の指導計画に基づく内容や方法を見通した上で，個に応じた指導内容や指導方法を計画的に検討し実施することが大切である。

　更に，障害のある生徒などの指導に当たっては，担任を含む全ての教師間において，個々の生徒に対する配慮等の必要性を共通理解するとともに，教師間の連携に努める必要がある。また，集団指導において，障害のある生徒など一人一人の特性等に応じた必要な配慮等を行う際は，教師の理解の在り方や指導の姿勢が，学級内の生徒に大きく影響することに十分留意し，学級内において温かい人間関係づくりに努めながら，全ての生徒に「特別な支援の必要性」の理解を進め，互いの特徴を認め合い，支え合う関係を築いていくことが大切である。

　なお，今回の改訂では，総則のほか，各教科等においても，「各科目にわたる指導計画の作成と内容の取扱い」等に当該教科等の指導における障害のある生徒などに対する学習活動を行う場合に生じる困難さに応じた指導内容や指導方法の工夫を組織的・計画的に行うことが規定されたことに留意する必要がある。

(2) 通級による指導を行い，特別の教育課程を編成した場合の配慮事項（第1章総則第5款2 (1) イ）

イ　障害のある生徒に対して，学校教育法施行規則第140条の規定に基づき，特別の教育課程を編成し，障害に応じた特別の指導（以下「通級による指導」という。）を行う場合には，学校教育法施行規則第129条の規定により定める現行の特別支援学校高等部学習指導要領第6章に示す自立活動の内容を参考とし，具体的な目標や内容を定め，指導を行うものとする。その際，通級による指導が効果的に行われるよう，各教科・科目等と通級による指導との関連を図るなど，教師間の連携に努めるものとする。

　なお，通級による指導における単位の修得の認定については，次のとおりとする。

(ア) 学校においては，生徒が学校の定める個別の指導計画に従って通級による指導を履修し，その成果が個別に設定された指導目標からみて満足できると認められる場合には，当該学校の単位を修得したことを認定しなければならない。

(イ) 学校においては，生徒が通級による指導を2以上の年次にわたって履修したときは，各年次ごとに当該学校の単位を修得したことを認定することを原則とする。ただし，年度途中から通級による指導を開始するなど，特定の年度における授業時数が，1単位として計算する標準の単位時間に満たない場合は，次年度以降に通級による指導の時間を設定し，2以上の年次にわたる授業時数を合算して単位の修得の認定を行うことができる。また，単位の修得の認定を学期の区分ごとに行うことができる。

　通級による指導は，高等学校等の通常の学級に在籍している障害のある生徒に対して，各教科等の大部分の授業を通常の学級で行いながら，一部の授業について当該生徒の障害に応じた特別の指導を特別の指導の場（通級指導教室）で行う教育形態である。

　これまで，高等学校等においては通級による指導を行うことができなかったが，小・中学校における通級による指導を受けている児童生徒の増加や，中学校卒業後の生徒の高等学校等への進学状況などを踏まえ，小・中学校等からの学びの連続性を確保する観点から，「高等学校における通級による

指導の制度化及び充実方策について（報告）」（平成28年3月　高等学校における特別支援教育の推進に関する調査研究協力者会議）などにおいて，高等学校等においても通級による指導を導入する必要性が指摘されてきた。このため，平成28年12月に学校教育法施行規則及び「学校教育法施行規則第140条の規定による特別の教育課程について定める件」（平成5年文部省告示第7号）の一部改正等が行われ，平成30年4月から高等学校等における通級による指導ができることとなった。

　高等学校等における通級による指導の対象となる者は，小・中学校等と同様に，学校教育法施行規則第140条各号の一に該当する生徒で，具体的には，言語障害者，自閉症者，情緒障害者，弱視者，難聴者，学習障害者，注意欠陥多動性障害者，肢体不自由者，病弱者及び身体虚弱者である。

　通級による指導を行う場合には，学校教育法施行規則第83条及び第84条（第108条第2項において準用する場合を含む。）の規定にかかわらず，特別の教育課程によることができ，障害による特別の指導を，高等学校等の教育課程に加え，又は，その一部に替えることができる（学校教育法施行規則第140条，平成5年文部省告示第7号）。

　教育課程に加える場合とは，放課後等の授業のない時間帯に通級による指導の時間を設定し，対象となる生徒に対して通級による指導を実施するというものである。この場合，対象となる生徒の全体の授業時数は他の生徒に比べて増加することになる。

　一方，教育課程の一部に替える場合とは，他の生徒が選択教科・科目等を受けている時間に，通級による指導の時間を設定し，対象となる生徒に対して通級による指導を実施するというものである。対象となる生徒は選択教科・科目に替えて通級による指導を受けることになり，この場合，対象となる生徒の全体の授業時数は増加しない。

　なお，通級による指導を，必履修教科・科目，専門学科において全ての生徒に履修させる専門教科・科目，総合学科における「産業社会と人間」，総合的な探究の時間及び特別活動に替えることはできないことに留意する必要がある。

　今回の改訂では，通級による指導を行う場合について，「特別支援学校高等部学習指要領第6章に示す自立活動の内容を参考とし，具体的な目標や内容を定め，指導を行うものとする。」と規定された。これにより，通級による指導を行う場合には，生徒が自立を目指し，障害による学習上又は生活上の困難を主体的に改善・克服するために必要な知識及び技能，態度及び習慣を養い，もって心身の調和的発達の基盤を培うことをねらいとし，その際，特別支援学校高等部学習指導要領第6章に示す自立活動の内容を参考とすることを明記したものである。なお，特別支援学校高等部学習指導要領第6章では，自立活動の内容として，「健康の保持」，「心理的な安定」，「人間関係の形成」，「環境の把握」，「身体の動き」及び「コミュニケーション」の六つの区分及び区分の下に各項目を設けている。自立活動の内容は，各教科等のようにその全てを取り扱うものではなく，個々の生徒の障害の状態等の的確な把握に基づき，障害による学習上又は生活上の困難を主体的に改善・克服するために必要な項目を選定して取り扱うものである。よって，生徒一人一人に個別に指導計画を作成し，それに基づいて指導を展開する必要がある。

　個別の指導計画の作成の手順や様式は，それぞれの学校が生徒の障害の状態，発達や経験の程度，興味や関心，生活や学習環境などの実態を的確に把握し，自立活動の指導の効果が最も上がるように考えるべきものである。したがって，ここでは，手順の一例を示すこととする。

付録3

　（手順の一例）

　a　個々の生徒の実態を的確に把握する。

　b　実態把握に基づいて得られた指導すべき課題や課題相互の関連を整理する。

　c　個々の実態に即した指導目標を設定する。

　d　特別支援学校高等部学習指導要領第6章第2款の内容から，個々の生徒の指導目標を達成させるために必要な項目を選定する。

今回の改訂を踏まえ，自立活動における個別の指導計画の作成について更に理解を促すため，「特別支援学校学習指導要領解説　自立活動編」においては，上記の各過程において，どのような観点で整理していくか，発達障害を含む多様な障害に対する生徒等の例を充実して解説しているので参照することも大切である。

なお，「学校教育法施行規則第140条の規定による特別の教育課程について定める件の一部を改正する告示」（平成28年文部科学省告示第176号）において，それまで「特に必要があるときは，障害の状態に応じて各教科の内容を補充するための特別の指導を含むものとする。」と規定されていた趣旨が，障害による学習上又は生活上の困難の克服とは直接関係のない単なる各教科の補充指導が行えるとの誤解を招いているという指摘がなされていたことから，当該規定について「特に必要があるときは，障害の状態に応じて各教科の内容を取り扱いながら行うことができるものとする。」と改正された。つまり，通級による指導の内容について，各教科・科目の内容を取り扱う場合であって，障害による学習上又は生活上の困難の改善又は克服を目的とする指導であるとの位置付けが明確化されたところである。

また，「その際，通級による指導が効果的に行われるよう，各教科・科目等と通級による指導との関連を図るなど，教師間の連携に努めるものとする。」とあるように，生徒が在籍する通常の学級の担任と通級による指導の担当教師とが随時，学習の進捗状況等について情報交換を行うとともに，通級による指導の効果が，通常の学級においても波及することを目指していくことが重要である。

生徒が在籍校以外の高等学校又は特別支援学校の高等部等において特別の指導を受ける場合には，当該生徒が在籍する高等学校等の校長は，これら他校で受けた指導を，特別の教育課程に係る授業とみなすことができる（学校教育法施行規則第141条）。このように生徒が他校において指導を受ける場合には，当該生徒が在籍する高等学校等の校長は，当該特別の指導を行う学校の校長と十分協議の上で，教育課程を編成するとともに，定期的に情報交換を行うなど，学校間及び担当教師間の連携を密に教育課程の編成，実施，評価，改善を行っていく必要がある。

「生徒が学校の定める個別の指導計画に従って通級による指導を履修し，その成果が別に設定された指導目標からみて満足できると認められる場合」とは，生徒がその指導目標の実現に向けてどのように変容しているかを具体的な指導内容に対する生徒の取組状況を通じて評価することを基本とし，指導目標に照らして適切に評価するものである。そのため，各学校においては，組織的・計画的な取組を推進し，学習評価の妥当性，信頼性等を高めるように努めることが重要である。

生徒が通級による指導を2以上の年次にわたって履修する場合には，年次ごとに履修した単位を修得したことを認定することが原則となる。しかし，例えば，通級による指導を年度途中から履修する場合など，特定の年度における授業時数が，1単位として計算する標準の単位時間（35単位時間）に満たなくとも，次年度以降に通級による指導を履修し，2以上の年次にわたる授業時数を合算して単位の認定を行うことも可能である。また，単位の修得の認定を学期の区分ごとに行うことも可能である。

なお，通級による指導に係る単位を修得したときは，年間7単位を超えない範囲で当該修得した単位数を当該生徒の在学する高等学校等が定めた全課程の修了を認めるに必要な単位数に加えることができる。

(3) 個別の教育支援計画や個別の指導計画の作成と活用（第1章総則第5款2 (1) ウ）

画を作成し活用することに努めるとともに，各教科・科目等の指導に当たって，個々の生徒の実態を的確に把握し，個別の指導計画を作成し活用することに努めるものとする。特に，通級による指導を受ける生徒については，個々の生徒の障害の状態等の実態を的確に把握し，個別の教育支援計画や個別の指導計画を作成し，効果的に活用するものとする。

個別の教育支援計画及び個別の指導計画は，障害のある生徒など一人一人に対するきめ細やかな指導や支援を組織的・継続的かつ計画的に行うために重要な役割を担っている。

今回の改訂では，通級による指導を受ける生徒については，二つの計画を全員作成し，効果的に活用することとした。

また，通級による指導を受けていない障害のある生徒などの指導に当たっては，個別の教育支援計画及び個別の指導計画を作成し，活用に努めることとした。

そこで，個別の教育支援計画及び個別の指導計画について，それぞれの意義，位置付け及び作成や活用上の留意点などについて示す。

① 個別の教育支援計画

平成15年度から実施された障害者基本計画においては，教育，医療，福祉，労働等の関係機関が連携・協力を図り，障害のある生徒の生涯にわたる継続的な支援体制を整え，それぞれの年代における生徒の望ましい成長を促すため，個別の支援計画を作成することが示された。この個別の支援計画のうち，幼児児童生徒に対して，教育機関が中心となって作成するものを，個別の教育支援計画という。

障害のある生徒などは，学校生活だけでなく家庭生活や地域での生活を含め，長期的な視点で幼児期から学校卒業後までの一貫した支援を行うことが重要である。このため，教育関係者のみならず，家庭や医療，福祉などの関係機関と連携するため，それぞれの側面からの取組を示した個別の教育支援計画を作成し活用していくことが考えられる。具体的には，障害のある生徒などが生活の中で遭遇する制約や困難を改善・克服するために，本人及び保護者の願いや将来の希望などを踏まえ，在籍校のみならず，例えば，家庭や医療，福祉，労働等の関係機関などと連携し，実際にどのような支援が必要で可能であるか，支援の目標を立て，それぞれが提供する支援の内容を具体的に記述し，支援の内容を整理したり，関連付けたりするなど関係機関の役割を明確にすることとなる。

このように，個別の教育支援計画の作成を通して，生徒に対する支援の目標を長期的な視点から設定することは，学校が教育課程の編成の基本的な方針を明らかにする際，全教職員が共通理解をすべき大切な情報となる。また，在籍校において提供される教育的支援の内容については，教科等横断的な視点から個々の生徒の障害の状態等に応じた指導内容や指導方法の工夫を検討する際の情報として個別の指導計画に生かしていくことが重要である。

個別の教育支援計画の活用に当たっては，例えば，中学校における個別の支援計画を引き継ぎ，適切な支援の目的や教育的支援の内容を設定したり，進路先に在学中の支援の目的や教育的支援の内容を伝えたりするなど，入学前から在学中，そして進路先まで，切れ目ない支援に生かすことが大切である。その際，個別の教育支援計画には，多くの関係者が関与することから，保護者の同意を事前に得るなど個人情報の適切な取扱いと保護に十分留意することが必要である。

② 個別の指導計画

個別の指導計画は，個々の生徒の実態に応じて適切な指導を行うために学校で作成されるものである。個別の指導計画は，教育課程を具体化し，障害のある生徒など一人一人の指導目標，指導内容及び指導方法を明確にして，きめ細やかに指導するために作成するものである。

今回の改訂では，総則のほか，各教科等の指導において，「各科目にわたる指導計画の作成と内容の取扱い」として，当該教科等の指導における障害のある生徒などに対する学習活動を行う場合

に生じる困難さに応じた指導内容や指導方法の工夫を計画的，組織的に行うことが規定された。このことを踏まえ，通常の学級に在籍する障害のある生徒等への各教科等の指導に当たっては，適切かつ具体的な個別の指導計画の作成に努める必要がある。

　通級による指導において，特に，他校において通級による指導を受ける場合には，学校間及び担当教師間の連携の在り方を工夫し，個別の指導計画に基づく評価や情報交換等が円滑に行われるよう配慮する必要がある。

　各学校においては，個別の教育支援計画と個別の指導計画を作成する目的や活用の仕方に違いがあることに留意し，二つの計画の位置付けや作成の手続きなどを整理し，共通理解を図ることが必要である。また，個別の教育支援計画及び個別の指導計画については，実施状況を適宜評価し改善を図っていくことも不可欠である。

　こうした個別の教育支援計画と個別の指導計画の作成・活用システムを校内で構築していくためには，障害のある生徒などを担任する教師や特別支援教育コーディネーターだけに任せるのではなく，全ての教師の理解と協力が必要である。学校運営上の特別支援教育の位置付けを明確にし，学校組織の中で担任する教師が孤立することのないよう留意する必要がある。このためには，校長のリーダーシップの下，学校全体の協力体制づくりを進めたり，全ての教師が二つの計画についての正しい理解と認識を深めたりして，教師間の連携に努めていく必要がある。

学習指導要領等の改善に係る検討に必要な専門的作業等協力者

（敬称略・五十音順）

※職名は平成31年2月現在

（総括）
宍　戸　和　成　　独立行政法人国立特別支援教育総合研究所理事長
古　川　勝　也　　西九州大学教授

（総則）
飯　野　　　明　　山形県教育庁特別支援教育課課長補佐
一　木　　　薫　　福岡教育大学教授
松　見　和　樹　　千葉県教育庁教育振興部特別支援教育課指導主事

（視覚障害者である児童生徒に対する教育を行う特別支援学校の各教科）
〔保健理療，理療〕
藤　井　亮　輔　　筑波技術大学教授
栗　原　勝　美　　東京都立文京盲学校主任教諭
片　平　明　彦　　北海道函館盲学校校長
〔理学療法〕
水　野　知　浩　　大阪府立大阪南視覚支援学校教諭
長　島　大　介　　筑波大学附属視覚特別支援学校教諭

（聴覚障害者である児童生徒に対する教育を行う特別支援学校の各教科）
〔印刷〕
角　　　哲　郎　　滋賀県立聾話学校教諭
〔理容・美容〕
宮　代　武　彦　　宮城県立聴覚支援学校教諭
〔クリーニング〕
島　田　睦　郎　　北海道高等聾学校教諭
〔歯科技工〕
福　田　靖　江　　筑波大学附属聴覚特別支援学校教諭

（知的障害者である児童生徒に対する教育を行う特別支援学校の各教科）
〔国語〕
上仮屋　祐　介　　鹿児島大学教育学部附属特別支援学校教諭
田　丸　秋　穂　　筑波大学附属桐が丘特別支援学校教諭
林　　　麻佐美　　神奈川県立足柄高等学校副校長
樋　口　普美子　　埼玉県教育局南部教育事務所管理主事
〔社会〕
尾　高　邦　生　　筑波大学附属大塚特別支援学校教諭

黒　川　利　香　　仙台市立新田小学校教頭
増　田　謙太郎　　東京学芸大学教職大学院准教授
〔数学〕
相　坂　　　潤　　青森県総合学校教育センター指導主事
有　澤　直　人　　東京都江戸川区立本一色小学校指導教諭
髙　橋　　　玲　　群馬県教育委員会特別支援教育課補佐
〔理科〕
齋　藤　　　豊　　筑波大学附属桐が丘特別支援学校教諭
原　島　広　樹　　東京都教育庁指導部主任指導主事
茂　原　伸　也　　千葉県立桜が丘特別支援学校教諭
〔音楽〕
尾　﨑　美惠子　　千葉県総合教育センター研究指導主事
工　藤　傑　史　　東京福祉大学社会福祉部専任講師
永　島　崇　子　　東京都立大泉特別支援学校校長
〔美術〕
大　磯　美　保　　神奈川県立鶴見養護学校教頭
小　倉　京　子　　千葉県教育庁教育振興部特別支援教育課主幹兼教育支援室長
三　上　宗　佑　　東京都立城東特別支援学校主幹教諭
〔保健体育〕
鈴　木　英　資　　神奈川県立高津養護学校副校長
増　田　知　洋　　東京都立江東特別支援学校指導教諭
松　浦　孝　明　　筑波大学附属桐が丘特別支援学校主幹教諭
〔職業，家庭〕
伊　丹　由　紀　　京都市立北総合支援学校教頭
大　澤　和　俊　　静岡県立浜名特別支援学校教諭
佐　藤　圭　吾　　秋田県教育庁特別支援教育課主任指導主事
畠　山　和　也　　埼玉県立所沢おおぞら特別支援学校教諭
〔外国語〕
日　下　奈緒美　　千葉県立八千代特別支援学校教頭
中　野　嘉　樹　　横浜市立共進中学校副校長
渡　邉　万　里　　福島県立郡山支援学校教諭
〔情報〕
古　舘　秀　樹　　東京都目黒区教育委員会統括指導主事
鈴　木　龍　也　　福島県立相馬支援学校校長
〔家政〕
米　原　孝　志　　富山県教育委員会県立学校課特別支援教育班主幹
〔農業〕
三　瓶　　　聡　　北海道教育委員会主任指導主事
〔工業〕
村　上　直　也　　岡山県総合教育センター特別支援教育部指導主事
〔流通・サービス〕
三　原　彰　夫　　大分県教育委員会指導主事
〔福祉〕
吉　池　　　久　　東京都立南大沢学園副校長

〔発達段階等〕
德 永　　 豊　福岡大学人文学部教育・臨床心理学科教授
米 田 宏 樹　筑波大学准教授

(自立活動)
飯 田 幸 雄　鈴鹿大学非常勤講師
井 上 昌 士　千葉県立千葉特別支援学校校長
内 田 俊 行　広島県教育委員会教職員課管理主事
小 林 秀 之　筑波大学准教授
櫻 澤 浩 人　東京都稲城市立向陽台小学校主任教諭
谷 本 忠 明　広島大学准教授
樋 口 一 宗　東北福祉大学教授
宮 尾 尚 樹　長崎県立諫早特別支援学校主幹教諭

(視覚障害)
小 林 秀 之　筑波大学准教授
山 田 秀 代　岐阜県立岐阜盲学校中学部主事
吉 田 道 広　熊本県立熊本はばたき高等支援学校校長

(聴覚障害)
武 居　　 渡　金沢大学学校教育系教授
谷 本 忠 明　広島大学大学院教育学研究科准教授
最 首 一 郎　筑波大学附属聴覚特別支援学校教諭

(知的障害)
井 上 昌 士　千葉県立千葉特別支援学校校長
菊 地 一 文　植草学園大学発達教育学部准教授

(肢体不自由)
西 垣 昌 欣　筑波大学附属桐が丘特別支援学校副校長
宮 尾 尚 樹　長崎県立諫早特別支援学校主幹教諭
渡 邉 文 俊　埼玉県立川島ひばりが丘特別支援学校主幹教諭

(病弱・身体虚弱)
飯 田 幸 雄　鈴鹿大学非常勤講師
丹 羽　　 登　関西学院大学教育学部教授
古 野 芳 毅　新潟県立吉田特別支援学校教諭

（言語障害）

今 井 昭 子　　神奈川県葉山町立葉山小学校総括教諭

櫻 澤 浩 人　　東京都稲城市立向陽台小学校主任教諭

（自閉症・情緒障害等）

内 田 俊 行　　広島県教育委員会教職員課管理主事

宮 本 　 剛　　やまぐち総合教育支援センター研究指導主事

（LD・ADHD等）

板 倉 伸 夫　　熊本市立富士見中学校教頭

樋 口 一 宗　　東北福祉大学教授

吉 成 千 夏　　東京都豊島区立池袋本町小学校主幹教諭

なお、文部科学省においては、次の者が本書の編集に当たった。

中 村 信 一　　初等中等教育局特別支援教育課長

青 木 隆 一　　初等中等教育局視学官（併）特別支援教育課特別支援教育調査官

庄 司 美千代　　初等中等教育局特別支援教育課特別支援教育調査官

田 中 裕 一　　初等中等教育局特別支援教育課特別支援教育調査官

中 村 大 介　　初等中等教育局特別支援教育課特別支援教育調査官

菅 野 和 彦　　初等中等教育局特別支援教育課特別支援教育調査官

深 草 瑞 世　　初等中等教育局特別支援教育課特別支援教育調査官

山 下 直 也　　初等中等教育局特別支援教育課課長補佐

特別支援学校学習指導要領解説
総則等編（高等部）

MEXT 1-2001

令和 2 年 3 月 26 日　初版第 1 刷発行　　令和 5 年 4 月 22 日　初版第 6 刷発行
令和 2 年 4 月 19 日　初版第 2 刷発行
令和 2 年 5 月 12 日　初版第 3 刷発行
令和 3 年 5 月 8 日　初版第 4 刷発行
令和 3 年 10 月 26 日　初版第 5 刷発行

著作権所有　　　文部科学省

発　行　者　　　東京都千代田区神田錦町 1-23
　　　　　　　　宗保第 2 ビル
　　　　　　　　株式会社ジアース教育新社
　　　　　　　　代表者　加藤勝博

印　刷　者　　　東京都江戸川区松江 7-6-18
　　　　　　　　株式会社新藤慶昌堂

発　行　所　　　東京都千代田区神田錦町 1-23
　　　　　　　　宗保第 2 ビル
　　　　　　　　株式会社ジアース教育新社
　　　　　　　　電話（03）5282-7183

定価　本体 1,500 円＋税